“十二五”职业教育国家规划教材
经全国职业教育教材审定委员会审定

供药剂、制药技术、生物技术制药、中药制药及相关专业使用

医药商品基础

主　　编　梁碧岩　于双慧
主　　审　张海夫
副 主 编　陈长艳
编　　者　(以姓氏汉语拼音为序)
陈长艳　(毕节医学高等专科学校)
董　欣　(沈阳市中医药学校)
黄龙涛　(广东省康美药业股份有限公司)
李艳苓　(海南省第二卫生学校)
梁碧岩　(广东省新兴中药学校)
阮鹏程　(广东省新兴中药学校)
滕　波　(沈阳市食品药品监督管理局皇姑分局)
王　华　(北海市卫生学校)
伍雪芳　(广州市医药职业学校)
于双慧　(沈阳市化工学校)
张海夫　(沈阳市食品药品监督管理局皇姑分局)
周　妮　(湖北三峡职业技术学院医学院)

科学出版社
北　京

内 容 简 介

本书的第一章介绍医药商品的概念和常识;第二章用大量篇幅介绍化学类医药商品(西药),在此按临床治疗用途分类,更贴合学生将来工作需要的知识,解决"什么病,用什么药"的问题;第三章用大量篇幅介绍中医药类医药商品(中医药),让学生学会给患者正确选用中西药结合配伍应用,发挥中医药功能,减轻不良反应;第四至第六章介绍医疗器械、合理用药、医药物流。第七至第十一章介绍医药商品的经营销售、包装、编码、广告等。部分章节设置了"中医与中成药"内容,正文中设置了"案例""链接"。在每章后面设置了自测题。

本书主要供中等卫生职业教育的药剂、制药技术、生物技术制药、中药制药等相关专业学生学习使用或教师教学参考,也可作为医药行业的职业培训教材。

图书在版编目(CIP)数据

医药商品基础／梁碧岩,于双慧主编. —北京:科学出版社,2015.12
"十二五"职业教育国家规划教材
ISBN 978-7-03-046603-7

Ⅰ. 医…　Ⅱ. ①梁…　②于…　Ⅲ. 药品-商品学-中等专业学校-教材
Ⅳ. F763

中国版本图书馆 CIP 数据核字(2015)第 292281 号

责任编辑:丁海燕／责任校对:张怡君
责任印制:赵　博／封面设计:金舵手世纪

科学出版社 出版
北京东黄城根北街 16 号
邮政编码:100717
http://www.sciencep.com

天津新科印刷有限公司 印刷
科学出版社发行　各地新华书店经销
*
2015 年 12 月第　一　版　　开本:787×1092　1/16
2015 年 12 月第一次印刷　　印张:18 1/2
字数:439 000

定价:49.80 元

(如有印装质量问题,我社负责调换)

前　言

《医药商品基础》是科学出版社于2014年确定编写的新教材，根据中华人民共和国教育部最新的2014年中等职业学校药剂、制药技术、生物技术制药、中药制药等专业教学标准要求编写，主要供上述专业学习使用，也可作为医药行业的职业培训教材。当接到这项编写任务时，本人深知任务重大，也深感荣幸。因为这本教材还不是成熟的学科教材，全国各校进行此科教学时间不长，前面编写的教材，还有很多改善的空间。本教材在编写过程中以方便学生学习到将来工作用得上的实用的医药商品知识为主，也希望有助于学生建立正确的药学职业道德观。

本教材围绕“以就业为导向，以能力为本位，以发展技能为核心”的职业教育培养理念，强调“必须、够用”的理论编写原则，在原有药剂专业各科教材的基础上，进行了再次提升，引进其他学科学习不到的专业实用知识，力求使全书更具实用性、新颖性、科学性，力图使学生在学习本教材时，能在教师的引领下完成从专业到职业的发展过程。

本教材共十一章，各章分工如下：第一章绪论，陈长艳；第二章化学类医药商品，梁碧岩、于双慧；第三章中医药类医药商品，王华、黄龙涛；第四章医疗器械类医药商品，董欣；第五章医药商品的相互作用和合理使用，陈长艳；第六章医药商品物流与储存养护，周妮；第七章医药商品的经营销售，阮鹏程；第八章医药商品包装，李艳苓；第九章医药商品的编码，张海夫；第十章医药商品的促销，伍雪芳；第十一章医药商品的电子商务，滕波。

本教材对学生进入药学职业工作岗位的实践指导意义重大，可以帮助其提高善于动用各科的综合知识解决问题的能力。对将来“师徒”制的开展有前瞻性的指引径向作用。在编写过程中，编者将本人2014年脱产到医药企业参加实践培训半年的经验引进教材中去，把与医药界工作多年的前辈沟通与探讨思想的结晶引进来，在知识点上稍作了调整，新增了新颖、实用的内容，使得全书颇具药与人相结合的气息。本教材是全体编者辛勤工作的结晶，在此对辛苦付出的全体编者表示诚挚的感谢！

由于编者水平有限，书中难免有疏漏和不当之处，恳请读者及时批评指正！

梁碧岩

2015年1月

目　　录

第一章 绪 论

医药商品是企业生产和经营的对象,更是人们预防、治疗和诊断疾病不可缺少的资源。医药商品的质量直接关系着人们的生命和健康,所以对于医药商品的认知研究、分类和质量管理,不仅有利于企业的经营发展,而且对于保证医药商品质量、维护人们的生命和健康有着重要意义。

第一节 商品与医药商品

一、商品与医药商品概述

(一) 商品的含义

商品是用来交换的劳动产品,由商品流通企业外购或委托加工完成、验收入库用于销售,是经过交换且非进入使用过程的劳动产品。

商品的基本属性是价值和使用价值。首先,商品具有使用价值,是人类改造自然的产物,它以自身属性来满足人或社会的需要,商品所具有的满足人需要的属性就是其使用价值。其次,商品具有价值,人们按照价值交换商品,实质上是在交换各自的劳动,价值是产品成为商品的必要条件。商品的流通过程是使用价值向价值的转化过程,商品只有通过流通,也就是"交换"才具有了价值。因此,商品不同于一般的物品、产品,具有以下基本特征:①商品是具有使用价值的劳动产品。②商品生产的目的是进入市场交换,而不是生产者自己使用。③商品必须通过交换,才能实现其使用价值和价值。④商品必须满足人或社会的需要。

(二) 医药商品的基本概念

医药商品泛指医药商业所经营的商品。狭义上的医药商品是指药品、医疗器械、保健食品、化妆品和化学试剂等。其中药品在医药商品中品种最多、使用范围最广,是医药商品学的重点学习内容。

1. 药品 药物是指能影响机体生理、生化和病理过程,用以预防、诊断、治疗动植物疾病和计划生育的物质。从理论上说,凡是影响机体器官生理功能和(或)细胞代谢活动的化学物质都属于药物的范畴。药物的范围更大,不一定经过审批,也不一定上市,可能还在实验阶段,但有活性。比如常见的麦芽,并不是药品,但其有养心益气的作用,这时就可以作为药物使用。

《中华人民共和国药品管理法》(简称为《药品管理法》)规定:药品是指用于预防、治疗、诊断人的疾病,有目的地调节人的生理功能并规定有适应证或者功能主治、用法和用量的物质,包括中药材、中药饮片、中成药、化学原料药及其制剂、抗生素、生化药品、放射性药品、血清、疫苗、血液制品和诊断药品等。药品是经过国家食品药品监督管理局(SFDA)审批,允许其上市生产、销售的药物。药品应具备三个条件,即符合法定药品的标准，有规定的适应证或功能主治，有明确的剂型、剂量、用法和用量。

2. 医疗器械 医疗器械是指直接或间接用于人体的仪器、设备、器具、体外诊断试剂及校准物、材料，以及其他类似或者相关的物品，其使用旨在达到下列预期目的：疾病的预防、诊断、治疗、监护、缓解；损伤的诊断、监护、治疗、缓解或者功能补偿；生理结构或者生理过程的检验、替代、调节或者支持；生命的支持或者维持；妊娠控制；通过对来自人体的样本检查，为医疗或者诊断目的提供信息。医疗器械同药品一样，是预防、治病的武器，是关系到人民群众自体健康及生命安全的特殊商品，其安全性和有效性必须严格加以控制。

3. 保健食品 保健食品是指表明具有特定保健功能或以补充维生素、矿物质为目的的食品。保健食品适宜特定人群食用，可调节机体功能，不以治疗疾病为目的，并对人体不产生任何急性、亚急性或者慢性危害。某些保健食品可能适宜的人群面较广，但没有适应所有人群的保健食品。

4. 化妆品 化妆品是指以涂敷、揉搽、喷洒等不同方式施于人体皮肤、面部、毛发、口唇、口腔和指甲等部位，起到清洁、保护、美化（修饰）等作用的日常生活用品。化妆品对人体的作用必须缓和、安全、无毒、无不良反应，并且主要以清洁、保护、美化为目的。对于用于治疗的具有药效活性的化妆品，我国《化妆品卫生监督条例》中称之为“特殊用途化妆品”，无论是一般化妆品，还是特殊用途化妆品，都不同于药品。

5. 化学试剂 化学试剂是指在化学试验、化学分析、化学研究及其他试验中使用的各种纯度等级的化合物或单质。目前，化学试剂已广泛应用于工业、农业、医疗卫生、生命科学、检验检疫、环境保护、能源开发、国防军工、科学研究和国民经济的各行各业。

二、医药商品学

（一）医药商品学概念

医药商品学是一门研究医药商品的使用价值和在流通过程中实现和提高使用价值、指导消费者合理使用医药商品，反馈医药商品信息，以提高医药企业的经济效益和社会效益，促进国民保健体系和医药市场健康发展的一门应用学科。在医药行业从事医药商品监管、研发、生产、流通与使用各领域的从业者，其工作中均会涉及医药商品学。

（二）医药商品学的研究内容和任务

1. 医药商品学的研究内容 医药商品学是研究医药商品使用价值的科学。医药商品质量可反映医药商品满足人们和社会用药需求的程度，是医药商品使用价值和使用价值大小的集中反映。医药商品的使用价值通过医药商品的自然属性和影响医药商品质量的因素体现，因此医药商品学研究的内容主要有以下两个方面。

（1）研究与医药商品质量有关的自然属性：不同的医药商品具有不同的使用价值，这是由医药商品的自然属性决定的。医药商品种类繁多，这决定了医药商品自然属性的复杂性，这些属性归结起来有医药商品的外观形状、构成成分、组成结构、理化性质、机械性质、生物学性质、生产工艺、作用、用途、制剂、用法及合理使用等，同时还要探讨与此有关的各种科学知识。

（2）研究影响医药商品质量的因素：包括医药商品的质量标准及检验、药品的分类、使用；包装、运输、储存、养护与陈列；药品生产、经营、管理及评价等。

2. 医药商品学的研究任务 医药商品学的研究任务是:①掌握医药商品学知识,指导医药商品的合理用药与安全用药,提高药学服务能力,实现药物治疗的有效性、安全性、经济性、依从性;②规范医药商品经营,为人们提供质量合格、安全有效的药品;③全面评价医药商品的质量,有效实现医药商品的使用价值,促进医药商品质量的改进和新药开发,推动医药经济的健康发展;④研究医药商品的包装、储藏、养护与运输,掌握医药商品从研发、生产到流通与使用中可能引起质变的各种因素,保护医药商品的质量;⑤实现对医药商品的科学分类、陈列管理。

(三) 学习医药商品学的意义

1. 有利于保证医药商品的质量 学习医药商品学可以熟悉和掌握医药商品的经营管理法规,了解医药商品的分类方法、品种规格、性能特点、质量标准、包装条件、养护措施、产销情况及使用常识等,有利于保证医药商品的质量,提高医药企业管理水平。

2. 有利于提高医药企业的经济效益 通过学习医药商品学,将现代电子技术应用于原料采购、运输、储存等医药流通过程能减少损耗;通过应用先进的生产工艺,提高产品质量;通过广告和商标扩大影响、树立品牌形象;通过包装、装潢增加产品价值和销售量;使生产者、经营者、设计开发者掌握必须的商品知识,以达到提高经济效益的目的。

3. 有利于提高医药商品的合理消费 学习医药商品学,可以使人们正确评价医药商品,正确宣传与解释医药商品,起到促进生产与指导消费的积极作用。

4. 有利于扩大医药商品的国外市场 国外市场对医药商品的要求非常严格,这就要求人们对商品特征进行研究,使其符合国际市场的要求,以提高我国医药商品在世界上的地位,达到占领广阔的国外市场的目的。

第二节　医药商品的性质和分类

一、医药商品的性质

医药商品作为一种特殊的商品,与其他商品一样,除具有使用价值和价值外,其特殊性归纳起来主要有以下几个方面。

(一) 生命关联性

药品是通过调节人的生理功能,达到治愈疾病、维持人们生命健康的作用。药品与其他消费品比较,其根本在于药品是与人们的生命密切相关的物质,这是药品的首要特性。

(二) 种类复杂性

目前世界上有药物2万余种。我国目前有中药制剂5100多种,西药制剂4000多种,总共有各种药物制剂近万种;中药材5000余种,其中常用的有500余种。涉及的种类繁多,其复杂性可想而知。

(三) 医用专属性

医学和药学是紧密结合的,患者要通过医生的检查诊断,并且在医生指导下合理用药,才能达到防治疾病、保护健康的目的。医药的密切结合,体现了药品医用的专属性。

（四）质量严格性

药品要质量第一，确保安全有效，均一稳定，这样可部分有效地防止药源性疾病的发生。《药品管理法》规定：所有不合格药品不准出厂、不准销售、不准使用。

（五）生产规范性

要生产优质的药品，必须执行《药品生产质量管理规范》，即 GMP。见第一章第五节。

（六）使用两重性

使用两重性是指药品在防治疾病的同时也会产生不良反应，即治疗作用和不良反应。

（七）社会公共性

人的生老病死是自然规律，追求健康、追求生命质量、保证人类的繁衍是人的本能，药品作为增进健康、延长生命的必要手段而受到国家、社会和公众的重视，药品的相关信息（效果、不良反应和价格等）不论是健康人还是患病者都尤为关注。

（八）审批科学性

滥产药物会直接威胁人类的生命安全。“反应停”事件之后，世界卫生组织（WHO）从 1968 年开始对药物不良反应进行系统地收集。

（九）检验专属性

药厂的药品检验必须由专业人员按药品标准对原料、中间体和成品进行专业检验，并对生产全过程进行监督检查。同时，国家设立的专业药品检验机构对药品生产及流通环节进行强制检查。

（十）需求迫切性

药品关系着人的生死健康问题，患病时就必有求医吃药，延误就意味着病情加重甚至死亡或伤残，因而会有超越自己经济能力的迫切购买欲望，会有时间就是生命的迫切感。

二、常见的医药商品分类

（一）按医药商品的来源分类

1. 植物药　植物药是指植物或其提取物制成的药物，如小檗碱、长春碱、洋地黄等。

2. 动物药　动物药系指动物的整体或部分、动物的分泌物及排泄物经加工后供药用者，如全蝎、鹿茸、麝香、牛黄等。

3. 矿物药　矿物药是直接利用矿物或将其加工后供药用者，如炉甘石、芒硝等。

4. 化学合成或半合成药　化学合成或半合成药系指用化学合成的方法制成的药物，如阿司匹林、苯海拉明、地西泮等。

5. 生物制品　生物制品系根据免疫学原理，利用微生物、微生物或动物的毒素、人或动物的血液及组织制成的制品，如菌苗、疫苗、人血免疫球蛋白等。

（二）按医药商品的剂型分类

1. 注射剂　注射剂包括液体注射剂和固体注射剂，如庆大霉素注射剂、青霉素粉针剂、5%葡萄糖注射液等。

2. 口服制剂 口服制剂包括片剂、胶囊剂、丸剂、糖浆剂、合剂等，如复方新诺明片剂、阿莫西林胶囊等。

3. 外用制剂 外用制剂包括软膏剂、栓剂、酊剂、搽剂、滴眼剂、气雾剂等，如四环素软膏、洗必泰栓等。

4. 新剂型 新剂型包括缓释制剂、控释制剂、经皮给药制剂等，如双氯芬酸钠缓释片等。

（三）按商业习惯分类

1. 片剂 片剂包括单压片、多层片等，如银翘片、双层复方氨茶碱片等。

2. 针剂 针剂包括注射剂、注射用粉针剂等。

3. 水剂 水剂包括合剂、糖浆剂等，如胃蛋白酶合剂、小儿止咳糖浆等。

4. 粉剂 粉剂包括散剂、颗粒剂等，如银翘散、板蓝根冲剂等。

（四）按药理作用分类

1. 西药部分 西药包括抗微生物药物，抗寄生虫病药物，抗肿瘤药物，解热镇痛抗炎药物，镇痛药物，麻醉用药物，维生素及矿物质缺乏症用药物，营养治疗药物，激素及调节内分泌功能药物，调节免疫功能药物，抗变态反应药物，神经系统药物，治疗精神障碍药物，消化系统药物，呼吸系统药物，循环系统药物，泌尿系统药物，血液系统药物，调节水、电解质及酸碱平衡药物，专科特殊用药物，解毒药物，诊断用药和生物制品。

2. 中成药部分 中成药部分包括内科用药、外科用药、肿瘤用药、妇科用药、眼科用药、耳鼻喉用药、骨伤科用药、皮肤科用药和民族药。

（五）按管理要求分类

1. 非处方药

（1）概念：非处方药（nonprescription drug 或 OTC）是指经过国家药品监督管理部门按应用安全、质量稳定、疗效确切、使用方便原则遴选认定，不经执业医师处方即可自选、自行判断、购买和使用的药品。

（2）分类：根据药品的安全性将非处方药分为甲、乙两类，甲类非处方药的安全性低于乙类。每类又可分为化学药、中成药。

（3）非处方药的特征：①疗效确切，适应证和功能主治明确。②作用平和，安全性高，不良反应低，无依赖性，无三致作用。③用于治疗较轻的疾病，一般不用于治疗严重疾病或主要器官有、脏器等的疾病。④性质稳定，常温条件下保存时间较长，不需要特殊保存条件。⑤使用方便，剂型规格便于自行使用和携带，常用剂型为口服和外用。⑥说明书通俗易懂，药品价格便宜。

（4）非处方药的专用标志：非处方药的包装上必须印有非处方药专用标志，其图案为椭圆形背景下 3 个英文字母“OTC”，甲类非处方药为红底白字的图案，乙类非处方药为绿底白字的图案。单色印刷时，非处方药专用标志下方必须标示“甲类”或“乙类”字样。

2. 处方药

（1）概念：处方药（prescription drug 或 Rx）是指必须凭执业医师或执业助理医师处方才可调配、购买和使用的药品。具体包括：①麻醉药品、精神药品、放射性药品、医疗用毒性药品。②终止妊娠药品。③药品类易制毒化学品、疫苗。④蛋白同化剂、肽类激素及其他按兴奋剂管理的药品。⑤注射剂型。⑥精神障碍治疗药(抗精神病、抗焦虑、抗躁狂、抗抑郁药)。⑦抗病毒药(逆转录酶抑制剂和蛋白酶抑制剂)。⑧肿瘤治疗药。⑨未列入非处方药目录的抗菌药和激素。⑩含麻醉药品的处方口服液。⑪国家食品药品监督管理局(SFDA)公布的其他必须凭处方销售的药品。

(2) 处方药的特征:①刚上市的新药,对其活性和不良反应还有待进一步观察。②可产生依赖性的某些药品,如国际规定的管制药品。③本身毒性较大的药品,如抗肿瘤药等。④某些必须由医生和实验室确诊,并在医生指导下使用的药品,如治疗心脑血管疾病药和抗感染药等。

处方药目前没有专用标志,有些处方药在包装、标签和说明书上醒目地印有警示语“请仔细阅读说明书并在医师指导下使用”。

3. 国家基本药物 国家基本药物是临床应用的各类药品中经过科学评价而遴选出的在同类药品中具有代表性的药品。其特点是临床必须、安全有效、质量稳定、价格合理、使用方便、中西药并重。

4. 基本医疗保险药物 基本医疗保险药物是指列入国家基本医疗保险用的药品,分甲、乙两类,为临床必须、安全有效、价格合理、使用方便、市场能保证供应的药品。

(六) 按医药商品的特殊性分类

1. 特殊管理的药品 《药品管理法》第三十五条规定对麻醉药品、精神药品、医疗用毒性药品、放射性药品实行特殊管理。

(1) 麻醉药品:是指连续使用后,易产生生理依赖性的药物。例如,阿片、吗啡、哌替啶、芬太尼、可卡因等。

(2) 精神药品:是指直接作用于中枢神经系统,能使其兴奋或抑制,连续使用能产生依赖性的药品。根据使人体产生依赖性的难易程度,分为两类。第一类精神药品如氯胺酮、三唑仑、司可巴比妥、哌甲酯等;第二类精神药品如地西泮、艾司唑仑、苯巴比妥、去甲伪麻黄碱、咖啡因等。第一类精神药品的作用比第二类更强,更易产生依赖性。

(3) 医疗用毒性药品:是指毒性剧烈,治疗剂量与中毒剂量相近,使用不当会致人中毒或死亡的药品。分为两类:①毒性中药,如砒霜、雄黄、生马钱子、洋金花、生南星等。②毒性西药,如阿托品、洋地黄毒苷等。毒性药品每次处方剂量不得超过 2 日极量。

(4) 放射性药品:是指用于临床诊断或治疗的放射性核素制剂或者其标记药物。例如,碘(^{131}I)化钠口服溶液、氙(^{133}Xe)注射液、铬(^{51}Cr)酸钠注射液等。

2. 普通药品 普通药品又称普药,指在临床上广泛使用或使用多年的常规药品。普药一般毒性较小、不良反应较少、安全范围较大、技术含量低,市场上有多家企业生产或销售,产品进入商场比较容易,价格较低,临床上已经形成固定的用药习惯。

(七) 按照医药商品出现的时间不同分类

1. 传统药 传统药是人类在与疾病作斗争的漫长历史过程中发现、使用的,在传统医药学理论指导下用于预防、治疗的物质,包括中药、蒙药、藏药、维药等。

传统药的特点:①用传统医药学观点和理论表述其特性。②能被传统医学使用的药物。③根据药物的性能组合在方剂中。④在传统医药学理论指导下应用。

2. 现代药 现代药也称为西药,指 19 世纪以来发展起来的,用现代医学、药学理论方法和化学技术、生物技术等现代科学技术手段发现或获得的，在现代医学、药学理论指导下用于预防、治疗、诊断疾病的物质。根据来源不同，现代药通常分为化学药品、抗生素、生化药品和生物制品，如阿司匹林、青霉素、尿激酶、干扰素等。

现代药的特点：①用现代医药学观点表述其性能。②能被现代医学使用的药物。③是用合成、分离、提取、化学修饰、生物工程等方法制得的物质。④化学结构基本清楚，有控制质量的标准和方法。⑤用现代医药学理论和方法筛选确定其药效。

（八）按照注册申请方式分类

1. 新药 根据《药品管理法》及2007年10月1日开始执行的新《药品注册管理办法》，新药系指未曾在中国境内上市销售的药品。对已上市药品改变剂型、改变给药途径、增加新适应证的药品不属于新药，但药品注册按照新药申请的程序申报；改变剂型但不改变给药途径，以及增加新适应证的注册申请获得批准后不发给新药证书（靶向制剂、控缓释制剂等特殊剂型除外）。

2. 仿制药 仿制药是指生产国家食品药品监督管理局已批准上市的已有国家标准的药品。

3. 进口药 进口药是指境外生产的在中国境内合法上市销售的药品。进口药品包括其他国家和我国的香港、澳门与台湾地区生产的药品。

4. 医疗机构制剂 医疗机构制剂是指医疗机构根据本单位临床需要而市场上无供应、经批准而配制、自用的固定处方制剂。同其他药品一样医疗机构配制的制剂必须按照规定和制剂标准进行质量检验，不合格者，不得使用。正规的、合格的医疗机构制剂标签上都会注明制剂批准文号。

三、常用药物制剂及特点

1. 片剂 片剂是指药物与适宜的辅料均匀混合，通过制剂技术压制而成的圆片或异形片的固体制剂。主要以口服普通片和包衣片为主，另有分散片、咀嚼片、泡腾片、含片、舌下片、控释片、缓释片、阴道片、多层片、植入片、纸型片等。

其优点：①剂量准确，应用方便。②质量稳定，携带、运输和储藏方便。③机械化生产、自动化程度高，产量大，成本低。④品种丰富，能满足预防、治疗用药的不同需求。

缺点：①婴幼儿和昏迷患者不易吞服。②因片剂需加入若干种辅料并且经过压缩而成，故易出现崩解度和溶出度不合格问题。③含挥发性成分的片剂久贮后含量下降等。

2. 胶囊剂 胶囊剂是指将药物填装于空胶囊或密封于软质囊材中而制成的制剂。可分为硬胶囊、软胶囊、肠溶胶囊、控释胶囊等类型。

其优点有：①与片剂相比，药物释放快，主药较易吸收。②胶囊可掩盖药物的不良气味，便于吞服。③胶囊壳可保护药物免受湿气，空气中氧、光线的作用，可提高药物的稳定性。④胶囊壳可染有各种颜色，便于识别。

缺点：①胶囊在胃中溶化释药时因局部药物浓度过高而刺激胃黏膜，可造成黏膜损伤。②胶囊不适合于儿童和有消化性溃疡的患者服用。

3. 注射剂 注射剂又称针剂，系指专供用注射器注入体内的一类制剂，包括药物的无菌或灭菌溶液、混悬液、乳浊液和临用前配制成溶液或混悬液的无菌粉末。

其优点：①注射剂因药液直接注入组织或血管，所以吸收快、作用迅速、剂量准确、疗效可靠，尤适用于急症和危重患者。②因为药物不经过消化道吸收，所以不受消化液和食物的影响，适宜于不宜口服的药物和不能口服药物的患者。③能使药物发挥局部定位作用，如局部麻醉作用、局部封闭、关节腔注射、造影剂局部造影等。

缺点：①使用不方便，注射疼痛。②给药方法和制造工艺复杂，成本较高。③药品稳定性差，不宜久贮，药品变质或使用不当时危害较大。④储存、运输过程中易发生破碎损失。

4. 糖浆剂 糖浆剂是指含有药物、药材提取物或芳香物质的口服浓蔗糖水溶液。其在应用方面有独特的优点：味甜、芳香可口，能掩盖药物的苦味、咸味及其他不适臭味，使药物易于服用，尤其适合于儿童患者。

5. 软膏剂 软膏剂是指药物与软膏基质混合制成的一种容易涂布于皮肤、黏膜或创面的具有适当稠度的外用半固体制剂。一般可发挥保护、润滑皮肤的作用，同时因加入药物的不同而发挥局部消炎、杀菌、防腐、收敛、止痒及促进肉芽生长等治疗作用。软膏剂分为皮肤用软膏和黏膜用软膏。

（1）皮肤用软膏：一般不太软，易于均匀涂布和洗涤，如鱼石脂软膏等。

（2）黏膜用软膏

1）眼用软膏：是指供眼用的灭菌软膏，如阿昔洛韦眼膏等。

2）鼻用软膏：如薄荷脑软膏、色甘酸钠鼻用软膏等。

3）直肠用软膏：如痔疮膏等。

4）阴道用软膏：如克林霉素乳膏、克霉唑软膏等。

6. 栓剂 栓剂是由药物和适宜基质制成供腔道给药的固体剂型。其形状和重量因施用腔道的不同而有所不同，分为直肠栓、阴道栓、尿道栓；因作用方法的不同分为普通栓和缓释栓。栓剂在常温下通常为固体，引入腔道后，在体温条件下能迅速熔化或软化，逐渐释放药物而产生药效。

栓剂用于局部治疗时，能起润滑、收敛、抗菌消炎、杀虫、止痒、麻醉等作用。栓剂吸收后也可产生全身作用，且与口服给药比较具有以下优点：①直肠吸收比口服吸收快而规律，作用时间长。②可避免药物对胃黏膜产生刺激。③无首关消除。④适用于不能吞服药物的患者。缺点：使用不方便，成本较高，易受温度、湿度的影响而变质。

7. 酊剂 酊剂系指药物用规定浓度的乙醇浸出或溶解而制成的澄清液体制剂，也可用流浸膏稀释制成，如阿片酊、颠茄酊、碘酊等。酊剂的乙醇含量多在40%~90%，乙醇含量的高低主要根据药物中所含有效成分的溶解性质而定。

8. 散剂 散剂是指药物与适宜的辅料经粉碎、均匀混合制成的干燥粉末状制剂，分为口服散剂和外用散剂。

（1）口服散剂：一般溶于或分散于水或其他液体中服用，也可以直接用水送服，如蒙脱石散。

（2）外用用散剂：可供皮肤、口腔、咽喉、腔道等处应用，主要具有消炎、保护、收敛等作用。

9. 颗粒剂 颗粒剂是指药物与适宜的辅料制成具有一定粒度的干燥颗粒状制剂。颗粒剂可分为可溶颗粒剂、混悬颗粒剂、泡腾颗粒剂、肠溶颗粒剂、缓释颗粒剂和控释颗粒剂等，供口服用。与散剂比，颗粒剂的特点有：①飞散性、附着性、聚集性、吸湿性等均较小。②服用方便，适当加入芳香剂、矫味剂、着色剂等，可制成色、香、味俱全的药物。

10. 油剂 油剂系指药物的油状液体制剂，绝大多数供外用。油剂具有刺激性小、作用缓和的特点，对皮肤黏膜有保护作用。常用于鼻腔或皮肤的炎症或烧伤、烫伤。油剂主要包括以下两种。

（1）用植物油作稀释剂或溶剂制成的油状制剂：如维生素AD滴剂、鱼肝油等。常用的植物油有花生油、麻油、茶油、蓖麻油等。

（2）含有挥发油的油状液体制剂：如驱风油、四季油等。常用的挥发油有薄荷油、樟脑油、松节油等。

11. 气雾剂 气雾剂系指药物与抛射剂共同封装于具有特制阀门系统的耐压密封容器内，使用时借助抛射剂的压力定量或非定量地将药物以细雾状、半固体或泡沫喷出的制剂。气雾剂包括喷雾剂和吸入剂，吸入剂又分为液体吸入剂和干粉吸入剂。

气雾剂主要经呼吸道、腔道、皮肤等局部发挥治疗作用，也可经肺、鼻腔、黏膜、皮肤吸收发挥全身治疗作用。其优点是具有速效和定位作用；缺点是效期短，需耐压容器而成本高。

12. 贴剂 贴剂系指通过粘贴在皮肤上，药物可产生全身或局部作用的一种薄片状制剂。该制剂有背衬层、有（或无）控释膜的药物储库、粘贴层及临用前须除去的保护层。贴剂可用于完整皮肤表面，也可用于有疾患或不完整的皮肤表面。其中用于完整皮肤表面，能将药物输送透过皮肤进入血液循环的贴剂称为透皮贴剂。

13. 滴丸剂 滴丸剂系指固体或液体药物与适宜的基质加热熔融混匀后，滴入不相混溶的冷凝液中，收缩冷凝而制成的球状制剂。滴丸剂主要供口服，也可供局部如耳、鼻、直肠、阴道等使用。其特点是药效迅速、生物利用度高、便于服用和运输、药物稳定性好、生产成本低，根据需要可制成内服、外用、缓释、控释或局部治疗等多种类型的滴丸剂。

14. 膜剂 膜剂系指药物与适宜的成膜材料经加工制成的膜状制剂。膜剂有外科和皮肤用药膜、眼用药膜、口服药膜、阴道用药膜及植入膜等，供口服或黏膜用。其优点有无粉末飞扬、成膜材料用量小、含量准确、稳定性好、吸收快、疗效好也可控速释药；缺点是载药量少，只适用于剂量小的药物。

15. 植入剂 植入剂系指药物与辅料制成的供植入体内的无菌固体制剂。植入剂一般采用特制的注射器植入，也可以用手术切开植入，在体内持续释放药物，维持时间长，但使用不方便，给药时有创伤。

16. 溶液剂 溶液剂一般是指化学药物内服和外用的澄明溶液，以分子或离子状态分散，溶剂大多为水，少数为醇或油，如硝酸甘油溶液等。可供内服、外用或环境卫生用。大多数药物制成溶液剂后稳定性较差，易氧化、水解、霉变、沉淀等，因此对其包装材料的要求比固体制剂严格。

17. 混悬剂 混悬剂是指难溶性固体药物，以0.5~50μm大小微粒分散在溶剂中所制成的非均相分散系的液体药剂。混悬剂在口服、外用、注射、滴眼、气雾及控释等制剂中均有应用。

18. 乳剂 乳剂系指两种不相混溶的液体，经过乳化构成不均匀的分散系，其中一种液体以小液滴分散在另一液体中。乳剂有水包油型和油包水型两种，可供内服、外用、注射等。

19. 合剂 合剂系指含有一种或一种以上的可溶性药物或不溶性固体药物的澄明液或混悬液。合剂中的药物可以是化学药物，也可以是中药材提取物。合剂主要以水为溶剂，有时为了溶解药物也可以加少量乙醇。

20. 滴眼剂 滴眼剂系指将药物制成供滴眼用的澄明溶液或混悬液。通常以水为溶剂。一般作为消炎杀菌、收敛、散瞳、缩瞳、降低眼压及局部麻醉用，也有用作润滑或代替泪液，如氯霉素滴眼剂等。

21. 滴鼻剂 滴鼻剂是专供滴入鼻腔内使用的液体药剂，发挥局部治疗和全身性治疗作用。

22. 滴耳剂 滴耳剂是指将药物制成供滴入耳腔内的外用液体药剂。滴耳剂一般具有消炎、止痒、收敛、润滑等作用，如复方新霉素滴耳剂等。

第三节 医药商品质量

一、医药商品质量概述

（一）医药商品质量的定义及特性

1. 商品质量 我国商品学界一般认为，商品质量有广义和狭义之分。广义的商品质量是指商品具有满足明确和隐含需要的能力的特性和特征的总和。狭义的商品质量是指商品具有满足明确和隐含需要的能力的特性的总和。特征是指用来区分同类商品不同品种的特别显著的标志，如麻醉药中的针剂、片剂、吸入剂等区分标志；特性是指不同类别商品所特有的性质，如解热镇痛药可以降低发热者的体温而不影响正常体温，即商品的特性。

商品质量是一个综合性的概念，它涉及商品本身及商品流通过程中诸因素的影响。从现代市场观念来看，商品质量是内在质量、外观质量、社会质量和经济质量等方面内容的综合体现。

（1）商品的内在质量：是指商品在生产过程中形成的商品体本身固有的特性，包括商品实用性能、可靠性、寿命、安全与卫生性等。它构成商品的实际物质效用，是最基本的质量要素。

（2）商品的外观质量：主要指商品的外表形态，包括外观构造、质地、色彩、气味、手感、表面疵点和包装等，它已成为人们选择商品的重要依据。

（3）商品的社会质量：是指商品满足全社会利益需要的程度，如是否违反社会道德，对环境造成污染，浪费有限资源和能源等。一种商品不管其技术如何进步，只要有碍于社会利益，就难以生存和发展。

（4）商品的经济质量：是指人们按其真实的需要，希望以尽可能低的价格，获得尽可能优良性能的商品，并且在消费或使用中付出尽可能低的使用和维护成本，即物美价廉的统一程度。

商品的内在质量是由商品本身的自然属性决定的；外观质量、社会质量和经济质量则是由商品的社会效应来决定的，它涉及诸多社会因素的影响。

2. 医药商品质量 医药商品质量是指能满足规定要求或潜在需要的特性总和。其特性表现在以下五个方面。

（1）有效性：有效性是指在规定的适应证、用法和用量条件下，能满足预防、治疗、诊断人的疾病，有目的地调节人的生理功能的要求。药品有效性满足了人们对药品的客观需求，是评价药品质量最重要的指标。中国对药品的有效性按在人体达到所规定的效应的程度分为“痊愈”、“显效”、“有效”，国际上有的则采用“完全缓解”、“部分缓解”、“稳定”来区别。

(2) 安全性:安全性是指药品在按规定的适应证或者功能主治、用法和用量使用的情况下,对用药者生命安全的影响程度,也是评价药品质量最重要的指标之一。由于大多数药品均有不同程度的毒性反应,因此安全性是药品的固有特性,只有在衡量药品有效性大于毒性反应,或药品毒性反应可解除、缓解的情况下,才能使用某种药品。如各国政府在新药审批中都要求研制者提供急性毒性、长期毒性、致畸、致癌、致突变等数据,就是为了保证药品的安全性。安全性是用药的前提,有效性是用药的依据。

(3) 均一性:是指药物制剂的每一单位产品都符合有效性、安全性的规定要求。即指药物制剂的每一片、一支注射剂、一包冲剂、一瓶糖浆等具有相同的品质,也是药物的重要特征。由于人们在服用药品时是按每单位剂量服用的,若每单位药物含量不均一,就可能造成患者用量的不足而无效,或用量过大而中毒。因此,药品在进入市场流通前应具备工艺及产品质量的均一性,并且在生产、流通和使用过程中有具体的标准来控制各批产品间的均一性。

(4) 稳定性:稳定性是指药品在规定的条件下保持其有效性和安全性的能力。所谓规定的条件是指在规定的有效期内,以及生产储存、运输和使用的条件下,药品的各项质量检查指标仍在合格范围内。稳定性也是药品的固有特性。如某些物质虽然具有预防、治疗、诊断疾病的有效性和安全性,但极易变质、不便于运输和储存,因此不能作为药品进入流通和使用领域。

(5) 经济性:经济性是指药品在生产流通过程中形成的价格水平,提高药物的经济性就是要在保证符合各方面条件和要求的前提下,提高药物的安全性、有效性等与药品的寿命周期成本的比值。如在国家基本药物的遴选中就强调了入选药物需满足价格合理的要求,即药品要具有较好的经济性。

(二) 影响医药商品质量的因素

医药商品是一种关系人民生命健康的特殊商品。医药药品质量与人民生命攸关。掌握和研究影响药品质量的因素,无论是对药品监督管理人员,还是药品生产、流通等领域的工作者有的放矢地分析药品质量优劣,确保人民用药安全有效和有效地实行“监、帮、促”的实际工作均有益处。

1. 人的因素　制药企业的操作人员、管理人员、技术人员等对药品质量的优劣起着关键性的影响。这包括对药品质量的重视程度、责任心的强弱、研究改进和提高药品质量的积极性、技术熟练的程度及身体条件、精神状态的好坏等。人的因素既影响着药品质量,也影响着企业的信誉。

2. 原材料　原材料是生产医药产品所用的物料,是形成商品质量的物质基础,包括中间体、半成品等。原材料质量的优劣,直接影响着药品质量,影响着收率、消耗、成本,也影响着药品的疗效。原材料本身的质量受品种、成分、结构、性质、产区的自然条件及饲养或栽培方法等因素的影响。例如,中药材因其品种、种植环境、气候条件、栽培技术等不同,造成原材料的质量也不尽相同。使用不同产地的中药材生产的中成药在质量上有着显著的差别,因此一些著名的中成药生产企业非常强调地道药材的使用,这种保障医药商品质量的方式也得到了患者的广泛认可。

3. 生产工艺　生产工艺主要是指商品在加工制造过程中的配方、操作规程、设备条件及技术水平等。生产工艺是形成商品质量的关键,对商品质量起决定性作用。因为商品的各种有用性及外形和结构，都是在生产过程中形成和固定下来的。生产工艺不但可提高质量，也可以改变质量。在很多情况下，虽然采用的原料药相同，但因生产工艺的不同，不仅商品数量会有差异，质量方面也会相差悬殊。例如，中药的生产非常强调炮制方法，不同的炮制方法生产出来的中药质量和疗效上都有显著的差别。

4. 检测手段 先进的检测方法是保证和提高药品质量的必要条件。如注射剂澄明度检查法采用肉眼直观检测，长时间检测会造成人的眼睛疲劳。每一个检测人员的眼力不一样，责任心不一样，每一个检测人员心目中澄明度的标准也不尽相同。因此，同一批产品经不同的检测人员、不同的时间检验后，产品合格率上下波幅很大。

5. 环境因素 环境因素包括周围环境、室内环境。周围环境即厂区内外周边环境，应无污染源，空气、场地、水质应符合药品生产的要求。厂区内应绿化，尽量减少露土面积，路面应硬化，不起尘，交通方便。厂房内应具备适当的照明、取暖、降温、通风设备和防尘、防污染、防蚊蝇、防虫鼠、防异物混入等设施。

6. 管理因素 管理因素包括标准、计量、质量情报、质量的宣传与教育等方面。

二、医药商品质量监督管理

药品质量监督管理是药品监督管理部门，根据法律授予的职权，依据法律制定的药品标准、法律、行政法规、制度和政策，对我国研制、生产、销售、使用的药品质量（包括进出口药品质量），以及影响药品质量的工作质量、保证体系的质量所进行的监督管理。实行药品质量监督管理的目的是保证药品质量，保障人民用药安全，维护人民身体健康和用药的合法权益。

（一）医药商品质量监督管理的组织机构

药品是特殊的商品，因此药品的质量管理也更加严格全面。中国药品的质量监督管理由专门的药品监督管理组织机构负责，其中包括药品行政监督管理机构和药品技术监督管理机构。

1. 药品行政监督管理机构 药品质量监督管理机构主要是指国务院和省、自治区、直辖市政府设置的药品监督管理部门，以及实行垂直管理的地市、县级的药品监督管理部门。目前，我国药品行政监督管理机构可分国家级、省（自治区、直辖市）级、市（地）级和县（市）级。国家食品药品监督管理总局（CFDA）隶属现在国务院直属单位，主要负责全国的食品药品监督管理工作。负责对药品的研究、生产、流通和使用进行行政监督和技术监督；负责食品、保健品、化妆品安全管理的综合监督、组织协调和依法组织开展对重大事故查处；负责保健品的审批。省级以下食品药品监督管理机构实行地方政府分级管理，业务上接受上级主管部门和同级卫生部门的指导和监督。省以下药品监督管理部门是同级人民政府的工作机构，履行法定的监督管理职能。

2. 药品技术监督管理机构

（1）药品检验机构：为了加强药品质量的监督管理，国家通过立法，规定各级药品监督管理部门设置药品检验机构，授权各级药品检验机构对药品质量进行监督检验。药品质量监督检验是药品质量监督管理的重要依据，因其不涉及买卖双方的经济效益，不以营利为目的，故具有第三方检验的公正性。它是根据国家的法律规定对药品的研究、生产、流通和使用进行行政检验，故具有很强的仲裁性和权威性。

（2）国家药典委员会：负责组织编纂《中华人民共和国药典》及制定、修订国家药品标准，是国家药品标准工作的法定专业管理机构。现属于国家食品药品监督管理总局直属的事业单位。

(3) 国家食品药品监督管理总局药品审评中心：是国家食品药品监督管理总局直属的事业单位，为药品注册技术审评机构，并为药品注册提供技术支持。

(4) 国家食品药品监督管理总局药品认证管理中心：为国家食品药品监督管理总局直属的事业单位，是专门从事药品认证管理的机构。

(5) 国家中药品种保护审评委员会办公室：为国家食品药品监督管理总局直属的事业单位，是专门负责中药品种保护、保健食品技术审评及相关工作的机构。

(6) 国家食品药品监督管理总局药品评价中心：为国家食品药品监督管理总局直属的事业单位，是专门承担基本药物、非处方药物的遴选及药品再评价工作的机构。

(二) 医药商品质量监督管理的原则

1. 以社会效益为最高准则 药品是防病治病的物质基础，保证人民群众用药安全、有效是药品监督管理工作的宗旨，也是药品生产、经营活动的目的。因此，药品质量监督管理必须以社会效益为最高准则。

2. 质量第一的原则 药品是特殊商品，药品的质量至关重要，符合质量标准要求，才能保证疗效；否则将无效，以致贻误病情。因此，质量问题直接关系到患者的生命安全，人们自始至终应该把药品的质量放在首位。

3. 法制化与科学化高度统一的原则 总结以往经验，要搞好药品监督管理工作，必须对其立法，做到有法可依、有法必依、执法必严、违法必究。同时，必须依靠科学的管理方法，如严格执行《药品生产质量管理规范》、《药品经营质量管理规范》，推广应用现代先进的科学技术等来促进药品监督管理工作。《药品管理法》、《药品管理法实施办法》及《药品生产质量管理规范》的颁布实施就是对药品科学的监督管理赋予了法定性质。

4. 专业监督管理与群众性的监督管理相结合的原则 为了加强对药品的监督管理，国家设立了药品监督管理机构，专门负责药品监督管理工作。在药品生产、经营企业和医疗单位设立药品质检科室，开展自检活动，还设立了群众性的药品质量监督员、检验员，开展监督工作。这三支力量相结合，发挥着越来越大的作用。

(三) 医药商品质量监督管理的内容

我国药品质量监督管理的内容主要包括：①制定和执行药品标准。②制定国家基本药物。③实行新药审批制度，生产药品审批制度，进口药品检验、批准制度，负责药品检验。④药品不良反应监测报告制度。⑤药品品种的整顿和淘汰。⑥对药品生产、经营企业，医疗单位和中药材市场的药品进行检查、抽验，及时处理药品质量问题。⑦指导药品生产企业和药品经营企业的药品检验机构和人员的业务工作。⑧调查、处理药品质量、中毒事故，取缔假药、劣药，处理不合格药品，执行行政处罚，对需要追究刑事责任的向司法部门提出控告。⑨对药品实行处方药和非处方药管理。

第四节 医药商品标准

一、医药商品标准的概念

为了保证药品的质量，国家对医药商品有强制性的执行标准，即医药商品质量标准。医药商品质量标准包括药品质量标准和医疗器械标准，第一章重点介绍药品质量标准。

药品质量标准是国家对药品质量、规格及检验方法所做的技术规定，是药品生产、经营、使用、检验和监督管理部门共同遵循的法定依据。主要内容包括药品名称、成分或处方的组成；含量及其检查、检查方法；允许的杂质及其限量要求；药品的作用、用途、用法、用量；注意事项和储藏方法等。中药材、中成药、化学原料药及其制剂，生物制品等应根据各自的特点设置不同的项目。

药品质量标准属于强制性标准。药品质量标准是药品质量的衡量尺度和药品质量问题的处理依据，对维持药品质量的稳定性、均一性、有效性，保证用药安全至关重要，也有利于促进国际医药技术交流和推动医药进出口贸易的发展。

二、我国现行的药品质量标准

（一）《中华人民共和国药典》

《中华人民共和国药典》简称《中国药典》，其英文缩写为 Ch. P，是由国家食品药品监督管理总局国家药典委员会编制，经国务院批准后，国家食品药品监督管理总局颁布执行，是我国记载药品质量标准的国家法典，具有全国性的法律约束力。《中国药典》中收载的是防病治病必须、疗效确切、不良反应小、被广泛应用、质量稳定、工艺成熟并能批量生产、有合理的质量控制手段的药品。

新中国成立以来，我国已经出版了十版药典（1953 年版、1963 年版、1977 年版、1985 年版、1990 年版、1995 年版、2000 年版、2005 年版、2010 年版和 2015 年版）。目前版本为《中国药典》（2015 年版），该版药典共分为一部、二部和三部。药典一部收载药材及饮片、成方制剂和单味制剂、植物油脂和提取物等；药典二部分为两部分，第一部分收载化学药品、抗生素、生化药品、放射性药品，第二部分收载药用辅料；药典三部收载生物制品。

《中国药典》由凡例、正文、附录和索引四部分组成。凡例是执行药典必须了解和遵循的法则，是药典的总说明，包括药典中各种术语的含义及其在使用时的有关规定；正文收载药品及制剂的质量标准，主要内容有品名、结构式、分子式与分子量、来源或化学名、含量或效价规定、处方、制法、性状、鉴别、检查、含量测定、类别、储藏和制剂等；附录是药典中的通用方法，包括制剂通则、通用检测方法、一般鉴别试验、一般杂技检查方法、有关物理常数测定和试剂配置等；索引采用“汉语拼音索引”和“英文名称索引”，这两个索引与药典正文前的品名目次相结合，可快速查询有关药物品种。

（二）《中华人民共和国食品药品监督管理总局药品标准》

其简称《部颁药品标准》，由国家食品药品监督管理总局国家药典委员会编制，国家食品药品监督管理总局颁布执行。其性质也与《中国药典》相似，亦具有法律约束力。列入《部颁药品标准》的品种是：①卫生部批准的新药。②地方药品标准中疗效较好、医疗常用、生产地区较多、需要统一标准的品种。③上版《中国药典》收载而新版药典未列入的，疗效肯定的药品。

另外，国家药品标准还有“地方药品标准”、“注册标准”、“试行标准”、“医疗机构制剂标准”、“中药材标准”“中药炮制规范”等。

三、现行医药商品标准基本内容

(一) 原料药标准

原料药标准包括品名、性状、鉴别、检查、含量测定、类别、储藏、制剂。

(二) 化学制剂标准

化学制剂标准包括品名、处方、制法、性状、鉴别、检查、含量测定、类别、储藏。

(三) 中药材标准

中药材标准包括品名、性状、鉴别、检查、含量测定、炮制、性味与归经、功能与主治、用法与用量、注意、储藏。

(四) 中成药标准

中成药标准包括品名、处方、制法、性状、鉴别、检查、含量测定、功能与主治、用法与用量、规格、储藏。

(五) 生物制品标准

生物制品标准包括基本要求、制法、检定、保存、运输及有效期、使用说明,其中使用说明包括药品名称、成分和性状、接种对象、作用与用途、规格、用法用量、不良反应、禁忌、注意事项、储藏。

第五节 药品生产质量管理

《药品生产质量管理规范》(GMP)是世界各国对药品生产全过程监督管理普遍采用的法定技术规范。GMP 对企业生产药品所需要的人员、厂房、设备、原辅料、工艺、质监、卫生等均提出了明确的要求,重视事先控制,减少药品生产过程中污染和交叉污染、混杂和差错等风险,确保持续稳定地生产出符合质量要求的药品。

一、GMP 发展概况

GMP 是 20 世纪 60 年代初期美国为保证药品生产质量管理的需要而制定的,并由 WHO 向各国推荐采用的技术规范。目前世界上有 100 多个国家和地区实施了 GMP 管理制度。中国在 1982 年由中国医药工业公司颁发 GMP 试行稿,1984 年由国家医药局修改后正式发布执行;1988 年、1992 年、1998 年和 2010 年,原卫生部、国家食品药品监督管理局又先后多次修改并颁令实行,现行的是 2010 年修订的,于 2011 年 3 月 1 日施行。

二、实施 GMP 的意义

(一) 有利于企业开发新药

药品生产企业,只有获得"药品 GMP 证书",才能开发新品种,增强企业的后劲,为企业今后的发展创造条件。

(二) 有利于换发《药品生产企业许可证》

新开办的药品生产企业必须通过 GMP 认证,取得《药品 GMP 证书》,方可发放《药品生产企业许可证》。在规定期内,未取得《药品 GMP 证书》的企业,将不予换发《药品生产企业许可证》。

（三）有利于提高声誉，提高竞争力

因为凡通过GMP认证的企业或车间，都发有《药品GMP证书》，而且也在有关报纸上刊登公告，通过GMP认证的有关内容也可在企业和产品宣传推广上应用。这样必然会进一步提高企业或车间的形象和声誉，提高市场的竞争力，占有更大的市场。

（四）有利于药品的出口

GMP已成为国际医药贸易对药品生产质量的重要要求，成为国际通用的药品生产及质量管理所必须遵循的原则，也是通向国际市场的通行证，如果企业或车间获得《药品GMP证书》，药品就可以走出国门，面向世界，扩大出口，争取更多的外汇。

（五）有利于监管药品生产过程

过去的管理，是一种传统的管理方法，只重视结果，不注意过程，而现在GMP管理，是一种科学的先进管理方法，它最大的特点是不但重视结果，而且还重视过程。GMP所制定的内容，主要是力求消灭药品生产中的污染、混淆和差错等隐患，这种隐患，仅靠对成品结果的检验是无法完全把关的。

三、我国现行GMP简介

（一）GMP的内容

我国现行GMP自2011年3月1日起施行，作为制药企业药品生产和质量管理的法规，它强调了时效性，强调药品生产和质量管理的法律责任，强调药品生产全过程的全面质量管理、建立全面的质量管理档案等，新版GMP条款内容更加具体、指导性和可操作性更强；在生产条件和管理制度方面的规定更加全面、具体，进一步从生产环节确保了药品质量的安全性、稳定性和均一性。其内容共14章，内容包括：总则、质量管理、机构与人员、厂房与设施、设备、物料与产品、确认与验证、文件管理、生产管理、质量控制与质量保证、委托生产与委托检验、产品发运与召回、自检、附则。

（二）GMP的认证管理

GMP是一套适用于制药、食品等行业的强制性标准，要求企业从原料、人员、设施设备、生产过程、包装运输、质量控制等方面按国家有关法规达到卫生质量要求，形成一套可操作的作业规范帮助企业改善企业卫生环境，及时发现生产过程中存在的问题，加以改善。

GMP提供了药品生产和质量管理的基本准则，药品生产必须符合GMP的要求，药品质量必须符合法定标准。药品GMP认证是国家依法对药品生产企业或车间和药品品种实施GMP监督检查并取得认可的一种制度，是国际药品贸易和药品监督管理的重要内容，也是确保药品质量稳定性、安全性和有效性的一种科学的先进的管理手段。自1998年7月1日起，未取得药品GMP认证证书的企业，国家不予受理生产新药的申请；批准新药的，只发给新药证书，不发给药品批准文号。

第六节　药品经营质量管理

《药品经营质量管理规范》（GSP）是指在药品流通过程中，针对计划采购、购进验收、储存、销售及售后服务等环节而制定的保证药品符合质量标准的一项管理制度。其核心是通过严格的管理制度来约束企业的行为，对药品经营全过程进行质量控制，保证向用户提供优质的药品。

一、GSP 发展概况

1984 年 6 月中国医药公司制定《医药商品质量管理规范》，由国家医药管理局发文，这是中国第一套 GSP 的发布实施。国家医药管理局发布实施 1992 年版 GSP。2000 年 4 月 30 日国家药品监督管理局颁布了《药品经营质量管理规范》，2000 年 7 月 1 日起正式施行；现行《药品经营质量管理规范》于 2012 年 11 月 6 日经卫生部部务会审议通过，自 2013 年 6 月 1 日起施行。新版 GSP 对药品批发企业和零售企业进行了区分对待，内容更加具体、科学、丰富、实用。

二、实施 GSP 的意义

（一）更好地促进药品经营企业做到依法经营

GSP 作为我国药品经营质量管理工作基本准则，收录了先行质量管理法规中对药品商业企业的要求内容，如进货管理、验收管理、储存与养护管理、销售与售后服务管理等。所以说，实施 GSP 将会更好地促进药品经营企业做到依法经营和依法管理，以保证经销药品质量，保护用户、消费者的合法权益和人民用药安全有效。

（二）提高药品经营企业质量管理水平

GSP 作为一个思想体系最重要的一条是“质量第一”，这就要求企业进行任何经营活动都必须以质量为首要问题，确保药品质量，同时，企业实施 GSP 也将有利于企业的发展，促进企业经营思想和经营组织结构的变化，促进企业运用先进的科学技术保证药品的安全可靠。

（三）整顿和规范医药市场混乱的局面

实施 GSP 是为了进一步加快我国医药产业结构的调整，做大、做强一批药品经营企业，提高医药行业市场准入的门槛，规范企业药品经营行为，净化药品市场，提高企业的集中化、规模水平和综合竞争力，以适应我国加入 WTO 之后的形势发展要求而作出的重大决策，也是我国药品流通领域改革的必由之路。

三、我国现行 GSP 简介

（一）GSP 的内容

我国现行 GSP 自 2013 年 6 月 1 日起施行，对企业经营质量管理要求明显提高，有效增强了流通环节药品质量风险控制能力。内容包括四个部分。

1. 总则

2. 药品批发企业的质量管理　包括质量管理体系、组织机构与质量管理职责、人员与培训、质量管理体系文件、设施与设备、校准与验证、计算机系统、采购、收货与验收、储存与养护、销售、出库、运输与配送、售后管理等。

3. 药品零售企业的质量管理　包括质量管理与职责、人员管理、文件、设施与设备、采购与验收、陈列与储存、销售管理、售后管理等。

4. 附则

（二）GSP 的认证管理

GSP 认证是控制医药商品流通环节所有可能发生质量事故的因素从而防止质量事故发生的一整套管理程序，医药商品在其生产、经营和销售的全过程中，由于内外因素作用，随时都有可能发生质量问题，必须在所有这些环节上采取严格措施，规范药品经营行为，保证药品流通领域药商品质量，提高企业管理水平。药品经营企业应在药品监督管理部门规定的时间内达到 GSP 要求，并通过认证取得认证证书。

实施 GSP 的认证不但是市场准入的条件，也是决定当前我国药品经营企业过多过滥的有力手段。加快 GMP 认证步伐，对努力推动监督实施 GSP 工作向前发展具有现实意义。

（陈长艳）

自测题

单项选择题

1. 下列医药商品中不属于药品的是
   A. 中药材　B. 中药饮片
   C. 血清　D. 注射器
2. 下列哪项不属于医药商品的特殊性
   A. 检验专属性
   B. 使用两重性
   C. 生命关联性
   D. 具有使用价值和价值
3. 下列属于植物药的是
   A. 阿司匹林　B. 炉甘石
   C. 小檗碱　D. 牛黄
4. 椭圆形背景下 3 个英文字母“OTC”，为红底白字的图案代表的是
   A. 处方药
   B. 甲类非处方药
   C. 乙类非处方药
   D. 基本医疗保险药物
5. 去甲伪麻黄碱属于
   A. 麻醉药品　B. 精神药品
   C. 医疗用毒性药品　D. 放射性药品
6. 片剂的优点是
   A. 剂量准确，应用方便　B. 质量稳定
   C. 携带、运输方便　D. 婴幼儿易于吞服
7. 下列属于固体制剂的是
   A. 滴丸剂　B. 溶液剂
   C. 合剂　D. 滴鼻剂
8. 下列不属于医药商品质量的物质性的是
   A. 安全性　B. 有效性
   C. 经济性　D. 稳定性
9. 我国食品药品质量监督管理总局的管理内容不包括
   A. 制定和执行药品标准
   B. 对药品非法广告进行查处
   C. 负责药品检验
   D. 实行新药审批制度
10. 下列关于《中国药典》的说法错误的是
   A.《中国药典》的英文缩写为 Ch. P
   B. 是我国记载药品质量标准的国家法典
   C.《中国药典》由凡例、正文、附录和索引四部分组成
   D.《中国药典》（2010 年版），二部收载药材及饮片、成方制剂和单味制剂等

第二章 化学类医药商品

第一节 维生素、矿物质及肠外营养药

一、维生素药

维生素是维持机体正常代谢和功能所必需的低分子化合物，是人体六大营养要素（糖、脂肪、蛋白质、矿物质、维生素和水）之一。虽然人体每日对维生素的需要量很少，但不可或缺，它们是人体营养、生长所必需的某些少量有机化合物，对机体的新陈代谢、生长、发育、健康有极重要作用。

大多数维生素在体内不能合成，也无一定的储存，因此必须从食物中摄取。少数可在体内合成或肠道细菌产生，并在体内有一定的储存。在正常饮食情况下，无需人体另外补充维生素。但当摄入的食物中缺乏维生素，或由于疾病人体维生素摄入不足，机体吸收维生素发生障碍，机体对维生素的需求量增加，以及某些药物的干扰作用导致维生素合成减少时，都会导致一类特殊的疾病，称为“维生素缺乏症”。此时则应适当给予相应的维生素进行防治或辅助治疗。

维生素被称为“万年青”产品，维生素类药物不少为OTC，特别是乙类OTC品种。除了药用外，在保健食品、化妆品等方面也有重要用途。其中，维生素C、维生素E与维生素A是当今国际维生素市场上的三大支柱产品，年销售额合计约20多亿美元，其他畅销的品种包括维生素B_1、维生素B_2、维生素B_6、维生素B_{12}及烟酸等，每个品种的市值为0.5亿~1.5亿美元。世界范围内主要生产企业包括罗氏公司、巴斯夫股份公司、武田公司、赛诺菲-安万特公司等。国内主要生产厂家包括东北制药集团股份有限公司（简称东北制药）、石家庄制药集团有限公司（简称石家庄制药）、华北制药集团有限责任公司（简称华北制药）等。

维生素按照其溶解性可分为脂溶性维生素和水溶性维生素。

（一）脂溶性维生素

脂溶性维生素易溶于大多数有机溶剂，不溶于水。在食物中常与脂类共存，脂类吸收不良时，其吸收也减少，甚至发生缺乏症。常用的脂溶性维生素有：维生素A、维生素D、维生素E、维生素K等。

1. 维生素D

【别名】 维生素D_2、维生素D_3、骨化醇、胆骨化醇。

【性状】 无色结晶性粉末；无臭，遇光或空气易变质，不溶于水。

【作用与适应证】 维生素D提高肌体对钙、磷的吸收，使血浆钙和血浆磷的水平达到饱和程度；促进生长和骨骼钙化，促进牙齿健全；通过肠壁增加磷的吸收，并通过肾小管增加磷的再吸收；维持血液中枸橼酸盐的正常水平；同时防止氨基酸通过肾脏损失。

维生素D主要用于组成和维持骨骼的强壮。它被用来防治儿童的佝偻病和成人的软骨症、关节痛等。患有骨质疏松症的人通过添加适量的维生素D和镁可以有效地提高钙离子的吸收度。除此以外，维生素D还被用于降低结肠癌、乳腺癌和前列腺癌的概率，对免疫系统也有增强作用。

案例

患儿，男，2岁，平时多汗，睡眠质量差，经常便秘，肋骨软化，鸡胸，膝外翻，身高比正常孩子矮。曾经到医院就诊检查，带来检验单，药店药师给药治疗：维生素D_3滴剂，0.025mg(1000U)/d。

问题：

1. 该案例中的患者可能患什么病？
2. 请列出对该病的诊断依据。
3. 采用药品治疗该病是否正确？

【不良反应】 ①大剂量长期使用，可引起高血钙、食欲缺乏、呕吐，甚至软组织异常钙化，及肾功能下降，出现多尿、蛋白尿等。②孕妇使用过量，可致新生儿长期低血糖抽搐，应予注意。

【用药指导】 ①服用期间应同时补充钙剂。②动脉硬化、心功能不全、高胆固醇血症、高磷血症患者慎用。③市售鱼肝油制剂中，含大量维生素A，长期大量使用，易引起维生素A慢性中毒，故用于治疗佝偻病时宜用纯维生素D制剂。④注射比口服易中毒。

【药物商品】 ①维生素D_2片，糖衣片，除去包衣后呈白色。每片含5000U；10 000U。口服。②维生素D_2胶丸，黄棕色透明胶丸。每丸含0.125mg(5000U)；0.25mg(10 000U)。③维生素D_2注射剂，几乎无色至淡黄色的澄明油状液体。每支1ml:15万U；1ml:30万U；1ml:60万U，肌内注射。④维生素D_3注射液，淡黄色的澄明油状液体。每支1ml:5mg(20万U)；1ml:10mg(40万U)，肌内注射；用前及用时需服钙剂。⑤维生素AD胶丸，内含黄色或深黄色油状液，每粒含维生素A 3000U+维生素D 300U。口服。⑥鱼肝油，黄色至橙红色的澄清油状液体，微有特殊的鱼腥臭，但无败油臭，口服。⑦维生素AD滴剂，黄色至橙色的澄明油状液体；无败油臭或苦味。每1g含维生素A 5000U+维生素D 500U；每1g含维生素A 50 000U+维生素D 5000U；每1g含维生素A 9000U+维生素D 3000U。口服。

【商品信息】 ①维生素D及其衍生物存在于自然界或人工合成。包括维生素D_2、维生素D_3及维生素D的代谢活性物骨化二醇、骨化三醇等。②维生素AD胶丸、维生素AD滴剂为乙类OTC品种。③主要生产厂家：上海信谊药业有限公司、东北制药集团股份有限公司、青岛双鲸药业有限公司。

【储存】 遮光，密封，在阴凉干燥处保存。

2. 维生素E

【别名】 生育酚。

【性状】 本品为微黄色或黄色透明的黏稠液体，几乎无臭，遇光色渐变深，易被氧化，接触空气或紫外线照射则氧化变质

【作用与适应证】 维生素E对生殖功能、脂质代谢等均有影响，并有抗氧化作用，可促进毛细血管及小血管增生，并改善周围循环及抗衰老。缺乏时，生殖器官受损，不易受精或引起习惯性流产。本品适用于习惯性流产、不育症及更年期障碍、进行性肌营养不良症。亦可用于冠心病、高脂血症、动脉粥样硬化的辅助治疗。此外，本品尚可用于延缓

衰老，以及浸出性或炎症性皮肤病、皮肤角化症、脱毛症及早产儿或脂肪吸收异常所引起的缺乏症。

【不良反应】 ①大剂量可致视力模糊、头晕、恶心、腹泻、腹痛和其他胃肠道紊乱，也有报道引起疲劳、无力。②长期大量服用还可导致出血倾向，改变内分泌代谢，改变免疫机制，影响性功能，并有出现血栓性静脉炎或栓塞的危险。③外用可引起接触性皮炎。④遇有因维生素 K 缺乏引起低凝血酶原血症及缺铁性贫血等情况，应慎用。

【用药指导】 ①如食物中硒、维生素 A、含硫氨基酸不足或含有大量不饱和脂肪酸时，维生素 E 需要量增加，应注意及时补充。②一日服用 300mg 以上且长期使用，可能引起出血、高血压、生殖功能障碍，甚至乳腺癌。③可促进维生素 A 的吸收、利用和储存，应注意防止维生素 A 过多症。

【药物商品】 ①维生素 E 片，糖衣片 5mg/片；10mg/片；100mg/片。口服，成人一次 10～100mg，一日 2～3 次。②维生素 E 软胶囊，黄棕色透明胶丸。5mg 丸；10mg/丸；100mg/丸。口服，成人一次 10～100mg，一日 2～3 次。塑料瓶装，有效期三年。③维生素 E 注射液，淡黄色澄明油状液体。每支 1ml∶5mg；1ml∶50mg。肌内注射，一日 5～50mg。④维生素 EC 片，白色或略带淡黄色片，片心为类白色滴丸。每片含维生素 C 50mg，维生素 E 10mg。成人，口服一次 1～3 片，一日 1～2 次。

【商品信息】 ①富含维生素 E 的食物主要有坚果类，如杏仁、榛子和胡桃及瘦肉、乳类、蛋类、压榨植物油等。②维生素 E 是目前全球世界范围内使用较为普遍，也是发展速度较快的维生素类产品之一，已知本品对动脉粥样硬化、肿瘤及衰老等有一定的作用。除药用外，还作为食品添加剂、化妆品、饲料等使用。③美国是全球最大的维生素 E 消费国，主要消费行业是饲料业和医药保健品。④我国维生素 E 生产发展很快，成为继维生素 C 后第二大出口维生素产品，但我国出口维生素 E 主要以饲料级产品为主。⑤国际上维生素 E 生产企业主要有罗氏公司、巴斯夫股份公司和荷兰皇家帝斯曼集团等，国内生产厂家主要有广州白云山制药股份有限公司（简称广州白云山制药）、华北制药集团有限责任公司、厦门星鲨药业集团有限公司和浙江医药股份有限公司等。⑥维生素 E 以抗氧化的特性成为化妆品的重要添加剂，使得近年来国际维生素 E 市场的主要增长热点为化妆品级维生素 E 产品。

【储存】 遮光，密封，在干燥处保存。储存时间过长，色泽变深，注意检查合格后再用。

（二）水溶性维生素

维生素 C。

【别名】 抗坏血酸、德维喜、力度伸。

【性状】 白色结晶或结晶性粉末；无臭，味酸；久置色渐变微黄；水溶液显酸性。本品在水中易溶，在乙醇中略溶，在三氯甲烷或乙醚中不溶。

【作用与适应证】 维生素 C 参与氨基酸代谢、神经递质的合成、组织细胞间质的合成，能降低毛细血管的脆性，刺激凝血功能，加速红细胞的生长，并能促进体内抗体生成，增强机体的解毒功能及抵抗力。本品主要用于预防和发生坏血病的治疗，各种急慢性传染性疾病及紫癜等辅助治疗。还可用于砷、汞、铅、苯等中毒引起的或急慢性肝炎、肝硬化时的慢性肝脏损害及各种贫血病、过敏性皮肤病、口疮等疾病的治疗。

【不良反应】 ①长期过量服用，可引起泌尿系统尿素盐、半胱氨酸或草酸盐结石。②大量应用（每日 1g 以上）可引起皮肤红而亮、头痛、尿频、恶心、呕吐等。

【用药指导】 ①长期大量服用后，不可突然停药，宜逐渐减量停药，否则可引起停药后坏血病。②可破坏食物中维生素 B_{12} 与食物中的铜、锌离子的络合，阻碍其吸收，进而产生维生素 B_{12} 及铜、锌缺乏症状。③孕妇服用过量，可诱发新生儿坏血症。④维生素 C 以空腹服用为宜。⑤不适合与碱性药物配伍使用，以免影响疗效。

【药物商品】 ①维生素 C 片：白色或略带淡黄色片。25mg/片；50mg/片；100mg/片；250mg/片。一次 50~100mg，一日 3 次。②维生素 C 泡腾片：白色或略带淡黄色片，片面有散在的小黄点。0. 5g/片；1g/片。一次 0. 5~1g，一日 1~2 次。③维生素 C 口含片：白色或淡黄色片，每片 0. 5g。口服。④维生素 C 咀嚼片：每片 50mg；0. 1g。咀嚼后吞服。⑤维生素 C 丸：本品为糖丸，除去糖衣显白色或类白色，每丸含主要成分维生素 C 50mg；0. 1g。口服。⑥维生素 C 颗粒剂：黄色可溶性颗粒，味酸甜。每袋含主要成分维生素 C 0. 1g。口服。⑦维生素注射液：每支 1ml 50mg。肌内注射。

【商品信息】 ①维生素 C 的主要食物来源是新鲜蔬菜与水果。蔬菜中辣椒、茼蒿、苦瓜、豆角、菠菜、土豆、韭菜等中含量丰富；水果中酸枣、鲜枣、草莓、柑橘、柠檬等中含量最多。②维生素 C 是目前全世界产销量最大，应用范围最广泛的一种维生素品种。本品广泛用于医药、食品饮料、饲料行业、化妆品行业等。③1928 年匈牙利生化学家 Albert Szent-Gyorgyi 成功分离得到纯品，1933 年瑞士化学家 Tadeus Reichstein 发明了维生素 C 的工业生产法，成为 50 余年来工业生产维生素 C 的主要方法。1980 年中国科学院微生物研究所的研究员尹光琳发明“维生素 C 二步发酵新工艺”，并于 20 世纪 90 年代初大规模生产，目前已成为全球最大的维生素 C 生产国和出口国，产量占全球份额的七成以上，出口量占全国总产量的 80%。我国以石家庄制药、华北制药、东北制药、江苏江山制药有限公司等产量较大。④我国大部分维生素 C 依赖出口，而国内消费严重不足，人均年用量不足 4g，远远低于欧美发达国家 60~90g，国内市场潜力十分巨大。

【储存】 遮光，密封保存。

其他维生素的作用与适应证、不良反应与用药指导，见表 2-1。

表 2-1 其他维生素作用与适应证、不良反应与用药指导

名称	作用与适应证	不良反应与用药指导
维生素 B_1	①参与糖代谢；抑制胆碱酯酶活性，减轻皮肤炎症反应，并能提高机体抗菌能力。②用于防治脚气病，多种疾病的辅助治疗。妊娠及哺乳期、甲状腺功能亢进、透析、慢性感染、肠外营养不良等适量补充。在化妆品中加入本品，有防治脂溢性皮炎、湿疹、增进皮肤健康之功效	①不良反应：仅静脉注射时偶见过敏性休克。②不可盲目增加剂量。③一般可由正常饮食中摄取，较少发生单一缺乏症。如有缺乏症表现，适宜使用复合维生素 B 剂。④膳食中每日推荐量 1~1. 1mg
维生素 B_2	①参与体内生物氧化还原反应，是体内黄素酶类辅基的组成部分。②用于防治口角溃烂、唇干裂、舌炎、口腔溃疡、结膜炎、脂溢性皮炎等	①不良反应：几乎无毒性反应。经肾排泄，大量服用时，尿呈黄色。②空腹服用吸收差，宜进食时或食后立即服用。③膳食中每日推荐量 1. 2~1. 3mg
维生素 B_6	①在体内转化为具生理活性的磷酸吡哆醛和磷酸吡哆胺，是氨基酸转化酶、消化酶及脱羧酶的辅酶，参与体内氨基酸代谢。促进上皮细胞生长。抑制皮脂腺分泌。②用于维生素 B_6 缺乏症，治疗痤疮、酒糟鼻、脂溢性皮炎、神经性皮炎、湿疹、荨麻疹、皮肤瘙痒症及妊娠皮肤病、唇炎等。减轻小儿惊厥、妊娠及抗癌药和麻醉药所引起的恶心、呕吐。防治异烟肼中毒等	①不良反应：大剂量可致丙氨酸氨基转移酶升高；注射给药可引起过敏反应。②孕妇长期大剂量使用维生素 B_6，可导致新生儿维生素 B_6 依赖综合征和致畸作用。③维生素 B_6 缺乏用维生素 B 剂进行治疗，不与左旋多巴合用，以免影响左旋多巴的疗效。④膳食中每日推荐量 1. 7~2. 0mg

续表

名称	作用与适应证	不良反应与用药指导
烟酸	①体内转化为烟酸胺,参与脂质代谢、组织呼吸的氧化作用、糖原分解。抑制极低密度脂蛋白的合成而影响胆固醇的转运,大剂量降低胆固醇和三酰甘油。有扩张周围血管的作用。②本品用于防治糙皮病等烟酸缺乏症,也可用于高脂血症、动脉硬化等	①不良反应:有扩张血管的作用,可引起潮红、热感、晕厥等。②大剂量服用可导致腹泻、头晕、乏力、皮肤干燥、瘙痒等。③溃疡病、糖尿病、痛风、肝功能损害患者慎用。④膳食中每日推荐量15~20mg
叶酸(维生素B_9)	①体内转化为四氢叶酸,参与多种生化代谢,并与维生素B_{12}共同促进红细胞的生成。②用于因叶酸缺乏所致的巨幼细胞贫血及预防叶酸缺乏者或妊娠妇女早期增补叶酸以减低神经管畸形发生	①不良反应少,偶见过敏,长期服用可见胃肠道反应。②大量用可引起黄色尿。③甲氨蝶呤、乙胺嘧啶会阻止叶酸的转化,可直接用亚叶酸钙
维生素A	①参与糖蛋白质的合成,维持上皮组织的正常功能,调节人体表皮角化过程,促进生长发育、卫生生育功能。参与视紫红质的合成,增强视网膜感光功能,增强机体免疫反应和抵抗力。有效预防癌症。②主要用于防治夜盲症、干眼病等维生素A缺乏症,对感染、烫伤局部有一定疗效	①不良反应:过量服用会中毒,出现胎儿畸形、牙龈出血、唇干裂等,甚至死亡。②抗氧化剂,如维生素E、卵磷脂有利于维生素A的吸收。③维生素A胶丸:5000U
β-胡萝卜素	①维生素A前体,在人体内经转化生成两分子维生素A。②用于维生素A缺乏,光敏性皮炎及肿瘤、免疫性疾病的辅助治疗	①不良反应:用药期间会有皮肤黄染,严重肝、肾功能不全者,孕妇及哺乳期妇女慎用。②β-胡萝卜素软胶囊。嚼片:15mg
复合维生素B	可用于营养不良、食欲缺乏、脂溢性皮炎、痤疮,孕妇、哺乳妇女和发热而引起的维生素B缺乏的各种疾病的治疗	复合维生素片:每片含主要成分——维生素B_1 3mg,维生素B_2 1.5mg,维生素B_6 0.2mg,烟酰胺10mg,泛酸钙1mg
多维元素或复合元素	由维生素A、维生素D、维生素E、维生素B_1、维生素B_2、维生素B_6、维生素B_{12}、维生素C、烟酰胺、泛酸钙、重酒石胆碱、肌醇、铁、碘、铜、锰、锌、磷酸氢钙、镁、钾、L-赖氨酸盐等组成,预防和治疗维生素和矿物质缺乏所致疾病	①不宜与含有大量钙、镁的药物合用,以防高血钙、高血镁。②不与抗酸药同服,以免影响吸收

二、矿 物 质

矿物质是构成人体组织和维持正常生理功能必需的各种元素的总称,是人体必需的七大营养素之一。人体中含有的各种元素,除了碳、氧、氢、氮等主要以有机物的形式存在以外,其余的60多种元素统称为矿物质(也叫无机盐)。其中25种为人体营养所必需。钙、镁、钾、钠、磷、硫、氯7种元素含量较多,占矿物质总量的60%~80%,称为宏量元素。其他元素如铁、铜、碘、锌、锰、钼、钴、铬、锡、钒、硅、镍、氟等14种,存在数量极少,在机体内含量少于0.005%,被称为微量元素。虽然矿物质在人体内的总量不及体重的5%,也不能提供能量,可是它们在人体组织的生理作用中发挥重要的功能,并且在体内不能自行合成,必须由外界环境供给。矿物质是构成机体组织的重要原料,如钙、磷、镁是构成骨骼、牙齿的主要原料。矿物质也是维持机体酸碱平衡和正常渗透压的必要条件。人体内有些特殊的生理物质如血液中的血红蛋白、甲状腺素等需要铁、碘的参与才能合成。微量元素在抗病、防癌、延年益寿等方面起着非常重要的作用。目前,约30%的疾病直接是微量元素缺乏或不平衡所致。如缺铁可引起贫血,缺锌出现生长发育迟缓、味觉异常等。

(一) 钙制剂

碳酸钙。

【别名】 沉降钙。

【性状】 白色细微的结晶性粉末;无味、无臭。几乎不溶于水。在空气中稳定,有轻微的吸潮能力。

【作用与适应证】 本品为补钙剂,用于预防和治疗钙缺乏症,如骨质疏松、手足抽搐症、骨发育不全、佝偻病等,以及妊娠期和哺乳期妇女钙的补充。亦可用于甲状腺功能减退或维生素D缺乏所致的低钙血症;肾衰竭时纠正低钙高磷血症;胃及十二指肠溃疡时的胃酸过多。

【不良反应】 引起嗳气、便秘,偶可发生奶-碱综合征,表现为高血钙、碱中毒及肾功能不全,过量服用可引起胃酸分泌反跳性增高,并可发生高钙血症。

【用药指导】 ①与氧化镁等有轻泻作用致酸药合用或交叉应用,可减少嗳气、便秘等不良反应。②心肾功能不全者慎用。高钙血症、高尿血症、含钙肾结石或有肾结石病史者禁用。③含酒精和咖啡因的饮料、烟,富含纤维的食物均会抑制口服钙制剂的吸收。④合用含钾药物时,应注意防止心律失常。⑤维生素D、避孕药、雌激素能增加钙的吸收。⑥噻嗪类利尿药合用时,易发生高钙血症(因增加肾小管对钙的重吸收)。

【药物商品】 ①碳酸钙片:每片含碳酸钙0.5g(相当于钙0.2g);饭后服用。②碳酸钙咀嚼片:每片含碳酸钙1.25g(相当于钙0.5g),分次咀嚼服用。③碳酸钙颗粒:粉红色颗粒,每包含主要成分碳酸钙0.75g。④碳酸钙D_3颗粒:复方制剂,每袋含碳酸钙0.75g(相当于钙300mg),维生素D 3100国际单位。

【商品信息】 碳酸钙早期作为抗酸剂使用,现多不用于抗酸,而用于补钙剂,并多作为复方成分使用。复方碳酸钙制剂类型主要有:惠氏制药的“钙尔奇D”、美国安士制药“迪巧”、北京康远制药有限公司的“郎迪”等。

【储存】 原料药密封保存;其他剂型遮光,密闭,室温干燥保存。

(二) 锌制剂

葡萄糖酸锌。

【性状】 白色结晶或颗粒状粉末;无臭,易溶于水,涩。

【作用与适应证】 葡萄糖酸锌为补锌药,主要用于婴儿、青少年及老年、妊娠妇女因缺锌引起的生长发育迟缓、营养不良、厌食症、复发性口腔溃疡、皮肤痤疮等症。

【不良反应】 ①可见胃部不适、恶心或呕吐等消化道刺激症状。但消化道刺激性比硫酸锌弱。②过量锌进入体内可引起铅、铁、铜的缺乏。

【用药指导】 ①一般宜餐后服用以减少胃肠道刺激。②不可超量使用。③对药物过敏者禁用,过敏体质者慎用。④不宜与牛奶、铝盐、钙盐、碳酸盐、鞣酸等同服。

【药物商品】 ①葡萄糖酸锌片:每片含主要成分葡萄糖酸锌70mg(相当于锌10mg),口服。②葡萄糖酸锌胶囊:每粒含葡萄糖酸锌174mg(相当于锌25mg),口服。

③葡萄糖酸锌颗粒：白色颗粒，每袋含葡萄糖酸锌70mg(以锌计10mg)，口服。④葡萄糖酸锌口服液：每10ml中含锌10mg。口服。⑤葡萄糖酸锌糖浆：无色或淡黄色的黏稠液体，10ml含35mg(相当于锌5mg)，口服。⑥葡萄糖酸锌合剂：淡黄棕色较黏稠液体；味甜，微涩。10ml含70mg。口服。

【商品信息】 本品于20世纪80年代在安徽、广东等制药单位投产，主要生产厂家：哈尔滨第六制药厂、山东威海新华药厂、广州拜迪生物医药有限公司等。

【储存】 遮光，密封保存。

其他矿物质的作用与适应证、不良反应与用药指导，见表2-2。

表2-2 其他矿物质的作用与适应证、不良反应与用药指导

名称	作用与适应证	不良反应与用药指导
葡萄糖酸钙	①补钙剂。②用于预防和治疗钙缺乏症，如骨质疏松、佝偻病、骨软化症及妊娠、哺乳期、绝经期妇女补钙。也用于甲状腺功能减退或维生素D缺乏所致的低钙血症。注射剂用于过敏性疾病，镁中毒的解救及心脏复苏时的高血钾、低血钾等辅助治疗	①不良反应：静脉注射过快可致心律失常甚至心搏停止、恶心呕吐等，其余同碳酸钙。②刺激性大，不使用皮下或肌内注射，宜缓慢静脉滴注，药液漏出血管外有刺激疼痛，皮疹
氟化钠	①氟离子结合于牙、骨骼表面形成氟磷灰石，提高牙釉质的硬度和抗酸能力，并可减少菌斑的形成，减少龋齿的发病率。②用于预防饮水中缺氟地区儿童的龋齿。与其他抗骨质疏松药合用适用于骨质疏松的治疗	①不良反应少，胃肠道不适，过量可致死。②牙齿生长期摄入过量氟，会出现牙面白色、黄棕色及黑色斑等，甚至出现肢体僵硬

(三) 肠外营养药

营养支持是临床危重患者处理中重要的治疗措施，主要目的是维持复杂的氮和能量平衡。营养支持主要包括供给氮(蛋白质和氨基酸)、供给能量(糖和脂肪)及补充液体、电解质和维生素等。

营养支持的途径有胃肠和胃肠外两种。消化道功能正常者，主要采用口服；昏迷或其他患者，可采用管饲；口服或管饲都有困难或不能满足营养要求时，采用肠外营养支持。

氨基酸、脂肪乳、糖类注射液是肠外营养支持的三大类主要制剂，临床根据需要适当添加维生素和矿物质、微量元素等，在配伍得到保证的前提下，采用全合一方式经中心或周围静脉连续输注。

肠外营养物质的作用与适应证、不良反应与用药指导，见表2-3。

表2-3 肠外营养物质的作用与适应证、不良反应与用药指导

名称	作用与适应证	不良反应与用药指导
氨基酸类	①参与蛋白质合成代谢，有利于正氮平衡，并生成酶、激素、抗体、结构蛋白等，促进组织愈合、器官功能恢复和机体康复。②用于改善消化吸收障碍导致的蛋白质营养不良；用于手术禁食的营养支持；代谢旺盛疾病的营养支持	①不良反应：注射过快，偶有恶心、呕吐、胸闷、心悸、发冷、发热或头痛等。②严重肝肾功能不全、严重尿毒症患者和对氨基酸有代谢障碍的患者禁用。③严格控制滴注速度。④用前必须详细检查药液，如发现破裂、漏气、发霉、变色、沉淀等异常现象时，绝对禁止使用

续表

名称	作用与适应证	不良反应与用药指导
脂肪乳类	①具有补充热量作用；节约蛋白质作用；补充必要脂肪酸作用。②用于需要高热量的患者，肾损害、禁用蛋白质和由于某种原因不能经胃肠道摄取营养的患者，以补充适当热量和必要脂肪酸	①不良反应：即刻反应——常见症状为发热、寒战及胸背痛，滴速过快出现心悸、呼吸急促、胸闷、发绀、恶心等。②长期应用或大剂量时，发生“脂肪负荷过重综合征”，血脂增高、黄疸等
糖类	是临床营养支持的重要能源，葡萄糖最常用	①口服偶见肠鸣、腹泻。②静脉注射浓度过高，速度过快，可引起代谢性酸中毒，导致肾、大脑功能损伤。③胰岛素诱发的低血糖禁用

第二节 消化系统用药

人体消化系统由消化道和消化腺两大部分组成。消化道包括口腔、咽、食管、胃、小肠（包括十二指肠、空肠、回肠）和大肠（包括盲肠、阑尾、结肠、直肠）。消化腺包括口腔腺、肝、胆、脾、胰腺及消化管壁上的许多小腺体。消化系统中任何一个脏器受到损伤，都可能发生病变。最常见的就是以下几种：①食管，常见疾病有食管炎、食管癌、食管贲门失弛缓症。②胃、十二指肠，常见病种有胃炎、消化性溃疡、胃癌、十二指肠炎、胃神经症等。③小肠，常见病种有急性肠炎、肠结核、吸收不良综合征、急性出血性坏死性肠炎等。④结肠，各种痢疾、结肠炎、肠激惹综合征、结肠癌等。⑤肝脏，肝炎、肝硬化、肝寄生虫病、肝脓肿、原发性肝癌等。⑥胆，胆石症、胆囊炎、胆管炎、胆道蛔虫症等。⑦胰腺，急、慢性胰腺炎和胰腺癌。⑧腹膜、肠系膜，急性腹膜炎、慢性腹膜炎、肠系膜淋巴结结核、腹膜转移癌等。本节重点介绍常见疾病及其用药，如消化道溃疡、消化不良、腹痛、腹泻、便秘等。常用的消化系统用药包括：抗消化性溃疡药、胃动力药、助消化药、催吐与止吐药、泻药与止泻药、肠道微生态药、肝胆疾病用药等。

案例

陈姓患者来到药店，男，40多岁，腹痛1个多月，最近3日排黑便，曾经到医院就诊检查，带来检验单，显示血红蛋白（Hb）97g/L，偏低，胃镜检查，有十二指肠溃疡。黄药师给药治疗：奥美拉唑胶囊，20mg，每日2次，琥珀酸亚铁片，0.2g，每日3次。

问题：

1. 该案例中的患者可能患什么病？
2. 请列出对该病的诊断依据。

一、助消化药

助消化药是促进胃肠道消化过程的药物，大多数助消化药本身是消化液的主要成分，在消化液分泌不足时，可起到补偿作用。另外，有些药物能促进消化液的分泌，或制止肠内容物过度发酵，也用做消化不良的辅助治疗。多为酶或活菌制剂，性质不稳定，故应冷暗处储存，服用时不用热水，不与抗生素同服。常用品种有胃蛋白酶、胰酶、乳酶生、干酵母和多酶片等。

（一）胃蛋白酶

【别名】 胃液素，蛋白酵素，胃酶，酸腈酶，百布圣。

【性状】 白色或淡黄色粉末；无霉败臭，味微酸或微碱；有引湿性；水溶液呈酸性反应。

【作用与适应证】 胃蛋白酶是来自胃黏膜的消化酶，能分解被胃酸凝固的蛋白质。用于治疗因摄入蛋白质食物过多所致的消化不良、病后恢复期消化功能减退及慢性萎缩性胃炎、胃癌、恶性贫血等所致的胃蛋白酶缺乏。

【不良反应】 无明显不良反应。

【用药指导】 因本品在酸性环境中活性较高，故常与稀盐酸合用。

【药物商品】 ①含糖胃蛋白酶粉：本品系胃蛋白酶用乳糖、葡萄糖或蔗糖稀释制得。白色或淡黄色粉末。规格有1g:120U；1g:1200U。②胃蛋白酶合剂：每1000ml含胃蛋白酶20g、稀盐酸20ml、单糖浆100ml、橙皮酊20ml及50%羟苯乙酯溶液10ml。口服。③胃蛋白酶：糖衣片。每片120U。口服。④胃蛋白酶颗粒：类白色或黄色颗粒；有水果香，味甜，规格为480U。口服。

【商品信息】 ①本品是动物胃黏膜制的一种蛋白分解酶。国内有近40家企业生产。②本品性质不稳定，遇热则凝固变性失效，调配时应注意。③应注意防潮，若结块、霉变、变棕黑色、发生异臭，均不可供药用。严格掌握“先产先出，近期先出”原则。

【储存】 原料、粉针和颗粒剂密封，在干燥处储存；片剂和合剂密封，在凉暗处保存。

（二）乳酶生

【别名】 表飞鸣。

【性状】 为白色或淡黄色干燥粉末；无臭，无味。难溶于水。

【作用与适应证】 本品为活肠球菌的干燥制剂，在肠内分解糖类生成乳酸，使肠内酸度增高，从而抑制腐败菌的生长繁殖，并防止肠内发酵，减少产气，因而有促进消化和止泻作用。用于治疗消化不良、腹胀及小儿饮食失调所引起的腹泻、绿便等。也可用作长期使用广谱抗生素所致的二重感染的辅助治疗。

【不良反应】 无明显不良反应。

【用药指导】 本品不宜与抗菌药（红霉素、氯霉素等）或吸附剂合用，以免影响疗效，或分开服用（间隔2~3h）。

【药物商品】 乳酶生片：0.1g/片；0.3g/片。口服，饭前服。

【商品信息】 ①本品为活菌制剂，遇热易失效，应注意。国内多家企业生产。②超过有效期、结块、霉变、松散、异臭，均不可供药用。严格掌握“先产先出，近期先出”原则。

【储存】 避光，密封，阴凉干燥处保存。

其他助消化药的作用与适应证、不良反应与用药指导，见表2-4。

表2-4　其他助消化药的作用与适应证、不良反应与用药指导

名称	作用与适应证	不良反应与用药指导
胰酶（胰液素，胰酵素，胰消化素）	①具有消化蛋白质、淀粉和脂肪的作用，使蛋白质转变为蛋白胨和衍生物质；淀粉转变为糊精、葡萄糖；脂肪转变为甘油和脂肪酸。②用于消化不良、食欲缺乏及肝、胰腺疾病引起的消化障碍等。不宜与酸性药物同服，与等量碳酸氢钠同服可增加疗效	①不良反应少。②片剂、胶囊剂，只能吞服，不可嚼碎，以免被胃酸破坏，结块、霉变、发生异臭，均不可供药用。③不宜久贮。严格掌握“先产先出，近期先出”原则。原料及制剂遮光，密封，在干燥处保存

续表

名称	作用与适应证	不良反应与用药指导
复合消化酶	①具有消化蛋白质、淀粉和脂肪的作用。②常用于消化不良和增进食欲	①不良反应：有呕吐、泄泻、软便。可能发生口内不快感。②急性肝炎患者及胆道闭锁患者禁用。③餐后服用

二、抗消化性溃疡药

消化性溃疡是一类发生在胃或十二指肠的慢性疾病，包括胃溃疡和十二指肠溃疡。发病率达10%，其中以十二指肠溃疡多见，男性较女性易发生，它是一种全球性的多发病。在正常生理情况下，胃肠道的防御和攻击两种因素处于平衡状态，防御因子有黏液分泌、上皮细胞再生、局部血液循环、前列腺素的保护作用。攻击因子有胃酸过多、幽门螺旋杆菌、遗传因素、吸烟、药物等。当受外界因素影响时，攻击因子与黏膜防御功能平衡失调，引起消化性溃疡。临床表现：①疼痛的部位与性质：大多数患者有上腹部疼痛，十二指肠溃疡疼痛可在剑突下偏右，胃体和贲门下的胃溃疡表现为左前胸下或左上腹疼痛。后壁溃疡疼痛可向背部放射。疼痛性质可呈钝痛或烧灼样、痉挛样、饥饿样痛。②节律性疼痛：十二指肠溃疡疼痛一般在餐后2～4h发生，呈疼痛→进食→缓解规律，常伴有夜间痛；胃溃疡疼痛多在餐后1h左右，呈进食→疼痛→缓解规律。③慢性病程，周期性发作：病史可达几年或十几年，发作呈周期性，与缓解期交替，以秋末和春初时多发。可伴有反酸、嗳气、上腹饱胀等消化不良症状。但随着抗 *H. pylori* 治疗的普及及治疗方案的完善，反复发作的病例大为减少。

消化性溃疡的治疗一般采用综合性治疗措施，其策略是减少侵袭因素，增强黏膜防御能力，使两者达到生理性平衡。一般治疗，主要是保持和建立正常的生活、饮食规律，包括保持乐观心情、避免过度疲劳及情绪紧张、戒酒、禁止吸烟和辛辣等刺激性强的食物。

抗消化道溃疡药的分类如下所述。

（1）抗酸药：是一类弱碱性物质。口服后能降低胃内容物酸度，从而解除胃酸对胃、十二指肠黏膜的侵蚀和对溃疡面的刺激，并降低胃蛋白酶活性，发挥缓解疼痛和促进愈合的作用。餐后服药可延长药物作用时间。合理用药应在餐后1、3h及临睡前各服一次。理想的抗酸药应该是作用迅速持久、不吸收、不产气、不引起腹泻或便秘，对黏膜及溃疡面有保护收敛作用。单一药物很难达到这些要求，故常用复方制剂。代表性药物为氢氧化铝、三硅酸镁、铝碳酸镁等。

（2）H_2受体阻断药：本类药物竞争性拮抗H_2受体，能抑制组胺、五肽胃泌素、M胆碱受体激动剂所引起的胃酸分泌。能明显抑制基础胃酸及食物和其他因素所引起的夜间胃酸分泌。用药后胃液量及氢离子浓度下降。用药4周，在内镜检查下，十二指肠溃疡愈合率为77%～92%。晚饭时1次给药疗效与一日多次给药的疗效相仿或更佳。对胃溃疡疗效发挥较慢，用药8周愈合率为75%～88%。代表性药物为西咪替丁、雷尼替丁、法莫替丁、罗沙替丁等。

（3）M胆碱受体阻断药：可减少胃酸分泌、解除胃肠痉挛。但在一般治疗剂量下对胃酸分泌抑制作用较弱，增大剂量则不良反应较多，已很少单独应用。代表药物为哌仑西平等。

(4) H^+泵抑制药:抑制 H^+-K^+-ATP 酶的活性,进而抑制胃酸分泌,达到治疗作用。对其他药,包括 H_2受体阻断药无效的消化性溃疡患者,能收到较好效果。对反流性食道炎,有效率达 75%~85%,优于雷尼替丁。代表药物为奥美拉唑、兰索拉唑、泮托拉唑、雷贝拉唑、埃索美拉唑等。

(5) 胃泌素受体阻断药:竞争性阻断胃泌素受体,减少胃酸分泌。并对胃黏膜有保护和促进愈合作用。可用于胃溃疡、十二指肠溃疡和胃炎。也可用于急性上消化道出血。代表药物为丙谷胺。

(6) 黏膜保护药:均具有增强黏膜抗损伤的能力和加速溃疡愈合的作用。在胃内表面形成保护膜而抵御胃酸、胃蛋白酶、酸性食物对溃疡面刺激。也能与胃蛋白酶结合而降低其活性。还能促进黏液分泌。近几年市场发展缓慢,但仍然广泛用于抗溃疡性疾病的治疗。代表药物为:枸橼酸铋钾、胶体果胶铋、硫糖铝、罗沙前列醇等。

(7) 抗幽门螺旋菌药:幽门螺旋菌是慢性胃窦炎的主要病因,它能产生有害物质,分解黏液,引起组织炎症。虽然它与消化性溃疡发病的关系有待阐明,但已知消除幽门螺旋菌,能明显减少十二指肠溃疡的复发率。因此,根治幽门螺旋菌具有重要意义。幽门螺旋菌在体外对多种抗菌药非常敏感,但体内单用一种药物,几乎无效。临床常以甲硝唑、阿莫西林、奥美拉唑等 2~3 种药物联合应用。

(一) 铝碳酸镁

【别名】 达喜,胃达喜,碱式碳酸铝镁。

【性状】 为白色,无臭,无味结晶性粉末。几乎不溶于水。

【作用与适应证】 抗酸药,能中和胃酸,还能通过吸附和结合胃蛋白酶而直接抑制其活性,并结合胆汁酸,吸附、溶解卵磷脂而防止这些物质对胃黏膜的损伤。可刺激前列腺素的分泌和表皮生长因子的释放。主要用于胃及十二指肠溃疡、急慢性胃炎、十二指肠球炎、反流性食管炎及中和过多胃酸,针对胃灼痛、烧心、反酸、腹胀、恶心、呕吐对症治疗。

【不良反应】 大剂量服用可导致软糊状便和大便次数增多,偶见便秘、口干和食欲缺乏,长期服用可导致血清电解质变化。

【用药指导】 胃肠蠕动功能不全和严重肾功能障碍者慎用。可干扰多种药物吸收,可影响四环素、环丙沙星、氧氟沙星的吸收,以及含铁药物、抗凝剂、鹅去氧胆酸、地高辛及 H_2受体阻断药的吸收,因此上述药物应用在本品之前或拖后 1~2h 再服。

【药物商品】 ①铝碳酸镁片(咀嚼片),每片 0.5g。口服。嚼碎后服下。②铝碳酸镁混悬剂,一次 5~10ml,一日 3 次。

【商品信息】 “达喜”作为非处方药已在德国销售了 20 年,并于 1997 年在中国市场上市。在最近几年,铝碳酸镁在抗酸药物市场上始终占据着举足轻重的位置,年度销售额及市场份额呈不断攀升态势。我国生产厂家有重庆华森制药有限公司、四川健能制药有限公司、黑龙江葵花药业等。

【储存】 避光,阴凉干燥处。

(二) 法莫替丁

【别名】 高舒达,捷克达,胃舒达。

【性状】 白色或类白色结晶粉末；无臭，味微苦。遇光色变深。极难溶于水、无水乙醇及丙酮。

【作用与适应证】 本品与胃的 H_2受体结合，抑制胃酸的分泌，降低胃酸浓度。主要用于治疗胃溃疡或十二指肠溃疡，畸形胃黏膜病变，反流性食管炎及佐林格-埃利森综合征（胃泌素瘤）等。注射给药用于消化性溃疡出血等。本药作用强度比雷尼替丁大，作用时间比雷尼替丁长。在体内分布广泛，但不透过胎盘屏障。

【不良反应】 ①头痛、头晕、失眠、乏力、幻觉等神经与精神系统反应；②少数患者出现皮疹、荨麻疹等过敏反应；③少数患者有口干、便秘、腹泻，偶有白细胞减少、转氨酶升高。

【用药指导】 肝功能不全、肾功能不全者及婴幼儿、有药物过敏史者慎用。

【药物商品】 ①法莫替丁片：白色片、糖衣片或薄膜衣片。10mg/片、20mg/片、40mg/片，每次 20mg，一日 2 次，早、晚饭后或睡前服。②法莫替丁胶囊：20mg。用法、用量与片剂相同。③法莫替丁注射液：2ml 20mg。肌内注射或静脉注射，一次 20mg，一日 2 次。

【商品信息】 法莫替丁是第三代组胺 H_2受体拮抗剂，由日本山之内研制开发，商品名"高舒达"，用于治疗胃、十二指肠溃疡和急性胃肠道疾病。1985 年在日本首先上市，同年被 FDA 批准在美国上市，1986 年 10 月 15 日美国默克集团获准生产，1994 年首先在英国作为非处方药销售，现已在 80 多个国家和地区上市。我国 1989 年批准法莫替丁进口上市，1990 年仿制成功。1992 年正式生产法莫替丁原料药及制剂。主要剂型有片剂、胶囊剂、颗粒剂、散剂、注射剂、缓释片。生产颗粒剂的厂家有大连意宝乐制药厂、天津中津药业股份有限公司、常州聚荣制药有限公司等。由沈阳药科大学开发、安徽临泉县制药厂生产的缓释片 1998 年已获得生产批文。近几年具有一定产量的厂商有 10 多家，据中国医药图书馆统计表明：2002 年产量较上一年增长较高，其价格下调为主要因素，广州侨光制药厂、青岛国风集团金海制药有限责任公司、湖南迪诺制药有限公司、石家庄市华龙药业股份有限公司、上海信谊药业有限公司（简称上海信谊制药）五家产量近 2 亿片，占总量的 80%。在法莫替丁市场上沈阳山之内制药中国有限公司的高舒达占据了一定份额。

【储存】 原料、粉针和颗粒剂密封，在干燥处储存；片剂和合剂密封，在凉暗处保存。

（三）奥美拉唑

【别名】 洛赛克、奥克、得欣。

【性状】 为白色至类白色结晶性粉末，微溶于水而易溶于碱。

【作用与适应证】 本品为质子泵抑制剂，可有效地抑制胃酸分泌。对胃蛋白酶分泌也有抑制作用，对胃黏膜血流量改变不明显，也不影响体温、胃腔温度、动脉血压、静脉血红蛋白、动脉氧分压、二氧化碳分压及动脉血 pH。用于胃及十二指肠溃疡、反流性或糜烂性食管炎、佐林格-埃利森综合征等，对用 H_2受体拮抗剂无效的胃和十二指肠溃疡也有效。与阿莫西林等抗生素合用可杀灭幽门螺旋杆菌。

【不良反应】 主要为恶心、头痛、腹泻、便秘及胀气，少数人出现皮疹，可见感觉异常、头晕、头痛、嗜睡、失眠等症状。

【用药指导】 ①对本品过敏者禁用。②孕妇及哺乳期妇女慎用。③当怀疑胃溃疡时，应首先排除癌症的可能性，以免延误诊断。④严重肝肾功能不全者慎用。

【药物商品】 ①奥美拉唑片：10mg/片、20mg/片，口服。②奥美拉唑缓释胶囊：10mg/粒、20mg/粒，口服。③奥美拉唑注射液：40mg/支，每日 1 次。

【商品信息】　奥美拉唑是首个上市的质子泵抑制剂，由瑞典阿斯特拉制药公司(阿斯利康制药有限公司前身)研发成功，于1988年在瑞士首先上市，商品名为“Antra”。1989年进入美国市场，用于治疗十二指肠溃疡、胃溃疡、反流性食管炎及佐林格-埃利森综合征，商品名为“洛赛克”。从此，洛赛克便风靡全球，成为美国处方量最大的药物之一，在1998~2000年间，连续3年排名全球畅销药物之首。2000年洛赛克全球销售额为62.60亿美元，堪称20世纪末“重磅炸弹”。1999年4月洛赛克在欧洲的原料药专利期满，在美国生产与销售的洛赛克也于2001年4月1日专利期满，但美国鉴于其专有处方，延长其专利至2007年。随着洛赛克的专利期满，其全球市场受仿制药蚕食。国内生产厂家众多，主要有：常州四药制药有限公司、江苏奥赛康药业有限公司、悦康药业集团有限公司、上海信谊万象药业股份有限公司、上海美优制药有限公司等。

【储存】　遮光，密封于干燥处保存。

(四) 枸橼酸铋钾

【别名】　胶体次枸橼酸铋，德诺，得乐，迪乐，胶体铋剂。

【性状】　为一种组成不定的含铋复合物，无固定结构。白色粉末；味咸，有引湿性。极易溶于水，其水溶液为胶体溶液，呈微碱性。

【作用与适应证】　①保护胃黏膜：本品主要成分是三钾二枸橼酸铋，在胃的酸性环境中产生沉淀，形成弥漫性的保护层覆盖于溃疡面上，可阻止胃酸、酶及食物对溃疡的侵袭。具有降低胃蛋白酶活性，增加黏蛋白分泌，促进黏膜释放前列腺素，从而保护胃黏膜作用。②抗幽门螺旋杆菌：本品对幽门螺旋杆菌具有杀灭作用，因而可促进胃炎的愈合。用于慢性胃炎及缓解胃酸过多引起的胃痛、胃烧灼感和反酸。

【不良反应】　①可出现恶心等消化道症状，但停药后即消失。②服药期间口内可能带有氨味，并可使舌苔及大便呈灰黑色，停药后即自行消失。

【用药指导】　①对本品过敏者禁用、严重肾病患者及孕妇禁用。②抗酸药及牛奶可影响其作用，不宜同服。③可影响口服四环素的吸收，不宜同服；服药期间禁用碳酸饮料。④长期大量服用铋化合物偶可导致可逆性脑痛，但按规定剂量服用则可避免。

【药物商品】　①枸橼酸铋钾片：白色片或薄膜衣片。每片0.38g(相当于铋110mg)。②枸橼酸铋钾胶囊：每粒0.38g(相当于铋110mg)。③枸橼酸铋钾颗粒剂：白色或淡黄色颗粒。每袋1.0g，相当于铋110mg；1.2g，相当于铋110mg。均于餐前0.5h及睡前服用。

【商品信息】　①本品为铋剂药品，因其除具有保护胃黏膜作用外还兼有体内杀灭幽门螺旋杆菌作用而被广泛应用。②国际市场销售的商品是荷兰药厂的产品，合资品“德诺”为山西迈特大药厂有限公司生产。国内市场产品商品名为“得乐”，由丽珠集团丽珠制药厂和黄石市长征制药有限责任公司、中国江苏长江药业有限公司等企业生产。进口品、合资品与国产品价格差别较大。③胶囊剂、片剂因携带和服用方便且无舌、齿龈变黑的反应，更宜为患者接受。

【储存】　原料、胶囊剂和颗粒剂遮光，密封，在干燥处保存；片剂遮光，密封，在阴凉处保存。

其他抗消化道溃疡药的作用与适应症、不良反应与用药指导，见表2-5。

表 2-5 其他抗消化道溃疡药的作用与适应证、不良反应与用药指导

名称	作用与适应证	不良反应与用药指导
氢氧化铝	具有抗酸、吸附、局部止血、保护溃疡面等作用。用于缓解胃酸过多症；与钙剂或维生素 D 合用治疗新生儿低钙血症；大剂量用于尿毒症患者，以减少磷酸盐吸收，减轻酸血症	①不良反应：常见便秘，且随剂量增大便秘加重，与三硅酸镁或氧化镁交替服用可避免。②氢氧化铝片：0.3g。本品临床使用时间较长，早在 20 世纪 40 年代中国上海已有生产
硫糖铝	胃黏膜保护剂，有保护溃疡面，促进溃疡愈合作用，抑制胃蛋白酶分解胃壁蛋白作用；中和胃酸作用及细胞保护作用；用于治疗胃、十二指肠溃疡及胃炎	①不良反应：偶见便秘、胃部不适等。②哺乳期妇女慎用。③习惯性便秘患者禁用。④不宜与多酶片及西咪替丁合用。⑤技术股镁乳可克服便秘。⑥偶可出现剧烈胃痛，可加服抗胆碱药
米索前列醇	为抗溃疡药。促进胃酸分泌，保护胃黏膜。用于胃、十二指肠溃疡，出血性胃炎等。与米非司酮序贯用于终止早期妊娠	是近 20 年发现并日益引起人们重视的一类抗消化性溃疡药。疗效略低于西咪替丁，但在保护胃黏膜不受损害方面比西咪替丁更有效
西咪替丁	本品能明显地抑制基础胃酸分泌和组胺、五肽胃泌素及食物刺激所引起的胃酸分泌，使分泌量和酸度降低，促进溃疡愈合。具有轻度抑制胃蛋白酶分泌、保护胃黏膜细胞和增加胃黏膜血流量的作用。用于胃及十二指肠溃疡、上消化道出血、胃泌素瘤、反流性食管炎等，对十二指肠溃疡疗效优于胃溃疡。有抗雄性激素作用，可用于多毛症的治疗。并可以减弱免疫抑制细胞的活性，增强免疫反应，从而阻抑肿瘤转移和延长存活期	由于本品药理作用复杂，故不良反应较多。①可引起头痛、头晕、乏力、失眠、口干、腹泻、皮疹等。一般不用停药。②可使血清氨基转移酶轻度升高，大剂量可致精神紊乱，偶见肝、肾功能损害及粒细胞减少。③静脉注射可致心动过缓、房室传导阻滞及心律失常。④有抗雄激素作用，用药剂量过大可引起男性乳腺发育、阳痿、妇女溢乳现象，孕妇及哺乳期妇女禁用。⑤停药后复发率高，故宜长期用药。⑥小儿及肝、肾功能不全者慎用
雷尼替丁	本品为高效抗溃疡病药，能有效地抑制组胺、五肽胃泌素及食物刺激后引起的胃酸分泌，降低胃酸和胃蛋白酶的活性，但对胃泌素及性激素的分泌无影响。可促进胃黏膜屏障的恢复与重建，从而使溃疡愈合。作用较西咪替丁强 5~8 倍，对胃及十二指肠溃疡的疗效高，具有速效和长效的特点，不良反应小而且安全，还可用于术后溃疡、反流性食管炎等。静脉注射用于上消化道出血	①常见的有恶心、皮疹、便秘、乏力、眩晕、头痛及食欲缺乏等反应，一般不影响继续治疗。②静脉注射偶见心动过缓。③有一定的肝毒性，但停药后即可恢复。④对本品过敏者、8 岁以下儿童、孕妇及哺乳期妇女禁用；肝、肾功能不全者慎用。⑤可降低维生素的吸收，长期使用可致维生素 B_2 缺乏
泮托拉唑	为不可逆的质子泵抑制剂，作用同埃索美拉唑。用于消化性溃疡、反流性食管炎、胃泌素瘤	与质子泵的结合选择性更高、更稳定，抑酸作用更强。偶见恶心、头痛、皮疹等
胶体果胶铋	在酸性胃液中可成稳定的凝胶，故可在胃黏膜表面形成一层牢固的保护膜，增强胃黏膜的屏障保护作用，可以促进溃疡的愈合和炎症的消失，同时有杀灭幽门螺旋杆菌的作用。主要用于治疗胃及十二指肠溃疡、消化道出血及与幽门螺旋杆菌有关的浅表性胃炎和慢性萎缩性胃炎	①不良反应：毒性作用低，一般无肝、肾及神经系统等不良反应，偶有轻度便秘。②宜在餐前 1h 左右服用，效果最佳。③服药期间大便呈黑褐色，但无其他不适，为正常现象。④不与碱性的抗酸药同服，否则会降低药效。⑤孕妇、肾功能不全者禁用。⑥不宜长期连续服用

三、胃肠解痉药及胃动力药

胃肠动力是指胃肠部肌肉的收缩蠕动力，包括胃肠部肌肉收缩的力量和频率。胃肠蠕动以帮助完成食物消化和吸收。当胃肠动力差时，就会引起消化不良。胃腹部疼痛即胃痛

或肚子痛，是一种常见的肠胃疾病。急性胃腹痛一般因炎症或机械性刺激引起，表现为阵发性疼痛。胃肠痉挛则是管道梗阻引起肌肉持续收缩造成的疼痛，表现为突然发作的剧烈疼痛，发作时疼痛难忍，严重者出现恶心、呕吐等症状。痉挛症状来势凶猛，病因复杂，如胃、十二指肠溃疡，穿孔，肠梗阻，胆囊炎，胆石症，胆绞痛，胃癌晚期等，均表现为不同程度的疼痛甚至痉挛。所以疼痛发作在未排除器质性病变之前，不可随便使用镇痛药。因为镇痛药会抑制特异性的疼痛症状，掩盖了像胃肠穿孔、胆石症、阑尾炎等疾病，导致延误诊断，有时甚至危及生命。因此，只有确诊后，为缓解痛苦，才对症用平滑肌解痉药。这类药见效快，但值得注意的是如果当天服用此类药品病痛没有缓解，需及时停药，以免掩盖病情。解痉药主要通过阻断胃肠平滑肌 M 胆碱受体，而使平滑肌松弛，有效缓解疼痛。如山莨菪碱片（654-2）、硫酸阿托品、樟柳碱、溴丙胺太林、丁溴东莨菪碱、哌仑西平等。

胃动力不足，也是“消化不良”。胃动力障碍是造成非溃疡性消化不良的主要原因。造成胃动力障碍的因素包括精神情绪变化、胃分泌功能紊乱、功能性消化不良等。当人的胃动力出现障碍时，会发生上腹胀满、易饱、饭后腹胀、恶心、呕吐等消化不良症状。常用的胃动力药主要是胃肠道多巴胺拮抗药和胃肠道 5-HT_4激动药，用于缓解胃肠动力障碍性疾病的症状。①多巴胺拮抗药：多潘立酮、甲氧氯普胺、依托必利，具有增加食管蠕动、改善胃排空和胃窦十二指肠协调收缩等。②5-HT_4激动药：西沙必利、莫沙必利、普卡必利、替加色罗，通过激动肠 5-HT_4受体，引起乙酰胆碱的释放，增强胃肠道平滑肌的蠕动和收缩。

（一）山莨菪碱

【别名】 654-2。

【性状】 为白色结晶或结晶性粉末，无臭，味苦。本品在乙醇或盐酸中易溶，在水中溶解。

【作用与适应证】 具有外周抗 M 胆碱受体作用，能解除乙酰胆碱所致平滑肌痉挛。对胃肠道平滑肌有松弛作用，并抑制其蠕动，作用较阿托品稍弱，其抑制消化道腺体分泌作用为阿托品的 1/10。抑制唾液腺分泌及扩瞳作用较弱，为阿托品的 1/20～1/10。主要用于解除平滑肌痉挛、胃肠绞痛、胆道痉挛及有机磷中毒等。

【不良反应】 常见的有：口干、面红、视物模糊等；少见的有：心跳加快、排尿困难等；上述症状多在 1～3h 内消失。用量过大时可出现阿托品样中毒症状。

【用药指导】 ①反流性食管炎、重症溃疡性结肠炎慎用。②急腹症诊断未明确时，不宜轻易使用。③夏季用药时，因其闭汗作用，可使体温升高。④年老体弱者慎用；老年男性多患有前列腺肥大，用药后易致前列腺充血导致尿潴留发生。

【药物商品】 ①消旋山莨菪碱片：每次 5～10mg，每日 3 次，口服。②消旋山莨菪碱滴眼液 8ml：4mg，一次 1～2 滴，一日 2 次，3 个月为一个疗程，滴眼。③烟酸消旋山莨菪碱注射液：成人每次肌内注射 5～10mg，小儿 0.1～0.2mg/kg，每日 1～2 次。

【商品信息】 消旋山莨菪碱片是临床常用的胃肠解痉药。国内生产厂家有 37 家，而滴眼液的厂家比较少一些，只有 7 家。

【储存】 密封保存。

（二）多潘立酮

【别名】 吗丁琳，应派酮，派双咪酮，胃得灵。

【性状】 白色或类白色粉末，几乎不溶于水。

【作用与适应证】 本品为新型胃动力药，是强效的外周多巴胺受体拮抗剂。具有抗呕吐和促进胃排空的双重功效，并能有效地防止胆汁反流，不影响胃液分泌。适用于治疗慢性胃炎、胆汁反流性胃炎、反流性食管炎和饭后腹部饱胀等消化不良症状，以及各种原因引起的恶心、呕吐，尤其对放疗或左旋多巴类药引起的恶心、呕吐疗效显著。

【不良反应】 ①偶见腹泻、口干、皮疹、短时的腹部痉挛性疼痛、头痛及神经过敏。②长期大量使用，会出现惊厥、肌肉震颤、流涎、眩晕等症状。

【用药指导】 ①抗胆碱药可对抗本品的作用，两者合用，会产生拮抗。②本品为外周多巴胺受体拮抗剂，其止吐效果较常用药甲氧氯普胺为优，且不易通过血脑屏障，故锥体外系反应少见。③西咪替丁、雷尼替丁、法莫替丁可减少本品在胃肠道的吸收。④用于消化不良，口服为佳，但用于恶心、呕吐等则以直肠给药为宜。⑤1 岁以下儿童及孕妇忌用。⑥ 胃肠道出血、机械性肠梗阻患者禁用。

【药物商品】 ①多潘立酮片：白色片，每片 10mg，口服，每次 1 片，一日 3~4 次，饭前 15~30min 及睡前服用。②多潘立酮栓：每粒 10mg；30mg；60mg。直肠给药，一日 2~4 粒。③多潘立酮混悬剂(吗丁琳混悬剂)：每 1ml 含多潘立酮 1mg。一次 10ml，一日 3 次，尤其适用于儿童患者服用。

【商品信息】 本品由西安杨森制药有限公司于 1989 年开发投产，是第一个提出“胃动力”这一概念的消化系统用药。作为有效的胃肠动力药，已在临床广泛使用，并有较高的知名度。多年来，一直是胃动力药市场领先者，市场销售量平稳。我国于 1991 年生产，生产的厂家主要有上海信谊制药、华北制药、哈药集团三精制药有限公司等。

【储存】 遮光，密闭保存。

其他胃肠解痉药及胃动力药的作用与适应证、不良反应与用药指导，见表 2-6。

表 2-6 其他胃肠解痉药及胃动力药的作用与适应证、不良反应与用药指导

名称	作用与适应证	不良反应与用药指导
硫酸阿托品	本品为典型的 M 受体拮抗药。作用广泛：解除平滑肌痉挛；抑制腺体分泌；扩大瞳孔，升高眼压；解除迷走神经对心脏的抑制，使心跳加快。大剂量时能扩张血管，解除微血管痉挛，改善微循环，并兴奋呼吸中枢，有抗休克作用；可对抗体内蓄积的乙酰胆碱而解除有机磷农药中毒(主要解除 M 样症状)。临床用于各种内脏绞痛；麻醉前给药以减少支气管黏液分泌；抢救感染性休克、锑剂中毒引起的心源性脑缺氧综合征及有机磷中毒等	①不良反应：常见有便秘、口鼻咽喉干燥、汗少、视物模糊、皮肤潮红、排尿困难(尤其是老年患者)。②过量可出现瞳孔散大、兴奋、烦躁、谵语、惊厥、心率加快。③严重中毒时，可由中枢兴奋转入抑制，产生昏迷和呼吸麻痹等。④可分泌进乳汁，并有抑制泌乳作用，哺乳期妇女慎用；老年人、婴幼儿慎用；青光眼及前列腺肥大患者禁用；对其他颠茄生物碱不耐受者，对本品也不耐受
丁溴东莨菪碱	本品为季铵类抗胆碱药。其特点为平滑肌解痉作用较阿托品强、起效快，疗效确切，不良反应小。尚有阻断神经节及神经肌肉接头的作用，而兴奋心脏、扩瞳、抑制腺体分泌作用及中枢兴奋作用很弱。主要用于胃、十二指肠、结肠纤维内镜检查的术前准备或内镜逆行胰胆管造影，以及胃、十二指肠、结肠的气钡低张造影和计算机腹部体层扫描的术前准备。也用于各种病因引起的胃肠道痉挛、胆绞痛、肾绞痛或胃肠蠕动亢进等	①不良反应：有轻度口干、视力调节障碍、头晕、心率加快、嗜睡、恶心、呕吐、面部潮红等现象。②少数患者可造成排尿困难。③与胃动力药可互相拮抗，不可同服。④皮下或肌内注射时要注意避开神经与血管。如需反复注射，不要在同一部位，应左右交替注射。⑤婴幼儿慎用。⑥青光眼、前列腺肥大、严重心脏病、器质性幽门狭窄、麻痹性肠梗阻患者及过敏者禁用

续表

名称	作用与适应证	不良反应与用药指导
枸橼酸莫沙必利	本品为第三代胃动力促进药、强效选择性 $5\text{-}HT_4$ 受体激动剂。用于功能性消化不良，糖尿病胃轻瘫，胃部分切除者的胃功能障碍，胃、食管反流等	①不良反应：偶见腹泻、腹痛、口干、皮疹等。②孕妇、哺乳期妇女、儿童及青少年、有肝肾功能障碍的老人慎用
甲氧氯普胺	本品能抑制延脑催吐化学感受区的多巴胺受体，具有强大的中枢性镇吐作用和胃肠道兴奋作用。促进食管和胃蠕动，加速胃内容物排空，从而减少胆汁反流和胃泌素分泌。主要用于恶心、呕吐、嗳气、胃部胀满、胃酸过多，有利于溃疡愈合；也用于脑手术或外伤、肿瘤的放疗、化疗及使用某些药物所引起的呕吐；还可用于治疗晕车；尚有催乳作用	①不良反应：主要有镇静作用：倦怠、头晕、头痛，还有便秘及腹泻。②反复用药或剂量过大，可致锥体外系反应，表现为肌震颤、手抖、下肢抽搐、发音困难和共济失调，小儿和老年人长期用药时更易出现。③不宜与抗胆碱药如阿托品等合用，可产生拮抗。④不能用于胃肠道出血、机械性肠梗阻和穿孔者。⑤不宜与吩噻嗪类药物合用，因可加重锥体外系反应

四、泻药与止泻药

人的肠道任务很重，每日要排除很多的毒素和废渣。因饮食因素、生活规律改变、情绪抑郁、排便习惯不良、药物作用等因素，而表现为一周内大便次数少于 2～3 次，或者 2～3日才大便 1 次，粪便量少且干结时称为便秘。长期便秘，人体的毒素和废渣不能及时排出，被吸收入血，将引起腹胀、易怒、食欲减退、身体发胖等，甚至引发肠癌。保持大便通畅，可通过调整饮食结构，养成良好的排便习惯等措施。必要时可服用泻药，帮助排便。泻药是能增加肠内水分，促进蠕动，软化粪便或润滑肠道促进排便的药物。临床主要用于功能性便秘。分为容积性（如硫酸镁）、刺激性（如酚酞、开塞露）和润滑性（如甘油）泻药三类。

腹泻患者因肠道蠕动过快、肠道炎症等，使体内所需的营养物质不能充分吸收，易引起营养不良、维生素缺乏等，进而引起机体抵抗力下降。而排便次数过多，可能出现患者脱水、机体功能紊乱等。因此，腹泻患者除及时补充水、电解质外，应及时使用止泻药调节。止泻药是指控制腹泻的药物。通过减少肠道蠕动或保护肠道免受刺激而达到止泻作用。适用于剧烈腹泻或长期慢性腹泻，以防止机体过度脱水、水盐代谢失调、消化及营养障碍。常用的药物有：①减少肠道蠕动药物，如复方樟脑酊、地芬诺酯等。②减轻对肠黏膜刺激药，如鞣酸蛋白、药用炭、蒙脱石等。

（一）硫酸镁

【别名】 硫苦，泻盐。

【性状】 无色结晶；无臭；味苦、咸；有风化性。易溶于水。

【作用与适应证】 本品因给药途径不同而呈现不同的药理作用。①导泻：口服由于不被吸收，使肠内容物的渗透压增高，阻止了肠内水分的吸收，使肠内容积增大，刺激肠壁引起蠕动而排出大量水样便。主要用于清除肠道内毒物；也可与驱虫药合用排出虫体；或制成一二三灌肠剂或开塞露，用于各种便秘。②利胆：口服高浓度的硫酸镁或用导管直接注入十二指肠，可刺激十二指肠黏膜，反射性地引起胆囊排空而起利胆作用。用于胆囊炎、胆石症、阻塞性黄疸等。③抗惊厥：静脉注射硫酸镁液，可产生抗惊厥作用。因安全性低，仅用于子痫和破伤风引起的惊厥。④降压：注射硫酸镁，可产生降压作用。可用于急性肾性高血压危象。⑤消炎止痛：用 50% 溶液外用热敷患处，可消炎去肿止痛。

【不良反应】 ①注射过量或静注速度过快，使血镁过高，引起中毒，出现中枢抑制、肌腱反射消失、血压急剧下降、呼吸抑制等。一旦出现中毒应立即进行人工呼吸，并静脉注射氯化钙或葡萄糖酸钙注射液解救。②导泻时如大量服用可导致脱水，应多饮水。

【用药指导】 ①中枢抑制中毒患者不宜使用本品导泻排除毒物，以防加重中枢抑制。②肾功能不全、低血压、呼吸衰竭者或老年患者应慎用。③硫酸镁用于导泻时，因刺激肠壁可引起盆腔充血，故孕妇、月经期妇女禁用；无尿者、急腹症及肠道出血患者禁用。④开塞露不宜长期使用（经常刺激肠壁能引起结肠痉挛性便秘），诊断未明确的腹痛患者也不宜用开塞露。

【药物商品】 ①硫酸镁粉：用于导泻，一次 5~20g，服用时需以 400ml 水稀释。小儿一次 1g。用于利胆，33% 溶液一次口服 5~10ml，一日 3 次。②一二三灌肠剂：由 50% 硫酸镁 30ml、甘油 60ml、水 90ml 配成。注入直肠内导泻。③硫酸镁注射液：无色澄明液体。每支 10ml：1g；10ml：2.5g，肌内注射。④开塞露（含硫酸镁）：直肠给药。

【商品信息】 ①本品以苦土粉（含 MgO）为主要原料，早在 1695 年即用于临床。②由于本品含 7 分子结晶水，在干燥处可风化而成为白色结晶或粉末。部分风化者，使用时应酌情减量；严重风化者需加工精制经检验合格后使用。③开塞露有含硫酸镁或含甘油的两种不同配方的制剂，销售应用时应注意。若有结晶析出，隔水微热使溶解后再用。

【储存】 原料及其他制剂密封保存；注射剂遮光，密闭保存。

（二）蒙脱石

【别名】 双八面体蒙脱石，思密达。

【性状】 灰白色细粉，有芳香。

【作用与适应证】 口服后，覆盖在整个肠腔表明，吸附、固定、抑制多种病原体，使其失去致病作用。减慢肠细胞转变速度，促进肠细胞吸收，减少其分泌，缓解渗透性腹泻。还有保护肠细胞不被病原体损伤，修复、提高黏膜屏障对攻击因子的防御功能，起平衡正常菌群作用。用于成人及儿童的急、慢性腹泻，肠易激综合征，肠道菌群失调，食管炎及与胃、十二指肠、结肠疾病有关的疼痛的对症治疗。

【不良反应】 偶见便秘，大便干结。

【用药指导】 ①急性腹泻，首剂加倍，治疗时注意纠正脱水。②胃炎、结肠炎和肠易激综合征在饭前服用，腹泻宜在两餐中间服用，胃内容物食管反流、食管炎者餐后服用。③如需服用其他药物，应在服用本品前 1h 服用其他药物。④不宜长期服用，以免影响营养素的吸收。出现便秘，减量可继续服用。

【药物商品】 蒙脱石散（颗粒）：成人口服，一次 1 袋，一日 3 次。

【商品信息】 20 世纪 70 年代中期的博福益普生物制药有限公司最早研制的蒙脱石散上市，商品名“思密达”。至今已在 60 多个国家应用于临床。1992 年引进中国。中国生产商目前有葵花药业集团等几十家厂家生产。

【储存】 密封，在干燥处。

其他泻药与止泻药的作用与适应证、不良反应与用药指导，见表 2-7。

表 2-7 其他泻药与止泻药的作用与适应证、不良反应与用药指导

名称	作用与适应证	不良反应与用药指导
甘油	本品为润滑性泻药,还有强力高渗作用,组织软化作用。用于便秘,溶液用于降低眼压和颅内压,外用防冬季皮肤干裂	①不良反应:口服有轻微不良反应,如头痛、咽部不适、口渴、恶心、呕吐、腹泻及血压轻微下降等。②高浓度静脉滴注能引起溶血和血红蛋白尿
酚酞	口服后在肠内遇胆汁及碱性液形成可溶性钠盐,刺激结肠黏膜,促进其蠕动,并阻止肠液被肠壁吸收而起缓泻作用。由于小量吸收后(约 15%)进行肝肠循环的结果,其作用可持续 3~4 日。适用于习惯性顽固便秘	①不良反应:偶引起皮疹及出血倾向。②本品如与碳酸氢钠及氧化镁等碱性药并用,能引起变色,婴儿禁用。幼儿及孕妇慎用
盐酸地芬诺酯	为哌替啶的衍生物,直接抑制肠黏膜感受器,阻断局部黏膜的蠕动反射而减弱蠕动,并可增加肠阶段性收缩,使肠内容物行进减慢,从而使肠液的再吸收增加,具有较强的止泻作用。适用于急、慢性功能性腹泻及慢性肠炎等	①不良反应:服药后偶见口干、腹部不适、恶心、呕吐、头晕、头痛、嗜睡、烦躁、失眠、抑郁、烦躁、皮疹、腹胀、结肠扩张及肠梗阻等,减量或停药后可消失或好转。长期应用可致依赖性。②可增强巴比妥类、阿片类及其他中枢抑制药的作用,故不宜合用。③过量服用可产生呼吸抑制及昏迷,儿童应注意。④感染性腹泻宜合用抗生素,本品不能用作细菌性痢疾的基本治疗药物
盐酸洛哌丁胺	直接作用于胃肠壁,迅速抑制肠蠕动,从而产生止泻作用。用于急性腹泻及各种病因引起的慢性腹泻,尤其适用于临床上用其他止泻药效果不明显的慢性功能性腹泻	①不良反应:有皮疹、瘙痒、口干、腹痛、恶心、呕吐、头痛等。②抗生素所致伪膜性肠炎患者不宜服用,孕妇、哺乳期妇女、小儿慎用
复方樟脑酊	本品含有少量阿片,为有效的止泻药,能增强肠平滑肌张力,减低胃肠推进性,使粪便干燥而止泻。此外也有止咳、镇痛作用。主要用于非细菌性的严重腹泻,还可用于干咳、腹痛等	①不良反应:应可见便秘、呕吐、眩晕等,长期使用可致依赖性,大剂量还可能引起类似吗啡中毒样反应。②严重肝功能不全、肺源性心脏病、支气管哮喘、婴儿及哺乳期妇女禁用

五、微生态药

肠道微生态系统在人体微生态系统中是最主要的,在微生态学发展的早期,学者们所说微生态失调就是指肠道菌群紊乱。人肠道中的细菌细胞数占人体总微生物量的78%。肠道菌为 400~500 种,分为原籍菌群和外籍菌群,原籍菌群多为肠道正常菌群,除细菌外,人体还存在正常病毒群、正常真菌群、正常螺旋体群等,各有其生理作用。肠道菌群最显著的特征之一是它的稳定性,它对人类抵抗肠道病原菌引起的感染性疾病是极其重要的。维持其稳定性是临床治疗的重点。正常生理状态下,正常的肠道菌群对人体的维生素合成、促进生长发育和物质代谢及免疫防御功能都有重要的作用,是维持人体健康的必要因素,也是反映机体内环境稳定的一面镜子。临床常用的微生态药物有:地衣芽孢杆菌制剂、双歧杆菌活菌制剂、嗜酸乳杆菌、酪酸菌制剂等,见表 2-8。

表 2-8　常用的微生态药的作用与适应证、不良反应与用药指导

名称	作用与适应证	不良反应与用药指导
地衣芽孢杆菌制剂	本品系采用生物工程技术制成的含地衣芽孢杆菌活菌的微生态胶囊制剂，该活菌进入肠道后，对葡萄球菌、酵母样菌有拮抗作用，对双歧杆菌、乳酸杆菌、拟杆菌、消化链球菌的生长则有促进作用。临床观察表明，本品能调整肠道菌群，拮抗致病菌的致病作用。适用于急、慢性肠炎，急、慢性腹泻，急性菌痢，各种原因引起的肠道菌群失调症。对于慢性结肠炎，由溃疡性结肠炎、肝炎、肝硬化引起的腹胀、腹泻及肿瘤化疗、放疗后肠道菌群失调引起的腹胀、腹泻等也有疗效	①不良反应：未见特殊不良反应，偶见大便干结、腹胀，大剂量服用可发生便秘。②服用本品可不停用其他抗生素，但不宜同时使用环丙沙星及亚胺培南-西拉司丁钠
双歧杆菌活菌制剂	直接补充人体肠道内正常的生理性细菌，调整肠道菌群、改善肠道微环境；促进机体对营养的分解、吸收，合成机体所需的维生素，激发机体免疫力；抑制肠道中对人体有潜在危害的菌类甚至病原菌，减少肠源性毒素的产生和吸收。可治疗因肠菌群失调引起的脂肪泻及肠功能紊乱。用于肠菌群失调症、轻中型急性腹泻、慢性腹泻、腹胀及便秘等	目前尚未发现毒性反应
枯草杆菌、肠球菌二联活菌制剂	本品所含的枯草杆菌、肠球菌两种活菌是健康人肠道正常菌群成员。服用本品可直接补充正常生理活菌，抑制肠道内有害细菌过度繁殖，调整肠道菌群。临床研究显示，本品对成人急、慢性腹泻有一定的治疗作用。用于肠道菌群失调（抗生素、化疗药物等）引起的肠炎、腹泻、腹部胀气、便秘，消化不良，食欲缺乏等	①儿童极罕见有服用本品腹泻次数增加的现象，停药后可恢复。②治疗一个月症状仍无改善时，请停用本品，服用本药期间应停用其他抗菌药物

六、肝胆疾病辅助用药

肝胆系统的疾病比较复杂，目前尚无确定有效的药物，药物仅作为一些辅助治疗措施供临床采用，其作用机制和确实疗效均有待进一步确定。按其药理作用可分为：肝昏迷药、治疗肝炎肝硬化药和利胆药等。

肝昏迷的发病机制尚未完全阐明。临床应用的降血氨药如谷氨酸钠、精氨酸等，对治疗外源性血氨增高所致的肝昏迷有一定效果，而对血氨不增高的肝昏迷则无效。近年来认为肝昏迷的发病还与脑内化学递质的异常有关，故试用左旋多巴、间羟胺等药物以恢复中枢递质的正常功能。

治疗肝炎肝硬化药包括保肝药、去脂药及其他药物。所谓保肝药，是指能改善肝脏功能、促进肝细胞再生、增强肝脏解毒能力的药物，如联苯双酯、门冬氨酸钾镁、阿卡明、葡醛内酯等。所谓去脂药，多为含甲基的化合物，此类药物能促进脂肪的溶解、转运和代谢，减少肝细胞内脂肪的沉积，在预防脂肪肝和肝硬化中有一定作用。

利胆药可分为两类，一类促进胆汁分泌，如去氢胆酸、牛胆酸钠等。另一类促进胆囊排空，如硫酸镁。

第三节　呼吸系统用药

呼吸系统疾病是人们所熟悉的病种之一，诸如感冒、咳嗽、支气管炎、支气管哮喘等多为常见病和多发病。呼吸系统疾病发生在人体呼吸道（包括咽喉、气管、支气管和肺

部),以咳、痰、喘、炎症为其共同的特点,而炎症则是疾病的起因,咳、痰、喘是继发的症状。这些症状影响患者的休息和健康,如果长期不愈,还可能发展成肺气肿、支气管扩张及肺源性心脏病等。因此,在对因治疗的同时,及时应用镇咳药、祛痰药和平喘药,以控制症状及病情发展,是十分必要的,治疗呼吸系统疾病的非处方药包括镇咳药、祛痰药和平喘药。

案例

患者,男,37岁。1996年1月22日无诱因发生右下肢静脉血栓,在当地医院行取栓术。术后2周再次出现左下肢深静脉血栓,2月6日,入哈尔滨医科大学附属第二医院普通外科行取栓皮肤切开减张术。2月11日出现胸闷,胸部X线示左胸腔积液,量较多。经多次大量排胸腔积液、抗结核及抗炎治疗。胸腔积液初始为草绿色,继而变为血性。因增长速度快而行胸腔闭式引流。2月23日患者突然发生呼吸困难、发绀,呼吸频率快达35次/min,意识模糊,经吸氧、喘定治疗2日后症状改善。

问题:

1. 该案例中的患者可能患什么病?
2. 请列出对该病的诊断依据。
3. 采用药品治疗该病是否正确?

一、镇 咳 药

镇咳药,是以止咳为药效的药物的统称,目前常用的镇咳药,根据其作用机制分为两类。

(1) 中枢性镇咳药:直接抑制延髓咳嗽中枢,使其对外周传来的刺激不敏感,对于各种原因引起的咳嗽都有一定效果。多用于癌症、急性肺梗死、左心衰竭引起的咳嗽。常用药物有可待因、右美沙芬、枸橼酸喷托维林(咳必清)。

(2) 末梢性镇咳药:抑制咳嗽反射弧中除咳嗽中枢以外的环节的药物,对刺激性干咳或阵咳效果较好,常用的复方甘草片、苯丙哌林(咳快好)兼有中枢性和末梢性双重镇咳作用。

应用镇咳药物时首先必须明确引起咳嗽的病因,并采用相应的措施;对于有痰的咳嗽,必须同时合用祛痰药,以免由于痰液排出受阻加重感染。

(一) 磷酸可待因

【别名】 可待因,磷酸甲基吗啡。

【性状】 白色细微的针状结晶性粉末;无臭;有风化性;易溶于水。

【作用与适应证】 本品通过直接抑制延髓咳嗽中枢而起效,止咳作用强大而迅速,作用类似吗啡,但其强度约为吗啡的1/4,受性及成瘾性也较吗啡弱。也具有镇痛和镇静作用。其镇痛作用为吗啡的1/12~1/7,但强于一般镇痛药。临床适用于:①各种原因引起的剧烈干咳和刺激性咳嗽,尤其适用于伴有胸痛的剧烈干咳。②中度以上的疼痛。③镇静作用可用于辅助全麻或局麻。

【不良反应】 ① 过量可引起兴奋、烦躁不安和呼吸抑制。②长期应用可引起躯体依赖性。常用量引起便秘、呼吸抑制,依赖性的倾向均较其他吗啡类药为轻。

【用药指导】 ①能抑制支气管腺体的分泌,导致痰液黏稠难以咳出,故不宜用于多痰黏稠的患者。②小儿过量可发生惊厥,以纳洛酮对抗。③重复给药可产生耐受性,久用有成瘾性。④哺乳期妇女、支气管哮喘及支气管哮喘性咳嗽、急腹症在诊断未明确时、颅脑外伤或颅内病变、前列腺肥大病、新生儿、婴儿慎用。对本品过敏者禁用。

【药物商品】 ①磷酸可待因片：每片 15mg，30mg。口服。②可待因注射液：每支 1ml：15mg、1ml：30mg。皮下注射。③磷酸可待因糖浆剂：为无色或淡黄色的稠厚液体，味先甜后苦，0.5%。口服。

【商品信息】 ①本品 1832 年从阿片中提取分离得到，现主要由吗啡半合成制取。②本品盐及其单方制剂应严格按“麻醉药品”管理。③目前，含可待因复方口服溶液类药品滥用现象较严重，SFDA 于 2008 年 11 月发布的《关于加强含可待因复方口服溶液管理的通知》对生产、批发、零售含可待因口服溶液提出了更为严格的管理。④目前国内生产企业有南昌立健药业有限公司、东北制药集团沈阳第一制药有限公司、深圳致君制药有限公司等。

【储存】 原料及片剂遮光，密封保存；注射液遮光，密闭保存；糖浆剂遮光，密封置阴凉处保存。注射液久贮色逐渐变淡黄色甚至黄色，遇光变色加速，变色后不可供药用。

（二）氢溴酸右美沙芬

【别名】 美沙芬，普西兰，丽珠刻乐。

【性状】 为白色或类白色结晶粉末，无味或稍苦。可溶于水。

【作用与适应证】 为非成瘾性中枢镇咳药，选择性地抑制延髓的咳嗽中枢，产生强大而迅速镇咳作用，兼有镇痛、镇静作用。用于感冒、急慢性支气管炎、咽喉炎、支气管哮喘、肺结核及其他上呼吸道感染引起的干咳。

【不良反应】 可见头晕、头痛、嗜睡、易激动、嗳气、食欲缺乏、便秘、恶心、皮肤过敏等，但不影响疗效。停药后上述反应消失。过量会引起神志不清、支气管痉挛、呼吸抑制。

【用药指导】 ①妊娠 3 个月内妇女、有精神病史者及哺乳期妇女禁用。②服用单胺氧化酶抑制剂停药不满两周的患者禁用。③服药期间不得驾驶飞机、车、船，从事高空作业、机械作业及操作精密仪器。

【药物商品】 ①氢溴酸右美沙芬片：每片 15mg。口服。②氢溴酸右美沙芬软胶囊：15mg。口服。③氢溴酸右美沙芬糖浆剂：10ml：15mg；100ml：0.15g；180ml：0.36g。口服。

【商品信息】 1954 年，由瑞士罗氏公司开发上市，1956 年被美国 FDA 列为非处方药，世界卫生组织于 1988 年认为“右美沙芬是取代可待因的一种安全性较高的镇咳药”。1988 年在中国注册，1990 年中美史克制药有限公司生产片剂并投放市场。世界各国已上市和正在研制开发的制剂非常多，市场非常广阔。国内生产商有珠海联邦制药股份有限公司（简称珠海联邦）、广州白云山医药集团股份有限公司（简称广州白云山制药）等。

【储存】 遮光、密封保存。

（三）苯丙哌林

【别名】 咳快好。

【性状】 白色结晶性粉末。较易溶于水。

【作用与适应证】 本品为非麻醉性强效镇咳剂。具有中枢与末梢双重镇咳作用，能抑制咳嗽中枢。适用于刺激性干咳，也可用于急、慢性支气管炎及临床上各种原因引起的干咳，过敏性等因素引起的刺激性咳嗽。

【不良反应】 偶见有轻度口干、嗜睡、乏力、头昏、胃部烧灼感、食欲缺乏、药疹等。

【用药指导】 ①本品对口腔黏膜有麻醉作用，服用时应整片吞服，切勿嚼碎。②幽门、十二指肠及肠管闭塞的患者、下部尿路闭塞的患者、青光眼患者、严重的心脏病患者及对本品过敏者禁用。③孕妇慎用。

【药物商品】 ①苯丙哌林片剂：每片含本品 20mg，口服。②胶囊剂：每粒含本品 20mg，口服。

【商品信息】 我国于 1985 年投产，国内生产企业有哈药集团制药六厂、广州白云山制药六厂、华北制药集团有限公司等，以片剂、胶囊剂、颗粒剂、口服溶液剂为主。

【储存】 遮光、密封保存。开封后注意保存于阴凉干燥处。

二、祛 痰 药

痰是呼吸道炎症的产物，可刺激呼吸道黏膜引起咳嗽，并可加重感染。祛痰药可稀释痰液或液化黏痰，使之易于咳出。祛痰药按作用方式可分为三类。

（1）恶心性和刺激性祛痰药：如氯化铵、愈创甘油醚属恶心性祛痰药，口服后可刺激胃黏膜，引起轻度恶心，反射性地促进呼吸道腺体的分泌增加，从而使黏痰稀释便于咳出；刺激性祛痰药是一些挥发性物质，如桉叶油、安息香酊等，加入沸水中，其蒸气挥发也可刺激呼吸道黏膜，增加分泌，使痰稀释便于咳出。

（2）痰液溶解剂：如乙酰半胱氨酸，可分解痰液中的黏性成分，使痰液液化，黏滞性降低而易咳出。

（3）黏液调节剂：如盐酸溴己新和羧甲司坦，作用于气管和支气管的黏液产生细胞，使分泌物黏滞性降低，痰液变稀而易咳出。

（一）氯化铵

【别名】 氯化亚，卤砂。

【性状】 无色结晶或白色结晶性粉末；无臭，味咸、凉；有引湿性。在水中易溶。

【作用与适应证】 ①祛痰：口服后刺激胃黏膜的迷走神经末梢，引起轻度的恶心，反射性地引起气管、支气管腺体分泌增加。部分氯化铵吸收入血后，经呼吸道排出，由于盐类的渗透压作用而带出水分，使痰液稀释，易于咳出。②利尿：能增加肾小管氯离子浓度，因而增加钠和水的排出，具有利尿作用。③酸化体液和尿液。适用于干咳及痰不易咳出等；也用于泌尿系感染需酸化尿液时。该品用于纠正代谢性碱中毒。

【不良反应】 吞服片剂或剂量过大可引起恶心、呕吐、胃痛等胃刺激症状，宜溶于水中、饭后服用。

【用药指导】 ①肝、肾功能不全及溃疡病患者慎用。②应用过量或长期服用易致高氯酸血症，代谢性酸血症患者忌用。

【药物商品】 ①氯化铵片：每片 0.3g。成人常用量口服；祛痰，一次 0.3~0.6g，一日 3 次；利尿，一次 0.6~2g，一日 3 次。小儿常用量每日按体重 40~60mg/kg，或按体表面积 1.5g/m^2，分 4 次服。②氯化铵注射液：以 5% 葡萄糖注射液稀释成 0.9%（等渗）浓度，分 2~3 次静脉滴入。

【商品信息】 本品 1936 年用于临床，疗效确切。我国主要生产厂家有重庆莱美药业股份有限公司、齐鲁制药有限公司等。

【储存】 原料及片剂密封，在干燥处保存。与铜器接触易变绿色，不可再供药用。

（二）盐酸氨溴索

【别名】 舒坦，兰勃素，沐舒坦。

【性状】 常用其盐酸盐，白色或类白色结晶性粉末，无臭。溶于甲醇，微溶于水或乙醇。

【作用与适应证】 为溴己新在体内的活性代谢产物，有较强的溶解黏痰作用，使患者的黏液分泌恢复至正常，咳嗽及痰量减少。发挥呼吸道黏膜的表面活性物质正常的保护功能，改善通气功能和呼吸困难状况。适用于伴有痰液分泌异常及排痰功能不良的急性、慢性支气管，肺疾病的祛痰治疗；尤其是慢性支气管炎急性发作、喘息性支气管炎、支气管哮喘等引起的痰液黏稠，咳痰困难。

【不良反应】 轻微的上消化道不良反应，如胃部灼热、消化不良，偶见恶心、呕吐；少见过敏反应，主要为皮疹；极少病例出现严重的急性过敏反应。

【用药指导】 妊娠期特别是头 3 个月慎用；使用本品期间避免同服强力镇咳药；与抗生素如阿莫西林、头孢呋辛、红霉素、多西环素合用，可导致抗生素在肺组织浓度升高。

【药物商品】 ①盐酸氨溴索片：15mg；30mg。②盐酸氨溴索胶囊：每粒 30mg。缓释胶囊每粒 75mg。③盐酸氨溴索口服液：每支 5ml：15mg；60ml：180mg；100ml：300mg；100ml：600mg。口服，成人及 12 岁以上的儿童一次 30mg，一日 3 次，此为初始剂量，14 日后剂量可减半。④盐酸氨溴索注射液：每支 2ml，15mg，成人一次 15mg，一日 2 次。⑤盐酸氨溴索气雾剂：每瓶 2ml，15mg。

【商品信息】 1968 年，德国勃林格殷格翰公司研制成功盐酸氨溴索，1978 年以“沐舒坦”为商品名在德国上市。1994 年，沐舒坦片剂在中国首次上市，其他剂型陆续上市。本品制剂多，作为溴己新的代用品，是目前临床上作用最强的祛痰药，自上市以来，本品一直是中国城市医院应用祛痰药的主导产品，市场占有率较高。销量最好的是德国勃林格殷格翰公司生产的“沐舒坦”，目前生产厂商有黑龙江葵花药业、江苏恒瑞医药股份有限公司等。

【储存】 避光、密闭保存。

三、平 喘 药

哮喘是一种世界范围的常见病、多发病，危害性极大，严重地威胁广大人民的健康，其中部分人群可成终生痼疾，加之喘息又是呼吸系统疾病的主要症状，患者在身体和精神上都难以忍受，十分迫切地需要安全、有效的平喘药，以缓解和消除症状。临床常用的平喘药按作用方式可分为支气管扩张药、抗炎平喘药和抗过敏平喘药。

（一）茶碱

【别名】 希瑞宁，舒弗美。

【性状】 白色或黄白色结晶粉末。几乎无味。

【作用与适应证】 本品对呼吸道平滑肌有直接松弛作用。具有扩张血管、放松支气管平滑肌、加强心肌收缩、加快心律、增加血压、增加肾血流量及一些消炎作用。适用于支气管哮喘、喘息型支气管炎、阻塞性肺气肿等缓解喘息症状，也可用于心源性肺水肿引起的哮喘。

【不良反应】 多见有恶心、呕吐、易激动、失眠等。

【用药指导】 ①对本品过敏的患者、活动性消化道溃疡和未经控制的惊厥性疾病患者禁用。②低氧血症、高血压或者有消化道溃疡病史的患者慎用本品。③老年患者服后常感头晕，故口服时应多饮水。

【药物商品】 ①片剂：每片 0.1g，成人每次 0.1~0.2g，每日 3 次。口服。②缓释胶囊 0.2g，口服。

【商品信息】 1888 年，茶碱首先被一位德国生物学家阿尔贝希特·科塞尔从茶叶中萃取所得。1896 年，茶碱被另一位德国自然学家威廉·特劳伯通过化学方法证明并合成。茶碱首次被用于医学用途，是在 20 世纪 50 年代应用于哮喘的治疗。肾上腺皮质激素、新型 β 受体激动药和白三烯类调节药已取代了茶碱相当多的市场份额，但茶碱仍在难以控制的哮喘治疗中占一席之地。茶碱在我国的临床应用一直相当普遍。

【储存】 避光，密闭，在阴凉处保存。

（二）盐酸丙卡特罗

【别名】 普鲁卡地鲁，美普清，丙卡特罗。

【性状】 白色或微黄色结晶性粉末，无臭。稍易溶于水、甲醇，难溶于乙醇。

【作用与适应证】 为选择性 β_2受体激动剂，对支气管的 β_2受体具有高度选择性，其支气管扩张作用强而持久。尚具有较强抗过敏作用，不仅可抑制速发型的气道阻力增加，而且可抑制迟发型的气道反应增高。本品尚可促进呼吸道纤毛作用。用于治疗支气管哮喘、喘息性支气管炎、肺气肿等。

【不良反应】 偶有口干、鼻塞、倦怠、恶心、胃部不适、肌颤头痛、眩晕或耳鸣。亦可发生皮疹、心律失常、心悸面部潮红等。

【用药指导】 甲亢、高血压、心脏病、糖尿病患者、孕妇及乳幼儿慎用；可能引起心律失常，服用时应注意。

【药物商品】 ①盐酸丙卡特罗片：白色片，成人，一次 50μg，一日 1 次，睡前服用，或一次 50μg，一日 2 次，清晨及睡前服用。6 岁以上儿童：一次 25μg，服用方法同成人。儿童可依据年龄和体重适量增减。②盐酸丙卡特罗口服液：成人，一日 1 次，睡前口服，或一日 2 次，早、晚睡前口服，一次 50μg（相当于口服溶液 10ml）；6 岁以上小儿：一日 1 次，睡前口服，或一日 2 次，早、晚睡前口服，一次 25μg（相当于口服溶液 5ml）；不满 6 岁的乳幼儿：一日 2 次，早、晚睡前口服，或一日 3 次，早、中、晚睡前口服，一次 1.25μg/kg（相当于口服液 0.25ml/kg）。

【商品信息】 1981 年，日本大冢制药株式会社开发上市。国内有十几个厂家生产，新开发上市其口服溶液、舌下滴丸、糖浆、口腔崩解片等多种剂型。生产厂家主要有日本大冢制药株式会社、江苏汉晨药业有限公司、安徽环球药业股份有限公司等。

【储存】 避光，密闭，在阴凉处保存。

（三）丙酸倍氯米松

【别名】 倍氯松，必酮蝶。

【性状】 为白色或类白色结晶性粉末。几乎不溶于水。

【作用与适应证】 系强效外用糖皮质激素类药，具有抗炎、抗过敏和止痒等作用，能抑制支气管渗出物，消除支气管黏膜肿胀，解除支气管痉挛。对皮肤血管收缩作用远比氢化可的松强。局部抗炎作用是氟轻松和曲安奈德的 5 倍。亲脂性较强，易渗透，涂于患处30min后即生效。适用于依赖肾上腺皮质激素或用其他药物难以控制的反复发作的哮喘患者,亦可用于预防发作及过敏性鼻炎等。

【不良反应】 ①偶有口干及声音嘶哑。②少数长期吸入者可能引起口腔咽喉部白色念珠菌感染,可适当局部应用抗菌药,无需中断治疗。

【用药指导】 ①气雾剂适用于轻症哮喘,急性发作时应加用其他平喘药,不宜用于持续状态。②孕妇、婴儿慎用。

【药物商品】 ①倍氯米松气雾剂:每瓶含丙酸倍氯米松10mg。吸入给药。②倍氯米松乳膏:10g,2.5mg, 外用。

【商品信息】 1907年合成并用于临床,是一强效局部用平喘药,疗效确切,在治疗量情况下,不会产生全身性不良反应。国内生产厂家有山东京卫制药有限公司、浙江仙居仙乐药业有限公司。

【储存】 遮光,密封保存。

(四) 孟鲁司特钠

【别名】 顺尔宁。

【性状】 一种吸湿性的白色粉末,易溶于水和乙腈,几乎不溶于乙醇、甲醇。对光敏感。

【作用与适应证】 是一种口服有效的选择性白三烯受体拮抗体,能特异性抑制半胱氨酰白三烯受体,适用于成人和儿童哮喘的预防和长期治疗,包括预防白天和夜间的哮喘症状,治疗对阿司匹林敏感的哮喘患者及预防运动引起的支气管收缩。

【不良反应】 高敏反应(包括过敏反应、血管性水肿、皮疹、瘙痒、荨麻疹和罕见的肝脏嗜酸性粒细胞浸润)、夜梦异常、嗜睡、激惹、烦躁不安、失眠、恶心、呕吐、消化不良、腹泻和包括肌肉痉挛的肌痛。

【用药指导】 不应用于治疗急性哮喘发作。妊娠妇女、哺乳期妇女慎用。

【药物商品】 孟鲁司特钠咀嚼片:每片5mg;10mg。口服。

【商品信息】 孟鲁司特钠咀嚼片由杭州默沙东制药有限公司生产,国内市场份额逐年上升。

【储存】 储存于阴凉、干燥的库房,密封保存,远离火源。

其他呼吸系统药的作用与适应证、不良反应与用药指导,见表2-9。

表2-9 其他呼吸系统药的作用与适应证、不良反应与用药指导

名称	作用与适应证	不良反应与用药指导
福尔可定	中枢性镇咳药作用与磷酸可待因相似,也具有镇痛、镇静作用,成瘾性较弱	①偶有嗜睡、恶心等不良反应。②大剂量可引起兴奋、不安、共济失调。③久服成瘾。原料及片剂按"麻醉药品"管理。④本品有引湿性,遇光易变质
二羟丙茶碱	具有舒张支气管和微血管作用。对胃肠刺激性较小。用于治疗支气管哮喘和心源性哮喘,尤适用于因胃肠刺激症状明显不能耐受氨茶碱或伴有心动过速的哮喘患者	①偶有口干、恶心、心悸、多尿等不良应。②大剂量时可致中枢兴奋,应予服镇静药防止。③不宜与氨茶碱同用

续表

名称	作用与适应证	不良反应与用药指导
枸橼酸喷托维林	本品能选择性地抑制咳嗽中枢，对呼吸道黏膜有局部麻醉和阿托品样解痉作用，大剂量可直接松弛支气管平滑肌及抑制呼吸道感受器而兼有外周镇咳作用，镇咳强度为可待因的1/3，但无成瘾性。适用于干咳及上呼吸道感染引起的咳嗽	①偶有轻度头痛、头晕、口干、恶心、腹胀及便秘等不良应。②青光眼患者、心功能不全患者慎用。③痰多患者应与祛痰药合用
异丙托溴铵	是一种具有抗胆碱能（副交感）特性的四价铵化合物。是对支气管平滑肌有较高选择性的强效抗胆碱药，松弛支气管平滑肌作用较强，对呼吸道腺体和心血管系统的作用不明显。用于防治支气管哮喘和哮喘型慢性支气管炎，尤适用于因用β受体激动剂产生肌肉震颤、心动过速而不能耐受此类药物的患者。本品与β受体激动剂合用可相互增强疗效，用于哮喘、慢性支气管炎和肺气肿	①不良反应：头痛、口干、发声困难、眩晕、焦虑、心动过速、骨骼肌的细颤和心悸，尤其是对易感患者。②青光眼、前列腺增生者慎用
愈创甘油醚	为恶心性祛痰剂，并有轻微的防腐作用，用于慢性气管炎的多痰咳嗽，多与其他镇咳平喘药合用或配成复方制剂应用	①可见恶心、胃肠不适、头晕、嗜睡和过敏等不良反应。②急性胃肠炎、肾炎和肺出血患者禁用。③消化道溃疡患者、孕妇及哺乳期妇女慎用。④本品应饭后服用
乙酰半胱氨酸	本品具有较强的黏痰溶解作用，能降低痰的黏滞性，并使之液化。还能使脓性痰中的DNA纤维断裂，不仅能溶解白色黏痰而且也能溶解脓性痰。适用于大量黏痰阻塞引起的呼吸困难及手术后的咳痰困难、急性和慢性支气管炎、支气管扩张、肺结核、肺炎、肺气肿引起的痰液黏稠、咳痰困难、痰阻气管等。本品尚可用于对乙酰氨基酚中毒的解毒	①可引起咳呛、支气管痉挛、恶心、呕吐、胃炎等不良反应，一般减量即可缓解，如见恶心、呕吐可暂停给药。支气管痉挛可用异丙肾上腺素缓解。②本品直接滴入呼吸道可产生大量痰液，需用吸痰器吸引排痰。③支气管哮喘患者禁用。④本品能减弱青霉素、头孢菌素类药的抗菌活性，故不宜与这些药物并用。必要时可间隔4h交替使用
硫酸沙丁胺醇	选择性受体激动药，对于哮喘患者其支气管扩张作用比异丙肾上腺素强10倍。用于支气管哮喘或喘息型支气管炎等伴有支气管痉挛的呼吸道疾病	①不良反应：主要是对心脏及中枢神经系统的兴奋作用，如头痛、头晕、失眠，偶见肌肉和手指震颤、心悸、血压波动等。长期使用能产生耐药性，可能加重哮喘。②心血管功能不全、高血压、甲亢、糖尿病及妊娠患者慎用
盐酸克仑特罗	本品为强效选择性β_2受体激动剂，能解除支气管平滑肌痉挛，其支气管扩张作用约为奥西那林的25倍、沙丁胺醇的100倍，而对心血管系统的影响则很小，用于防治支气管哮喘、慢性喘息性支气管炎、肺气肿等呼吸系统疾病所致的支气管痉挛	①不良反应：少数患者可有轻度心悸、手颤、头晕等，继续服药一般能逐渐消失。②甲亢、心动过速或高血压病患者慎用
色甘酸钠	一种抗过敏药，用于治疗过敏性哮喘，对过敏性哮喘有较好疗效。色甘酸钠可减轻重症哮喘的糖皮质激素用量；亦用于变应性鼻炎、溃疡性结肠炎及其他胃肠道过敏性疾病	①用本品粉雾或气雾吸入治疗哮喘时，对少数患者有局部刺激作用，可引起咳嗽，甚至导致哮喘加重，应减量用药或更换别药。②对少数用滴鼻、滴眼或气雾鼻内吸入色甘酸钠的患者，初用药时有局部刺激感，应适当减量用药。③极少数口服本药者，服后有恶心或食欲缺乏等反应，如

续表

名称	作用与适应证	不良反应与用药指导
		症状持续，宜减量或另换其他治疗。④喘息状态及严重呼吸困难者，色甘酸钠吸入不属首选治疗，应先用解痉药物或皮质激素以控制症状
富马酸酮替芬	本品兼有很强的 H_1 受体拮抗作用和抑制过敏介质释放的作用。其抗组胺作用较氯苯那敏约强10倍且长效。本品为哮喘预防药，对各型哮喘有一定预防发作的效果。对糖皮质激素依赖型哮喘者，可减少糖皮质激素的用量。对运动性哮喘疗效欠佳。也可用于治疗外阴瘙痒症。皮肤科用于治疗荨麻疹、湿疹、过敏性皮炎等，另外也用于过敏性哮喘及过敏性鼻炎，对过敏性哮喘的预防效果优于色甘酸钠	①不良反应：轻度头昏、口干、嗜睡、困倦、胃肠道反应等，1周后可自行减轻或消失。过量可致昏睡、恶心等反应，应酌情对症处理，个别患者用药后可出现过敏症状，主要表现为皮疹瘙痒，局部皮肤水肿等，遇此情况应及时停药。②驾驶员、机械操作者、高空作业者慎用。③严重肝肾功能不全者剂量酌减。④本品与口服降血糖药合用时，少数糖尿病患者可见血小板减少，故两者不宜合用

第四节　心血管系统药

心血管药物是指作用于心血管系统的药物。心、脑血管疾病是国内外最常见的两种严重疾病，其互为因果、密切相关并相互掩盖或依赖。大量的流行病学资料显示心脏病是导致脑血管疾病的主要危险因素，心脏病患者发生脑血管疾病的概率是正常人的9.75倍。心脏病者易在心脏内形成一些“栓子”，随血液而流动，一部分进入脑血管并造成堵塞，使相应的脑组织得不到血液提供的能量和营养，脑组织因缺少氧和葡萄糖的储备造成脑组织坏死或损伤。同样脑血管疾病也可引发心脏疾病。因为控制心、脑血管的神经内分泌中枢都在大脑内，一旦脑血管疾病破坏了这些中枢，轻则出现心电图异常，重则引发心肌缺血、心力衰竭或心肌梗死。心血管疾病是危害人类健康的严重疾病，是造成人类死亡的主要原因之一。本病种类繁多，病因复杂。因此心血管药物的研究受到很大的重视，发展也很快，临床应用药物众多。心血管系统药物主要作用于心脏或血管系统，改进心脏的功能，调节心脏血液的心输血量，改变循环系统各部分的血液分配。

案例

患者，男，59岁，经常夜间不能平卧，只能高枕或端坐，同时出现上腹部饱胀、食欲减退，持续性下肢水肿，尿少，活动后感心悸、气急，不能坚持一般工作。1990年以后水肿明显加重，由小腿发展至腰部，尿量明显减少，每日400~500ml，服利尿剂效果亦差，腹胀回升重，腹部渐膨隆。无尿色深黄及皮肤瘙痒感。休息状态下仍感胸闷、心悸、气急。阵发性心前区隐痛，轻度咳嗽，咳白色黏痰，自觉无发热，无咯血。

问题：

1. 该案例中的患者可能患什么病？
2. 请例出对该病的诊断依据。
3. 采用药品治疗该病是否正确？

一、抗高血压药

高血压是一种以动脉血压持续升高为主要表现的慢性疾病，按国际统一标准，在成人静息时未服抗高血压药的情况下，收缩压≥18.7kPa（140mmHg）和（或）舒张压≥12.0kPa（90mmHg）时，即诊断为高血压。根据血压升高的不同，高血压分为3级。

1级高血压（轻度）收缩压140~159mmHg；舒张压90~99mmHg。

2级高血压（中度）收缩压160~179mmHg；舒张压100~109mmHg。

3级高血压（重度）收缩压≥180mmHg；舒张压≥110mmHg。

单纯收缩期高血压收缩压≥140mmHg；舒张压<90mmHg。

注：若患者的收缩压与舒张压分属不同等级时，则以较高的分级为准；单纯收缩期高血压也可按照收缩压水平分为1、2、3级。

高血压是最常见的心血管病，是全球范围内的重大公共卫生问题。全国每年死亡超过100万，存活的患者为500万~600万，其中75%以上留有不同程度的残疾，给个人、家庭和社会造成了沉重的负担。而脑卒中的主要危险因素就是高血压。同时，血压升高还是多种疾病的导火索，会使冠心病、心力衰竭及肾脏疾患等疾病的发病风险增高。由于部分高血压患者并无明显的临床症状，高血压又被称为人类健康的“无形杀手”。因此提高对高血压病的认识，对早期预防、及时治疗有极其重要的意义。

抗高血压药，又称降压药，是临床上主要用于治疗高血压的药物，根据不同的作用机制可将抗高血压药分以下几类，前四类在临床使用最多。

（1）利尿降压药：如氢氯噻嗪、呋塞米、吲达帕胺等。

（2）肾素-血管紧张素系统抑制：①血管紧张素转换酶（ACE）抑制药如卡托普利、依那普利、莱诺普利、雷米普利等。②血管紧张素Ⅱ（AT_1）受体阻断药如氯沙坦、缬沙坦、替米沙坦等。③肾素抑制药如雷米克林等。

（3）钙拮抗药：如硝苯地平、氨氯地平、尼群地平等。

（4）肾上腺素β受体阻断药：如普萘洛尔、美托洛尔等。

（5）抗交感神经药按照作用部位分为：①中枢性降压药，如可乐定等；②神经节阻断药，如美卡拉明等；③抗去甲肾上腺素能神经末梢药，如利血平、胍乙啶等；④肾上腺素受体阻断药、α_1受体阻断药，如哌唑嗪、特拉唑嗪等；α、β受体阻断药，如拉贝洛尔。

（6）血管平滑肌扩张药：如肼屈嗪和硝普钠等。

（7）钾通道开放药：如米诺地尔、吡那地尔、尼可地尔。

（8）5-HT受体阻断药：如酮色林等。

（9）前列环素合成促进药：如沙克太宁等。

二、抗心绞痛药

心绞痛是冠状动脉供血不足，心肌急剧的、暂时缺血与缺氧所引起的以发作性胸痛或胸部不适为主要表现的临床综合征。特点为前胸阵发性、压榨性疼痛，可伴有其他症状，疼痛主要位于胸骨后部，可放射至心前区与左上肢，劳动或情绪激动时常发生，每次发作持续3~5min，可数日一次，也可一日数次，休息或用硝酸酯制剂后消失。本病多见于男性，多数40岁以上，劳累、情绪激动、饱食、受寒、阴雨天气、急性循环衰竭等为常见诱因。

根据不同的作用机制，可将抗心绞痛药分以下几类。

(1) 硝酸酯制剂：如硝酸异山梨酯、硝酸甘油、单硝酸异山梨酯。

(2) β受体阻断剂(β阻断剂)：如普萘洛尔、美托洛尔、阿替洛尔等(见抗高血压药)。

(3) 钙通道阻滞剂：如尼索地平、氨氯地平、非洛地平(见抗高血压药)。

三、抗心力衰竭药

心力衰竭简称心衰，是指由于心脏的收缩功能和(或)舒张功能发生障碍，不能将静脉回心血量充分排出心脏，导致静脉系统血液淤积，动脉系统血液灌注不足，从而引起心脏循环障碍，此障碍表现为肺淤血、腔静脉淤血。随着社会老龄化进程及心血管病发病率的逐年增加，心衰发病率也逐渐升高，估计全世界约有2000万心衰患者。在美国慢性心衰患者超过300万，每年治疗心力衰竭的费用高达225亿美元。本类药在药品市场中所占的份额非常大。治疗心衰的药物主要包括以下几种。

(1) 利尿药：治疗心力衰竭的一线药物，改善心衰患者的体液潴留，是不可缺少的基础药物和关键药物，如氢氯噻嗪、螺内酯等。

(2) RAAS抑制药：能逆转心肌的重构，改善心肌功能，是心力衰竭的首选药。包括：①血管紧张素转化酶抑制药，如卡托普利等；②血管紧张素Ⅱ受体拮抗药，氯沙坦、缬沙坦、替米沙坦等；③醛固酮拮抗药，螺内酯。

(3) β受体阻断药：曾被禁用于心力衰竭，后来的临床试验证明，长期应用能延缓心室的重构或逆转，改善左心功能，如美托洛尔等。目前已被推荐作为治疗慢性心力衰竭的常规用药。

(4) 强心苷类：最早使用的正性肌力药，现主要使用地高辛，可加强心肌收缩力，缓解和消除症状，改善左心室功能，不增加患者的死亡率，如地高辛、去乙酰毛花苷、毒毛花苷K、洋地黄毒苷等。强心苷的安全范围小，治疗量与中毒量较接近，属毒性药品，必须遵从医嘱用药。

(5) 其他治疗药物：①血管扩张药，肼屈嗪、硝普钠；②非强心苷类正性肌力药，米力农、氨力农等。

四、抗心律失常药

心律失常是由于窦房结激动异常或激动产生于窦房结以外，激动的传导缓慢、阻滞或经异常通道传导，即心脏活动的起源和(或)传导障碍导致心脏搏动的频率和(或)节律异常。心律失常是心血管疾病中重要的一组疾病。它可单独发病亦可与心血管病伴发。可突然发作而致猝死，亦可持续累及心脏而衰竭。

目前临床应用的抗心律失常药物已近50余种，至今还没有统一的分类标准。大多数学者同意根据药物对心脏的不同作用原理将抗心律失常药物分以下四类，以指导临床合理用药，其中Ⅰ类药又分为A、B、C三个亚类。

(1) Ⅰ类——钠通道阻滞药。

ⅠA类适度阻滞钠通道，属此类的有奎尼丁等。

ⅠB类轻度阻滞钠通道，属此类的有利多卡因等。

ⅠC类明显阻滞钠通道，属此类的有盐酸普罗帕酮等。

(2) Ⅱ类——β肾上腺素受体阻断药：因阻断β受体而有效，代表性药物为普萘洛尔。

(3) Ⅲ类——选择地延长复极过程的药：属此类的有胺碘酮。

(4) Ⅳ类——钙拮抗药：代表性药有维拉帕米。

五、常用调血脂药

血脂是血浆中的中性脂肪(三酰甘油和胆固醇)和类脂(磷脂、糖脂、固醇、类固醇)的总称，广泛存在于人体中。它们是生命细胞的基础代谢必需物质。一般说来，血脂中的主要成分是三酰甘油和胆固醇，其中三酰甘油参与人体内能量代谢，而胆固醇则主要用于合成细胞浆膜、类固醇激素和胆汁酸。

高脂血症是指血浆中胆固醇或三酰甘油水平升高。临床常做"血脂四项检查"为：总胆固醇(TC)(2.8~5.17mmol/L)；三酰甘油(TG)0.56~1.7mmol/L；胆固醇脂2.8~5.17mmol/L(110~200mg/dl)，占总胆固醇的0.70~0.75(70%~75%)；高密度脂蛋白(HDL)：男性0.96~1.15mmol/L，女性0.90~1.55mmol/L；低密度脂蛋白(LDL)0~3.1mmol/L。其中高密度脂蛋白(HDL)可防止动脉粥样硬化的形成。而低密度脂蛋白(LDL)是促使心血管疾病发生的一个"罪魁祸首"。直接损害加速全身动脉粥样硬化、增加心脑血管病的发病率和死亡率。

血脂异常需要长期综合治疗，首先以治疗性生活方式改变为基础，注意科学饮食，少食高脂肪和高糖食物，如增加不饱和脂肪酸、纤维素、新鲜水果和蔬菜，同时运动和积极的体育活动非常重要。另外，还要控制血糖、戒烟、戒酒。经上述治疗3~6个月后，未达到要求，再根据脂代谢异常的类型选用不同功效的调血脂药。常用的调血脂药包括以下内容。

(1) 羟甲基戊酰辅酶A(HMG-CoA)还原酶抑制剂(他汀类)：如辛伐他汀、氟伐他汀、洛伐他汀、阿托伐他汀等。主要降低TC和LDL。

(2) 苯氧基烷酸类(贝特类)：如非诺贝特、利贝特、吉非贝齐等，主要降低TG和极低密度脂蛋白(VLDL)。

(3) 烟酸及其衍生物：如烟酸、阿昔莫司等。主要降低TG和LDL，同时升高HDL水平。

(4) 胆酸螯合剂(树脂类)：如考来烯胺等。主要降低TC和LDL。

(5) 其他的调血脂药：如多烯脂肪酸类的多烯康胶丸、鱼油烯康。

(6) 抗氧化剂：如普罗布考等。

第五节 泌尿系统用药

泌尿系统由肾脏、输尿管、膀胱及尿道组成。其主要功能为排泄。排泄机体代谢过程中所产生的各种不为机体所利用或者有害的物质。人体大部分水是以尿的形式从肾脏排出。正常体腔中只有少量液体，若体腔中体液积聚则称为积液，如腹腔积液(腹水)、胸腔积液(胸水)、心包积液、脑室积液、阴囊积液等。水肿液一般即是组织间液，根据水肿液含蛋白质量的不同，可将水肿液分为渗出液(相对密度<1.018)，及漏出液(相对密度>1.015)。水肿初起多从眼睑开始，继则延及头面、四肢、腹背，甚者肿遍全身，也有先从下肢足胫开始，然后及于全身者。轻者仅眼睑或足胫水肿；重者全身皆肿，肿处按之凹陷，其凹陷或快或慢皆可恢复。如肿势严重，可伴有胸腔积液、腹水而见腹部膨胀、胸闷心悸、气喘不能平卧等症。

案例

患者，男，9岁，学生。突然水肿、血尿、蛋白尿及高血压。追问病史，2周前曾有咽喉肿痛，当时未作任何处理。体格检查，体温38.5℃，眼睑水肿。血压150/90mmHg。实验室检查：尿检红细胞(+++++)，蛋白(++)。外周血白细胞数9×10^9/L，中性粒细胞0.71。

1. 该案例中的患者可能患什么病？
2. 请列出对该病的诊断依据。
3. 采用药品治疗该病是否正确？

一、利尿药与脱水药

利尿药的作用部位、作用机制、效能强弱各不相同，合理使用需根据每位患者的具体情况个体化给药。利尿药分为以下三类。

（1）高效能利尿药：抑制髓袢升支粗段的Na^+、Cl^-重吸收，如呋塞米等。

（2）中效能利尿药：抑制髓袢升支皮质部的Na^+、Cl^-重吸收，如氢氯噻嗪等（见抗高血压药）。

（3）低效能利尿药：抑制远曲小管和集合管的Na^+-K^+交换，如螺内酯、氨苯蝶啶等。

（一）呋塞米

【别名】 速尿，利尿灵。

【性状】 为白色或类白色结晶性粉末，无臭，几乎无味。不溶于水，溶于丙酮和甲醇，略溶于乙醇。

【作用与适应证】 是目前强有力的利尿剂，其作用相当于噻嗪类5倍左右。主要作用于髓袢的升支和少许作用于近端小管位于皮质的部分。抑制Na^+、Cl^-主动从小管向管外转移和重吸收。主要用于心性、肝性和肾性水肿，尤其是应用其他利尿药效果不佳时，应用本品仍可能有效；静脉滴注可有效地消除左心衰竭所引起的急性肺水肿，降低颅内压，消除脑水肿；预防急性肾衰竭和加速毒物的排泄；还可用于治疗高血压，尤其当伴有肾功能不全或出现高血压危象时，本品尤为适用。

【不良反应】 一般反应可出现口干、乏力、恶心、药疹、腹泻、肌肉痉挛、关节痛等，个别有听力减弱、短暂性耳聋、粒细胞减少、血小板降低。

【用药指导】 ①应注意掌握剂量，长期使用应适当补充钾盐。②慎与链霉素等氨基糖苷类抗生素合用，以免增加其耳毒性。③孕妇及对磺胺类药过敏者禁用；严重肝、肾功能不全，糖尿病、痛风患者及小儿慎用。

【药物商品】 ①呋塞米片：每片20mg，40mg；每日20～40mg，一次或分两次服，根据病情，可增加剂量至每日120mg，分2～3次服。②呋塞米注射液：20mg/支(2ml)，肌内注射，每次20mg，根据病情，隔日1次～1日2次。静脉给药速度须缓慢。

【商品信息】 本品作用强、疗效好、价格低廉，是临床最常用的利尿药之一。

【储存】 避光,密闭,干燥处保存。

（二）螺内酯

【别名】 安体舒通、螺旋内酯固醇。

【性状】 白色或类白色结晶粉末,不溶于水,溶于乙醇,易溶于氯仿、苯、乙酸乙酯。

【作用与适应证】 为低效利尿药,螺内酯的化学结构与醛固酮相似,是人工合成的醛固酮竞争性抑制药。能在远曲小管远端和集合管与醛固酮竞争醛固酮受体产生拮抗醛固酮的作用,抑制 K^+-Na^+交换,表现出排钠留钾的作用。螺内酯利尿作用弱,起效慢而持久,常与噻嗪类或高效利尿药合用治疗与醛固酮升高有关的顽固性水肿,如肝硬化和肾病综合征水肿、充血性心力衰竭等,以增强利尿效果并预防低血钾的发生。

【不良反应】 本药不良反应较轻,少数患者可引起头痛、困倦等。此外,还有性激素样不良反应,可引起男性乳房女性化和女性面部多毛症等。

【用药指导】 ①严重肾功能不全、高血钾者禁用;孕妇、哺乳期妇女慎用。②与有肾毒性的药物合用时,肾毒性增加。③服用大剂量本品引起嗜睡和运动失调的患者不要驾驶车辆或操作危险的机器。

【药物商品】 ①螺内酯片:每片 20mg。每日 40~120mg,分 2~3 次口服。②螺内酯胶囊:规格、用法同片剂。

【商品信息】 临床较为常用,销售量较大。生产厂家有杭州民生药业集团有限公司、沈阳管城制药厂等。

【储存】 原料密封保存;片剂及胶囊剂密封,在干燥处保存。

（三）甘露醇

【性状】 白色结晶粉末,无臭,味略甜,易溶于水。在乙醇或乙醚中几乎不溶。

【作用与适应证】 本品为渗透性利尿药,静脉注射本品后,由于血浆渗透压升高,可使组织脱水,降低颅内压及眼内压。主要用于治疗各种原因引起的脑水肿,降低颅内压和其他降眼压药物无效时或青光眼的术前准备。也可预防因大面积烧伤、广泛外科手术、严重创伤等原因引起的急性肾衰竭、促进某些过量药物或毒物的排出等。

【不良反应】 不良反应较少见。常见为水、电解质紊乱。静脉滴注速度过快,可引起恶心、呕吐、头痛、眩晕、视力模糊、寒战、高热、心动过速、尿潴留、脱水等。

【用药指导】 ①快速静脉注射,可因血容量突然增加,加重前负荷,故心功能不全者慎用。颅内有活动性出血者禁用,以免因颅内压迅速下降而加重出血;另外肺水肿、充血性心力衰竭、严重失水者及孕妇禁用。②因本品排水多于排钠,故不适用于全身性水肿的治疗,仅作为其他利尿药的辅助药。③本品可加剧强心苷类药品的毒性作用。

【药物商品】 注射剂:50ml 10g;100ml 20g;250ml 50g;3000ml 150g。常用量按每次每千克体重 1~2g,于 30min 内静脉快速滴注。

【商品信息】 本品临床常用、价格低廉、销售量也大。生产企业有青岛宇龙海藻有限公司、河北华旭药业有限责任公司、广州昊天化学集团有限公司等。

【储存】 室温,密闭保存。

其他常用利尿药与脱水药的作用与适应症、不良反应与用药指导,见表 2-10。

表 2-10　其他常用利尿药与脱水药的作用与适应证、不良反应与用药指导

名称	作用与适应证	不良反应与用药指导
氨苯蝶啶	本品属低效利尿药，利尿作用较弱，但作用较迅速。与其他利尿药如氢氯噻嗪合用时，能显著增强各自的利尿作用和减轻不良反应。临床可用于由心力衰竭、肝硬化及慢性肾炎等疾病引起的水肿或腹水	①有头痛、口干、低血压、皮疹及胃肠道反应，长期使用可发生高血钾症。②严重肝、肾功能不全及有高血钾倾向者禁用，孕妇慎用
氯噻酮	利尿作用与氢氯噻嗪相当，作用持续时间 24~72h。对碳酸酐酶抑制作用比氢氯噻嗪强。降压效果比氢氯噻嗪好，其他作用及适应证同氢氯噻嗪	同氢氯噻嗪
布美他尼	口服吸收完全迅速，利尿作用比呋塞米强 20~60 倍。排钾作用小于呋塞米，耳毒性小于呋塞米，具有高效、速效、短效和低毒的特点。适应证同呋塞米	为一新型利尿药，可作为呋塞米的代用品，疗效好、毒性低、价格适中
依普利酮	依普利酮是一种新型选择性醛固酮受体拮抗剂，与雄激素和黄体酮受体相互作用极小，本品半衰期较长，每日口服 1 次就可有效地控制高血压，减轻心、脑和肾等靶器官的损害，改善 2 型糖尿病患者微量蛋白尿，而且其不良反应发生率与安慰剂相似，耐受良好	不良反应少
山梨醇	起渗透利尿作用。随着浓度升高渗透增大，临床用于脑水肿，以降低颅内压，防止脑疝，并可降低眼压而治疗青光眼，还用于作冲洗剂、促进毒物排泄，术前肠道准备、辅助性利尿措施等	①口服过多会引起胃肠气胀和腹气。②心功能不全者慎用

二、良性前列腺增生药

前列腺腺体位于男性膀胱颈下方，中间有尿道穿过，前列腺增生，排尿首先受影响。早期症状多为夜尿增多、排尿时间延长，继而有排尿困难、尿流无力变细、尿滴沥，病情严重时出现血尿、尿潴留，个别患者出现尿失禁，最终可发展至肾衰竭而危及生命。前列腺增生症（BPH），旧称前列腺肥大，是老年男子常见疾病之一，为前列腺的一种良性病变，其发病原因与人体内雄激素与雌激素的平衡失调有关。发病率随年龄增长面增加。据国际无国界检验组织数据显示，50 岁以上男性半数以上有前列腺增生，年逾 70 年发病数增至 75%。长期可引起肾积水和肾功能损害，还可并发结石，感染、肿瘤等。绝大多数情况良性前列腺增生可通过腹部叩诊、肛门指诊、超声检查、尿流率检查等诊断。重症通过手术治疗，但轻度和中度症状的前列腺增生患者，首选药物治疗。常用药物如下。

（1）α 受体阻滞药：是非选择性的 α 受体阻滞药，通过阻止前列腺体、膀胱颈部丰富的 α 受体，选择性地作用于前列腺及膀胱颈的平滑肌，降低其张力，使尿道平滑肌松弛及尿道闭合压力下降，改善梗阻症状，缓解排尿困难。它们在缓解症状方面有较好的疗效。但酚苄明因其不良反应大，并且缺乏选择性而不再提倡使用。哌唑嗪的剂量控制很重要，大剂量应用并不会提高疗效，反而会增加不良反应。常见的不良反应有直立性低血压、眩晕、疲劳、逆行性射精、鼻黏膜充血和头痛。

（2）5α-还原酶抑制剂：制剂抑制 5α-还原酶，使睾酮不能转化为双氢睾酮，降低体内雄激素双氢睾酮的合成，阻止前列腺增生，甚至部分促进增生的前列腺体积缩小，缓解前列腺尿道的阻力，使排尿通畅。药物有非那雄胺、依立雄胺等。与 α-受体阻断药合用起协同作用。

(3) 天然植物药:在欧洲,应用植物制剂治疗良性前列腺增生症有悠久的历史。美国的植物制剂目前也普遍用于临床良性前列腺增生症治疗。此类药物可以缓解症状,且不良反应较少。植物药制剂包含花粉类制剂与植物提取物两大类。在市场中以花粉类制剂药物为主,常见品种有普适泰(舍尼通)、前列康(普乐安)。

其他抗良性前列腺增生药的作用与适应证、不良反应与用药指导,见表 2-11。

表 2-11 其他抗良性前列腺增生药的作用与适应证、不良反应与用药指导

名称	作用与适应证	不良反应与用药指导
非那雄胺(保列治)	为 5α-还原酶的竞争性抑制药,用于改善良性前列腺增生症状;降低发生急性尿潴留危险性;降低需进行经尿道切除前列腺和前列腺切除术的危险性	①反应较轻微、短暂,耐受性好,偶见乳房不适和皮疹、性功能影响等。②起效慢,用药 3 个月后才能发挥满意疗效,长期应用要监测前列腺癌
盐酸特拉唑嗪	本品为选择性 α_1 肾上腺素能受体拮抗剂的代表药物,能改善良性前列腺增生的尿流动力学和临床症状,虽对改善膀胱刺激症状的效果不如非选择性 α_1 肾上腺素能受体拮抗剂,但对心血管的不良反应轻微,适用于良性前列腺增生伴有高血压的患者。本品也可用于降血压和降血脂	①有首剂效应,可与食物同服以减轻胃肠不适症状。②有头晕、视物模糊等轻症不良反应,大多无需停药
普适泰(舍尼通)	本品是花粉中提取的有效成分 EA-10(植物生长素)和 P5(阿魏酸 V-二丁胺)的混合制剂,具有抗炎抗雄激素的作用,具有抗前列腺细胞增生和扩张尿道平滑肌的作用,常用于良性前列腺增生和慢性非细菌性前列腺炎	①不良反应少见,长期服用对性功能无影响。②显效慢,要 3~6 个月才收到明显效果。可在进食时或单独服用
普乐安(前列康)	是我国开发的植物花粉提取物口服制剂,含有多种氨基酸、酶、维生素及微量元素。改善由前列腺增生症引起的尿频、排尿困难、尿后滴沥、尿痛、尿急症状,可缩小前列腺体积,对前列腺炎亦有较好疗效,并且对老年人的养生保健有明显作用	宜饭前服用,过敏体质者慎用。感冒发热患者不宜用,忌辛辣、生冷、油腻食物,忌烟酒
非洲臀果木提取物	为非洲臀果木提取物,有抗炎作用,能抑制前列腺或纤维细胞过度增生及保护膀胱作用,治疗由前列腺增生(前列腺体积增大)引起的排尿障碍	不良反应为胃肠道反应,如恶心、便秘、腹泻等

第六节 抗微生物药

微生物是指在自然界中用肉眼看不到,必须用光学显微镜或电子显微镜放大几百倍、几千倍甚至几万倍才能观察到的微小生物。包括细菌、病毒、真菌、立克次体、支原体、衣原体、螺旋体等。

抗微生物药系指具有杀灭或抑制各种病原微生物作用的药品,通常是指口服或注射等全身应用的各种化学药品,而那些不可内服、毒性较强、仅供局部使用的抗微生物药称为消毒防腐药。本类药品主要包括抗生素、合成抗菌药、抗分枝杆菌类药(主要有抗结核病药、抗麻风病药)、抗真菌药、抗病毒药。

常用术语。

(1) 化学治疗:指对细菌和其他病原微生物、寄生虫及癌细胞所致疾病的药物治疗,简称化疗。用于化学治疗的药物称为化疗药物,包括抗微生物药、抗寄生虫药和抗肿瘤药等。

(2) 抗菌药:一类对病原菌具有抑制或杀灭作用,用于防治细菌性感染性疾病的药物。

(3) 抑菌药:指仅能抑制病原菌生长繁殖而无杀灭作用的药物。如四环素类、红霉素、磺胺类等。

(4) 杀菌药:指不仅能抑制病原菌生长繁殖,而且对其具有杀灭作用的药物。如青霉素类、头孢菌素类。

(5) 抗菌谱:指药物的抗菌范围,是临床选药的重要依据。其中仅作用于某一菌种或某一菌属的药物称为窄谱抗菌药,如异烟肼仅作用于结核分枝杆菌。而对多种致病菌或多种病原微生物有抑制或杀灭作用的药物称为广谱抗菌药,如第三代头孢菌素对多种病原微生物均有抑杀作用。

(6) 抗菌活性:是指抗菌药抑制或杀灭病原微生物的能力。可用体外抑菌试验和体内实验治疗法测定。临床用最小抑菌浓度(MIC)和最小杀菌浓度(MBC)来评价抗菌药物的抗菌活性。临床上可参考药敏试验和抗菌药物的 MIC 选用相应的抗菌药物。

按化学结构,抗微生物药可分为下列几类。

1. 抗生素

(1) β-内酰胺类:①青霉素类包括天然青霉素类和半合成青霉素类;②头孢菌类包括第一代头孢菌素类、第二代头孢菌素类、第三代头孢菌素类和第四代头孢菌素类;③碳青霉烯类;④单环 β-内酰胺类;⑤β-内酰胺酶抑制剂及复方制剂。

(2) 大环内酯类:如红霉素、罗红霉素等。

(3) 氨基糖苷类:如庆大霉素、链霉素等。

(4) 四环素类:如四环素、多西环素等。

(5) 酰胺醇类:如氯霉素。

(6) 其他抗生素。

2. 人工合成抗细菌药

(1) 喹诺酮类:如诺氟沙星、环丙沙星等。

(2) 磺胺类:如磺胺嘧啶、磺胺甲噁唑等。

(3) 呋喃类:如呋喃妥因、呋喃唑酮等。

3. 抗真菌药　如灰黄霉素、两性霉素 B 等。

4. 抗病毒药　如齐多夫定等。

5. 抗分枝杆菌药　如利福平、异烟肼、乙胺丁醇等。

抗菌药物的作用机制如下所述。

(1) 抑制细菌细胞壁合成的药物,包括 β-内酰胺类、万古霉素、杆菌肽和磷霉素。

(2) 抑制细胞膜功能的药物,包括有两性霉素 B、多黏菌素、制霉菌素和咪唑类(酮康唑、氟康唑)等。

(3) 抑制或干扰细菌细胞蛋白质合成的药物,包括有氨基糖苷类、四环素类、大环类酯类、氯霉素等。

(4) 抑制 DNA、RNA 的合成的药物,包括有喹诺酮类、利福平、抗病毒药等。

(5) 影响叶酸代谢的药物,包括有磺胺类、对氨基水杨酸和乙胺丁醇。

近年来,因抗菌药的滥用,致使耐药菌株日益增多,这对公众健康构成了严重威胁。合理选药、有计划地轮换用药及规律用药对延缓耐药性的产生都具有重要意义。

案例

5 岁患儿患病毒性脑炎,使用头孢曲松钠 1.5g 与利巴韦林 0.19g,一日一次同瓶滴注。

1. 该案例中的患者用药是否合理?

2. 请列出对该病的诊断依据。

一、抗 生 素

抗生素是由微生物(包括细菌、真菌、放线菌属)或高等动植物在生活过程中所产生的具有抗病原体或其他活性的一类次级代谢产物,能干扰其他生活细胞发育功能的化学物质。中国是抗生素使用大国,也是抗生素生产大国:年产抗生素原料大约 21 万吨,出口 3 万吨,其余自用(包括医疗与农业使用),人均年消费量 138g 左右。

(一) β-内酰胺类

β-内酰胺类抗生素包括青霉素类(青霉素、青霉素 V、阿莫西林、氨苄西林等)、头孢菌素类(头孢氨苄、头孢拉定、头孢呋辛钠、头孢克肟、头孢地尼、头孢匹罗等)、其他 β-内酰胺类(头霉素类、氧头孢烯类、碳青霉烯类等)和 β-内酰胺酶抑制剂及复方制剂(克拉维酸钾、舒巴坦等),在临床上应用很广泛。该类药物抗菌机制相似,但在抗菌谱和抗菌强度方面存在差异。

1. 青霉素

【别名】 青霉素 G、苄青霉素、盘尼西林。

【性状】 本品为青霉素钠盐和钾盐,白色结晶性粉末,无臭或微有特异性臭,有引湿性。钠盐极易溶于水,在乙醇中溶解。钾盐极易溶于水,在乙醇中略溶。

【作用与适应证】 本品于细菌繁殖期起杀菌作用,对革兰阳性球菌(链球菌、肺炎到菌、敏感的葡萄球菌)及革兰阴性球菌(脑膜炎球菌、淋球菌)的抗菌作用较强,对革兰阳性杆菌(白喉杆菌)、螺旋体(梅毒螺旋体、回归热螺旋体、钩端螺旋体)、梭状芽孢杆菌(破伤风杆菌、气性坏疽杆菌)、放线菌有抗菌作用,但对革兰阴性杆菌(如肠杆菌属、铜绿假单胞菌、布鲁杆菌)及病毒、真菌无效。主要用于敏感菌引起的各种感染,如肺炎、败血症、脓胸、心内膜炎、脑膜炎、蜂窝组织炎、中耳炎、白喉、破伤风、淋病、梅毒、放线菌病及钩端螺旋体病等。

【不良反应】 ①本品毒性较低,主要有过敏反应,为青霉素最常见、最严重的反应。其中最严重的是过敏性休克。②局部刺激:肌内注射常引起局部疼痛,钾盐较明显。疼痛静脉滴注可发生静脉炎。③大剂量钾盐静脉给药时易致高血钾症,故不宜做静脉注射或快速静脉滴注。

【用药指导】 ①用药须做到“一问、二试、三观察”。应用前必须详细询问有无药物史。并做皮肤过敏试验阳性反应者、有青霉素过敏史者禁用;有变态反应性疾病、药物过敏史者慎用;避免在过分饥饿的情况下注射本品。②大剂量应用时应定期检查血清钾或钠。③孕妇应仅在确有必要时使用本品，哺乳期妇女权衡利弊后再用。④本品不耐酸，口服无效；水溶液极不稳定，注射液应现用现配。

【药物商品】 ①注射用青霉素钾 0.125g（20万U），0.25g（40万U），0.5g（80万U），0.625g（100万U）。②注射用青霉素钠 0.12g（20万U），0.24g（40万U），0.48g（80万U），0.6g（100万U），0.96g（160万U），2.4g（400万U）。

【商品信息】 英国的细菌学家亚历山大·弗莱明于1928年发现了青霉素杀菌能力强且无毒性，但由于青霉素性质不稳定，无法将液体培养基中的青霉素提取出来，因而无法在临床实践中运用。第二次世界大战的来临，促使人们去关心以往各种有抗菌活性的成分。1938年，英国牛津大学病理学家弗洛里和德国生物化学家钱恩从期刊资料中找到了有关青霉素的文献，终于提纯了青霉素的结晶。1940年，青霉素进入临床试验阶段，经过对5位受试者的临床观察证明，青霉素具有较好的效果。1943年青霉素药物完成了商业化生产并且正式进入临床治疗。中国于20世纪50年代开始研制，60年代开始用于临床，现为出口国。我国的钠盐主要由华北制药、哈药集团、石药集团、山东鲁抗医药股份有限公司（简称山东鲁抗）四大巨头生产，四家产量占全国总产量的91.6%。

【储存】 密闭，在避光并不超过20℃干燥处保存。

2. 阿莫西林

【别名】 阿莫仙，阿莫林，再林，益萨林。

【性状】 白色或类白色结晶性粉末，味微苦。在水中微溶，在乙醇中几乎不溶。初溶时，溶液呈淡粉色，1～2min后淡粉色消失，显淡黄色。

【作用与适应证】 本品为广谱、耐酸、不耐酶的半合成口服青霉素。抗菌谱和氨苄西林作用相似，对多种细菌的杀菌作用较氨苄西林迅速且强，对耐青霉素的金黄色葡萄菌无效。用于敏感致病菌引起的泌尿道、呼吸道、肠道、胆道、皮肤软组织等轻度与中度感染。敏感致病菌引起的重症感染如脑膜炎、败血症、细菌性心内膜炎等则需用阿莫西林钠注射剂静脉滴注给药。

【不良反应】 同其他青霉素类药物相似，口服给药常见恶心、呕吐、腹泻，偶见假膜性肠炎和嗜酸粒细胞增多。

【用药指导】 ①用药前必须做青霉素皮肤试验，皮试阳性及对青霉素过敏者禁用。②可空腹或与食物、牛奶同服，但口服制剂仅用于轻、中度感染。③肾功能不足者应延长用药间隔时间。

【药物商品】 ①阿莫西林片：每片0.125g、0.25g。口服：1次0.5～1g，1日3～4次；小儿每日50～100mg/kg，分3～4次服用。②阿莫西林胶囊：规格、用法同片剂。③注射用阿莫西林钠：白色或类白色粉末或结晶。每支0.5g。肌内注射或稀释后静脉注射。

【商品信息】 1964年由Nayler等研制，中国于1976年开始生产，口服制剂使用多，制剂品种多，由于品质优良、疗效好、服用方便、价格合理、安全性高而被大众普遍接受，市场销量大。原料药主要生产厂家有华北制药、石药集团、哈药集团、山东鲁抗等，片剂和胶囊剂主要有珠海联邦、长春海外制药集团有限公司、昆明源瑞制药有限公司、武汉中联药业集团股份有限公司、重庆科瑞制药（集团）有限公司等。

【储存】 遮光，密封保存。

3. 头孢氨苄

【别名】 头孢力新，苯甘孢霉素，先锋霉素Ⅳ，头孢菌素Ⅳ。

【性状】 白色或微黄色结晶性粉末,微臭。在水中微溶,在乙醇、氯仿或乙醚中不溶。

【作用与适应证】 为第一代口服头孢菌素。对本品敏感的革兰阳性与阴性球菌有肺炎链球菌、敏感金黄色葡萄球菌、脑膜炎奈瑟氏球菌、淋球菌。对产酶金黄色葡萄球菌作用本品不及其他一代头孢菌素如头孢噻吩、头孢唑林等。本品对革兰阴性杆菌作用较弱,少数大肠杆菌在本品可能达到的临床浓度下仍敏感。不敏感的致病菌有粪链球菌、金黄色葡萄球菌、嗜血流感杆菌、变形杆菌属、沙雷菌属、肠杆菌属及铜绿假单胞菌等。主要适用于口服治疗敏感细菌引起的泌尿系统感染、呼吸系统感染;也可用于皮肤及软组织感染、败血症、心内膜炎等。一般用于轻、中度感染,不宜用于重度感染。

【不良反应】 ①过敏反应:主要为皮疹、荨麻疹。②消化道反应:如恶心、腹部不适,发生率不高,偶见引起伪膜性肠炎。③其他反应:偶见谷草转氨酶(AST),谷丙转氨酶(ALT)轻度升高,嗜伊红细胞增高,中性粒细胞减少。

【用药指导】 ①对头孢菌素过敏者禁用,对青霉素过敏或过敏体质者慎用。②肾功能严重损害者应酌减用量。

【药物商品】 ①头孢氨苄片剂:每片 0.125g、0.25g,口服。②头孢氨苄胶囊:内容物为白色或乳黄色粉末。规格、用法同片剂。③头孢氨苄颗粒剂:为加矫味剂的粉末;气芳香,味甜。0.05g,0.125g,0.25g,口服。此外还有泡腾片、缓释胶囊等多种口服剂型。

【商品信息】 1967 年由 Morin 等合成。中国于 1981 年在上海开始生产。本品为老牌抗生素品种,在新品种层出不穷的今天,以其疗效确切、毒性低、不用做过敏试验、口服方便、价格便宜的优势,依然深得老百姓青睐,仍占有较大的市场份额。由于口服抗生素在临床上的大力推广应用,头孢类产量最大的头孢氨苄占到国际市场需求的一半以上。国内主要厂家为北京益民药业有限公司、广州白云山制药、华北制药及海南日中天制药有限公司。

【储存】 避光,密封,在凉暗处保存。

4. 阿莫西林克拉维酸钾

【别名】 奥格门汀,安美汀,安灭菌。

【性状】 克拉维酸钾盐为白色或微黄色结晶性粉末,微臭,极易引湿,极易溶于水,水溶液不稳定。阿莫西林为白色或类白色结晶性粉末,味微苦。在水中微溶,在乙醇中几乎不溶。

【作用与适应证】 本品是由阿莫西林与克拉维酸制成的复合制剂。克拉维酸钾是不可逆的β-内酰胺酶抑制剂,与β-内酰胺类抗生素如阿莫西林联合,可在不同程度上保护与其联合的β-内酰胺类抗生素不被β-内酰胺酶灭活,从而提高该抗生素抗产酶耐药菌的作用,提高临床疗效。主要用于泌尿道、呼吸道、肠道、胆道、皮肤软组织感染,外科腹腔感染及败血症等。

【不良反应】 克拉维酸与阿莫西林联合应用没有新的或重大不良反应。少数患者可出现轻度的腹泻、恶心、呕吐等胃肠道反应且可能较单用阿莫西林常见。偶见荨麻疹和皮疹。

【用药指导】 ①应用前必须做青霉素皮肤试验,阳性者禁用;孕妇、哺乳期妇女慎用。②注射剂不可用于肌内注射。③口服进食不影响其吸收,与食物同服可减少胃肠道反应。

【药物商品】 ①阿莫西林克拉维酸钾片剂:薄膜衣片。每片 375mg(阿莫西林 250mg 加克拉维酸 125mg),625mg(阿莫西林 500mg 加克拉维酸 125mg)。口服。②阿莫西林克拉维酸联合注射剂(静脉滴注):1.2g(阿莫西林1g加克拉维酸0.2g)。静脉注射。③阿莫西林克拉维酸钾颗粒剂:156.25mg(阿莫西林125mg加克拉维酸31.25mg);187.5mg(阿莫西林125mg加克拉维酸62.5mg)。口服。

【商品信息】 英国史克-比切姆公司在20世纪80年代初率先开发,商品名为“奥格门汀”,是世界上第一个β-内酰胺酶抑制剂复方制剂。由于其对耐药菌的独特疗效,使用方便,自1984年投放市场以来,被广泛应用于各种感染,为解决耐药性问题做出了突出贡献。本品连续十多年保持世界畅销药地位,居世界抗感染药前列,市场销售占青霉素市场45%的份额。1988年进入中国,并迅速占领中国市场,国内由华北制药生产的“安灭菌”,市场销售一直很高。现国内生产企业有山东鲁抗,华北制药、珠海联邦制药等多家企业,剂型也异常丰富。

【储存】 密闭,暗凉干燥处保存。

其他β-内酰胺类药物的作用与适应证、不良反应与用药指导,见表2-12。

表2-12 其他β-内酰胺类药物的作用与适应证、不良反应与用药指导

名称	作用与适应证	不良反应与用药指导
氨曲南	人工合成的第一个用于临床的单环β-内酰胺类抗生素,抑制细菌细胞壁的合成,导致细胞溶解和死亡。抗菌谱较窄,仅对需氧革兰阴性杆菌具抗菌作用,但是对革兰阳性菌和厌氧菌无效。可作为氨基糖苷类抗生素的替代品,临床用于革兰阴性需氧菌引起的下呼吸道感染、尿路感染(泌尿道感染)、皮肤感染和软组织感染、败血症、腹内感染、产后和妇科感染、骨和创伤感染、淋病、膀胱炎、小儿化脓性腹膜炎	①不良反应:皮疹、荨麻疹、药物热等过敏反应较多见,偶见过敏性休克。胃肠道反应:可出现腹痛、腹泻、恶心、呕吐、味觉改变等胃肠道症状。②报道称:会出现血液系统、肝、肾损伤,如转氨酶升高、血肌酐值暂时性升高
头孢哌酮钠舒巴坦钠	本品为复合制剂。头孢哌酮为三代头孢菌素,舒巴坦为β-内酰胺酶抑制剂。头孢哌酮与舒巴坦联合应用不但对耐药阴性杆菌显示出明显协同抗菌作用,而且敏感菌也更易被杀灭。本品适用于由敏感菌所引起的下列感染:呼吸道感染;泌尿道感染;腹膜炎、胆囊炎、胆管炎及其他腹腔内感染;败血症;脑膜炎;皮肤软组织感染、骨及骨关节感染;盆腔炎、子宫内膜炎、淋病及其他生殖泌尿道感染	不良反应较轻,主要有:胃肠反应,如稀便、腹泻、恶心、呕吐;皮肤过敏反应,如皮疹、瘙痒、嗜酸粒细胞增多及药物热等。用药过程中可出现可逆性的中性粒细胞减少。Coomb试验阳性及血小板降低、凝血酶原时间延长。有的患者在用药中可出现一过性血清氨基转移酶、碱性磷酸酶或胆红素升高。肌内注射本品,可有一过性疼痛。静脉用药可发生输注部位静脉炎
头孢地尼	本品对革兰阳性、阴性的需氧菌和厌氧菌有广谱抗菌活性。适用于敏感菌所致的皮肤及软组织感染、急性支气管炎、泌尿系统感染、生殖系统感染等	①常见恶心、腹泻、腹痛、胃部不适、胸闷、食欲缺乏、便秘、咳嗽、头痛、皮疹、瘙痒、药物热等,出现不良反应应及时停药。实验室检查偶见AST或ALT升高、BUN上升、中性粒细胞减少、嗜酸粒细胞增多、溶血性贫血。如遇有口内异物感、眩晕、耳鸣、出汗等症状应立即停药。另罕见急性肾功能障碍,出现时应及时停药。②对青霉素过敏者、孕妇、哺乳期妇女慎用

续表

名称	作用与适应证	不良反应与用药指导
亚胺培南-西司他丁钠（泰能）	亚胺培南-西司他丁钠为一种广谱的抗生素，亚胺培南属碳青霉烯类β-内酰胺类抗生素。抑制细菌细胞壁的合成，导致细胞溶解和死亡，从而起抗菌作用。西司他丁是肾脱氢肽酶Ⅰ抑制剂，阻断亚胺培南在体内的代谢，保护亚胺培南在肾脏中不受破坏，从而增加尿液中亚胺培南浓度。对绝大多数革兰阳性、革兰阴性的需氧和厌氧菌具有抗菌作用。用于治疗敏感革兰阳性菌及阴性杆菌所致的严重感染如败血症、感染性心内膜炎、下呼吸道感染、腹腔感染、盆腔感染、皮肤软组织感染、骨和关节感染、尿路感染及多种细菌引起的混合感染	①皮疹、皮肤瘙痒、发热等过敏反应；恶心、呕吐、腹泻等胃肠道症状亦较多见。②交叉过敏：对青霉素类及头孢菌素类药过敏者可能对亚胺培南出现交叉过敏。③孕妇、哺乳期妇女、肝功能不全者、肾功能不全者、婴儿、过敏体质者、年老、体弱者慎用
头孢匹罗	为第四代头孢菌素，对多种β-内酰胺酶稳定，对临床主要致病菌的抗菌活性较许多第三代头孢菌素强，对大肠杆菌、铜绿假单胞菌、黏质沙雷菌的外膜具有良好的通透性。临床主要用于敏感菌所致的严重下呼吸道感染、复杂尿路感染、皮肤和软组织感染及败血症等	①不良反应较少，不良反应发生率为3.1%，耐受性较好。常见的不良反应有皮疹、发热、腹泻、腹痛、恶心、呕吐、食欲缺乏等。②对青霉素过敏者、孕妇及哺乳期妇女、患有皮疹、哮喘、变态反应史者慎用

（二）大环内酯类

大环内酯类抗生素是一类难溶于水的碱性抗生素，以红霉素为代表的第一代产品，对革兰阳性、阴性球菌及厌氧菌、支原体、军团菌等有较好的作用。自20世纪70年代起相继开发了许多红霉素的衍生物和新型的大环内酯类抗生素（罗红霉素、克拉霉素、阿奇霉素、地红霉素），这些半合成的红霉素和红霉素相比较，具有抗菌活性逐步增高，对支原体、衣原体的作用也较以前明显增强，对酸稳定，不需要肠衣保护；血药浓度高，半衰期延长，口服生物利用度高，疗效大大优于红霉素；给药剂量和次数减少，毒性反应也有所减少的特点。

1. 红霉素

【别名】 新红康、福爱力。

【性状】 白色或类白色结晶性粉末，无臭，味苦，微有引湿性；易溶于甲醇、丙酮或乙醇，极微溶于水。

【作用与适应证】 抗菌谱较广，对大多数革兰阳性菌、部分阴性菌及一些非典型致病菌均有效。本品对化脓性链球菌和肺炎链球菌高度敏感，对多数草绿色链球菌和厌氧的链球菌有效，对约半数的金黄色葡萄球菌和表皮葡萄球菌有效；白喉杆菌等需氧革兰阳性杆菌对本品敏感；革兰阳性厌氧杆菌中，梭状芽孢杆菌对本品敏感，但部分产气荚膜杆菌仅对本品中度敏感。本品对幽门螺旋杆菌和部分布鲁杆菌等革兰阴性杆菌有效，流感嗜血杆菌仅对本品中度敏感。肺炎支原体、衣原体、军团菌、尿素分解脲原体、梅毒密螺旋体等多种非典型致病菌对本品敏感。本品常用作青霉素过敏者的替代药物。临床用于咽炎、扁桃体炎，轻中度上下呼吸道感染，皮肤、软组织感染，支原体肺炎，新生儿结膜炎，婴儿肺炎，军团菌病，泌尿生殖系统感染，本品具有良好的效果。

【不良反应】 可出现消化道反应，如恶心、呕吐、上腹不适等。静脉滴注易引起静脉炎。酯化物可引起肝损害，可出现转氨酶升高、肝大、黄疸等。

【用药指导】 ①本品为抑菌性药物，给药应按照一定时间间隔进行，并需空腹服用（餐前1h或餐后3h），以保持体内有效的血药浓度。②片剂应整片吞服，掰碎则受胃酸破坏而降效。③静脉滴注速度宜慢。

【药物商品】 ①红霉素肠溶片：0.125g（15 000U）；0.25g（25万U）。成人每日1～2g，分3～4次服用；小儿每日每公斤体重30～50mg，分3～4次服用。口服。②乳糖酸红霉素注射剂：0.25g（25万U），0.3g（30万U）。静脉滴注。③红霉素眼膏：0.5%。用于结膜炎、眼睑缘炎、角膜炎及眼的外部感染等症。外用。④红霉素软膏：1%。外用。

【商品信息】 本品是1952年，美国礼来公司开发和临床第一个使用的大环内酯类抗生素。尽管在临床已使用60多年，目前在市场上依然有其一定的地位。红霉素的种类很多，其效价不一，疗效、用法也不尽相同。红霉素作为大环内酯类抗生素的经典老药，生产厂家众多，市场竞争激烈。市场份额主要集中于深圳万和制药有限公司、浙江众益制药股份有限公司和上海延安万象药业股份有限公司三家企业。

【储存】 密封，在干燥处保存。

2. 阿奇霉素

【别名】 希舒美，维宏，舒美特。

【性状】 白色或类白色结晶性粉末，无臭，味苦，微有引湿性。在水中几乎不溶。

【作用与适应证】 为半合成产品。与红霉素相比，抗菌谱较红霉素广且作用更强，对大多数革兰阳性菌、部分阴性菌及一些非典型致病菌均有效。对淋球菌和脑膜炎球菌等革兰阴性球菌抑菌活性强，对肺炎支原体的作用为本类药物中最强。主要用于治疗链球菌、肺炎球菌引起的咽炎、扁桃体炎、肺炎、皮肤和软组织感染；流感嗜血杆菌及其他敏感菌引起的肺炎和轻、中度呼吸系统感染；肺炎支原体、沙眼衣原体等非典型性致病菌引起的尿道炎、子宫颈炎等泌尿生殖系统感染及性传播疾病。

【不良反应】 ①胃肠反应：主要有恶心、呕吐、腹泻等。②变态反应：主要为皮疹。③偶见肝功能异常，转氨酶升高等。

【用药指导】 对大环内酯类药过敏者禁用，肝功能不全者、孕妇、哺乳期妇女慎用。

【药物商品】 ①阿奇霉素胶囊：125mg、250mg。口服。②阿奇霉素片：125mg、250mg、500mg。口服。③阿奇霉素颗粒剂：100mg。口服。

【商品信息】 本品是20世纪70年代末开发的一种全新的大环内酯类抗生素，1988年上市，而后Pliva公司将本品的全球销售权转让给美国辉瑞公司，商品名为“希舒美”。由于口服、广谱、强效的特点，其很快成为世界上销路最好的抗生素之一，已连续8年进入全球畅销药前50强。目前占市场较大份额的是大连辉瑞公司生产的“希舒美”。国内主要生产厂家有石家庄药业（维宏），深圳制药厂（舒美特）等厂家。

【储存】 干燥，阴凉处密封保存。

其他大环内酯类药物的作用与适应证、不良反应与用药指导，见表2-13。

（三）氨基糖苷类

氨基糖苷类抗生素包括两大类：一类是天然来源，药物有链霉素、卡那霉素、妥布霉素、庆大霉素、新霉素等；另一类是半合成品，药物有阿米卡星、奈替米星等。氨基糖苷类抗生素的共同特点如下所述。

表 2-13 其他大环内酯类药物的作用与适应证、不良反应与用药指导

名称	作用与适应证	不良反应与用药指导
罗红霉素	抗菌谱较广,对大多数革兰阳性菌、部分阴性菌及一些非典型致病菌均有效。作用较红霉素强 1~4 倍,具有广谱高效杀菌、半衰期长、生物利用度高、血药浓度稳定、药效维持时间长、对胃肠刺激性小、组织和细胞内穿透力强等优点。主要用于敏感菌引起的呼吸道感染,泌尿道感染,皮肤软组织、五官科感染等	①不良反应轻微。主要为胃肠反应,可见恶心、呕吐、腹痛、腹泻等,发生率为 0.9%;少见肝功能异常;过敏反应轻微,可见荨麻疹、药物热等。不良反应总发生率为 4%。②对红霉素或其他大环内酯类过敏者禁用;肝功能不全者慎用
克拉霉素	本品是红霉素的衍生物,被认为是一种安全有效的广谱抗生素。其特点是高效、耐酸、耐酶,口服吸收好,抗菌谱类似红霉素但更广,抗菌活性(尤其对革兰阳性菌、嗜肺军团菌、肺炎衣原体)为大环内酯类中最强的,对流感杆菌作用优异。临床上主要用于敏感菌所致的上、下呼吸道感染,皮肤软组织感染和泌尿生殖系统感染	①不良反应:消化道反应、头痛等,一般较轻。偶见皮疹、瘙痒等过敏反应、肝毒性和伪膜性肠炎。②孕妇禁用;哺乳期妇女、肝功能不全者慎用
地红霉素	具有类似于红霉素的抗菌谱。对衣原体、支原体有强大的抑制作用,对大多数革兰阳性杆菌,本品的活性低于红霉素 2~4 倍。对百日咳杆菌,本品的活性强于红霉素 4 倍。适用于慢性支气管炎、社区获得性肺炎、咽炎、扁桃体炎等。用于支原体、衣原体引起的泌尿系统感染	①不良反应主要为消化系统反应,如腹痛、恶心、腹泻、呕吐、消化不良、便秘、稀便、口干、口腔溃疡、味觉改变等;其他有头痛、头晕、咳嗽加剧、皮疹、瘙痒等。②对大环内酯类抗生素过敏者禁用

(1) 抗菌谱广:对多数 G 杆菌有强大的抗菌作用;铜绿假单胞菌、耐青霉素金黄色葡萄球菌对其中某些品种亦敏感;对 G 球菌如淋球菌、脑膜炎球菌的作用较差。

(2) 抗菌作用机制:阻碍细菌蛋白质的合成,使细胞膜缺损通透性增加。本类药物属于静止期杀菌药,碱性环境下抗菌效果增强。

(3) 体内过程:口服不易吸收。主要以原形经肾小球滤过排泄,有利于治疗泌尿系统感染。

(4) 不良反应:①过敏反应,可以引起皮疹、发热等过敏反应,也可能引起过敏性休克。特别是链霉素,过敏性休克的发生率仅次于青霉素 G。②耳毒性,可引起前庭功能与耳蜗神经的损害,前者表现为眩晕、恶心、呕吐、眼球震颤和平衡障碍,后者表现为听力减退或耳聋。③肾毒性,表现为尿浓缩困难、蛋白尿、管型尿、氮质血症及无尿等。④神经肌肉接头的阻滞,可引起神经肌肉麻痹,严重者可致呼吸停止。

(四) 糖肽类

糖肽类抗生素在结构上具有高度修饰的七肽骨架,作用靶点在细菌细胞壁成分 *D*-丙氨酰-*D*-丙氨酸上。通过抑制细菌细胞壁生物合成,最终导致细菌细胞死亡。糖肽类抗生素是治疗耐甲氧西林金黄色葡萄球菌等革兰阳性菌重症感染的"王牌"药物。目前临床上应用的有万古霉素、去甲万古霉素和 20 世纪 80 年代后期上市的替考拉宁,后者在抗菌活性、药代特性及安全性方面均优于前两者。

盐酸去甲万古霉素：本品盐酸盐为淡棕色粉末，无臭，味苦。在水中易溶，在甲醇中微溶，在丙酮、丁醇或乙醚中不溶。在溶液中能被多种重金属盐沉淀。对各种革兰阳性球菌与杆菌均具强大抗菌作用，耐甲氧西林的金黄色葡萄球菌（MRSA）、耐甲氧西林的表皮葡萄球菌（MRSE）和肠球菌属对本品非常敏感，亦对溶血性链球菌、草绿色链球菌、肺炎球菌具强大抗菌活性，在体内外均不易产生耐药性。本品对炭疽杆菌、白喉杆菌、破伤风杆菌等厌氧菌感染有效，而且是抗脆弱拟杆菌作用最强的抗厌氧菌抗生素之一。临床用于严重的革兰阳性菌感染，或用于对其他抗生素耐药或疗效差的耐甲氧西林的金黄色葡萄球菌或表皮葡萄球菌及肠球菌所致的感染。不良反应较大，如听力减退、耳鸣或耳部饱满感（耳毒性）、血尿、呼吸困难、嗜睡、尿量或排尿次数显著增多或减少、食欲减退、恶心或呕吐、异常口渴、软弱（肾毒性）、“红颈综合征”等。故通常仅作为二线药物在常用抗菌药无效或不能应用时才用；用药时应控制浓度，注意监测听觉功能；定期进行血细胞分析和肝功能检查；老年人、肾功能不全者、新生儿与早产儿禁用；肌内注射疼痛感强，仅供静脉注射；不应与氨基糖苷类等有耳毒性、肾毒性的药物合用。

药物商品有去甲万古霉素注射剂：每支含盐酸去甲万古霉素 0.4g（40 万 U）。静脉缓慢静注。粉针剂密闭，在凉暗处保存。

替考拉宁：为新型糖肽类抗生素。为非肠道用药，具有较强的杀菌活性，可供静脉给药或肌内注射。对大多数金黄色葡萄球菌的作用强于万古霉素，对表皮葡萄球菌的作用与万古霉素相似；但对肠球菌杀菌作用弱于去甲万古霉素。由于本药独特的作用机制，很少出现耐替考拉宁的菌株。适用于治疗对青霉素、头孢菌素或其他抗生素类药耐药的、过敏的葡萄球菌感染。如皮肤和软组织感染、泌尿道感染、呼吸道感染，骨和关节感染、败血症、心内膜炎及腹膜透析相关性腹膜炎。不良反应一般轻微且短暂，严重不良反应罕见。但可引起注射处持久的疼痛，亦具有耳毒性。人体对本药耐受性良好，不良反应一般短暂，很少需要中断治疗。

药物商品有替考拉宁注射剂（粉）：200mg、400mg。静脉滴注。

（五）其他类抗生素

本类抗生素霉素类结构、作用机制、作用各异，但因结构特殊，细菌对其不易产生耐药性或因与其他类别抗生素之间无交叉耐药性而体现出它们独特的临床使用价值。常用的有克林霉素、磷霉素、林可霉素和多黏菌素 B 等。

1. 克林霉素

【别名】 氯洁霉素。

【性状】 黄色无定形固体，水合盐酸盐为白色结晶性粉末，无臭。本品在水中极易溶解。

【作用与适应证】 本品为窄谱抗生素。主要对革兰阳性菌有强抗菌作用，特别是对厌氧菌、金黄色葡萄球菌、肺炎球菌有较好作用。对金黄色葡萄球菌引起的急性、慢性骨髓炎和化脓性关节炎非常有效。主要用于治疗厌氧菌引起的腹腔和妇科感染及敏感革兰阳性菌引起的各种严重感染。

【不良反应】 ①主要有胃肠道反应，一般为胃部不适、恶心、呕吐；长期使用可引起伪膜性肠炎。②大剂量静脉注射可引起血压下降、心电图变化等，偶可引起心搏骤停、呼吸停止。③静脉给药可引起血栓性静脉炎。

【用药指导】 ①本品可排入乳汁中，哺乳期妇女应考虑利弊。②在靶位上均可置换林可霉素类，或抑制后者与细菌核糖体50s亚基的结合，故不宜合用。③对本品过敏或腹泻的患者不宜使用，肝功能不全者、孕妇、哺乳期妇女慎用。

【药物商品】 ①盐酸克林霉素胶囊：（按克林霉素计）0.075g（75 000U）、0.15g（15万U）、0.3g（30万U）。口服。②克林霉素磷酸酯注射剂：2ml、300mg。静脉滴注。③克林霉素磷酸酯凝胶：20g、0.2g。外用。

【商品信息】 本品上市以来，因疗效较好、用药量少、不良反应和耐药性较小，市场销售稳步增长。本品有盐酸盐、棕榈酸酯盐酸盐（以上两者供口服，后者供儿童应用）和磷酸酯（供注射）等不同的盐类，注意勿混淆。国内生产厂家主要有浙江海翔药业股份有限公司、江苏中丹制药有限公司、苏州第四制药厂有限公司、广东台城制药股份有限公司等。

【储存】 密封保存。

2. 磷霉素

【别名】 福赐美仙、复美欣。

【性状】 有钙盐和二钠盐两种。磷霉素二钠盐为白色结晶性粉末，无臭，味咸，在空气中极易潮解。易溶于水，pH 4~11时短期稳定；钙盐为白色粉末（含1个结晶水）；无味。微溶于水。

【作用与适应证】 本品抑制细菌细胞壁的早期合成，其分子结构与盐酸烯醇丙酮酸相似，故可竞争同一转移酶，阻抑细菌细胞壁合成。本品抗菌谱广，对葡萄球菌、大肠杆菌、志贺菌属、沙雷菌属有较高抗菌活性；对部分厌氧菌、铜绿假单胞菌、变形杆菌、产气杆菌、肺炎杆菌及链球菌、肺炎球菌等也具有一定活性，用于敏感的革兰阴性菌引起的泌尿系统、皮肤与软组织、肠道等部位感染。对肺部、脑膜感染和败血症（菌血症）也可考虑应用。也用于淋病和淋菌性尿道炎。另可与万古霉素联合治疗耐甲氧西林金黄色葡萄球菌感染。

【不良反应】 不良反应较轻微，发生率为10%~17%。口服可能有轻度胃肠道反应，常见有纳差、中上腹不适、稀便或轻度腹泻、皮疹、嗜酸粒细胞增多、AST或ALT一过性升高。肌内注射可见局部疼痛、硬结、血栓性静脉炎和心悸等。

【用药指导】 ①孕妇、哺乳期妇女、心、肝、肾功能不全及高血压患者慎用。②磷霉素钙胶囊供口服，因仅部分吸收且血药浓度较低，故只适用于轻症感染，如尿路感染和肠道感染、皮肤感染等。③肌内注射磷霉素钠由于疼痛较剧，常需加用局麻剂，临床上一般不应用肌内注射给药。

【药物商品】 ①磷霉素片（钙盐）：0.1g（10万U）、0.2g（20万U）、0.5g（50万U）。口服。②磷霉素散剂（氨丁三醇盐）：6g（相当于磷霉素300万U）。③磷霉素注射剂（钠盐）：0.5g（50万U）、1g（100万U）、2g（200万U）、4g（400万U）。静脉滴注。

【商品信息】 本品疗效已在日本、西班牙、意大利等国家得到证实，接受大剂量治疗患者能良好耐受。本品钙盐的口服生物利用度低，仅适用于轻度感染，传统的钠盐粉针因呈碱性刺激性较大而影响其应用，目前国内市场已有加了适量赋形剂的中性磷霉素钠粉针和磷霉素氨丁三醇口服制剂，较好地解决了刺激性和吸收率问题。

【储存】 密闭，在阴凉干燥处保存。

二、合成抗菌药

人工合成抗菌药是指人工合成的抗细菌药物，包括喹诺酮类、磺胺类和呋喃类药物等。

（一）喹诺酮类

喹诺酮类是一类人工合成的抗菌药。根据其化学结构及抗菌应用先后分为四代。

第一代喹诺酮类(20世纪60年代)：具体品种有萘啶酸和吡咯酸等，因疗效不佳现已少用。

第二代喹诺酮类(20世纪70年代)：吡哌酸是国内主要应用品种。此外尚有新恶酸和甲氧恶喹酸，在国外有生产。

第三代喹诺酮类(80年代末到90年代中期)：本类药物中，国内已生产诺氟沙星。尚有氧氟沙星、培氟沙星、依诺沙星、环丙沙星等。本代药物的分子中均有氟原子。因此称为氟喹诺酮。

第四代喹诺酮类：与前三代药物相比在结构上修饰，加强抗革兰阳性菌活性并保持原有的抗革兰阴性菌的活性，不良反应更小，但价格较贵。如加替沙星与莫昔沙星。

氟喹诺酮类药物的特点如下所述。

（1）作用：它们以细菌的脱氧核糖核酸(DNA)为靶。细菌的双股DNA扭曲成为袢状或螺旋状(称为超螺旋)，使DNA形成超螺旋的酶称为DNA回旋酶，喹诺酮类妨碍此种酶，进一步造成细菌DNA的不可逆损害，而使细菌细胞不再分裂。它们对细菌显示选择性毒性。

（2）抗菌谱：喹诺酮类药物对G^-菌具有强大杀菌作用，如淋病奈瑟菌、大肠埃希菌、克雷伯菌、伤寒沙门菌属、志贺菌属、变形杆菌等；对流感嗜血杆菌、弯曲菌、军团菌等也有较强的抗菌活性。G^+菌如金黄色葡萄球菌、肺炎链球菌、溶血性链球菌对本类药物也很敏感。某些药物对铜绿假单胞菌、结核分枝杆菌、衣原体、支原体及厌氧菌也有积极作用。

（3）不良反应：一般较轻，并且停药后立即消失。最常见的胃肠道反应，可出现恶心、呕吐等不适；中枢神经系统反应，可出现头痛、失眠等；可影响软骨发育；产生结晶尿等；长期大量使用可致肝损害。

1. 诺氟沙星

【别名】 氟哌酸、力醇罗、淋克星、猛克、哌克利。

【性状】 类白色至淡黄色结晶性粉末；无臭，味微苦。在空气中能吸收水分，遇光色渐变深。

【作用与适应证】 具有抗菌谱广、抗菌作用强的特点。尤其对革兰阴性菌，如铜绿假单胞菌、大肠埃希菌、痢疾杆菌、变形杆菌有高度抗菌活性。对金葡菌的作用也较庆大霉素、妥布霉素强，且对庆大霉素等耐药的菌株也有较好抗菌作用。血药浓度低，但尿、肠道中浓度高。主要用于泌尿生殖道感染、肠道感染。还可用于五官科、皮肤科、妇科及外科的感染性疾病。

【不良反应】 ①消化系统：可有口干、食欲减退、恶心、呕吐、腹痛、腹泻或便秘等。少数患者可引起血清氨基转移酶升高，停药后可恢复。②神经系统：可有头昏、头痛、抽搐、嗜睡或失眠等。少数患者可出现周围神经刺激症状。③泌尿生殖系统：可引起血肌酐、尿素氮升高，大剂量可致结晶尿。④肌肉骨骼：可有肌肉震颤、关节肿胀等。⑤皮肤：可有皮疹、瘙痒等。可发生光敏反应，但发生率较低。⑥其他：可有视力障碍等，静脉注射可引起局部刺激、脉管炎等。

【用药指导】 一般不用于幼儿，胃溃疡患者、孕妇、严重肾功能不全者慎用。对本品过敏者禁用。

【药物商品】 ①诺氟沙星胶囊：内容物为淡黄色颗粒。每粒0.1g、0.2g，口服。②诺氟沙星滴眼液：无色澄明液体。每支8ml:24mg。外用。③诺氟沙星软膏：1%，外用。④诺氟沙星片：每片100mg、200mg、400mg。口服。

【商品信息】 本品是1978年合成的第一个氟喹诺酮类药品，是目前常用的大众化品种，在零售市场上具有一定的基础。我国诺氟沙星开发较早，目前具有生产制剂能力的厂家有170多家，主要剂型是胶囊、片剂和滴眼液。

【储存】 胶囊遮光，密封保存；软膏遮光，密闭，在阴凉处保存。滴眼液遮光，密闭保存。

2. 环丙沙星

【别名】 瑞康、奔克、环丙氟哌酸、西普乐、悉复欢。

【性状】 盐酸盐为白色或微黄色结晶粉末，几乎无臭，味苦。溶于水。药用品为盐酸盐水合物（供口服用）和乳酸盐（供注射用）。

【作用与适应证】 为第三代喹诺酮类广谱抗菌药物，具有广谱抗菌作用，对革兰阴性杆菌的体外抗菌活性是目前临床应用的氟喹诺酮类中最高者；对铜绿假单胞菌、肠球菌、肺炎链球菌、葡萄球菌、军团菌、淋病奈瑟菌及流感杆菌的抗菌活性也高于其他同类药物；甚至对某些耐氨基糖苷类及第3代头孢菌素类的耐药菌株仍有抗菌活性。用于敏感菌所致的泌尿生殖系统感染、呼吸系统感染、消化系统感染、五官科感染、化脓菌感染性皮肤疾病。还可用于沙门菌属感染、骨和关节感染、皮肤软组织感染及败血症等。

【不良反应】 ①消化道反应较常见。②可致中枢症状和皮肤过敏反应，少数患者有光敏感。③偶可致癫痫发作、精神异常、烦躁不安、意识混乱、震颤、肾损害、静脉炎、关节疼痛等。④尚可致伪膜性肠炎。

【用药指导】 ①肝功能减退者、肾功能减退者、中枢神经系统疾患史者、抽搐或癫痫病史者、老年人和儿童慎用。②服药期间避免过多光照。③对喹诺酮类药物过敏者、16岁以下儿童、孕妇及哺乳妇女禁用。

【药物商品】 ①盐酸环丙沙星片：0.1g、0.2g、0.25g、0.4g、0.5g、0.75g；口服。②盐酸环丙沙星胶囊：0.2g、0.25g；口服。③盐酸环丙沙星滴眼液：0.3%；外用。④盐酸环丙沙星滴耳液：0.3%；外用。⑤乳酸环丙沙星注射剂：0.1g（50ml）、0.2g（100ml）。⑥软膏剂（0.3%）：10g；外用。

【商品信息】 本品由德国拜耳公司研制并于1987年首先上市，商品名为“西普乐”，因抗菌活性强，1987年上市后，很快就成为世界上用量最大、应用最广泛的喹诺酮类药物之一。在最新公布的世界畅销抗感染药物排行榜中排名第二，仅次于葛兰素史克的阿莫西林克拉维酸钾。本品的国产化水平较高。目前国内生产企业有90多家。

【储存】 遮光，密封保存。

3. 左氧氟沙星

【别名】 可乐必妥、海力健、来立信、利复星、丽珠强派。

【性状】 本品为淡黄色至黄白色的结晶或结晶粉末，无臭、味苦。易溶于冰醋酸中，稍难溶于水和甲醇。

【作用与适应证】 本品为氧氟沙星的左旋异构体。具有疗效确切、抗菌谱广、口服生物利用度高、不良反应小、服用方便、价格适中的优点。其抗菌活性为氧氟沙星的两倍，对耐甲氧西林的葡萄球菌、溶血性链球菌、肺炎球菌作用均较强，对眼衣原体的作用比环丙沙星强。对麻风杆菌和结核杆菌也有效。用于敏感菌所致的呼吸道、肠道、尿道、皮肤、胆道感染和性传播疾病。

【不良反应】 不良反应轻微，呈一过性。消化道反应明显低于环丙沙星，也较氧氟沙星低。

【用药指导】 肾功能减退或老年患者应减量。其他参见环丙沙星。

【药物商品】 ①左氧氟沙星片：100mg、200mg、250mg、500mg。口服。②左氧氟沙星胶囊：100mg、200mg。口服。③左氧氟沙星颗粒剂：1g 中含本药 100mg。口服。④左氧氟沙星注射剂：100mg、200mg、100mg、500mg。静脉滴注。

【商品信息】 本品最早由日本第一制药株式会社于 1994 年研制成功并在日本上市，其抗菌作用强、使用量小、不良反应小、服用方便等优点顺应了市场更新的潮流，使其市场销售额连年创新高，不但数年稳居喹诺酮类药物第一，且为我国医院用药金额排行榜的龙头老大，成为我国抗感染药的新霸主。众多厂家竞相开发，已形成了乳酸左氧氟沙星、甲磺酸左氧氟沙星、盐酸左氧氟沙星数条生产线。国内市场以北京双鹤药业股份有限公司（简称北京双鹤药业）的"利复星"占有份额较多，还有扬子江药业集团的"左克"和浙江医药股份有限公司"来立信"占据中国市场的 70%。

【储存】 遮光，密闭保存。

（二）硝基呋喃类药

硝基呋喃类是一类人工合成的抗菌药物，他们作用于微生物的酶系统，抑制乙酰辅酶 A，干扰微生物的糖代谢，起抑菌作用。在医疗应用的呋喃类药物有：呋喃妥因（泌尿系统感染药）、呋喃唑酮（肠道细菌感染药）、呋喃西林（皮肤感染药）等。

1. 呋喃妥因

【别名】 呋喃坦丁、呋喃坦啶、呋喃妥英。

【性状】 鲜黄色结晶性粉末；无臭、苦味；遇光色渐变深。在二甲基甲酰胺中溶解，在水或氯仿中几乎不溶。

【作用与适应证】 呋喃妥因为人工合成的硝基呋喃类抗菌药，广谱抗菌，对葡萄球菌、肠球菌等革兰阳性菌有抗菌作用，对大肠杆菌、克雷白菌属、肠杆菌属、肠球菌属、金黄色葡萄球菌、腐生葡萄球菌具有较强的抗菌活性；对淋球菌、枯草杆菌、痢疾杆菌、伤寒杆菌等也有良好的抗菌作用。临床上用于敏感菌所致的泌尿系统感染，如肾盂肾炎、尿路感染、膀胱炎及前列腺炎等。

【不良反应】 ①有消化道反应，恶心、呕吐、厌食、腹泻等。②有中毒性神经症状，幻听、幻觉、烦躁等。③有周围神经炎，服药量大或时间长时易发生，表现为手足麻木，久之可致肌萎缩，往往迁移难愈。④有过敏反应，包括气喘、胸闷、皮疹、药物热、嗜酸粒细胞增多等。⑤尚可引起溶血性贫血、黄疸、肝、肾损害、肺纤维化、肺部并发症（咳嗽、气急、呼吸困难）等。

【用药指导】 ①新生儿、少尿、尿闭或严重肾功能不全时，可引起积蓄中毒，应禁用。②空腹服用吸收快，疗效高，但易发生胃肠道反应。应用肠溶片可减轻胃肠道反应。③口服后，可使尿液呈棕色。

【药物商品】 ①呋喃妥因肠溶片：每片 0.05g，0.1g；口服。②呋喃妥因肠溶胶囊：每粒 0.05g、0.1g；口服。③呋喃妥因栓：每粒 50mg，直肠给药。

【商品信息】 生产企业有：河南太龙药业股份有限公司、东北制药集团股份有限公司、北京双鹤药业等。

【储存】 密封保存。

2. 呋喃唑酮

【别名】 痢特灵、止痢灵、克尔灵。

【性状】 为黄色粉末或结晶性粉末，几乎不溶于水。

【作用与适应证】 本品有广谱抗菌作用，对常见的革兰阴性菌与阳性菌有效。但是内服后难吸收，因此肠道中的药浓度高。临床上适用于各种肠道感染，如肠炎、腹泻等。也可用于治疗伤寒、副伤寒、贾第虫病（梨形鞭毛虫病）和阴道滴虫病；还可用于治疗胃炎和胃溃疡、十二指肠溃疡。

【不良反应】 ①消化系统：较常见恶心、呕吐、食欲减退等胃肠道症状。②过敏反应：较常见有皮疹、荨麻疹、药物热等过敏反应症状。③神经系统：偶可发生头痛、头昏、嗜睡等神经系统不良反应，多属可逆。

【用药指导】 葡萄糖-6-磷酸脱氢酶（G6PD）缺乏者、肾功能不全者慎用。

【药物商品】 呋喃唑酮片：0.025g、0.1g。口服。

【商品信息】 生产企业有上海玉瑞生物科技（安阳）药业有限公司、天津力生制药股份有限公司等。

【储存】 遮光，密封保存。

三、抗真菌病药

真菌感染按其侵袭部位分为浅表感染和深部感染两类。浅表真菌感染较为多见，常见致病菌是各种癣菌，主要表现为真菌侵犯皮肤、毛发、指（趾）甲等，引起各种癣症，特点是发病率高、危险性小。而深部真菌感染的常见致病菌为新型隐球菌及白色念珠菌，主要侵犯内脏器官和深部组织，特点是发病率低，但危险性大。目前，真菌病发病率明显增高，导致抗真菌药的临床用量迅速增加，全球抗真菌药品市场销售额每年正以 20% 的速度增长，已成为抗感染药领域中的一个主要部分。在全球抗感染药中市场份额排在第三位。

常用的抗真菌药有如下内容。

（1）抗浅部真菌：药盐酸特比萘芬、咪康唑、氟康唑、酮康唑等。

（2）抗深部真菌药：制霉菌素、两性霉素 B、氟胞嘧啶等。

（3）抗浅部和深部真菌药：氟康唑、酮康唑、伊曲康唑和咪康唑。

1. 特比萘芬

【别名】 兰美抒、丁克、疗霉舒。

【性状】 为白色或几乎白色粉末，微溶于水。

【作用与适应证】 是丙烯胺类抗真菌药，可干扰麦角固醇的生物合成，使真菌细胞内角鲨烯的过度堆积和麦角固醇的合成受阻，从而起到杀菌或抑菌的作用。外用制剂适用于治疗各种浅部真菌感染，如手足癣、体癣、股癣、头癣等。内服制剂可用于甲真菌病、孢子丝菌病等深部真菌病。

【不良反应】 ①少数于服药后有轻度恶心、胃部不适、腹胀、食欲缺乏、腹痛、腹泻等消化道反应。②偶见转移酶升高或粒细胞减少，一般停药后均能恢复。③罕见味觉改变。④外用可出现局部轻度烧灼感、瘙痒感等刺激症状或局部皮肤干燥，有时伴有关节痛和肌痛。

【用药指导】 肝、肾功能不全者，孕妇，口服避孕药的妇女慎用。

【药物商品】 ①特比萘芬片：每片125mg、250mg。口服。②特比萘芬胶囊：250mg；口服。③特比萘芬霜剂：1%；外用。④盐酸特比萘芬乳膏：5g(0.05g)；外用。⑤特比萘芬凝胶：10g(0.1g)；外用。⑥特比萘芬溶液：0.1g(10ml)；外用。

【商品信息】 1980年，新型杀真菌分子特比奈芬在诺华实验室首次被合成，1991年，特比奈芬原研品牌兰美抒在英国首次上市，是皮肤科领域全球的第一大品牌，销量超过10亿美元，产品包含了片剂、乳膏、凝胶、喷剂、涂膜剂等多种剂型。中国国产盐酸特比萘芬由山东齐鲁制药有限公司(丁克)生产销售。随着市场的日益推广和深入开发，临床应用已日益广泛。口服制剂生产企业有齐鲁制药有限公司、北京诺华制药有限公司、中美史克等。

【储存】 密闭容器中保存。

2. 两性霉素B

【别名】 二性霉素B、两性霉素乙、庐山霉素、异性霉素。

【性状】 为黄色或橙黄色粉末，无臭或几乎无臭，无味；有引湿性，在日光下易破坏失效。

【作用与适应证】 是一种多烯类抗真菌抗生素。通过影响细胞膜通透性发挥抑制真菌生长的作用。临床上用于治疗严重的深部真菌引起的内脏或全身感染。

【不良反应】 ①过敏反应：静脉滴注过程中或静脉滴注后数小时发生寒战、高热、严重头痛、恶心和呕吐，有时并可出现血压下降、眩晕等。②几乎所有患者均可出现不同程度的肾功能损害，尿中可出现红、白细胞、蛋白和管型，血尿素氮及肌酐升高，肌酐清除率降低，也可引起肾小管性酸中毒。③神经系统毒性，鞘内注射该品可引起严重头痛、发热、呕吐、颈项强直、下肢疼痛、尿潴留等，严重者下肢截瘫。④注射部位可发生血栓性静脉炎，血小板减少症。⑤白细胞下降、贫血、血压下降或升高、复视、周围神经炎等反应。可有局部刺激，重者有发热、寒战、头痛、乏力、恶心、呕吐、纳差。

【用药指导】 ①用药期间要定期追查血常规、尿常规、肝肾功能(重度肾功能损害者则需慎用或延长给药间期或减量)和电解质、心电图等，原有肾功能轻中度损害者，因其在体内灭活如病情需要仍可选用。如肝肾功能明显异常则需短期停药，待好转后再继续用药。②因有寒颤高热反应，宜在静脉用药前给患者服用解热镇痛剂，亦可同时给予琥珀酸氢化可的松25~50mg，或地塞米松2~5mg静脉滴注。③因本品对肝肾的毒性，因此在合并用药时应注意减少对肝肾毒性大的其他药物。④用药过程中输液器最好用黑纸遮光。

【药物商品】 两性霉素B注射剂(粉)：5mg(500U)、25mg(25 000U)、50mg(50 000U)；静脉滴注。

【商品信息】 中国于20世纪70年代开始生产，现生产厂家有上海新亚药业有限公司、华北制药等。

【储存】 避光，密封，冷处保存。

3. 氟康唑

【别名】 大扶康、麦道氟康、麦尼芬、三维康、博泰。

【性状】 为白色或类白色结晶或结晶性粉末，在甲醇中易溶，在乙醇中溶解，微溶于水或醋酸。

【作用与适应证】 本药为氟代三唑类抗真菌药。具有广谱抗真菌作用，抗菌谱与酮康唑近似，对白色念珠菌、须发癣菌、犬小孢子菌、絮状表皮癣菌、鼠孢子菌、新型隐球菌、烟曲霉菌有较强的抗菌活性；对阴道念珠菌和一些表皮真菌的抗菌作用比酮康唑强10~20倍。用于治疗口咽部和食管念珠菌感染；播散性念珠菌病，包括腹膜炎、肺炎、尿路感染等；念珠菌外阴阴道炎。尚可用于骨髓移植患者接受细胞毒类药物或放射治疗时，预防念珠菌感染的发生。亦可治疗脑膜以外的新型隐球菌病；对接受化疗、放疗和免疫抑制治疗患者的有预防作用。

【不良反应】 ①常见消化道反应，表现为恶心、呕吐、腹痛或腹泻等。②过敏反应：可表现为皮疹，偶可发生严重的剥脱性皮炎（常伴随肝功能损害）、渗出性多形红斑。③肝毒性：治疗过程中可发生轻度一过性血清氨基转移酶升高，偶可出现肝毒性症状，尤其易发生于有严重基础疾病（如获得性免疫缺陷综合征和癌症）的患者。④可见头晕、头痛。

【用药指导】 孕妇、哺乳期妇女、儿童禁用。

【药物商品】 ①氟康唑胶囊：每粒50mg、100mg、150mg、200mg；口服。②氟康唑片：剂量、用法同胶囊。③氟康唑注射剂：每支100mg（50ml）、200mg（100ml）；静脉滴注。

【商品信息】 1980年，Pfizer公司研制的一种新的三唑类抗真菌药物氟康唑。1990年，在美国上市，商品名“大扶康”，口服和静脉注射均可，用于深部、浅部的真菌感染，很快成为畅销新药，被誉为真菌感染的最后一道防线。生产厂家有大连辉瑞制药公司、杭州赛诺菲安万特民生制药有限公司、济南中科一通化工有限公司、哈尔滨华瑞生化药业有限责任公司、山西津华晖星制药有限公司等。

【储存】 遮光，密闭、干燥处保存。

四、抗病毒药

病毒是细胞内寄生的病原微生物。病毒性疾病是一类常见疾病，该病传播快、流行广、发病率高，而且变异性比较大。目前的抗病毒药可通过阻断或抑制其繁殖的不同阶段而发挥作用。临床常用的药物有以下几种。

（1）抗流感病毒药：利巴韦林、金刚烷胺等。

（2）抗疱疹病毒药：阿昔洛韦、泛昔洛韦、更昔洛韦、伐昔洛韦等。

（3）抗肝炎病毒药：干扰素、拉米夫定、乙肝疫苗等。

（4）抗艾滋病病毒药：齐多夫定、拉米夫定、阿巴卡韦、扎西他滨、奈韦拉平、沙奎那韦等。

1. 阿昔洛韦

【别名】 无环鸟营，无环鸟嘌呤，舒维疗，克毒星。

【性状】 白色结晶性粉末；无臭，无味。微溶于水。其钠盐易溶于水。

【作用与适应证】 本品为第二代广谱抗病毒药，对单纯疱疹病毒Ⅰ型Ⅱ型、水痘带状疱疹病毒、巨细胞病毒、EB病毒有抑制作用，对哺乳动物宿主细胞毒性低。对疱疹病毒作用强，具有强效、快效的特点。对乙型肝炎病毒也有一定作用。主要用于单纯疱疹病毒和带状疱疹病毒引起的皮肤和黏膜感染。是治疗疱疹病毒的首先药品。

【不良反应】 ①可致贫血、血小板减少,肝、肾功能损伤。②有时出现恶心、呕吐、腹痛、眩晕、失眠、头痛等。③少数出现皮疹、皮肤瘙痒或荨麻疹。④注射部位的炎症或静脉炎、瘙痒。

【用药指导】 ①过敏患者、孕妇、哺乳期妇女禁用;肾功能不全者、小儿慎用。②静脉滴注时切忌药物外漏;静脉滴注速度不宜过快,最好在1h左右,均匀滴入,快速进入易发生肾小管内药物结晶沉积。

【药物商品】 ①阿昔洛韦片(胶囊):每片(粒)0.2g。口服。②注射用阿昔洛韦:是阿昔洛韦的钠盐。为白色疏松块状物或粉末。每瓶0.5g。静脉滴注。③阿昔洛韦滴眼剂:无色澄明液体。每支8ml:8mg。用于单纯性疱疹性角膜炎。滴眼。④阿昔洛韦眼膏:3%白色眼用软膏。外用。⑤阿昔洛韦软(乳)膏:3%~5%。外用。

【商品信息】 1981年在英国首次上市,成为最畅销的抗病毒药物。中国于1986年开始生产,现厂家众多。有上海信谊制药厂有限公司、美罗药业股份有限公司、石药集团中诺药业、广东国医堂制药股份有限公司等。

【储存】 遮光,密闭保存。

2. 拉米夫定

【别名】 拉咪呋啶、贺普丁。

【性状】 白色至微黄白色结晶性粉末,在水、甲醇中易溶,在乙醇中溶解。片剂为橙黄色薄膜衣片。

【作用与适应证】 拉米夫定是核苷类抗病毒药物,对病毒DNA链的合成和延长有竞争性抑制作用。对体外及实验性感染动物体内的乙型肝炎病毒(HBV)有较强的抑制作用。主要适用于乙型肝炎病毒复制的慢性乙型肝炎及慢性乙肝肝硬化活动期的患者。

【不良反应】 ①常见的不良反应有上呼吸道感染样症状,头痛、恶心、身体不适、腹痛和腹泻。②偶有皮疹。③另有头痛、困倦、发热、畏寒、鼻塞、咳嗽、骨骼肌肉疼痛及中性粒细胞减少等。

【用药指导】 ①哺乳期妇女、严重肝大者、乳酸性酸中毒者慎用。②治疗期间应定期检查肝、肾功能及全血细胞计数。

【药物商品】 拉米夫定片:每片100mg。口服。

【商品信息】 1999年,美国葛兰素史克在中国与全球同步上市,商品名"贺普丁",是第一个口服有效抗乙型肝炎药物。生产企业有山东罗欣药业集团股份有限公司、葛兰素史克制药及湖南千金湘江药业股份有限公司等。

【储存】 遮光,密封,阴凉干燥处保存。

3. 齐多夫定

【别名】 叠氮胸苷、叠氮脱氧胸、叠氮脱氧苷。

【性状】 为白色或类白色的结晶性粉末,无臭。

【作用与适应证】 本品在人免疫缺陷病毒(HIV)感染细胞内,与病毒的DNA聚合酶结合,中止DNA链的增长,从而阻抑病毒的复制。用于治疗获得性免疫缺陷综合征(艾滋病)、重症艾滋病相关综合征、伴有卡氏肺囊虫病的患者,易产生耐药性,故临床多与其他抗HIV感染的药物联合应用。

【不良反应】 ①骨髓抑制作用明显,有时发生白细胞和中性粒细胞减少、贫血、淋巴结肿胀。②全身症状有头痛、无力、发热、恶寒、感冒症状、背痛、胸痛、疲劳感等,还有过敏反应。③消化道反应有食欲缺乏、腹泻、消化不良、腹痛、恶心、呕吐、便秘、肝炎、吞咽困难等。④过敏症状、发疹、痤疮、瘙痒、荨麻疹。⑤骨骼肌疼痛、关节痛。⑥眩晕、失眠、不安、感觉异常、嗜睡、抑郁、神经过敏、识别障碍和听力障碍等。⑦呼吸系统症状有咳嗽、鼻出血、咽喉炎、鼻炎等。⑧泌尿系统反应可出现无尿、多尿、排尿障碍、肾功能不全等。⑨偶见肝功能异常，大剂量可致中枢抑制症状。⑩循环系统可见血管扩张、缺血性心功能不全。

【用药指导】 ①应定期检查血常规，出现贫血应适当减少用药量或停药。②肝肾功能障碍及维生素 B_{12}缺乏患者慎用。③进食高脂食物，可降低本药的口服生物利用度。

【药物商品】 齐多夫定胶囊：每粒 0.1g。口服。

【商品信息】 1987 年 3 月 19 日，美国食品药品监督管理局批准该药上市。齐多夫定是世界上第一个获得美国 FDA 批准生产的抗艾滋病药品，因其疗效确切，成为“鸡尾酒”疗法最基本的组合成分。生产企业有福建力菲克药业有限公司、深圳海王集团有限公司、东北制药集团沈阳第一制药有限公司等。

【储存】 密封保存。

其他抗病毒药物的作用与适应证、不良反应与用药指导，见表 2-14。

表 2-14　其他抗病毒类药物的作用与适应证、不良反应与用药指导

名称	作用与适应证	不良反应与用药指导
干扰素	是一种广谱抗病毒剂，并不直接杀伤或抑制病毒，而主要是通过细胞表面受体作用使细胞产生抗病毒蛋白，从而抑制乙肝病毒的复制，其类型分为三类，α 型、β 型、γ 型；同时还可增强自然杀伤细胞（NK 细胞）、巨噬细胞和 T 淋巴细胞的活力，从而起到免疫调节作用，并增强抗病毒能力	①全身反应主要表现为流感样症状，即寒战、发热和不适。可出现白细胞、血小板和网状红细胞减少、脱发、皮疹、血沉加快、嗜睡、一过性肝损伤。②心肌梗死、重症高血压、脑血管疾病慎用
利巴韦林	为嘌呤三氮唑类广谱抗病毒药，能抑制多种 RNA、DNA 病毒的复制而起到抗病毒作用。对流感病毒、鼻病毒、单纯性疱疹病毒和肝炎病毒均有抑制作用。用于治疗病毒性呼吸道感染和疱疹性病毒感染，如流感、眼角膜炎、麻疹、结膜炎、疱疹性口炎、带状疱疹等	①常见的不良反应有贫血、乏力等，停药后即消失。②偶发的不良反应有疲倦、头痛、失眠及食欲减退、恶心、结膜炎和低血压、皮疹等。③孕妇、自身免疫性肝炎患者、肌酐清除率低于每分钟 50ml 的患者、严重心脏病患者禁用本药口服制剂
伐昔洛韦	为阿昔洛韦的前体药物，即阿昔洛韦与缬氨酸形成酯的盐酸盐。其口服吸收后能迅速完全地转化为阿昔洛韦。可用于阿昔洛韦的所有的适应证	不良反应发生率与阿昔洛韦相似
更昔洛韦	为鸟嘌呤类抗病毒药，与阿昔洛韦（ACV）是同系物，其抗病毒作用与 ACV 相似，但作用更强，尤其对艾滋病患者的巨细胞病毒有强大的抑制作用。预防及治疗免疫功能缺陷患者的巨细胞病毒感染，如艾滋病患者，接受化疗的肿瘤患者，使用免疫抑制剂的器官移植患者	①白细胞及血小板减少最常见，少见的有贫血，发热，皮疹，肝功能异常，浮肿，感染，乏力，心律失常，高/低血压，思维异常或恶梦，共济失调，昏迷，头昏，头痛，紧张，感觉障碍，精神病，嗜睡，震颤。恶心，呕吐，腹泻，胃肠道出血，腹痛。嗜酸粒细胞增多，低血糖。呼吸困难。脱发，瘙痒，荨麻疹。血尿及尿素氮升高。②怀孕及哺乳期妇女，对本药或阿昔洛韦过敏者禁用

第七节　抗过敏用药

过敏反应是人体对正常物质(过敏原)刺激发生的不正常反应,是一种机体的变态反应,由免疫机制诱导的高敏反应。当过敏原接触到过敏体质的人群才会发生过敏反应,过敏原有寒冷天气、化学物质、异体蛋白、虫子、花粉、粉尘、紫外线等。过敏反应的特点是发作迅速、反应强烈、一般消退较快,有明显的遗传倾向和个体差异。

过敏反应的原因,包括内在因素、外在因素两方面。

(1) 内在因素就是人体本身具有过敏体质,这在过敏的发病中起主导作用,例如,自身免疫反应、免疫与防护功能下降、皮肤结构被损等,及早彻底脱敏是治疗的关键。

(2) 外在因素也很多。包括天气、饮食、吸入物、接触过敏物等因素,其中寒冷天气、日晒雨淋、季节变换、宠物皮毛、昆虫叮咬、海鲜蛋白、化学物品、吸入花粉、化妆用品、药物、精神紧张、工作压力等是过敏常见的诱因。

有的人吃了鱼、虾、蟹等食物后,会发生腹痛,腹泻,呕吐,或是皮肤奇痒难熬;有的人吸入花粉或灰尘后,会发生鼻炎或哮喘;有的人注射青霉素后会发生休克。这些都是过敏反应的表现,严重的过敏反应,还会导致死亡。引起过敏反应的物质,在医学上被称为过敏原,找出过敏原,并且尽量避免再次接触过敏原,是预防过敏反应发生的主要措施。

一、抗组织胺药品

常用抗组织胺类药品有氯雷他定、地氯雷他定、阿司咪唑、扑尔敏、异丙嗪、苯海拉明、西替利嗪、依巴斯汀、特非那定等,对皮肤和鼻腔黏膜的过敏反应治疗效果较好,可用于治疗昆虫咬伤的皮肤瘙痒、其他原因所至皮肤瘙痒、感冒所至的鼻腔黏膜水肿等。用药剂量应个体化,驾驶人员或机械操作人员工作时应避免使用对中枢有抑制作用的抗组胺药品。需要注意的是,病情较轻的人可以自己服用抗过敏药物治疗,但对症状较重的人,最好去医院诊治;因为如果处理不当,可能会延误病情,或诱发其他并发症,甚至导致死亡。

(一) 氯雷他定

【别名】 息斯敏、开瑞坦。

【性状】 白色或类白色结晶性粉末。

【作用与适应证】 为哌啶类抗组胺药,具有选择性地阻断组胺 H_1受体,而起抗组胺作用,达到抗过敏的效果。其抗过敏作用起效快、效强、持久,作用比阿司咪唑及特非那定均强,无镇静作用。可用于缓解过敏性鼻炎有关的症状,如喷嚏、流涕、鼻痒、鼻塞及眼部痒及烧灼感,亦适用于瘙痒性皮肤病、缓解慢性荨麻疹及其他过敏性皮肤病的症状和体征。

【不良反应】 常见不良反应有乏力、头痛、嗜睡、口干、胃肠道不适,包括恶心、胃炎及皮疹等。罕见不良反应有脱发、过敏反应、肝功能异常、心动过速及心悸等。

【用药指导】 ①本品与抑制肝药酶活性的药物如大环内酯类抗生素、抗真菌药酮康唑等合用,可减缓本品的代谢,增加本品的血药浓度,有可能导致不良反应增加。②与其他中枢抑制药、三环类抗抑郁药合用或饮酒,可引起严重嗜睡。③单胺氧化酶抑制药可增加本品不良反应。④对本品过敏者禁用。⑤ 2 岁以下儿童不推荐使用。孕期及哺乳期妇女慎用。

【药物商品】 氯雷他定片剂、氯雷他定胶囊：5mg、10mg。口服。成人及 12 岁以上儿童：一日 1 次，一次 10mg。2～12 岁儿童，体重>30kg，一日 1 次，一次 1 片 10mg；体重≤30kg：一日 1 次，一次半片 5mg。

【储存】 密封保存。

（二）马来酸氯苯那敏

【别名】 扑尔敏。

【性状】 白色结晶性粉末。

【作用与适应证】 本品对 H_1 受体拮抗，起到抗过敏作用，也具有明显的中枢抑制作用，能增强催眠药、麻醉药和镇痛药的作用。能缓解感冒所至的鼻黏膜充血，常与其他解热镇痛药联合应用治疗感冒，缓解流涕、鼻塞、流泪、打喷嚏等感冒症状；以及用于各种过敏性皮肤病，如湿疹、皮肤瘙痒症、虫咬所致皮肤瘙痒、皮炎、神经性皮炎、药疹、日光性皮炎和荨麻疹等；还可用于过敏性鼻炎。

【不良反应】 主要不良反应为困倦、嗜睡、口渴、多尿、咽喉痛、虚弱感、心悸、皮肤瘀斑、出血倾向。服药后可能出现食欲减退、恶心、上腹不适感或胃痛等不良反应。

【用药指导】 本品服用过量中毒时，可能出现排尿困难、尿痛等症状，还表现为瞳孔散大、面色潮红、幻觉、兴奋、共济失调、惊厥，最后出现昏迷、心脏及呼吸衰竭而死亡。解救时应采取对症治疗和支持疗法。出现惊厥时，可酌情给予硫喷妥钠予以控制。切不可将组织氨作为解毒剂。对本品过敏者禁用；高空作业者、车辆驾驶人员、机械操作人员工作时间禁用；当药品性状发生改变时禁止服用；新生儿和早产儿、癫痫患者、接受单胺氧化酶抑制剂治疗者禁用。本品与中枢抑制药并用，可加强中枢抑制作用；可抑制代谢苯妥英钠的肝微粒体酶，合用时可引起苯妥英蓄积中毒，应注意监测苯妥英的浓度；不宜与哌替啶、阿托品等药合用，亦不宜与氨茶碱作混合注射。

【药物商品】 片剂 4mg；注射液① 1ml：10mg；② 2ml：20mg。口服，一次 4～8mg，每日 3 次。肌内注射，一次 5～20mg。

【储存】 遮光，密封保存。

（三）苯海拉明

【性状】 本品常用其盐酸盐，为白色结晶性粉末，无臭，味苦，随后有麻痹感。本品在水中极易溶解。

【作用与适应证】 本品抗过敏作用，主要对于毛细血管通透性增加引起的渗出、水肿、分泌增加的疾病疗效较好，尤其适用于皮肤黏膜的过敏性疾病，如过敏性药疹、过敏性湿疹、荨麻疹等。而对于平滑肌痉挛导致的支气管哮喘疗效较差，需与氨茶碱、麻黄碱合用。镇静催眠和手术前给药。防晕止吐作用，可用于乘车船等所致的晕动病，以及药物等引起的恶心、呕吐。乳膏外用，治疗神经性皮炎、虫咬、瘙痒症等。

【不良反应】 常见嗜睡、头晕、乏力、反应迟钝、注意力不集中，共济失调等症状。偶见粒细胞减少、皮疹，长期应用（6 个月以上）可引起贫血。

【用药指导】 支气管哮喘患者服苯海拉明后可能使痰液黏稠，不易咳出而加重呼吸困难，应予重视。低血压、高血压、其他心血管病、甲状腺功能亢进、青光眼患者慎用。早期妊娠妇女、授乳期妇女、新生儿及早产儿忌用。长期应用本药可能引起溶血或造血功能障碍，尤其不宜长期注射用药。苯海拉明如与催眠、镇静、安定类药物合用，或同时饮酒可加重中枢抑制作用，应予避免。

【药物商品】 苯海拉明片：12.5mg/片、25mg/片、50mg/片。苯海拉明注射液：20mg/1ml。

【储存】 遮光，密封保存。

（四）异丙嗪

【别名】 非那根、盐酸普鲁米近、奥丙泰。

【性状】 本品常用其盐酸盐，为白色或几乎白色的粉末或颗粒，几乎无臭，味苦。在水中极易溶解。

【作用与适应证】 本品抗过敏作用，用于各类过敏症。抗晕止吐，用于晕动症等。镇静催眠，外科手术时与哌替啶合用缓解紧张情绪。与氯丙嗪、哌替啶配伍组成合剂用于人工冬眠。

【不良反应】 注射后常见心血管不良反应，血压不稳，心动过速或过缓。大剂量给药易引起锥体外系症状。黄疸或血脂紊乱。

【用药指导】 服药期间不可驾驶车辆及操作机器。值勤及运动员临场前禁用；肝功能异常者及有癫痫病史者、前列腺增生症状明显者患者慎用；孕妇、哺乳期妇女慎用；闭角型青光眼患者慎用；不宜皮下注射。

【药物商品】 盐酸异丙嗪片：12.5mg/片、25mg/片。异丙嗪注射液：50mg/2ml。

【储存】 遮光，密封保存。

（五）西替利嗪

用于季节性或常年性过敏性鼻炎、由过敏源引起的荨麻疹及皮肤瘙痒。不良反应轻微，偶见焦虑、口干、嗜睡、头痛，无明显的中枢镇静作用和抗胆碱作用。茶碱可增加本药不良反应。制剂有盐酸西替利嗪片：10mg/片。盐酸西替利嗪滴剂：50mg/5ml、100mg/10ml。

二、免疫抑制剂

免疫抑制剂主要对机体免疫功能具有非特异性的抑制作用，对各型过敏反应均有效，主要用于治疗顽固性外源性过敏反应性疾病、自身免疫病和器官移植等。这类药物主要有糖皮质激素类，如可的松、氢化可的松、泼尼松、地塞米松等。

三、过敏介质阻滞剂

这类药物主要有色甘酸钠、色羟丙钠、酮替芬（甲哌噻庚酮）等。主要用于治疗过敏性鼻炎、支气管哮喘、溃疡性结肠炎及过敏性皮炎等。

四、钙　剂

钙剂能增加毛细血管的致密度，降低通透性，从而减少渗出，减轻或缓解过敏症状。常用于治疗荨麻疹、湿疹、接触性皮炎、血清病及血管神经性水肿等过敏性疾病的辅助治疗。主要有葡萄糖酸钙、氯化钙等，通常采用静脉注射而起抗过敏作用，起效迅速。钙剂注射时有热感，宜缓慢推注，注射过快或剂量过大时，可引起心律失常，严重的可致心室颤动或心搏骤停。

第八节　激素类药

激素就是分泌腺或分泌细胞分泌入血，通过血液循环或组织液起传递信息作用，调节组织细胞的代谢活动，对机体生理过程起调节作用的化学物质。其影响人体的生理活动，是人们生命中的重要物质。激素的分泌均极微量，为毫微克（十亿分之一克）水平，但其调节作用均极明显。

激素类药物可以分为：糖皮质激素、肾上腺皮质激素、去甲肾上腺激素、孕激素、雌激素、雄激素等。该类药物常见使用方式：静脉使用、口服、外用及其他。常见剂型：注射粉针、水针、胶囊、片剂、霜剂、膏剂、气雾剂。

一、糖皮质激素类药

临床应用的糖皮质激素多为人工合成品，包括地塞米松、氢化可的松、泼尼松、泼尼松龙、倍他米松等，药理作用基本相似。

【药理作用】

糖皮质激素在生理剂量下主要影响物质代谢过程，药理剂量（超生理剂量）除影响物质代谢外，尚有抗炎、抗免疫和抗休克等药理作用。

1. 抗炎作用　本类药物具有强大的抗炎作用，对各种原因物理性、化学性、免疫性、感染性等所致的炎症均有抑制作用。炎症早期，能收缩血管，减少渗出，抑制白细胞浸润和吞噬反应等，从而改善红、肿、热、痛等症状；在炎症后期或慢性炎症，可抑制毛细血管和成纤维细胞的增生，延缓肉芽组织生成，防止粘连和瘢痕形成，减轻炎症后遗症。

2. 抗免疫作用　糖皮质激素对免疫过程的多个环节均有明显抑制作用。主要表现为抑制巨噬细胞对抗原的吞噬和处理，使致敏淋巴细胞破坏、解体，减少血中淋巴细胞数等。小剂量糖皮质激素主要抑制细胞免疫，大剂量可抑制 B 淋巴细胞转化成浆细胞，减少抗体生成，干扰体液免疫。糖皮质激素还可减少组胺、5-羟色胺、过敏性慢反应物质、缓激肽等过敏介质的产生，发挥抗过敏作用。

3. 抗毒素作用　提高机体对细菌内毒素的耐受力，减轻细胞损伤，缓解毒血症状，但不能中和或破坏内毒素，对细菌外毒素也无对抗作用。

4. 抗休克作用　本类药物有抗休克作用，与下列机制有关：①抗炎、抗免疫、抗毒素作用均有利于休克症状的控制、缓解；②稳定溶酶体膜，减少心肌抑制因子的形成，阻断了休克的恶性循环；③增加心肌收缩力，降低血管对某些缩血管活性物质的敏感性，解除小血管痉挛，改善微循环。

5. 其他作用

（1）血液与造血系统：可刺激骨髓造血功能，使红细胞、血红蛋白、血小板和中性粒细胞增多，但可使血液中淋巴细胞、单核细胞和嗜酸粒细胞计数明显减少。

（2）中枢神经系统：可提高中枢神经系统兴奋性，出现欣快、激动、失眠甚至产生精神失常，也可诱发儿童惊厥或癫痫样发作。

（3）骨骼：长期大剂量应用糖皮质激素类药物可致骨质疏松。

（4）消化系统：可促进胃酸和胃蛋白酶的分泌，促进消化，但大剂量可诱发或加重消化性溃疡。

知识链接

糖皮质激素对物质代谢的影响：①糖代谢，可增加肝、肌糖原含量，升高血糖。②蛋白质代谢，可促进肌肉、骨骼、皮肤等组织的蛋白质分解代谢，抑制蛋白质合成，造成负氮平衡。③脂肪代谢，促进脂肪分解，抑制其合成，久用能升高血中胆固醇含量，并使脂肪重新分布，形成向心性肥胖。④水和电解质代谢，长期大量应用可有排钠保钾作用，并可干扰钙磷代谢，导致骨骼脱钙，甚至骨质疏松等。

【适应证】

1. 严重感染 大剂量突击给药可用于中毒性感染或同时伴有休克者，如中毒性菌痢、暴发型流行性脑膜炎、中毒性肺炎、急性粟粒性肺结核、猩红热、败血症等急性严重感染。帮助患者度过危险期。

2. 炎症及预防炎症后遗症 脑膜炎、胸膜炎、心包炎、风湿性心瓣膜炎、损伤性关节炎、烧伤后瘢痕挛缩、虹膜炎、角膜炎、视神经炎和视网膜炎等疾病早期应用本类药可减少炎性物渗出，减轻愈合过程中纤维组织过度增生及粘连，减轻或防止后遗症的发生。

3. 自身免疫性疾病和过敏性疾病 可治疗自身免疫性疾病，如严重风湿热、风湿性心肌炎、风湿性及类风湿关节炎、系统性红斑狼疮、肾病综合征和自身免疫性贫血等，应用糖皮质激素可以明显缓解症状；也适用于多种过敏性疾病，如荨麻疹、血管神经性水肿、过敏性鼻炎、顽固性支气管哮喘和过敏性休克等；对异体器官移植手术后的排异反应，也可使用糖皮质激素预防。

4. 休克 大剂量可用于各种休克的治疗。对感染中毒性休克，在足量有效的抗菌药物治疗下，可早期、大剂量、短程突击使用糖皮质激素；对过敏性休克，可与首选药肾上腺素合用。

5. 血液系统疾病 可用于急性淋巴细胞性白血病、再生障碍性贫血、粒细胞缺乏症、血小板减少症和过敏性紫癜等的治疗，但疗效不一，停药后易复发。

6. 局部应用 对常见的皮肤病，如接触性皮炎、湿疹、银屑病等均有效，宜选用氟氢可的松、氟轻松等局部用药，严重病例仍需全身用药；局部应用于眼部炎症的治疗；鼻腔局部应用可治疗变态反应性鼻炎、鼻息肉、鼻窦炎等。

7. 替代疗法 适用于急慢性肾上腺皮质功能不全、脑垂体功能减退症和肾上腺次全切除术后的治疗。

【不良反应】

1. 长期大剂量应用引起的不良反应

(1) 医源性肾上腺皮质功能进症：这是过量激素导致脂肪代谢和水盐代谢紊乱的结果。主要表现为满月脸、水牛背、向心性肥胖、痤疮、多毛、皮肤变薄、水肿、高血压、高血脂、低血钾、糖尿、骨质疏松、肌无力和肌萎缩等症状，停药后一般可自行恢复正常。

(2) 诱发或加重感染：长期应用糖皮质激素可降低机体防御功能而诱发感染或使体内潜在病灶扩散，如真菌、病毒感染、结核病灶扩散恶化，特别是在原有疾病已使机体抵抗力降低时更易发生，应高度重视。

(3) 消化系统并发症：本类药物可促进胃酸及胃蛋白酶分泌，诱发或加重胃、十二指肠溃疡。

(4) 心血管系统并发症：长期应用本类药物，由于水钠潴留和血脂升高，可诱发高血压和动脉粥样硬化。

(5) 骨质疏松、肌肉萎缩、伤口愈合迟缓：骨质疏松多见于老人、儿童和绝经期妇女，严重者可发生自发性骨折；因本类药物可抑制生长激素的分泌和造成负氮平衡，可影响儿童的生长发育。

(6) 其他本类药物可诱发白内障、青光眼，长期应用时应定期进行眼科检查。尚可诱发或加重精神病或癫痫。

2. 停药反应

(1) 医源性肾上腺皮质功能不全：长期大剂量使用本类药物，引起肾上腺皮质萎缩，分泌的内源性糖皮质激素减少。若减量过快或骤然停药，可出现恶心、呕吐、食欲缺乏、乏力、低血糖、低血压甚至休克，需及时抢救。故长期应用糖皮质激素应逐渐减量、缓慢停药。

(2) 反跳现象：长期用药患者对糖皮质激素产生了依赖性或病情尚未完全控制，减量太快或突然停药可出现反跳现象而使原病复发或加重。

活动性肺结核、活动性消化性溃疡、角膜溃疡、严重高血压、糖尿病、药物不能控制的病毒感染(如麻疹、水痘等)和真菌感染、肾上腺皮质功能亢进症、严重的精神病和癫痫、妊娠早期妇女等禁用。

【典型制剂】

(1) 醋酸可的松片：5mg/片、25mg/片；醋酸可的松注射液：50mg/2ml、125mg/5ml、250mg/10ml；醋酸可的松滴眼液：15mg/3ml；醋酸可的松眼膏：0.005g/1g、0.025g/1g。

(2) 氢化可的松片：4mg/片、10mg/片、20mg/片；氢化可的松注射液：10mg/2ml、25mg/5ml、50mg/10ml、100mg/20ml；醋酸氢化可的松眼膏：0.5%；醋酸氢化可的松乳膏：25mg/10g、50mg/10g、100mg/10g。

(3) 醋酸泼尼松片：5mg/片。

(4) 泼尼松龙片：5mg/片；泼尼松龙磷酸钠注射液：20mg/1ml。

(5) 地塞米松片：0.75mg/片；地塞米松磷酸钠注射剂：1mg/1ml、2mg/1ml、5mg/lml；地塞米松软膏或乳膏：0.05%~0.1%。

(6) 丙酸倍氯米松气雾剂：10mg(200 揿，每揿 50μg)、50mg(200 揿，每揿 250μg)；丙酸倍氯米松软膏：0.025%。

(7) 曲安奈德注射剂：5mg/1ml、10mg/1ml、40mg/1ml、80mg/2ml；曲安奈德气雾剂：0.147mg/1g；曲安奈德软膏、乳膏、滴眼剂：0.025%、0.1%、0.5%；曲安奈德洗剂：0.025%、0.1%。

(8) 曲安西龙片：1mg/片、2mg/片、4mg/片；曲安西龙注射液：125mg/5ml、200mg/5ml。

(9) 醋酸氟轻松软膏：0.025%(2.5mg/10g)、0.01%(10mg/10g)。

二、甲状腺激素及抗甲状腺药物

甲状腺激素是由甲状腺合成分泌的激素，是维持机体正常代谢和促进生长发育所必需的激素。甲状腺激素分泌过多或过少均可引起疾病，分泌过少可引起甲状腺功能低下综合征(简称甲低)，需补充甲状腺激素；分泌过多则引起甲状腺功能亢进综合征(简称甲亢)，是多种原因导致的一种代谢紊乱综合征，可用抗甲状腺药物治疗。

（一）甲状腺激素

甲状腺激素主要包括甲状腺素（T_4）和三碘甲状腺原氨酸（T_3）。

【作用与适应证】 其作用如下所述。

1. 维持正常生长发育 适量的甲状腺素促进蛋白质合成、骨骼生长及神经系统的发育。如甲状腺功能低下时，可导致婴幼儿智力低下、身材矮小的呆小病；成人则引起黏液性水肿。

2. 促进代谢 加速物质氧化，增加组织器官耗氧量，提高基础代谢率，使产热增多。

其适应证如下所述。

1. 呆小病 对婴幼儿的治疗越早效果越明显；若治疗过晚，仅能使躯体发育基本正常，但智力仍然低下。治疗应从小剂量开始，逐步增加剂量。

2. 黏液性水肿 一般口服甲状腺片，从小剂量开始，逐步增大至足量。可以消除水肿、脉搏缓慢、困倦乏力等症状。

3. 单纯性甲状腺肿 俗称“大脖子病”，以食用含碘食盐预防为主，也可适量补充本类药物弥补体内甲状腺激素的不足。

【不良反应】 过量可引起甲状腺功能亢进症的临床表现，如心悸、怕热、多汗、震颤、失眠、消瘦等，重者出现发热、呕吐、腹泻、脉搏快而不规则。服用甲状腺激素期间不宜服用碘，以免诱发甲状腺功能亢进症。

（二）抗甲状腺药

目前常用的治疗甲状腺功能亢进症（甲亢）的药物有硫脲类、碘及碘化物及β受体阻断药四类。

1. 硫脲类药 硫脲类是最常用的抗甲状腺药。分为两类：硫氧嘧啶类，包括甲硫氧嘧啶、丙硫氧嘧啶；咪唑类，包括甲巯咪唑（他巴唑），卡比马唑（甲亢平）。

【作用与适应证】 其作用如下所述。

（1）抑制甲状腺激素的合成，通过抑制过氧化物酶介导的酪氨酸碘化及耦联，使甲状腺激素的合成受阻。但对已合成的甲状腺激素无效。

（2）抑制外周组织 T_4 转化为 T_3，故在重症甲亢、甲状腺危象时，该药可列为首选。

其适应证如下所述。

（1）甲亢的内科治疗：适用于轻症、不宜手术或放射性碘治疗的患者，疗程 1~2 年。

（2）甲亢术前准备：手术前服用硫脲类药物至患者甲状腺功能恢复或接近正常水平，以减少手术并发症，防止甲状腺危象的发生。在手术前两周加服大剂量的碘剂，使腺体缩小变硬，减少术中出血。

（3）甲状腺危象的辅助治疗：除对症治疗外，应使用大剂量碘剂以抑制甲状腺激素释放并立即用硫脲类药物阻止甲状腺素合成。

【不良反应】

（1）过敏反应：最常见，多为皮肤瘙痒、发热、药疹等，一般不需停药，可自行消失。

（2）粒细胞缺乏症：多在治疗后的 2~3 个月发生，用药期间应定期检查血常规，如出现咽痛、发热、肌痛等症状，应立即停药并进行白细胞计数等相关检查。

（3）甲状腺肿和甲状腺功能减退症：长期用药可反馈性地引起腺体代偿性增生、腺体增大、充血，甲状腺功能减退，故应定期复查，及时调整药量。

(4) 其他:消化道反应,如恶心、呕吐、腹痛等;还可引起头痛、关节痛等症状。

妊娠妇女慎用,哺乳期妇女禁用。结节性甲状腺肿合并甲亢、甲状腺癌等患者禁用。

2. 碘和碘化物药 碘和碘化物是治疗甲状腺病最古老的药物,不同剂量的碘化物对甲状腺功能可产生两种不同的作用。

【作用与适应证】 其作用如下所述。

(1) 促进甲状腺激素的合成:小剂量碘是合成甲状腺激素的原料,可防治单纯性甲状腺肿。

(2) 抗甲状腺作用:大剂量碘可阻止甲状腺激素的释放;并可抑制过氧化物酶而减少甲状腺激素的合成;此外,还可抑制腺垂体分泌促甲状腺激素,使甲状腺组织退化,腺体缩小变韧,有利于手术进行及减少出血。

其适应证如下所述。

(1) 防治单纯性甲状腺肿:食用含碘食盐可有效防止发病,早期患者可用复方碘溶液或碘化钾,但对晚期患者疗效差。

(2) 甲亢的手术前准备:在用硫脲类药物控制症状的基础上,术前两周加用大剂量碘制剂,使腺体缩小变硬,血管减少,有利于手术进行及减少出血。

(3) 甲状腺危象的治疗:静脉滴注大剂量碘剂迅速改善症状,同时应用大剂量硫脲类药物和采取其他综合措施。

【不良反应】

(1) 过敏反应:少数对碘过敏者,可于用药后立即或几小时后发生,主要表现为发热、皮疹,严重者甚至出现喉头水肿引起窒息。停药后可消退,加服食盐或大量饮水可促进碘的排泄,必要时采取抗过敏治疗。对碘过敏者禁用。

(2) 慢性碘中毒:表现为口腔及咽喉烧灼感、口内铜腥味、唾液分泌增多、呼吸道刺激症状等,停药后可消失。

(3) 甲状腺功能紊乱:长期服用碘化物可诱发甲亢。碘还可通过胎盘并进入乳汁引起新生儿甲状腺肿,故孕妇及哺乳期妇女应慎用。

【药物商品】 复方碘溶液碘5%、碘化钾10%。碘注射液:2ml中含碘0.1g、碘化钾0.2g。碘化油颗粒:0.1g/袋(按含碘量计算)。碘化油胶丸:0.1g/粒、0.2g/粒(按含碘量计算)。碘酸钾片:0.3mg/片(含碘177.9μg)、0.4mg/片(含碘237.2μg)。碘酸钾颗粒:0.15mg/袋(含碘88.95μg)。

第九节 感冒用药

感冒是最常见的疾病,一年四季皆可发病,冬春季较多。主要表现为打喷嚏、鼻塞、流鼻涕、咽干、咽痛、咳嗽、声音嘶哑等,全身表现有头痛、浑身酸痛、疲乏无力、食欲缺乏等症状。诱因有受寒、淋雨、过度疲劳、营养不良等。感冒又称上呼吸道感染,是包括鼻腔、咽或喉部急性炎症的总称,总体上分为普通感冒和流行感冒。普通感冒,中医又称"伤风",是由多种病毒引起的一种呼吸道常见病;流行性感冒,简称流感,是一种由流感病毒引致的疾病,传染性极高,可以短时间内在大范围人群中流行,流感流行常见于冬、春季。病毒存在于患者的呼吸道中,在患者咳嗽、打喷嚏时经飞沫传染给别人。感冒是一种自愈性疾病,病程一般为3~7天,通常感冒用药5~7天即可,抗生素类药一般用药5

天左右。感冒用药应根据不同类型的感冒选择合适的药物，避免误用或重复使用。季节不同，感冒的原因不同，出现的症状不同，用药自然也就有不同。

感冒药的治疗作用旨在解除鼻黏膜充血，缓解鼻腔中毛细血管的肿胀而减轻鼻塞感，减少鼻分泌物。此外还有助于保持咽鼓管和窦口畅通，从而防止继发感染。由于感冒发病急促，症状复杂多样，因而至今没有一种药物能解决所有这些问题，因此，治疗感冒药多采用复方制剂。抗感冒药大多是复合制剂，含有多种成分。

感冒药常用复方制剂的组方搭配如下所述。

（1）解热镇痛药：退热和缓解头痛、关节痛等症状，如阿司匹林、对乙酰氨基酚、双氯芬酸等。

（2）鼻黏膜血管收缩药：减轻鼻窦、鼻腔黏膜血管充血，解除鼻塞症状，如苯丙醇胺、伪麻黄碱。

（3）组胺拮抗剂：使上呼吸道的分泌物干燥和变稠，减少打喷嚏和鼻溢液，同时具有轻微的镇静作用，如氯苯那敏（扑尔敏）和苯海拉明等。

（4）中枢兴奋药：有些制剂中含有咖啡因，一是为了加强解热镇痛药的疗效，二是抵消抗组胺药所引起的嗜睡作用。

（5）抗病毒药：抑制病毒合成核酸和蛋白质，并抑制病毒从细胞中释放，如金刚烷胺、吗啉胍。

一、感冒常用药品

（一）酚麻美敏片

【别名】 泰诺。

【有效成分】 含对乙酰氨基酚 325mg、盐酸伪麻黄碱 30mg、氢溴酸右美沙芬 15mg、马来酸氯苯那敏 2mg。

【作用与适应证】 本品中对乙酰氨基酚能抑制前列腺素的合成而产生解热镇痛作用。口服后自胃肠道吸收，0.5～2h 血药浓度可达峰值，作用持续 3～4h。盐酸伪麻黄碱能选择性收缩上呼吸道血管，消除鼻咽部黏膜充血，减轻鼻塞、流涕、打喷嚏等症状。氢溴酸右美沙芬能抑制咳嗽中枢而产生镇咳作用，口服后 30min 起效，作用持续 6h。马来酸氯苯那敏为抗组胺药，可消除或减轻感冒所致的流泪、流涕、喷嚏等过敏症状，口服后 15～60min 起效，作用可维持 4～6h。

适应证为本品用于治疗和减轻普通感冒或流行性感冒引起的发热、头痛、四肢酸痛、喷嚏、流鼻涕、鼻塞、咳嗽、咽痛等症状。

【不良反应】 有时有轻度头晕、思睡、多汗、乏力、恶心、上腹不适、口干、食欲缺乏、皮疹等，可自行恢复。

【用药指导】 ①服用本品期间不得饮酒或含有酒精的饮料。②儿童用量酌减。③孕妇及哺乳期妇女慎用。④肝、肾功能不全者慎用。⑤运动员慎用。⑥服药期间不得驾驶机动车、船，从事高空作业、机械作业及操作精密仪器。⑦对本品过敏者禁用，过敏体质者慎用。⑧与其他解热镇痛药同用，可增加肾毒性的危险。⑨不宜与镇静药、催眠药、氯霉素、巴比妥类、解痉药、酚妥拉明、洋地黄苷类并用。

【用法用量】 成人和 12 岁以上儿童，一次 1～2 片，每 6h 服 1 次。24h 内不超过 4 次。

【储存】 储藏遮光,密封保存。

(二)氨酚伪麻美芬片Ⅱ/氨麻苯美片

【别名】 白加黑。

【性状】 本品为薄膜衣片。日用片为白色,夜用片为黑色。

【有效成分】 日用片每片含主要成分对乙酰氨基酚325mg、盐酸伪麻黄碱30mg、无水氢溴酸右美沙芬15mg。夜用片每片含主要成分对乙酰氨基酚325mg、盐酸伪麻黄碱30mg、无水氢溴酸右美沙芬15mg、盐酸苯海拉明25mg。

【作用与适应证】 本品为解热镇痛、镇咳及减轻鼻黏膜充血药。本复方中的对乙酰氨基酚具有解热镇痛作用;盐酸伪麻黄碱具有选择性收缩上呼吸道黏膜毛细血管作用,可减轻鼻咽部黏膜充血、缓解鼻塞症状;氢溴酸右美沙芬具有中枢性镇咳作用,但无成瘾性;盐酸苯海拉明有阻断组胺(H_1)受体作用,可对抗组胺引起的微血管扩张和毛细血管通透性增加并具有较强的镇静作用。日用片服用后不会引起嗜睡;夜用片含适量的盐酸苯海拉明,可有助于患者睡眠。

本品适用于治疗和减轻感冒引起的发热、头痛、周身四肢酸痛、喷嚏、流涕、鼻塞、咳嗽等症状。

【用法用量】 一次1~2片,一日3次(早、中各1~2白片,夜晚1~2片黑片)。儿童遵医嘱。

【不良反应】 有时有轻度头晕、乏力、恶心、上腹不适、口干和食欲缺乏等,可自行恢复。

【用药指导】 ①每日服用白片与黑片的总量不宜超过8片,每次服用间隔不宜小于6h;②用药期间可能引起头晕、嗜睡,故服药期间不宜驾车或高空作业、操纵机器;③饮酒、服镇痛剂、镇静剂会加重嗜睡;④孕妇及哺乳期妇女需慎用;⑤咳嗽或其他症状在服药后一周内未改善、加重或复发者慎用;⑥伴有原发性高血压、心脏病、糖尿病、甲亢、青光眼、前列腺肥大引起排尿困难、肺气肿患者;因吸烟、肺气肿、哮喘引起的慢性咳嗽及痰多黏稠患者慎用;⑦肝肾功能不全者慎用;⑧避免同时服用降压药、抗抑郁药、单胺氧化酶抑制剂及饮酒;对其中任一种成分的药物有过敏史者禁用。

【储存】 密封,遮光,在干燥处保存。

(三)氨酚伪麻美芬片(日片)/氨麻美敏片Ⅱ(夜片)

【别名】 日夜百服咛。

【性状】 本品日片为深橙色薄膜衣片。夜片为浅蓝色薄膜衣片。

【有效成分】 日片:每片含对乙酰氨基酚500mg,氢溴酸右美沙芬15mg,盐酸伪麻黄碱30mg。夜片:每片含对乙酰氨基酚500mg,氢溴酸右美沙芬15mg,盐酸伪麻黄碱30mg,马来酸氯苯那敏2mg。

【作用与适应证】 本品中对乙酰氨基酚能抑制前列腺素合成,具有解热镇痛作用;盐酸伪麻黄碱能收缩上呼吸道血管,消除鼻黏膜充血,减轻鼻塞、流涕;氢溴酸右美沙芬能抑制咳嗽中枢而产生镇咳作用;马来酸氯苯那敏为抗组胺药,可消除或减轻因感冒引起的流泪、流涕、喷嚏等过敏症状,并有镇静作用。日片无嗜睡,夜片能进一步减轻由于感冒引起的各种不适,并使患者安睡。

本品用于缓解普通感冒和流行性感冒引起的发热、头痛、四肢酸痛,喷嚏、流涕、鼻塞、咳嗽、咽痛等症状。

【用法用量】 日片：成人和12岁以上儿童白天每6h服药1次，每次1片。夜片：成人和12岁以上儿童夜晚或临睡前服1片。

【不良反应】 有时有轻度头晕、乏力、恶心、上腹不适、口干、食欲缺乏和皮疹等，可自行恢复。

【用药指导】 ①日片，每日剂量不超过3片，夜片不超过1片，每次服药的时间间隔不少于6h，疗程不超过3~7日；②对本品或其他抗感冒药过敏者禁用；③服药期间禁止饮酒；④不能同时服用含有与本品组分相似的其他抗感冒药；⑤孕妇及哺乳期妇女慎用；⑥肝肾功能不全者慎用；⑦夜用片服用后，不得驾车、船、飞机、操作机器设备及高空作业；⑧与其他解热镇痛药同用，可增加肾毒性的危险；⑨不宜与氯霉素、巴比妥类、解痉药、酚妥拉明、洋地黄苷类并用。

【储存】 密封，遮光，在干燥处保存。

（四）复方氨酚烷胺片

【别名】 感康。

【有效成分】 每片含对乙酰氨基酚250mg，盐酸金刚烷胺100mg，人工牛黄10mg，咖啡因15mg，马来酸氯苯那敏2mg。

【作用与适应证】 对乙酰氨基酚能抑制前列腺素合成，有解热镇痛的作用；金刚烷胺可抗流感病毒，抑制病毒繁殖；咖啡因为中枢兴奋药，能增强对乙酰氨基酚的解热镇痛效果，并能减轻其他药物所致的嗜睡、头晕等中枢抑制作用；马来酸氯苯那敏为抗过敏药，能减轻流涕、鼻塞、打喷嚏等症状；人工牛黄具有解热、镇惊作用。

适用于缓解普通感冒及流行性感冒引起的发热、头痛、四肢酸痛、打喷嚏、流鼻涕、鼻塞、咽痛等症状。

【用法用量】 成人，一次1片，一日2次。

【不良反应】 有时有轻度头晕、乏力、恶心、上腹不适、口干、食欲缺乏和皮疹等，可自行恢复。

【用药指导】 ①用药3~7日，症状未缓解，应停用；②服用期间不得饮酒或含有酒精的饮料；③不能同时服用与本品成分相似的其他抗感冒药；④肝功能不全、肾功能不全、脑血管病史、精神病史或癫痫病史患者慎用；⑤孕妇及哺乳期妇女慎用；⑥服药期间不得驾驶机动车、船，从事高空作业、机械作业及操作精密仪器；⑦对本品过敏者禁用，过敏体质者慎用；⑧与其他解热镇痛药同用，可增加肾毒性的危险；⑨不宜与氯霉素、巴比妥类（如苯巴比妥）等并用；如与其他药物同时使用可能会发生药物相互作用；严重肝肾功能不全者禁用。

【储存】 储藏密闭，在阴凉干燥处保存。有效期36个月。

（五）美扑伪麻片

【别名】 新康泰克。

【有效成分】 本品为复方制剂，其组分为：对乙酰氨基酚500mg，氢溴酸右美沙芬15mg，盐酸伪麻黄碱30mg，马来酸氯苯那敏2mg。

【作用与适应证】 本品中对乙酰氨基酚能抑制前列腺素合成，具有解热镇痛作用；盐酸伪麻黄碱能选择性收缩上呼吸道血管，消除鼻黏膜充血，减轻鼻塞、流涕、打喷嚏等症状;氢溴酸右美沙芬能抑制咳嗽中枢而产生镇咳作用;马来酸氯苯那敏为抗组胺药,可消除或减轻因感冒引起的流泪、流涕、喷嚏等过敏症状。

本品用于急性上呼吸道感染,流行性感冒,消除和减轻感冒及流感引起的发热、头痛、周身四肢酸痛、喷嚏、流涕、鼻塞、咳嗽、咽痛等症状。

【用法用量】 成人和12岁以上儿童每6h服一次,一次1~2片。口服。

【不良反应】 主要为嗜睡、口干、偶有胃部不适、腹泻、头晕、乏力、恶心、多汗和食欲缺乏等,可自行恢复。

【用药指导】 ①每日全部剂量不可超过8片,每次服用间隔不宜少于6h;②下列情况者慎用:伴有高血压、心脏并哮喘、糖尿并精神抑郁症、甲状腺疾病并青光眼、前列腺肥大引起排尿困难、呼吸困难、肺气肿患者;③服药期间可引起头昏、嗜睡,故不宜驾车、高空作业及操纵机器;④饮酒及服用镇静药会加重嗜睡症状;⑤与其他解热镇痛药同用,可增加肾毒性的危险;⑥不宜与氯霉素、巴比妥类、解痉药、酚妥拉明、洋地黄苷类并用。

对伪麻黄碱、抗组胺药、对乙酰氨基酚或氢溴酸右美沙芬过敏者禁用。

【储存】 储藏密闭,在阴凉干燥处保存。

(六)酚咖片

【别名】 芬必得。

【有效成分】 本品为复方制剂,每片含主要成分为对乙酰氨基酚500mg和咖啡因65mg。

【作用与适应证】 本品含有对乙酰氨基酚能抑制前列腺素的合成而产生解热镇痛作用;咖啡因为中枢兴奋药,由于它能够收缩脑血管,减轻其搏动的幅度,故与解热镇痛药配伍能增强镇痛效果。

适应证为用于普通感冒或流行性感冒引起的发热。也用于缓解轻至中度疼痛,如头痛、偏头痛、牙痛、神经痛、肌肉痛、痛经及关节痛等。

【用法用量】 用法用量口服。成人一次1片,若症状不缓解,间隔4~6h可重复用药一次,24h内不超过4次。

【不良反应】 不良反应较少,对胃无刺激性,不引起胃出血,偶见皮疹、荨麻疹、药热及白细胞减少等不良反应,长期大量用药会导致肝、肾功能异常。

【用药指导】 应用巴比妥类(如苯巴比妥)或解痉药(如颠茄)的患者,长期应用本品可致肝损害;本品与氯霉素同服,可增强后者的毒性;长期大量与阿司匹林或其他非甾体抗炎药合用时,有明显增加肾毒性的危险;与抗病毒药齐多夫定合用时,可增加其毒性,应避免同时应用。禁忌严重肝肾功能不全者禁用。

【注意事项】 ①本品为对症治疗药,用于解热连续应用不得超过3日,用于止痛不得超过5日;②不能同时服用含有对乙酰氨基酚及其他解热镇痛药的药品(如某些复方抗感冒药);③肝肾功能不全患者、老年患者慎用;④对阿司匹林过敏者慎用;⑤服用本品期禁止饮酒或含有酒精的饮料。

【储存】 储藏遮光,密封保存。有效期24个月。

(七)氨咖黄敏胶囊

【别名】 速效伤风胶囊。

【性状】 性状本品为胶囊剂,内容物为着色混合颗粒。

【有效成分】 本品为复方制剂,每粒含对乙酰氨基酚250mg,咖啡因15mg,马来酸氯苯那敏1mg,人工牛黄10mg。

【作用与适应证】 本品中对乙酰氨基酚能抑制前列腺素合成,有解热镇痛作用;咖啡因为中枢兴奋药,能增强对乙酰氨基酚的解热镇痛效果,并减轻其他药物所致的嗜睡、头晕等中枢抑制作用;马来酸氯苯那敏为抗组胺药,能减轻流涕、鼻塞、打喷嚏症状;人工牛黄具有解热、镇惊作用。

适应证为适用于缓解普通感冒及流行性感冒引起的发热、头痛、四肢酸痛、打喷嚏、流鼻涕、鼻塞、咽痛等症状。

【用法用量】 成人,一次1~2粒,一日3次。

【不良反应】 有时有轻度头晕、乏力、恶心、上腹不适、口干、食欲缺乏和皮疹等,可自行恢复。

【用药指导】 本品不应与含有酒精的饮料、巴比妥类、苯妥英钠及氯霉素同服;长期服用本品或与其他解热镇痛药同服有增加肾毒性之危险;严重肝肾功能不全者禁用。

【注意事项】 ①用药3~7日,症状未缓解,应停用;②服用本品期间不得饮酒或含有酒精的饮料;③肝、肾功能不全者慎用;④孕妇及哺乳期妇女慎用;⑤服药期间不得驾驶机动车、船,从事高空作业、机械作业及操作精密仪器;⑥对本品过敏者禁用,过敏体质者慎用;⑦孕妇及哺乳期妇女慎用。

【储存】 储藏密封、干燥处保存。有效期24个月。

(八) 氯芬黄敏片

【别名】 感冒通片。

【有效成分】 每片含双氯芬酸钠15mg,人工牛黄15mg,马来酸氯苯那敏2.5mg。

【作用与适应证】 本品中双氯芬酸钠抑制环氧化酶活性,从而抑制前列腺素合成,具有消炎镇痛作用。马来酸氯苯那敏通过抗组胺,而抗过敏反应,尚有中枢抑制作用。人工牛黄具有解热、镇痛、镇静、抗炎等作用。

【用法用量】 一次1~2片,一日3次或遵医嘱。口服。

【不良反应】 用药后发生儿童血尿的病例报道较多;其次为胃不适,烧灼感;此外尚有头痛、头晕、嗜睡,以及皮疹、心悸、胸闷、咽喉痛等不良反应。

【用药指导】 ①对双氯芬酸钠、马来酸氯苯那敏过敏者禁用;②新生儿或早产儿禁用;③肝肾功能不全者禁用;④孕妇及哺乳期妇女用药不宜服用;⑤有肝、肾功能损害或溃疡病史者慎用,尤其是老年人;⑥下列情况应慎用:膀胱颈部梗阻、幽门十二指肠梗阻、心血管疾病、青光眼、高血压等;⑦驾驶机动车辆、操作机械及高空作业者不宜服用;⑧儿童慎用;⑨本品与阿司匹林或其他水杨酸类药同用时,胃肠道不良反应及出血倾向发生率增高。

【储存】 储藏密封保存(10~30℃)。有效期36个月。

(九) 对乙酰氨基酚片

【别名】 必理通。

【有效成分】 每片含主要成分对乙酰氨基酚0.5g。

【作用与适应证】 本品能抑制前列腺素的合成,具有解热、镇痛作用。

用于普通感冒或流行性感冒引起的发热,也用于缓解轻至中度疼痛如头痛、关节痛、偏头痛、牙痛、肌肉痛、神经痛、痛经。

【用法用量】 6~12岁儿童，一次0.5片；12岁以上儿童及成人一次1片，若持续发热或疼痛，可间隔4~6h重复用药一次，24h内不得超过4次。

【不良反应】 偶见皮疹、荨麻疹、药热及粒细胞减少。长期大量用药会导致肝肾功能异常。

【用药指导】 应用巴比妥类（如苯巴比妥）或解痉药（如颠茄）的患者，长期应用本品可致肝损害；与氯霉素同服，可增强后者的毒性；严重肝肾功能不全者禁用。

【注意事项】 ①本品为对症治疗药，用于解热连续使用不超过3日，用于止痛不超过5日；②对阿司匹林过敏者慎用；③不能同时服用其他含有解热镇痛药的药品（如某些复方抗感冒药）；④肝肾功能不全者慎用；⑤孕妇及哺乳期妇女慎用；⑥服用本品期间不得饮酒或含有酒精的饮料；⑦对本品过敏者禁用，过敏体质者慎用。

【储存】 储藏密封保存。有效期30个月。

（十）复方氨酚肾素片

【别名】 幸福科达琳。

【有效成分】 本品为复方制剂，其组分为：对乙酰氨基酚250mg，无水咖啡因30mg，盐酸去氧肾上腺素5mg，马来酸氯苯那敏2mg，维生素B_1 3mg。

【作用与适应证】 本品中对乙酰氨酚能抑制前列腺素的合成，具有解热外镇痛作用；无水咖啡兴奋大脑皮质，振奋精神，能加强其解热镇痛作用；盐酸去氧肾上腺素直接刺激α-肾上腺能受体，选择性收缩上呼吸道毛细血管，消除鼻咽部黏膜充血，减轻鼻塞症状的作用；马来酸氯苯那敏对抗组胺，降低毛细血管通透性，减轻流泪、打喷嚏、流涕等过敏症状；维生素B_1促进碳水化合物的代谢，维持心脏、神经和消化系统的正常功能。

暂时缓解普通感冒、流行性感冒和枯草热或其他上呼吸道变态反应引起之喷嚏、流鼻涕、鼻塞、头痛、发热、肌肉酸痛。

【用法用量】 成人及12岁以上儿童，每次服2片，每4h服一次，每日（24h）不可超过4次，或遵医嘱。宜在餐后服药，服后宜多饮开水。

【不良反应】 轻度嗜睡、偶有头晕、困倦、口干、恶心、多汗、皮疹。

【用药指导】 本品与其他解热镇痛药同用，可增加肝毒性的危险；不宜与氯霉素、巴比妥类、抗惊厥药、酚妥拉明、洋地黄苷并用；对本品中任一组分过敏者禁用；驾驶机动车、操作机器及高空作业者工作时间禁用。

【注意事项】 ①本品一日剂量不得超过4次，疗程不超过7日；②服用本品期间禁止饮酒；③不能同时服用含有与本品成分相似的其他抗感冒药；④肝、肾功能不全者慎用；⑤孕妇及哺乳期妇女用药慎用。

【储存】 储藏密封保存。

二、感冒用药方法与注意事项

（一）不同感冒症状的用药方法

（1）对于只表现为鼻塞、打喷嚏、流鼻涕、流眼泪等感冒初期症状的患者，可以选用含有抗过敏和缩血管成分的感冒药，如美扑伪麻片、氨酚伪麻美芬片Ⅱ/氨麻苯美片、复方氨酚烷胺片等。

(2) 只是单纯的发热、头痛而没有其他症状的患者，可选用只有解热镇痛成分的单方制剂，如对乙酰氨基酚片、对乙酰氨基酚缓释片(泰诺林)等。

(3) 在头痛、发热、全身不适症状基础上还伴有鼻塞、打喷嚏、流鼻涕等感冒症状的患者，可选择含有解热镇痛成分、抗过敏成分、缩血管成分的药物，如酚麻美敏片、氨咖黄敏胶囊等。

(4) 对伴有刺激性干咳的患者，则需要选用含有镇咳成分的感冒药物，如酚麻美敏片、氨酚伪麻美芬片Ⅱ/氨麻苯美片、氨酚伪麻美芬片(日片)/氨麻美敏片Ⅱ(夜片)等。

(5) 病毒性感冒则可选用含有抗病毒成分的感冒药如复方氨酚烷胺片、复方氨酚烷胺胶囊(快克)等。

(二) 感冒用药的注意事项

感冒出现发热是人体免疫系统对付入侵病毒或细菌的一种手段。因此从某种程度上说，发热并非坏事。若患了感冒立即使用退热药、速效感冒药，这是不正确的。所以正确的做法是当体温过高(超过 38℃)时，再适当使用退热药。感冒的自然病程为 7~10 日，不可滥用速效药物，例如，静脉滴注抗菌类或抗病毒类药物，会引起体温骤降、大量出汗，导致体液丧失等不良后果，过后容易反复。但一般感冒引起的咳嗽由病毒引起，不必服抗生素，否则会破坏身体内菌群平衡，呼吸道感染由细菌引起的才能使用抗生素。国外学者研究认为，感冒大多不是药物治愈，而是自愈。因而研究者提出，对待感冒的最好办法是卧床休息，大量饮水，适当服用退热冲剂，以减轻病痛，一般 1 周左右便会自然痊愈。对久咳不愈者，如果证实没有细菌感染，血常规不高，可以用一些抗过敏药，减轻气道反应。

有的患者一见病情好转就立即停药，害怕药物有不良反应，这是不可取的。虽然表面上看症状缓解，但此时如不继续用药，体内那些未被杀死的细菌就会起死回生，不但可能导致细菌耐药，还会使并发症加重。当头痛、流涕、咳嗽症状完全消除，体温恢复正常后，才可停服感冒药。

有些情况不宜用感冒药，如含抗组胺成分的感冒药可使人嗜睡，司机和需要进行高空作业的感冒患者，刚服过药不要工作；十二指肠溃疡患者、孕妇不宜使用含有解热镇痛成分的感冒药；而甲亢、冠心病及糖尿病患者应慎用或禁用含血管收缩成分的感冒药等。还有若同时服用多种感冒药，易致成分过量，损害肝肾。另外服药期间不能饮酒，因为乙醇可以增加某些药物的肝毒性。

小儿用感冒药要特别慎重，含有扑热息痛的抗感冒药，3 岁以下小儿最好不用，可引起肾脏、肝脏的损害，其毒性代谢产物也可影响骨髓造血系统。婴幼儿高热时使用复方阿司匹林，容易诱发惊厥，甚至会出现黄疸。老年人及心脏病、高血压、甲亢、青光眼、前列腺肥大等患者，要谨慎使用含有伪麻黄碱的感冒药。

流行性感冒是传染性很强的呼吸道传染病，人们在流感流行时外出应戴口罩，室内宜勤开窗户通风，衣服被褥宜常洗晒，流感患者应卧床休息，给予易消化吸收的食物，多饮水。

第十节 外用药品

皮肤作为人体的第一道生理防线和最大的器官，具备多种生理保护功能，如屏障作用、感觉作用、调节体温、吸收作用、分泌和排泄作用等，时刻参与着机体的功能活动，维持着机体和自然环境的对立统一，在维护机体的健康，起到十分重要的作用，机体的任何异常情况也可以在皮肤表面反映出来。

皮肤病是有关皮肤的疾病，是严重影响人民健康的常见病、多发病之一，以皮肤感染病与过敏性皮肤炎占大部分。皮肤病是皮肤（包括毛发和指甲）受到内外因素的影响后，其形态、结构和功能均发生变化，产生病理过程，并相应的产生各种表现。

皮肤用药是指具有消毒杀菌，溶解角质，使蛋白变性，降低细胞通透性及限制炎症发展作用的药物。主要治疗皮肤局部或体表特定部位的真菌感染、细菌感染、病毒感染、寄生虫感染、过敏皮炎等。下面介绍典型的常见皮肤外用软膏剂。

1. 硝酸咪康唑乳膏

【别名】 达克宁。

【性状】 本品为乳剂型基质的白色或类白色软膏。

【成分与规格】 本品每克含主要成分硝酸咪康唑 20mg（2%）。铝管包装，15g/支/盒、20g/支/盒。

【作用与适应证】 本品属于咪唑类广谱抗真菌药物，通过抑制真菌细胞膜合成，影响真菌细胞膜的通透性，而抑制生长，导致死亡。主要用于真菌、酵母引起的皮肤感染，如体股癣、手足癣、花斑癣、头癣、须癣、甲癣；皮肤、指（趾）甲念珠菌病；口角炎、外耳炎等。

【用法用量】 外用，涂搽于洗净的患处，早晚各 1 次，症状消失后（通常需 2～5 周）应继续用药 10 日，以防复发。

【不良反应】 偶见过敏、水疱、烧灼感、充血、瘙痒或其他皮肤刺激症状。

【用药指导】 ①避免接触眼睛和其他黏膜（如口、鼻等）；②孕妇及哺乳期妇女慎用；③用药部位如有烧灼感、红肿等情况应停药；④对本品过敏者禁用，过敏体质者慎用。

【储存】 储藏密闭，在 25℃ 以下保存。

2. 联苯苄唑乳膏

【别名】 美克。

【性状】 本品为乳剂型基质的白色或类白色软膏。

【成分与规格】 本品每支含主要成分联苯苄唑 0.1g。铝管包装，10g/支、15g/支。

【作用与适应证】 本品为广谱抗真菌药，作用机制是抑制细胞膜的合成，对皮肤癣菌及念珠菌等有抗菌作用。

用于手皮肤真菌、酵母菌、霉菌和其他皮肤菌和糠秕孢子菌引起的皮肤真菌病，以及微小棒状杆菌引起的感染。如脚癣、手癣、体癣、股癣、花斑癣、表皮念珠菌病。

【用法用量】 每日使用一次，最好是在晚上休息前使用。在患处皮肤涂一薄层并促使其吸收。1cm 长的一条乳膏即足够用于掌大的面积。

为达到持续的疗效，联苯苄唑乳膏必须按时使用且要达到足够的疗程。常规的疗程如下：脚的真菌病，运动脚（足癣），3 周。躯干、手及皮肤皱褶处的真菌病（手癣、体癣、股癣），2～3 周。花斑癣，2 周。表皮念珠菌病，2～4 周。

【不良反应】 使用本品，用药部位可能发生疼痛及其外周水肿，还可能发生接触性皮炎、过敏性皮炎、红斑、瘙痒、皮疹、荨麻疹、水疱脱皮、湿疹、皮肤干燥、皮肤刺痛、皮肤浸渍、灼热感等皮肤及皮下组织不适。这些不良反应停药后可逆。

【用药指导】 ①避免接触眼睛和其他黏膜（如口、鼻等）；②用药部位如有烧灼感、红肿等情况应停药;③对本品过敏者禁用,过敏体质者慎用;④在怀孕的前 3 个月,请勿使用本品。

【储存】 储藏密闭,在 25℃以下保存。

3. 盐酸特比萘芬软膏

【别名】 丁克、兰美抒、诺华等。

【成分与规格】 本品每克含盐酸特比萘芬 0.01g。

【作用与适应证】 是一种有广谱抗真菌活性的丙烯胺类药物。能特异地干扰真菌固醇的早期生物合成,高选择性抑制真菌的角鲨烯环氧化酶,使真菌细胞膜的形成过程中角鲨烯环氧化反应受阻,从而达到杀灭或抑制真菌的作用。

主要用于敏感真菌所致的手癣、足癣、体癣、股癣及花斑癣等。

【用法用量】 外用,一日 1 次,涂抹在洁净干燥的患处及其周围皮肤,并轻揉片刻。疗程 1~2 周。

【用药指导】 ①孕妇及哺乳期妇女慎用;②避免接触眼睛和其他黏膜(如口、鼻等);③用药部位如有烧灼感、红肿等情况应停药;④对本品过敏者禁用,过敏体质者慎用;⑤本品偶见皮肤刺激如烧灼感,或过敏反应如皮疹、瘙痒等。

【储存】 储藏密闭在凉处保存。

4. 复方酮康唑软膏

【别名】 皮康王。

【性状】 本品为乳剂型基质的白色或类白色软膏。

【有效成分】 本品为复方制剂,每克含酮康唑 10mg 和丙酸氯倍他索 0.5mg。

【作用与适应证】 本品所含酮康唑为抗真菌药;丙酸氯倍他索为糖皮质激素,具有较强的抗炎、抗过敏作用。用于体癣、手、足癣、股癣、湿疹等。

【用法用量】 外用。直接涂于患处,一日 2 次。

【不良反应】 局部偶见过敏反应,如出现皮肤烧灼感、瘙痒、针刺感等。长期使用时可出现皮肤萎缩、毛细血管扩张、色素沉着及继发感染。

【用药指导】 ①避免接触眼睛和其他黏膜(如口、鼻等);②用药部位如有烧灼感、红肿等情况应停药;③连续使用不能超过 4 周;④婴幼儿和儿童慎用;⑤对本品过敏者禁用,过敏体质者慎用;⑥不得长期大面积使用。

【储存】 储藏密闭在凉处保存。

5. 曲安奈德益康唑乳膏

【别名】 派瑞松。

【性状】 本品为乳剂型基质的乳白色软膏。

【有效成分】 本品为复方制剂,其组分为每克含硝酸益康唑 10mg 与曲安奈德 1mg。

【作用与适应证】 益康唑为抗真菌药,抑制真菌细胞膜合成,损伤真菌细胞膜并改变其通透性,致使重要的细胞内物质外漏,而杀菌。曲安奈德为中效糖皮质激素,外用有抗炎及抗过敏及止痒作用,消除局部发热、发红及肿胀。

适用于皮肤、黏膜的真菌感染和湿疹等。

【用法用量】 每日早晚各 1 次。挤压少许乳膏,以手指涂擦患部,随后轻轻按摩,以利药物渗入皮肤。

【用药指导】 ①倘若对治疗之患部面积较大或需要使用封包法,均会增加激素全身吸收可能性，应密切注意；②局部用糖皮质激素对孕娠期间之绝对安全性尚无定论，故不宜滥用及大量或长期使用；③本品不供眼科使用；④本品不宜长期用于面部；⑤药物过量长期大量应用可发生皮肤色素沉着、毛细血管扩张、继发感染、皮肤萎缩等不良反应；⑥少数使用者皮肤会有灼热感、瘙痒和红肿等现象发生。

6. 曲咪新乳膏

【性状】 本品为乳剂型基质的乳白色软膏。

【有效成分】 本品为复方制剂，其组分为每 10g 含硝酸咪康唑 100mg、乙酸曲安奈德 10mg、硫酸新霉素 3 万 U。

【作用与适应证】 硝酸咪康唑为广谱抗真菌药，抑制真菌细胞膜合成，损伤真菌细胞膜并改变其通透性，以致重要的细胞内物质外漏而杀菌。曲安奈德是糖皮质激素，有抗炎抗过敏及收缩血管的作用。硫酸新霉素对甲氧西林敏感株、棒状杆菌有良好作用，对大肠埃希菌、克雷伯菌属、变形杆菌属等肠杆菌科细菌亦有良好作用。

适应证为用于皮肤湿疹、接触性皮炎、脂溢性皮炎、神经性皮炎、体癣、股癣、手足癣等症。

【用法用量】 外用直接涂擦于皮肤患处一日 2~3 次。

【不良反应】 局部用药可发生过敏反应；可出现皮肤烧灼感瘙痒针刺感充血等；长期使用可造成局部皮肤萎缩毛细血管扩张、多毛及继发感染等。

【用药指导】 ①为避免复发皮肤念珠菌病及各种癣病的疗程至少 2 周，足癣至少 1 个月；②治疗念珠菌病时避免局部紧密覆盖敷料；③避免长期大面积使用；④过敏者禁用。

【储存】 储藏密闭在凉处保存。

7. 糠酸莫米松乳膏

【别名】 艾洛松。

【性状】 本品为白色或类白色乳膏。

【成分与规格】 每支 5g 含糠酸莫米松 5mg。

【作用与适应证】 本品为糖皮质激素，具有抗炎、抗过敏、止痒及减少渗出作用。

适应证为用于湿疹、神经性皮炎、异位性皮炎及皮肤瘙痒症。

【用法用量】 取本品适量涂于患处，每日 1 次。

【用药指导】 ①不得用于皮肤破溃处；②孕妇及哺乳期妇女慎用；③婴幼儿、儿童和皮肤萎缩的老年人，对本品更敏感，故使用时应谨慎；④用药 7 日后症状未缓解，应停药；⑤避免接触眼睛和其他黏膜；⑥用药部位如有烧灼感、红肿等情况应停药，并将局部药物洗净；⑦对本品过敏者禁用，过敏体质者慎用；⑧使用本品的局部不良反应极少见，如烧灼感、瘙痒刺痛和皮肤萎缩等；⑨长期大量使用皮质激素类药物，可造成的不良反应有：刺激反应、皮肤萎缩、多毛症、口周围皮炎、皮肤浸润、继发感染、皮肤条纹状色素沉着等。

【储存】 储藏密闭，在 25℃以下保存。

8. 水杨酸乳膏

【性状】 本品为白色或类白色乳膏。

【成分与规格】 含水杨酸：2.5%、5%、10%、15%、25%、60%。

【作用与适应证】 本品外用有抗菌作用，局部使用有角质溶解作用，其制剂可因浓度不同而作用各异。1%~3% 水杨酸有角质促成和止痒作用；5%~10% 水杨酸有角质溶解作用,亦有抗真菌作用。

适用于脂溢性皮炎及浅部真菌病如手足癣、体股癣等。

【用法用量】 取本品适量涂于患处,每日 1~2 次。

【用药指导】 ①本品可经皮肤迅速吸收,但由尿中排出缓慢,故不宜长期使用,也不宜做大面积应用,涂布部位如有烧灼感或瘙痒、红肿,应停止使用,并将局部药物洗净。②不良反应主要有偶见过敏反应、接触性皮炎,大面积使用吸收后,可出现水杨酸中毒症状,如头晕、神志模糊、精神错乱、呼吸急促、持续性耳鸣、剧烈或持续头痛、刺痛。

【储存】 储藏密闭在凉处保存。

第十一节　妇科用药

一、妇科疾病

常见的妇科疾病有月经失调、阴道炎、子宫疾病、尿道炎等,其中阴道炎又分为滴虫性阴道炎、霉菌性阴道炎、宫颈糜烂、老年性阴道炎、细菌性阴道炎等,严重影响妇女的身心健康。

近年来,有科学统计数据显示,全球妇科疾病发病率已达 65% 以上,而在育龄期妇女中,妇科疾病发病率已超过了 70%。近十年,中国妇女常见病总患病率略有上升。2010 年全国妇女常见病总患病率为 28.8%。在各种妇女常见病中,阴道炎占第一位,患病率为 13.2%;其次为宫颈炎,患病率为 12.1%;妇女尖锐湿疣患病率为 33.8/10 万。

二、妇科常用药品

妇科用药是指用来预防妇科疾病、诊断妇科疾病、治疗妇科类疾病的药物的统称。下面介绍妇科常用的医药商品。

(一) 妇科用的栓剂

1. 硝酸咪康唑栓

【别名】 达克宁栓。

【性状】 本品为脂肪性基质制成的白色椭圆形栓。

【成分与规格】 本品每枚含主要成分硝酸咪康唑 0.2g。

【作用与适应证】 本品为广谱抗真菌药,对多种真菌,尤其是念珠菌有抗菌作用,对某些革兰阳性杆菌和球菌也有抗菌作用。其作用机制是抑制真菌细胞膜的合成,以及影响其代谢过程。

适应证为局部治疗念珠菌性外阴阴道病和革兰阳性细菌引起的重感染。

【用法用量】 阴道给药,洗净后将栓剂置于阴道深处。每晚 1 次,一次 1 枚。连续 7 日为 1 个疗程。也可采用三日疗法:第一日晚 1 枚,随后两日早晚各 1 枚。即使症状迅速消失,也要完成治疗疗程,在月经期应持续使用。

【用药指导】 ①孕妇及哺乳期妇女慎用;②用药期间注意个人卫生,防止重复感染,避免房事;③用药部位如有烧灼感、瘙痒,红肿等情况应停药,并将局部药物洗净;④对本品过敏者禁用,过敏体质者慎用,偶见过敏反应,多数较轻微;⑤常见的不良反是局部刺激、瘙痒和烧灼感,尤其是在治疗开始时。盆腔痉挛、荨麻疹、皮肤丘疹也有发生。非常罕见的不良反应还包括：血管神经性水肿、湿疹、阴道刺激、阴道分泌物和给药部位不适。

【储存】 储藏遮光、密闭、在 30℃以下保存。

2. 克霉唑栓

【成分与规格】 每支含克霉唑 0.15g。

【作用与适应证】 本品系广谱抗真菌药，对多种真菌，尤其是白色念珠菌有抗菌作用。其作用机制是抑制真菌细胞膜的合成，以及影响其代谢过程。

用于念珠菌性外阴阴道病。

【用法用量】 阴道给药，洗净后将栓剂置于阴道深处。每晚 1 次，一次 1 粒。连续 7 日为 1 个疗程。

【不良反应】 偶见局部刺激，如瘙痒或烧灼感。

【用药指导】 ①使用本品时应避开月经期；②用药部位如有烧灼感、红肿等情况应停药，并将局部药物洗净；③用药期间注意个人卫生，防止重复感染，使用避孕套或避免房事；④给药时应洗净双手或戴指套、手套；⑤对本品过敏者禁用，过敏体质者慎用。

【储存】 储藏遮光、密闭、在 30℃以下保存。

3. 制霉菌素阴道栓

【成分与规格】 每枚含制霉菌素 20 万 U。

【作用与适应证】 本品具有广谱抗真菌作用，对念珠菌最敏感，对隐球菌和滴虫也有抑制作用。

用于念珠菌性外阴阴道炎。

【用法用量】 外用。每晚 1 枚，患者洗净手及外阴部，采取平卧体位，戴上配套的医用手套，将栓剂放入阴道深部。7 日为 1 个疗程，慢性病例可延长使用 1~3 个疗程。

【不良反应】 偶有过敏反应，灼烧感及发痒。

【用药指导】 本品仅供阴道给药，避免接触眼睛，切忌口服；孕妇和未婚女性在使用前应咨询医师；当本品性状发生改变时禁用；请将此药品放在儿童不能接触的地方。对本品过敏者禁用；妊娠期头前 3 个月禁用。

4. 复方甲硝唑阴道栓

【性状】 本品为棕色或棕黄色的鸭嘴形栓剂。

【成分与规格】 本品为复合制剂，其组分为：每粒含甲硝唑 0.45g、制霉素 0.03g、四环素 0.05g。

【作用与适应证】 本品是抗滴虫和抗生素药，甲硝唑对大多数厌氧菌具有强大抗菌作用，但对需氧菌和兼性厌氧菌无作用。此外，对阿米巴原虫和滴虫也有较强的杀灭作用。

用于治疗滴虫性阴道炎、霉菌性阴道炎、细菌性阴道炎和老年性阴道炎、非特异性阴道炎及支原体感染、淋病双球菌感染等疾病。

【用法用量】 阴道用药，月经干净后，每晚临睡前清洁外阴后，仰卧，取一粒塞入阴道深处，一日一次，连用 7~10 日。

【不良反应】 局部不良反应少见。因本品可自黏膜吸收，长期大量使用后引起全身的不良反应，可引起癫痫发作和周围神经病变，主要表现为肢端麻木和感觉异常等。

【用药指导】 ①使用中若出现过敏症状或中枢神经系统不良反应，应立即停药；②肝、肾功能减退者应慎用；③治疗阴道滴虫病时，需同时治疗其性伴侣；④用药期间不应饮用含酒精的饮料；⑤避免本品接触眼睛；⑥孕妇和哺乳期妇女禁用。

5. 重组人干扰素 α-2α 栓

【性状】 本品为白色或微黄色椭圆形栓剂。

【成分与规格】 6 万 IU/枚。

【作用与适应证】 重组人干扰素 α-2α 具有广谱抗病毒作用，其抗病毒机制为主要阻止病毒蛋白质的合成，抑制病毒核酸的复制和转录而实现。干扰素还具有多重免疫调节作用，可提高巨噬细胞的吞噬活性和增强淋巴细胞活性等，促进和维护机体的免疫监视、免疫防护和免疫自稳功能。

用于治疗阴道病毒性感染引起的慢性宫颈炎、宫颈糜烂、阴道炎，预防宫颈癌。

【用法用量】 将栓剂置于阴道后穹隆处；每次 1 枚，隔日 1 次，睡前使用；6~10 次为 1 个疗程或遵医嘱。

【用药指导】 ①经期停止用药；②用药时禁止坐浴及性生活；③孕妇禁用；④极少数患者初次用药后出现轻微腰腹酸痛，下腹坠胀可自行消失，不影响治疗。

【储存】 避光、干燥、于 2~8℃保存。

6. 氧氟沙星阴道泡腾片

【性状】 本品为类白色或微黄色片。

【成分与规格】 本品主要成分是氧氟沙星，0.1g。

【作用与适应证】 本品为 DNA 螺旋酶抑制剂，对革兰阴性菌、阳性菌和部分厌氧菌均有较强的抗菌作用。本品与其他类抗菌药无交叉耐药性。

适用于氧氟沙星敏感菌引起的细菌性阴道病。

【用法用量】 每晚 1 次，每次 1 片，临用前清洗阴部，将药片置入阴道深部，连用 7 日，或遵医嘱。

【不良反应】 患者偶有灼烧感、瘙痒感。

【用药指导】 对本品及喹诺酮类药物过敏者禁用。

【储存】 储藏遮光，密闭保存。

7. 甲硝唑阴道泡腾片

【成分与规格】 本品每片含主要成分甲硝唑 0.2g。

【作用与适应证】 本品具有抗厌氧菌和抗滴虫作用，作用机制是阻碍细菌或滴虫代谢，促进其死亡。

适应证为用于厌氧菌或滴虫性阴道炎。

【用法用量】 用戴上指套的手指将本品塞入阴道深处，一次 1 或 2 片，一晚 1 次，7 日为 1 个疗程。

【用药指导】 ①对本品或其他硝基咪唑类药物过敏者禁用；②妊娠期前 3 个月禁用；③不良反应偶见过敏反应。

【储存】 储藏遮光，密封，在阴凉干燥处保存。

8. 双唑泰阴道泡腾片

【性状】 为白色或类白色片，表面有轻微的隐斑。

【成分与规格】 本品为复方制剂，每片含甲硝唑 0.2g、克霉唑 0.16g、醋酸氯己定 0.008g。

【作用与适应证】 本品为抗菌药。氯己定为广谱杀菌剂;克霉唑为抗真菌药;甲硝唑具有抗厌氧菌、抗滴虫作用。

适应证为用于细菌性阴道病、霉菌性阴道病、滴虫性阴道炎及混合感染性阴道炎。

【用法用量】 用戴指套的手指将本品置于阴道后穹隆部,一次 1 片,一日 1 次。连用 7 日为 1 个疗程,停药后第一次月经净后重复 1 个疗程。

【用药指导】 ①对本品过敏者禁用;②妊娠期头 3 个月禁用;③偶见过敏反应。

【储存】 遮光、密封,在干燥处保存。

三、妇科常见疾病与用药

1. 淋菌性阴道炎用药 淋菌性阴道炎是指由淋球菌所造成的化脓性阴道炎,为不洁或混乱的性传播疾病。引发淋病的病原体是“淋病奈瑟菌”,即俗称的淋球菌。其症状表现为阴道分泌物增多,显脓性白带,阴道口红肿疼痛,下腹部疼痛等,如不及时治疗,可转为慢性妇科炎症,有 10%~20% 的妇女可出现不孕。

淋菌性阴道炎的常用药如下所述。

(1) 青霉素:通过破坏菌壁合成而起淋球菌作用。

(2) β-内酰胺酶抑制剂:棒酸和青霉烷砜能抑制 β-内酰胺酶,棒酸+阿莫西林、青霉烷砜+氨苄西林,联合使用效果好。

(3) 氨基糖苷类:主要作用为抑制菌体蛋白合成。常用大观霉素(淋必治),此外,还有庆大霉素、卡那霉素、阿米卡星(丁胺卡那霉素)和奈替米星(乙基西梭霉素)。

(4) 头孢菌素类:具有破坏菌壁和抑制菌体蛋白合成的作用。有头孢唑林、头孢呋辛(西力欣)、头孢哌酮(先锋必)、头孢曲松钠(头孢三嗪)。

(5) 氟喹诺酮类:通过抑制 DNA 旋转酶而抑制菌体 DNA 及蛋白合成。治疗淋病常用的制剂有诺氟沙星(氟哌酸)、依诺沙星(氟啶酸)、氧氟沙星(氟嗪酸)和环丙沙星(环丙氟哌酸)等。

淋球菌感染属于性传播疾病,需注意伴侣同治,治疗期间不要发生关系,肌内注射或是静脉滴注效果好,一周以后到医院检查。

2. 念珠菌感染阴道炎用药 念珠菌又称为霉菌,霉菌是一个比较大的概念,包括念珠菌,是“丝状真菌”的统称。凡是在基质上长出绒毛状、棉絮状或蜘蛛网状菌丝体的真菌,称为霉菌。不过通常人们把念珠菌性阴道炎俗称为霉菌性阴道炎。

念珠菌性阴道炎可采用口服药物、栓剂、洗剂三管齐下。常用药有酮康唑、氟康唑、伊曲康唑等,属于广谱抗菌药,对各类真菌感染,如霉菌、念珠菌、酵母菌等真菌病,均有很好的治疗作用。

经过口服和外用治疗后,症状会很快改善或消失,但这并不说明霉菌性外阴炎已痊愈,而是念珠菌暂时受到了抑制。此时还不能停药,而是应到医院做妇科检查和分泌物的显微镜检查,阴性者属于近期痊愈。如果需要,还将继续治疗。只有连续 3 个月妇科检查及分泌物显微镜检查均无异常,才算完全治愈。

3. 滴虫性阴道炎用药 滴虫性阴道炎是妇科常见疾病,病原体是滴虫。主要传染方式通过浴盆、浴巾、消毒不严格的医疗器械或不洁性行为而传染。由于滴虫的活力和适应力很强,常潜匿于男性的前列腺和尿道里面而不发病,但可通过性传播给女方。治疗时可口服灭滴灵,或用栓剂。

四、妇科用药注意事项

(1) 把握好妇科外用药时间，最好选择晚上入睡前用药，以便药物能够充分得以分解与吸收，从而发挥出最大疗效。可选用栓剂、泡腾片或洗液。健康女性阴道的 pH 应为 4~5，属于弱酸环境，这样乳酸菌才能正常生长，保护阴道的健康。若洗液 pH 过高或者过低，都会破坏阴道健康的弱酸环境，洗液选用要合理恰当。

(2) 妇科治疗要按疗程，坚持连续用药，并进行阴道分泌物的化验检查，如果连续 3 次检查皆为正常，方可认为已经治愈，防止再次反弹。

(3) 做好外用药前的准备工作，先给予阴道一番冲洗，可起到清洁阴道、减少分泌物、提高药效的作用。一般来说，滴虫性阴道炎宜用酸性溶液冲洗，而真菌性阴道炎则用碱性溶液冲洗为好。

第十二节　儿科用药

一、儿科常见疾病

1. 营养不良　儿科营养不良是比较常见和危害严重的一种疾病，是由于热量、蛋白质不足而致的慢性营养缺乏症。病因有：喂养不当、母乳不足、长期摄食不足，食物的质和量未能满足需要；饮食不定时、偏食、反刍习惯或神经呕吐；其他疾病引起，影响食欲，妨碍食物的消化、吸收和利用，并增加机体的消耗，如感冒、腹泻、肠炎、寄生虫、麻疹等。轻度营养不良导致皮下脂肪减少、肌肉轻度萎缩。重度营养不良则常有肠壁变薄、心肌纤维肿胀，淋巴和胸腺萎缩，各脏器均见缩小；神经功能失常，运动和语言发育迟缓；免疫功能低下，易并发各种感染病症，产生一系列生理病理的改变。

2. 钙锌缺乏　钙缺乏主要影响牙齿与骨骼的生长发育。儿童轻度缺钙，出现烦躁、好哭、惊跳、抽搐、多汗湿疹、失眠多梦、枕部脱发圈、出牙落后、疲劳乏力、手脚麻木，免疫功能下降，易至过敏、感冒等症状，以及影响身体高度。重度缺钙，引起佝偻病，甚至引起骨骼畸形，如方肋骨外翻、鸡胸、漏斗胸、O 型腿或 X 型腿等。原因常与厌食、偏食有关，或者人体对钙元素摄入吸收功能差。

锌缺乏症是由于锌元素缺乏而引起的各种症状。锌缺乏症常见有生长迟缓、免疫力降低、伤口愈合慢、皮肤炎、味觉异常、慢性腹泻、厌食、嗜睡、生长落后等。原因常有锌吸收不足、营养不良、丢失过多、遗传因素及肠炎性疾病妨碍。

3. 厌食症　厌食症是指儿童长期食欲减退或食欲缺乏为主的症状，又称消化功能紊乱，在小儿时期很常见，主要的症状有呕吐、食欲缺乏、腹泻、便秘、腹胀、腹痛、怕冷和肢端发绀等。病因常有消化性溃疡、急慢性肠炎、长期便秘、药物影响、微量元素缺乏、夏天炎热、喂养不当、偏食、乱吃零食，过食冷饮、受到惊吓，以及错误教育的影响如对儿童限制玩耍自由、反复威胁致反感而厌食。

4. 感冒　症状：可能出现发热、咳嗽、头痛、头晕、呕吐、发呆、哮喘、流鼻涕、咽喉痛、筋疲力尽、食欲缺乏、脸色苍白，呼吸困难、手脚冰凉等，病因可能是偶遇风寒、着凉、流行病毒感染，引起咽喉炎、扁桃腺炎等。

5. 腹痛　腹痛是小儿时期最常见的症状之一。有时是胀痛，有时是绞痛，但是疼痛与病情的轻重程度并不一致。引起腹痛的原因很多,有胃肠炎、胃溃疡、肠痉挛性绞痛、蛔虫、阑尾炎等,病情严重者要到医院做全面检查。

6. 惊厥 惊厥俗称抽筋、抽风、惊风,也称抽搐,是儿童常见的一种急重病症,临床表现为阵发性四肢和面部肌肉抽动、发热、眼球上翻、凝视或斜视、神志不清、昏迷等,有时伴有口吐白沫或嘴角牵动、呼吸暂停、面色青紫,发作时间多在3~5min,有时反复发作,甚至呈持续状态,有时潜在生命危险。病因多为感染性疾病所致,如脑膜炎、中毒性菌痢、中毒性肺炎、败血症等,以及其他原因,如癫痫、电解质紊乱、药物中毒、食物中毒等。

7. 麻疹 麻疹是儿童最常见的急性呼吸道传染病之一,其传染性很强。麻疹病毒属副黏液病毒,通过呼吸道分泌物飞沫传播。临床上以发热、上呼吸道炎症、眼结膜炎及皮肤出现红色斑丘疹。目前尚无特效药物治疗,我国普遍种麻疹减毒活疫苗预防,有一定效果。

8. 腹泻 儿童常因为吃到变质食物或吃到冷食物造成腹泻,儿童腹泻时除了有大便次数增多、排稀便的症状外,常伴有呕吐、发热、腹痛、腹胀等表现。导致儿童腹泻的原因有器官发育不完善、酶活性低、调节功能差、食用不洁食物、进食生冷食物、不易消化食物、食物过敏、风寒着凉、病菌感染、胃肠道疾病、代谢及内分泌疾病等。应及时治疗,延误治疗易引发其他并发症,如泌尿道感染、上呼吸道感染、中毒性肝炎、营养不良、维生素缺乏和水电解质紊乱,严重的还可能会危及生命。

9. 哮喘 哮喘是一种严重影响小儿身心健康的常见呼吸道疾病,哮喘发病原因比较复杂,是多种细胞特别是肥大细胞、嗜酸粒细胞和T淋巴细胞参与的慢性气道炎症。主要表现有咳嗽、喘息、呼吸困难、胸闷、咳痰等,双肺可闻及广泛喘鸣音,部分可闻及湿啰音,严重发作时出现严重的呼吸困难,可见缺氧、出汗、青紫、面色苍白,甚至神志不清。

10. 湿疹 湿疹是指将反复发作、有流水渗出倾向的瘙痒性皮损疾病统称为湿疹。临床表现为局部皮肤发红、脱皮,小疙瘩、小水疱,严重时出现皮肤水肿、流水和结痂。易发部位于面部、头皮、口周、尿道口边等,严重时可波及四肢、手足和躯干。湿疹的病因比较复杂,目前对湿疹的发病机制还不是很清楚确切,可能是遗传与环境因素影响所致,比如遗传、食物过敏、出汗过多、空气潮湿、清洗不干净、空气污染、细菌、病毒、真菌感染、吸烟、冷热刺激、皮肤干燥等。

二、儿科常用医药商品

(一)助消化常用医药商品

助消化常用医药商品有乳酶生片、合生元益生菌、枯草二联活菌多维颗粒、双歧三联活菌片、双歧四联活菌片、胃蛋白酶散、鞣酸蛋白酵母散、赖氨肌醇维生素B_{12}口服液等。

(二)补充微量元素常用医药商品

补充微量元素常用医药商品有葡萄糖酸钙锌口服液、儿童维D钙咀嚼片、牡蛎碳酸钙泡腾片、复方碳酸钙泡腾颗粒、枸橼酸苹果钙、维生素AD滴丸、阿法骨化醇胶丸、葡萄糖酸钙片、多维元素片(29)、复方硫酸亚铁叶酸片等。

1. 葡萄糖酸钙锌口服液

【性状】 为无色或微黄色澄清液体。

【成分与规格】 本品每10ml含葡萄糖酸钙600mg(相当于钙54mg),葡萄糖酸锌

30mg(相当于锌4.3mg),盐酸赖氨酸100mg。

【作用与适应证】 本品所含钙参与骨骼的形成与骨折后骨组织的再建,以及肌肉收缩、神经传递、凝血抑制,并降低毛细血管的通透性;本品所含锌为体内许多酶的重要组成成分,具有促进生长发育、改善味觉等作用。盐酸赖氨酸具有促进人体生长发育的作用,用于小儿生长发育迟缓、食欲缺乏、厌食症、复发性口腔溃疡及痤疮等。

【用法用量】 婴幼儿一日5~10ml,成人一日20~30ml,分2~3次饭后服。

【不良反应】 可见轻度恶心、嗳气、呕吐、便秘等反应。长期服用可引起反跳性胃酸分泌增高。

【注意事项】 ①血钙、血锌过高,甲状腺功能亢进,以及正在服用洋地黄类药物者禁用;②肾功能不全或糖尿病患者慎用;③应在确诊为缺钙,尤其是缺锌时方可服用;④儿童必须在成人监护下服用;⑤不能与牛奶同服。

2. 儿童维D钙咀嚼片

【性状】 黄色(菠萝香味)、橙色(橙子香味)、绿色(桃子香味)混合的大象形咀嚼片,带水果香气。

【成分与规格】 本品为复方制剂,每片含碳酸钙750mg(相当于钙300mg),维生素$D_3$100国际单位(2.5μg)。辅料为:山梨糖醇、硬脂酸镁、阿司帕坦、柠檬酸、天然水果香料和着色剂。

【作用与适应证】 钙是人体骨骼系统形成和发育的基本物质。钙是维持人体神经、肌肉、骨骼系统、细胞膜和毛细血管通透性正常功能所必需。维生素D促进人体对钙和磷的吸收,并对骨质形成有重要作用。山梨糖醇,能润滑肠道,防止儿童补钙便秘。用于儿童钙的补充。

【用法用量】 口服,咀嚼后咽下。儿童,1次1片,1日1次。或遵医嘱。

【不良反应】 可能嗳气、便秘;过量服用可发生高钙血症,奶-碱综合征。

【用药指导】 大量饮用含乙醇和咖啡因的饮料,均会抑制钙剂的吸收;大量进食富含纤维素的食物能抑制钙的吸收,因钙与纤维素结合成不易吸收的化合物;儿童维D钙咀嚼片与含钾药物合用时,应注意心率失常。

【注意事项】 ①高钙血症、高尿酸血症、含钙肾结石或有肾结石病史者禁用;②心肾功能不全者慎用;③尿钙或者血钙浓度过高者禁用;④儿童必须在成人监护下使用;⑤对本品过敏者禁用,过敏体质者慎用。

3. 多维元素片(29)

【性状】 本品为粉红色咀嚼片。

【有效成分】 成分本品每片主要成分及含量为:维生素A 5000国际单位,维生素C 50mg,维生素D 400国际单位,叶酸100μg,维生素B_1 1.5mg,烟酰胺20mg,维生素B_2 1.7mg,泛酸10mg,维生素B_6 2mg,钙162mg,维生素B_{12} 4μg,磷125mg。

辅料为:微晶纤维素、红色色淀、硬脂酸镁、泡泡糖香精、阿斯巴甜、羟丙基纤维素、二氧化硅、柠檬酸、甜粉。

【作用与适应证】 维生素和矿物质均为维持机体正常代谢和身体健康必不可少的重要物质。两者是构成多种辅酶和激素的重要成分,缺失时可导致代谢障碍,而引致多种疾病。

用于3~12岁儿童维生素和矿物质的补充。

【用法用量】 口服。一日 1 片。

【不良反应】 偶见胃部不适。

【用药指导】 抗酸药可影响本品中维生素 A 的吸收,故不应同服。不应与含有大量镁、钙的药物合用,以免引起高镁、高钙血症。

【注意事项】 ①严格按规定的剂量服用;②慢性肾衰竭,高钙血症,高磷血症伴肾性佝偻病患者禁用;③如服用过量或出现严重不良反应请立即就医。

【储存】 遮光密闭室温干燥保存。

(三) 感冒常用医药商品

感冒常用医药商品包括小儿氨酚黄那敏颗粒、对乙酰氨基酚缓释片(泰诺林)、美敏伪麻溶液、布洛芬混悬液、小儿退热贴、小儿退热栓、珍珠粉沫、百服宁、尼美舒利等。

1. 小儿氨酚黄那敏颗粒

【性状】 为淡黄色至黄色或淡橙黄色颗粒。

【成分与规格】 本品为复方制剂,每袋含对乙酰氨基酚 125mg,马来酸氯苯那敏 0. 5mg,人工牛黄 5mg。

【作用与适应证】 本品中对乙酰氨基酚能抑制前列腺素合成,有解热镇痛作用;马来酸氯苯那敏为抗组胺药,能减轻流涕、鼻塞、打喷嚏等症状;人工牛黄有解热镇惊作用。适用于缓解儿童普通感冒及流行性感冒引起的发热、头痛、四肢酸痛、打喷嚏、流鼻涕、鼻塞、咽痛等症状。

【用法】 温水冲服。

【不良反应】 不良反应有时有轻度头晕、乏力、恶心、上腹不适、口干、食欲缺乏和皮疹等,可自行恢复。

【用药指导】 本品与其他解热镇痛药同用,可增加肾毒性的危险;不宜与氯霉素、巴比妥类(如苯巴比妥)等并用。

【注意事项】 ①用药 3~7 日,症状未缓解,宜停药;②服用本品期间不得饮酒或含有乙醇的饮料;③1 岁以下儿童应在医师指导下使用;④不能同时服用与本品成分相似的其他抗感冒药;⑤肝、肾功能不全者慎用;⑥如服用过量或出现严重不良反应,应立即就医;⑦对本品过敏者禁用,过敏体质者慎用;⑧新生儿或早产儿禁用。

【储存】 储藏密封,在阴凉干燥处保存。

2. 对乙酰氨基酚缓释片

【成分与规格】 每片含主要成分对乙酰氨基酚 0. 65g。

【作用与适应证】 本品能抑制前列腺素合成,具有解热镇痛作用。由速释层和缓释层两部分组成,口服后速释层中对乙酰氨基酚迅速溶出而被吸收,产生解热止痛作用,缓释层则缓慢释放对乙酰氨基酚,使作用持续 8h 之久。适应证为用于普通感冒或流行感冒引起的发热,也用于缓解轻中度疼痛如头痛、关节痛、偏头痛、牙痛、肌肉痛、神经痛、痛经。

【用法用量】 成人一次 1~2 片,12~18 岁儿童一次 1 片,若持续发热或疼痛,每 8h 一次,24h 不超过 3 次。

【不良反应】 偶见皮疹、荨麻疹、药热及粒细胞减少。长期大量用药会导致肝肾功能异常。

【用药指导】 本品与巴比妥类(如苯巴比妥)或解痉药(如颠茄)的患者,长期应用本品可致肝损害；本品与氯霉素同服，可增强后者的毒性。

【注意事项】 ①肝、肾功能不全者禁用；②不推荐12岁以下儿童使用本品；③应整片服用，不得碾碎或溶解后服用；④为对症治疗药，用于解热连续使用不得超过3日，用于止痛不得超过5日；⑤对阿司匹林过敏者慎用；⑥不能同时服用其他解热镇痛药的药品（如某些复方抗感冒药）；⑦孕妇及哺乳期妇女慎用；⑧服用本品期间不得饮酒或含有乙醇的饮料；⑨对本品过敏者禁用，过敏体质者慎用。

【储存】 储藏遮光，密闭保存。

3. 美敏伪麻溶液

【性状】 本品为红色的澄清黏稠液体；气香、味甜。

【成分与规格】 本品为复方制剂，每毫升含主要成分氢溴酸右美沙芬1mg，盐酸伪麻黄碱3mg，马来酸氯苯那敏0.2mg。

【作用与适应证】 盐酸伪麻黄碱可减轻鼻充血剂，能消除鼻、咽部黏膜充血、减轻鼻塞症状；氢溴酸右美沙芬为中枢性镇咳药，能直接作用于延脑咳嗽中枢抑制咳嗽反射，但无依赖性；马来酸氯苯那敏为抗组胺药，具有消除或减轻流泪、打喷嚏和流涕的作用。

适应证为适用于缓解儿童普通感冒、流行性感冒及过敏引起的咳嗽、打喷嚏、流鼻涕、鼻塞、咽痛等症状。

【用法】 口服。

【不良反应】 少数患者可出现嗜睡、头晕、心悸，兴奋、失眠、恶心等，停药后可自行消失。

【用药指导】 本品不宜与抗抑郁药、降压药、解痉药、巴比妥类、氯霉素、洋地黄苷类药物并用。如与其他药物同时使用可能会发生药物相互作用，详情请咨询医师或药师。

【注意事项】 ①痰多患者慎用；②用药7日，症状未缓解，宜停药；③心脏病、高血压、甲状腺疾病、糖尿病、前列腺肥大、青光眼、抑郁症、哮喘、肝功能不全、癫痫等患者及老年人应在医师指导下使用；④本品无退热作用；⑤不能同时服用与本品成分相似的其他抗感冒药；⑥如服用过量或出现严重不良反应。

【储存】 储藏遮光，密闭保存。

4. 布洛芬混悬液

【性状】 本品为橙色混悬液，味甜，有调味剂的芳香。

【成分与规格】 本品每毫升含主要成分布洛芬20mg。100mg∶2g。

【作用与适应证】 本品能抑制前列腺素的合成，具有解热镇痛及抗炎之作用。用于儿童普通感冒或流感引起的发热、头痛，也用于缓解儿童轻度至中度疼痛如头痛、关节痛、神经痛、偏头痛、牙痛、肌肉痛、神经痛。

【用法】 口服。

【不良反应】 少数患者可出现恶心、呕吐、胃烧灼感或轻度消化不良、胃肠道溃疡及出血、转氨酶升高、头痛、头晕、耳鸣、视力模糊、精神紧张、嗜睡、下肢水肿或体重骤增。罕见皮疹、过敏性肾炎、膀胱炎、肾病综合征、肾乳头坏死或肾衰竭、支气管痉挛。

【用药指导】 本品与其他解热、镇痛、抗炎药物同用时可增加胃肠道的不良反应，并可导致溃疡。本品与肝素、双香豆素等抗凝药同用时，可导致凝血酶原时间延长，增加出血倾向。

【注意事项】 ①对其他非甾体抗炎药过敏者禁用；②对阿司匹林过敏的哮喘患者禁

用;③本品为对症治疗药,不宜长期或大量使用,用于止痛不得超过 5 日;用于解热不得超过 3 日;④支气管哮喘、肝肾功能不全、凝血机制或血小板功能障碍(如血友病)慎用;⑤对本品过敏者禁用,过敏体质者慎用;⑥如服用过量或出现严重不良反应,应立即就医;⑦能同时服用其他含有解热镇痛药的药品。

【储存】 储藏遮光、密闭保存。

(四) 腹泻常用医药商品

腹泻常用蒙脱石颗粒(思密达)、乳酸菌素、布拉氏酵母菌、酪酸梭菌活菌胶囊、丽珠肠乐等。

(五) 湿疹常用医药商品

湿疹常用炉甘石洗剂、绿药膏、糠酸莫米松乳膏(艾洛松)等。

(六) 止咳化痰用药

止咳化痰常用氨溴特罗、盐酸二氧丙嗪等。

(七) 儿科平喘用药

儿科平喘常用沙丁胺醇气雾剂、布地萘德气雾剂、特布他林片、丙酸氟替卡松气雾剂等。

(八) 化学类抗菌抗病毒医药商品

化学类抗菌抗病毒常用更昔洛韦、炎琥宁等。

(九) 儿科常用抗生素类药品

儿科抗生素类常用呋苄西林、美洛西林、头孢替唑、头孢美唑、头孢哌酮、头孢曲松、头孢吡肟、氨曲南、克林霉素、红霉素等。

三、儿科用药注意事项及儿科疾病预防

1. 儿童用药应注意事项

(1) 剂量恰当:用药剂量不能随意加量或减少,若用药剂量过小、疗程短达不到预期疗效,易复发;若用药剂量过大、疗程过程长可能给孩子带来更多不良反应和损害。

(2) 儿童不可随意服用成人药:儿童的生理系统发育尚未完善,特别是与药物代谢有关的肝肾,用药不当可影响肝肾功能,有些成人的药,其作用对儿童不利。

(3) 注意给药方法:多数药物在饭后服用,以便较少对胃部的刺激。不可捏着鼻子硬灌,药物易进入气管,引起呼吸道堵塞、窒息。

(4) 慎用抗生素类药物:由于儿童器官组织发育不成熟,不可随意给儿童服用抗生素,若病症严重,应带到医院就诊。

2. 儿科疾病的预防措施

(1) 房间要经常通风换气,保持室内空气新鲜,防止致病菌滞留在室内。

(2) 要做好居室的环境卫生、食物卫生、餐具卫生及个人卫生。

(3) 培养儿童养成良好的卫生习惯,饭前便后要洗手,预防病从口入。

(4) 尽量少带儿童到人群密集的公共场所,减少被感染的机会。

(5) 养成良好的饮食习惯,不挑食,保证食物的营养均衡。

(6) 经常带儿童到户外锻炼身体,有助于提高机体免疫力。

(7) 儿童过度疲劳会降低机体抵抗力，不要过度疲劳，以免容易患病。

(8) 天气变化时，及时给儿童增减衣物，防止着凉或过多出汗。

知识链接

目前我国儿童占总人口20%以上，但儿童药品紧缺。国内市场90%药品无适用于儿童的剂型，部分特殊药品甚至供应短缺。在北京举行的儿童用药问题专题研讨会上，专家建议，政府可以对必要的儿童药品实行补贴政策，建立完善的合理用药机制。统计数据显示，我国大约有3亿儿童，作为药品消费的特殊群体，拥有近500亿元的市场潜力。儿童需要适合其生理特征的药品帮助其摆脱病痛的困扰，中国儿童药品市场实际容量巨大。然而儿童药品种类十分缺乏，生产儿童药品牌稀少、生产儿童用药的专业厂家寥寥无几，统计表明，国内市场90%的药物都没有儿童剂型，儿科医生在用药时靠经验积累，安全隐患巨大。

第十三节　计划生育用药

常用避孕药主要来自三大类甾体激素：①睾酮类衍生物，如炔诺酮、双醋炔诺醇等；②黄体酮类衍生物，如甲地孕酮、甲羚孕酮、氯地孕酮等；③雌激素类衍生物，如炔雌醇、炔雌醚等。按用途分类：口服速效避孕药、口服短效避孕药、口服长效避孕药、外用避孕药、男性避孕药。作用方式：主要抑制排卵、抗受精卵着床、杀灭精子。

一、口服短效避孕药

(一) 复方炔诺酮片

其又称1号口服避孕片，短效避孕片1号。

【作用与用途】 能抑制卵巢排卵，使子宫颈黏液变稠，不利于精子穿过；且阻止受精卵在子宫内着床，从而达至阻止怀孕的目的。停药后即恢复排卵，不影响今后生育。

【注意事项】 ①初次服用可能会出现恶心、呕吐、头昏、困倦等症状。②最好不在哺乳期服用。③服药时间较长者，月经量减少，甚至闭经，可改用其他避孕方法。④服药期间，连续2～3个月未来月经者，应去医院检查。⑤若当天忘了服药，第二日清晨补服1片。⑥服药时间最好是晚上睡前或饭后。⑦如计划下次妊娠者，需停药半年后怀孕为佳。⑧患有急慢性肝炎、肾炎者不能服用；患子宫肌瘤、高血压者慎用。

(二) 复方醋酸甲地孕酮片

其又称2号口服避孕片，短效避孕片2号。

【作用与用途】 类似1号口服避孕片。

【注意事项】 类似1号口服避孕片。

(三) 0号口服避孕片

其又称短效避孕药0号、0号避孕药。

【作用与用途】 类似1号口服避孕片。

【注意事项】 类似1号口服避孕片。

(四) 复方甲基炔诺酮薄膜衣片

其为甾体避孕药纸型片。

【作用与用途】 有抑制排卵作用,同时对宫颈黏液、子宫内膜、输卵管蠕动等都有一定作用。按规定用药效果可靠,不良反应小。停药后即恢复排卵,不影响今后生育。

【注意事项】 类似1号口服避孕片。

(五) 复方左旋甲基炔诺酮滴丸

【作用与用途】 本品有抑制排卵作用,同时对宫颈黏液、子宫内膜、输卵管蠕动等都有相应作用,按规定用药避孕效果可靠。停药后恢复排卵与正常月经。

【注意事项】 类似1号口服避孕片。

二、口服速效避孕药

(一) 甲地孕酮片

其又称速效避孕片1号,探亲避孕片1号。

【作用与用途】 本品仅含甲地孕酮,为单一孕激素避孕药。具有改变宫颈黏液使之更黏稠,不利于精子穿过宫颈;加速受精卵在输卵管中的运行速度;干扰子宫内膜的正常周期性转化,不利于孕卵着床等多方面的作用,从而达到速效避孕的效果。适用于一个月内的短期避孕。作为探亲期间避孕的首选药物,因此称为“探亲避孕片1号”。

【用法】 在需要避孕期(确知丈夫探亲日期)开始的当日中午服1片,晚上加服1片,以后每晚服用1片,直至需要避孕期结束的次日再服1片为止。

【注意事项】 ①本品不良反应较少,可能有少数服药者有轻度恶心、呕吐、头晕、乏力、嗜睡等。一般不必处理,坚持服药可自行消失。②个别服用者偶有突破性阴道出血。

(二) 双炔失碳酯片

【作用与用途】 为女用速效避孕药,可供临时探亲夫妇避孕用。主要作用在于阻断受精卵进入子宫腔内着床,适用于探亲连续居住10日以上的夫妻。

【注意事项】 ①开始服用此药时可能有轻度类早孕反应,继续服用时可逐渐减轻或消失,必要时可对症治疗。②少数对象出现月经周期延长,如月经过期14日者,须做妇科检查排除早孕。③本品为肠溶片,应吞服,勿嚼碎。④每逢房事都应服药,但同晚最多口服1片。如出现月经延迟现象,可能为排卵延迟,如有房事仍需服药,否则容易失败。⑤严重肝、肾病患者,人工流产后不满半年者,哺乳期半年以内者或腹泻者不宜服用此药。

(三) 甲基炔诺酮速效避孕片

【作用与用途】 为女用探亲避孕药。主要作用为改变宫颈黏液理化性质,使之变黏稠,不利于精子穿过;同时改变子宫内膜的组织形态,使孕卵不能着床;也可抑制排卵而达到避孕效果。

【用法】 在探亲或短期同居前1~2日开始眼药,每晚服1片,连续服10~15日。探亲超过半月者,从第16日起可接着服短效避孕药,直至探亲结束。

【注意事项】 ①本品适用于两地分居夫妇,一年内探亲1~2次者,每次服药一定要连续10日以上。②服药期间不能漏服或中途停服,以免失败或中途阴道出血。③少数人有类早孕反应,停药后均可恢复正常。④急慢性肝、肾疾病,高血压,糖尿病,肿瘤,严重静脉曲张,有血栓病史者及哺乳妇女不能服用。

三、口服长效避孕药

复方甲基炔诺酮长效避孕片。

【作用与用途】 女用口服避孕药。主要作用是抑制卵巢排卵,同时具有改变子宫内膜、宫颈黏液性状等作用。避孕效果可靠、安全、服法简便等优点。服药1片,避孕1个月,适宜于长期同居夫妇避孕。

【用法】 口服。

【注意事项】 类似1号口服避孕片。

四、外用避孕药

(一) 乐安醚外用避孕片

【作用与用途】 本品为杀精子药,用于阴道避孕。

【用法】 每次房事前,用示指将1片药物尽可能塞入阴道深部。药物塞入后,保持仰卧位至少5min,使药物充分溶解后方可房事。

【注意事项】 ①本品为外用药物,避免误服。②如果药片变潮,其发泡效果及避孕作用将会受到影响,不能使用。

(二) 壬苯醇醚-9膜

【作用与用途】 药膜在阴道中溶解,释放出壬苯醇醚,与精子细胞脂蛋白膜相互作用,改变精子细胞渗透性,从而杀死精子或使精子失出活力达到避孕效果。

【用法】 每次房事前取药膜1张,对折2次或揉成松软小团,用示指推入阴道深处,10min后(不超过30min)再行房事。

【注意事项】 ①初次使用可能有轻度刺激感或不适感,阴道分泌物增多,使用时间延长,症状会减轻。②本品为阴道避孕药膜,切勿口服。

(三) 壬苯醇醚避孕栓阴道避孕栓

【作用与用途】 避孕栓在阴道内溶解后与精子细胞脂蛋白膜相互作用,改变了精细胞渗透性,从而杀死精子或使精子失去活力,达到避孕效果。

【用法】 房事前取药1粒,除去包装,用手指将避孕栓子缓缓塞入阴道深处,约10min后,再行房事。

【注意事项】 ①初次使用可能有轻度刺激感或不适感。②塞入栓子后30min内房事,若再次房事时应加用1粒。③切禁口服。

第十四节　神经系统用药

本章主要介绍镇静催眠药、抗癫痫药、抗惊厥药、抗帕金森病药等。

一、镇静催眠药

镇静催眠药是一类对中枢神经系统具有抑制作用的药物,小剂量可引起安静或嗜睡状态,较大剂量可诱导入睡、延长睡眠时间,某些药物还具有抗惊厥作用和麻醉作用。按化学结构不同,镇静催眠药可分为苯二氮䓬类、巴比妥类及其他类。

（一）苯二氮䓬类

本类药物安全范围较大，具有较好的镇静催眠作用，较巴比妥类更为有效且毒性更低，还有抗焦虑、中枢性肌肉松弛、抗惊厥、抗癫痫、抗震颤等作用，是目前镇静催眠、抗焦虑的首选药物。本类药物有地西泮（安定）、氟西泮、奥沙西泮、氯氮䓬和三唑仑等。

【适应证】

（1）抗焦虑：小于镇静剂量有良好的抗焦虑作用，可显著改善患者的紧张烦躁、焦虑不安、恐惧、失眠等焦虑症状，是治疗各种原因引起的焦虑症的首选药。

（2）镇静催眠：随着剂量增大，可引起镇静催眠作用。镇静作用快而确实，可缩短睡眠诱导时间，减少夜间觉醒次数，延长睡眠时间。临床用于麻醉前给药、各型失眠症的治疗，还可用于夜间惊恐和夜游症等。

（3）抗惊厥和抗癫痫：抗惊厥作用强，临床可用于破伤风、子痫、小儿高热惊厥及药物中毒引起惊厥的辅助治疗。静脉注射地西泮是治疗癫痫持续状态的首选药，也可用于癫痫大发作和小发作。

【不良反应】

（1）一般不良反应：治疗量时可致嗜睡、乏力、头昏、皮疹、低血压、记忆力减退等，大剂量时偶见共济失调、震颤、视力模糊、言语不清等，故驾驶员、高空作业和机器操作者慎用。

（2）耐受性和依赖性：长期使用可产生耐受性和依赖性，突然停药出现戒断症状，表现为失眠、焦虑、激动、震颤，甚至惊厥等。

（3）呼吸及循环抑制：静脉注射速度过快时对心血管和呼吸产生抑制作用，过量中毒时可致昏迷和呼吸抑制，可用特效拮抗药氟马西尼解救。

（4）致畸作用：可通过胎盘屏障和乳汁分泌，有致畸性，孕妇、哺乳期妇女禁用。

【典型制剂】　地西泮片：2.5mg/片、5mg/片。地西泮注射液：10mg/2ml。

（二）巴比妥类

本类药物安全性差，易发生依赖性，目前在临床上应用已日渐减少。本类药物有苯巴比妥、异戊巴比妥、司可巴比妥、硫喷妥等。

【适应证】　巴比妥类药物对中枢神经系统的抑制作用随剂量的增加逐渐加深，具有镇静、催眠和麻醉等作用，中毒剂量时出现昏迷，甚至死亡；抗惊厥作用也很强大，用于破伤风、子痫、小儿高热惊厥和药物中毒引起惊厥；也可用于治疗癫痫大发作和癫痫持续状态。硫喷妥钠可产生麻醉作用，临床用于静脉麻醉或诱导麻醉，适用于小手术或内镜检查等。

【不良反应】

（1）后遗效应：服药后次晨可出现头晕、困倦、嗜睡、精神不振及定向障碍等反应。服药期间不可从事驾车、操作机器或高空作业等。

（2）耐受性和依赖性：短期内反复用药可产生耐受性；长期用药可使患者对该类药物产生精神依赖性和躯体依赖性，突然停药可出现戒断症状。

（3）过敏反应：可见药热、皮疹，严重者出现剥脱性皮炎，一旦出现，应立即停药。

（4）急性中毒：大剂量可引起急性中毒，表现为昏迷、血压下降、呼吸抑制等，呼吸衰竭是致死的主要原因，中毒应及时送医院抢救。

【典型制剂】 苯巴比妥片:15mg/片、30mg/片、100mg/片;注射用苯巴比妥钠:50mg、100mg、200mg;苯巴比妥钠注射液:100m/1ml、200mg/2ml。

其他类镇静催眠药有:水合氯醛、吡唑坦、格鲁米特等。

二、抗惊厥药

抗惊厥药抑制神经冲动的传递和骨骼肌的收缩,而起到肌肉松弛作用。常用的抗惊厥药有巴比妥类、地西泮及水合氯醛等,注射硫酸镁也具有抗惊厥作用。

硫酸镁:镁离子可特异性地竞争 Ca^{2+} 受点,从而抑制神经冲动的传递,导致肌肉松弛作用。临床用于各种原因所致的惊厥,尤其是子痫、破伤风所引起的惊厥。

硫酸镁口服可导泻、利胆;静脉注射时可降压、抗惊厥;局部外敷可消炎消肿。过量时可引起呼吸抑制、血压骤降而死亡。肌腱反射消失是呼吸抑制的先兆。

中毒时可出现皮肤潮红、口干、血压下降、乏力、腱反射消失、呼吸抑制等症状,立即进行人工呼吸,并静脉注射氯化钙或葡萄糖酸钙 10~20ml 抢救。

【典型制剂】 硫酸镁注射液:1g/10ml、2. 5/10ml。

三、抗精神失常药

精神失常是由多种原因引起的以精神活动障碍为主的一类疾病,临床上最常见的为精神分裂症、躁狂抑郁症及焦虑症等,治疗这些疾病的药物统称为抗精神失常药。根据其作用和疗效,可把抗精神失常药分为三类:抗精神病药、抗躁狂抑郁症药和抗焦虑药。

其中精神分裂症是最常见的一类精神病,是人的基本个性发生改变,思维、情感、行为分裂,精神活动与环境的不协调的精神疾病。抗精神分裂症药有吩噻嗪类、硫杂蒽类、丁酰苯类及其他类。

以氯丙嗪(冬眠灵)为例。

【药理作用】

(1)对精神和行为的影响:正常人服用治疗量的药物后,出现镇静、安定、感情淡漠,对周围事物不感兴趣,环境安静可诱导入睡。连续长期用药,可使精神分裂症患者消除幻觉、妄想,减轻思维障碍,理智恢复,进行正常社会交往。

目前认为氯丙嗪的抗精神病作用主要是由于阻断了边缘系统的多巴胺受体所致,镇静安定作用与阻断网状结构上行激活系统的 α-肾上腺素受体有关。

(2)镇吐作用:大剂量能直接抑制呕吐中枢,产生镇吐作用。

(3)对体温调节的影响:氯丙嗪对体温调节中枢有很强的抑制作用,使体温调节失灵,可使恒温动物的体温随环境温度的变化而变化。在较大剂量时,置患者于冷环境中可出现镇静、嗜睡,体温降低至正常以下(34℃或更低),基础代谢降低,器官功能活动减少,耗氧量减少而至"人工冬眠"状态。

【适应证】

(1)治疗精神病:主要用于治疗急、慢性精神分裂症,尤其对精神运动性兴奋、幻觉、妄想、思维形式障碍、怪异行为等症状疗效好。能解除患者的躁狂、兴奋攻击状态。改善思维联想障碍,使患者的思维情感及行为趋于一致。

(2)止吐:用于治疗多种疾病(尿毒症、癌症、放射病等)和一些药物(吗啡、洋地黄、四环素等)所致的呕吐。但对晕动病所致的呕吐无效。氯丙嗪也可用于顽固性呃逆。

(3) 人工冬眠：与哌替啶、异丙嗪等药物配伍应用可使患者深睡，体温、代谢及组织耗氧量均降低，有利于患者渡过危险的组织损伤阶段，争得治疗时间，称为“人工冬眠”疗法。可用于严重创伤或感染、高热惊厥、中暑、破伤风、甲状腺危象等的辅助治疗。

【不良反应】

(1) 锥体外系反应：长期大剂量应用氯丙嗪，可阻断黑质一纹状体 DA 受体，而出现锥体外系反应。主要表现有：①震颤麻痹综合征，主要表现为肢体震颤、肌张力增高、齿轮样僵直、动作迟缓、运动减少等；②急性肌张力障碍，肌肉痉挛表现为强迫张口、伸舌、斜颈等怪异动作；③迟发性运动障碍，表现为不自主的刻板运动，以口、舌、面部不自主运动最常见。

(2) 自主神经失调：阻断 M 受体可致口干、便秘、视力模糊、眼压升高等；阻断 α 受体，加之对血管的扩张作用，易引起体位性低血压。

(3) 过敏反应：常见有皮疹、皮炎，长期使用可引起色素沉着。少数患者出现粒细胞缺乏、溶血性贫血、再生障碍性贫血及胆汁郁滞型黄疸，应立即停药治疗。

(4) 内分泌紊乱：长期应用可致乳房增大、停经、泌乳及不育症等。

氯丙嗪可诱发癫痫发作，禁用于有癫痫病史者；昏迷及严重肝、肾功能不全者禁用；有心血管疾病的老年人慎用，有冠心病者易致猝死，应密切注意。

【典型制剂】 盐酸氯丙嗪片：12.5mg/片、25mg/片、50mg/片。盐酸氯丙嗪注射液：10mg/1ml、25m/1ml、50m/2ml。

其他吩噻嗪类抗精神病药有：奋乃静、氟奋乃静、三氟拉嗪等。

（梁碧岩 于双慧）

自测题

单项选择题

1. 不属于抗消化性溃疡药的是
   A. 乳酶生　B. 三硅酸镁
   C. 西咪替丁　D. 哌仑西平
2. 下列不宜与碱性药物合用的药物是
   A. 胰酶　B. 胃蛋白酶
   C. 氢氧化铝　D. 枸橼酸铋钾
3. 开塞露是属于
   A. 泻药　B. 止泻药
   C. 保护胃黏膜药　D. 助消化药
4. 属于 H^+泵抑制药有
   A. 雷尼替丁　B. 哌仑西平
   C. 奥美拉唑　D. 枸橼酸铋钾
5. 枸橼酸铋钾治疗溃疡病的原理是
   A. 保护胃黏膜的溃疡面　B. 阻断 H_2 受体
   C. 中和胃酸　D. 阻断 M 受体
   E. 抗幽门螺杆菌
6. 刺激肠壁，促进肠蠕动导泻，用后尿呈红色的是
   A. 硫酸镁　B. 硫酸钠
   C. 甘油　D. 液体石蜡
   E. 酚酞
7. 下列何药为 H_2 受体阻断药
   A. 氢氧化铝　B. 雷尼替丁
   C. 哌仑西平　D. 奥美拉唑
   E. 枸橼酸铋钾
8. 治疗便秘，不包括
   A. 硫酸镁　B. 硫酸钠
   C. 地芬诺酯　D. 大黄

第三章　中医药类医药商品

第一节　中医基础理论

一、中医学理论体系的基本特点

中医学的理论体系是经过长期的临床实践，在唯物论和辩证法思想指导下，逐步形成的。这一独特的理论体系有两个基本特点：一是整体观念，二是辨证论治。

（一）整体观念

整体就是统一性、完整性和联系性。

1. 人体是一个有机的整体　中医认为人体是一个以五脏为中心、以心为主宰，通过经络内外络属联系的有机整体。人体的脏腑、形体、官窍通过经络系统的联络而形成一个完整的有机整体，从而使其在结构上不可分割，生理上相互联系，病理上相互影响，因而在诊断和治疗时，必须从整体出发。

2. 人与外界环境的统一

（1）人与自然界的统一性：人类生活在自然界中，自然界存在着人类赖以生存的必要条件。同时，自然界的变化又可以直接或间接地影响人体，而机体则相应地产生反应。

（2）人与社会环境的统一性：人生活在社会中，社会环境的变化，对人的生理、病理都会产生影响。因此中医诊治疾病、养生预防当中，都必须考虑社会因素对人体的影响。

（二）辨证论治

辨证论治是中医认识疾病和治疗疾病的基本原则，是中医学对疾病的一种特殊的研究和处理方法，也是中医学的基本特点之一。

证，是机体在疾病发展过程中的某一阶段的病理概括。所谓辨证，就是将四诊（望、闻、问、切）所收集的资料、症状和体征，通过分析、综合，辨清疾病的原因、性质、部位，以及邪正之间的关系，概括、判断为某种性质的证。论治，又称施治，则是根据辨证的结果，确定相应的治疗方法。辨证是决定治疗的前提和依据，论治是治疗疾病的手段和方法。通过辨证论治的效果可以检验辨证论治的正确与否。

二、阴阳五行

阴阳五行，是阴阳学说和五行学说的合称，是古人用以认识自然和解释自然的世界观和方法论，是我国古代的唯物论和辩证法。

（一）阴阳学说

1. 阴阳的基本概念　阴阳，是对自然界相互关联的某些事物和现象对立双方的概括。阴和阳，既可代表相互对立的事物，又可用以分析一个事物内部所存在着的相互对立的两个方面。

阴阳的最初涵义是指日光的向背，向日为阳，背日为阴，后来引申为气候的寒暖，方位的上下、左右、内外，运动状态的躁动和宁静等。阴阳引入医学领域，将对于人体具有推动、温煦、兴奋等作用的物质和功能，统属于阳；对于人体具有凝聚、滋润、抑制等作用的物质和功能，统属于阴。

2. 阴阳学说的基本内容　阴阳学说的基本内容主要有阴阳对立制约、阴阳互根互用、阴阳消长平衡、阴阳相互转化四个方面。

(1) 阴阳的对立制约：阴阳对立，是指在一个统一体中的阴阳双方相互对立、相互斗争，这是自然界普遍存在的规律。阴阳制约，是阴阳双方相互抑制，正由于阴阳的相互制约才使事物取得统一，维持相对平衡状态。

(2) 阴阳的互根互用：是指阴阳双方具有相互依存、相互为用的关系。阴和阳是对立统一的，两者既相互对立，又相互依存，任何一方都不能脱离另一方而单独存在。如上为阳，下为阴；没有上也就无所谓下；没有下，也就无所谓上。左为阳，右为阴；没有左，就无所谓右；没有右，也就无所谓左等。

(3) 阴阳的消长平衡：是指阴阳双方的数量、比例总是处于不断消减与增长的变化之中。阴阳在一定限度、一定时间内的“阴消阳长”、“阳消阴长”之中维持着相对的平衡。阴阳消长变化维持在一定范围内，是阴阳处在相对的动态平衡中，称为阴阳平衡、阴平阳秘，在人体则表现为生命活动的正常状态。如果阴阳消长变化超过一定范围，阴阳平衡遭到破坏，称为阴阳失调，在人体则标志为生命活动失常的疾病状态。

(4) 阴阳的相互转化：是指阴阳对立的双方，在一定的条件下，可以各自向其相反的方向转化，即阴可以转化为阳，阳也可以转化为阴。阴阳的转化，必须具备一定的条件。“重阴必阳，重阳必阴”，“寒极生热，热极生寒”，这里的“重”和“极”就是促进转化的条件。

3. 阴阳学说在中医学中的应用　阴阳学说，贯穿在中医学理论体系的各个方面，用来说明人体的组织结构、生理功能、疾病的发生发展规律，并指导着临床诊断和治疗。

(1) 说明人体的组织结构和生理功能：人体一切组织结构可以划分为相互对立的阴阳两部分。人体脏腑组织的阴阳属性，就大体部位来说，上部为阳，下部为阴；体表属阳，体内属阴。就其背腹、四肢内外侧来说，则背属阳、腹属阴等。人体的生理活动是以物质为基础的，没有物质的运动就无以产生生理功能。而物质属阴，功能属阳。人体功能与物质的关系，是阴阳相互依存、相互消长的关系。

(2) 说明人体的病理变化：阴阳的相对协调是健康的表现，疾病的发生及其病理过程，则是因某种原因而使阴阳失却协调所致。阴阳是互根互用的，又是互为制约消长的，所以阴阳失调就会导致阴阳的偏盛偏衰而发生疾病，而出现阴阳偏盛和阴阳偏衰的病变，“阳胜则热，阴胜则寒；阳虚则寒，阴虚则热”。

(3) 指导疾病的治疗：由于疾病发生发展的根本原因是阴阳失调，因此，调整阴阳，补其不足，泻其有余，恢复阴阳的相对平衡，就是治疗的基本原则。阴阳学说用以指导疾病的治疗，一是确定治疗原则，二是归纳药物的性能。

1) 确定治疗原则。阴阳偏胜的治疗原则：阴阳偏胜，即阴或阳的一方偏盛，为有余之证，可采用“损其有余”的方法。对阴阳偏衰的治疗，则应补其不足。从而使阴阳恢复新的相对平衡。

2）归纳药物的性能。药性中寒凉属阴（凉次于寒），温热属阳（温次于热）。而五味中辛、甘、淡属阳，酸、苦、咸属阴。升浮者为阳；沉降者为阴。

（二）五行学说

1. 五行的基本概念与特性

（1）五行的基本概念：五行，即是木、火、土、金、水五种物质及其运动变化。其中"五"是指木、火、土、金、水五种构成世界的基本物质；"行"是指这五种物质的运动变化。

（2）五行的特性

1）木的特性："木曰曲直"。"曲直"，实际上是指树木的生长形态都是枝干曲直，向上向外周舒展。因而引申为具有生长、升发、条达舒畅等作用或性质的事物，均归属于木。

2）火的特性："火曰炎上"。"炎上"，是指火具有温热、上升的特性。因而引申为具有温热、升腾作用的事物，均归属于火。

3）土的特性："土爰稼穑"。"稼穑"，是指土有播种和收获农作物的作用。因而引申为具有生化、承载、受纳作用的事物，均归属于土。

4）金的特性："金曰从革"。"从革"，是指"变革"的意思。引申为具有清洁、肃降、收敛等使用的事物，均归属于金。

5）水的特性："水曰润下"。是指水具有滋润和向下的特性。引申为具有寒凉、滋润、向下运行的事物，均归属于水。

2. 五行学说的基本内容

（1）五行的归类推演：自然界和社会中的各种事物和现象都可根据五行特性来进行归类，由此而构成五行系统。归类的方法主要有取象类比法和推演络绎法两种。取象类比法是从事物现象中找出能反映本质的属性，直接与五行特性比较，以确定五行属性的一种方法，如方位、四时、五脏的五行属性的确定。推演络绎法是根据已知的某事物的五行属性，推断与此事物相关的其他事物的五行属性，如五色、五味、五脏、五官、五体、五志等五行属性的确定，见表3-1。

表3-1　五行表

自然界							五行	人体								
五音	五味	五色	五化	五气	五方	五季		五脏	五腑	五体	五官	五志	五声	五变	五脉	五液
角	酸	青	生	风	东	春	木	肝	胆	筋	目	怒	呼	握	弦	泪
徵	苦	赤	长	暑	南	夏	火	心	小肠	脉	舌	喜	笑	忧	洪	汗
宫	甘	黄	化	湿	中	长夏	土	脾	胃	肉	口	思	歌	哕	缓	涎
商	辛	白	收	燥	西	秋	金	肺	大肠	皮	鼻	悲	哭	咳	浮	涕
羽	咸	黑	藏	寒	北	冬	水	肾	膀胱	骨	耳	恐	呻	栗	沉	唾

事物以五行的特性来分析、归类和推演络绎，把自然界的千变万化事物，归结为木、火、土、金、水的五行系统。对人体来说，也即是将人体的各种组织和功能，归结为以五脏为中心的五个生理、病理系统。

（2）五行的生克乘侮

1）五行生克：是五行之间关系的正常状态，用于阐释自然界和人体的生理活动。五行相生是指五行之间存在着有序的依次资生、助长的关系，相生的次序是：木生火，火生土，土生金，金生水，水生木。在五行相生关系中，生我者为母，我生者为子。五行相克是指五行之间存在着有序的克制、制约的关系，相克的次序是：木克土，土克水，水克火，火克金，金克木。

2）五行乘侮：是五行之间的异常克制现象，用于阐释自然界的异常变化和人体的病理变化。五行相乘是指按相克次序的过度克制，即木乘土，土乘水，水乘火，火乘金，金乘木。五行相侮是指与相克次序相反方向的反克，即木侮金、金侮火、火侮水、水侮土、土侮木。相乘和相侮有联系，相乘时可同时出现相侮，相侮时亦可同时伴有相乘。

（3）五行学说在中医学中的应用

1）概括生理功能：五行学说用于概括人体生理功能，主要体现在五脏各自生理功能特点与五脏之间相互关系等方面。首先，五行学说将人的五脏分别归属于五行，用五行的特性来说明五脏的生理功能特点。其次，五行学说运用五行生克关系说明五脏之间相互资生关系与相互制约关系，如木生火，肝属木而心属火，故肝生心，肝藏血可以济心。

2）阐释病理变化：五脏在病理上的相互影响也可以称为传变，传变可分为相生关系的传变和相克关系的传变两类。相克关系的传变，包括相乘和相侮。相乘为相克太过为病；相侮，即反向克制为病。如"木旺乘土""土虚木乘"、"木火刑金"、"土虚水侮"。

3）用于诊断和治疗：五脏与五色、五音、五味及相关脉象的变化，在五行分类归属上有着一定的联系，所以在临床诊断疾病时，就可以根据四诊资料，联系五行所属及生克乘侮的变化规律来推断病情。如面色青、喜食酸、脉弦，可以诊断为肝病；面赤、口苦、脉洪数，可以诊断为心火亢盛。脾虚患者，面色青黄，多为木乘土；心病面见黑色，多为水乘火。

由于五脏病变可以按五行生克乘侮和母子相及规律传变，因此临床治疗时，除针对本脏进行治疗外，还应根据五行生克乘侮规律来调整各脏腑之间的相互关系，以控制其传变。

三、藏象学说

藏，是指藏于体内的内脏；象，是指表现于外的生理、病理现象。藏象学说，即是通过对人体生理、病理现象的观察，研究人体各个脏腑的生理功能、病理变化及其相互关系的学说。

藏象学说，是以脏腑为基础。脏腑，是内脏的总称。按照脏腑的生理功能特点，可分为脏、腑、奇恒之腑三类：脏，即心、肺、脾、肝、肾，合称为"五脏"；腑，即胆、胃、小肠、大肠、膀胱、三焦，合称为"六腑"；奇恒之腑，即脑、髓、骨、脉、胆、女子胞。五脏的共同生理特点，是化生和储藏精气；六腑的共同生理特点，是受盛和传化水谷。

（一）五脏

五脏，是心、肺、脾、肝、肾的合称。

1. 心　心居于胸腔，两肺之间，隔膜之上，有心包卫护于外。心为阳中之阳，在五行中属火，与小肠相表里，为"君主之官"。

（1）心的主要生理功能

1）心主血脉：包括主血和主脉两个方面：全身的血，都在脉中运行，依赖于心脏的搏动而输送到全身，发挥其营养和滋润的作用。心脏的正常搏动，主要依赖于心气。血液的正常运行,必须以心气充沛、血液充盈和脉道通利为其最基本的前提条件。

2)心主神志:广义的神,是指整个人体生命活动的外在表现。狭义的神,是指人的精神、意识、思维活动,即是心所主之神志。心对人体的生命活动起着主宰作用。心主神志的生理功能正常,则精神振奋,神志清晰,思考敏捷,对外界信息的反应灵敏和正常。

(2)心与志、液、体和窍的关系

1)在志为喜:是指心的生理功能和精神情志的“喜”有关。

2)在液为汗:汗为津液所化生,血与津液又同出一源,因此有“汗血同源”之说。而血又为心所主,故有“汗为心之液”之称。

3)在体合脉、其华在面:脉是指血脉。心合脉,即是指全身的血脉都属于心。其华在面,即是心的生理功能是否正常,可以显露于面部的色泽变化。

4)在窍为舌:舌的味觉功能和言语功能有赖于心主血脉和心主神志的功能。从舌的色泽可以直接察知气血的运行和判断心主血脉的生理功能。

2. 肺 肺居胸中,左右各一。肺为阳中之阴,五行属金,与大肠相表里。肺为气之本,在脏腑中,肺的位置最高,故为“华盖”。

(1)肺的主要生理功能

1)主气、司呼吸:肺的主气功能包括主一身之气和呼吸之气。肺主一身之气,是肺有主持、调节全身之气的作用,包括宗气的形成和全身气机的调节。

肺主呼吸之气,是指肺是体内外气体交换的场所,通过肺的呼吸,吸清呼浊,实现体内外气体的交换,以保证人体新陈代谢的正常运行。

2)主宣发和肃降:所谓“宣发”,即是宣发和布散,也就是肺气向上的升宣和向外周的布散。所谓“肃降”,即是清肃、洁净和下降,也就是肺气向下的通降和使呼吸道保持洁净的作用。

肺主宣发的生理作用,主要体现于三个方面:一是通过肺的气化,排出体内的浊气。二是将脾所转输的津液和水谷精微,布散到全身,外达于皮毛。三是宣发卫气,调节腠理之开合,将代谢后的津液化为汗液,排出体外。

肺主肃降的生理作用,主要体现于三个方面:一是吸入自然界的清气。二是将肺吸入的清气和由脾转输至肺的津液和水谷精微向下布散。三是肃清肺和呼吸道内的异物,以保持呼吸道的洁净。

3)主通调水道:肺的通调水道功能,是指肺的宣发和肃降对体内水液的输布、运行和排泄起着疏通和调节的作用。如果肺的通调水道功能减退,就可发生水液停聚而生痰、成饮,甚则水泛为肿等病变。

4)朝百脉、主治节:肺朝百脉,即是指全身的血液,都通过经脉而聚会于肺,通过肺的呼吸,进行气体的交换,然后再输布到全身。主治节,是肺对全身起着治理调节作用。

(2)肺与志、液、体和窍的关系

1)在志为忧:忧和悲,均属于非良性刺激的情绪反映,它对于人体的主要影响,是使气不断地消耗。

2)在液为涕:涕是由鼻黏膜分泌的黏液,并有润泽鼻窍的功能。在正常情况下,鼻涕润泽鼻窍而不外流。若肺寒,则鼻流清涕;肺热,则涕黄浊;肺燥,则鼻干。

3)在体合皮、其华在毛:皮毛,包括皮肤、汗腺、毫毛等组织,是一身之表,都归属于肺。依赖于卫气和津液的温养和润泽,肺的生理功能是否正常,可以反映在皮毛上。

4）在窍为鼻：肺开窍于鼻，鼻的嗅觉与喉部的发音，都是肺气的作用。所以肺气和、呼吸利，则嗅觉灵敏，声音能彰。肺的疾病也常常因外邪经鼻入侵所致。

3. 脾 脾位于中焦，在膈之下。脾为阴中之至阴，五行属土，与胃相表里。脾为气血生化之源，为后天之本。脾和胃为“仓廪之官”。

（1）脾的主要生理功能

1）主运化：运，即转运输送；化，即消化吸收。脾主运化，是指脾具有把水谷（饮食物）化为精微，并将精微物质转输至全身的生理功能。脾的运化功能，可分为运化水谷和运化水液两个方面。

运化水谷，即是脾对饮食物的消化及对精微物质的吸收和输布作用。具体可以分为三个阶段：先帮助胃肠将饮食物消化分解成精微和糟粕两个部分，再帮胃肠道吸收水谷精微，最后把吸收的水谷精微运送到全身。若脾主运化的功能减退，则出现食欲缺乏、腹胀、便溏、消瘦、倦怠等气血不足的症状。运化水液，是指脾对水液的吸收、转输和布散作用，是脾主运化的一个组成部分。即是对被吸收的水谷精微中多余水分，能及时地转输至肺和肾，通过肺、肾的气化功能，化为汗和尿排出体外。脾主运化水液的功能减退，必然导致水液不能布散而在体内停滞，产生水、湿、痰、饮及水肿等病理变化。

2）主升清：“升清”的升，是指脾气的运动特点，以上升为主，“清”，是指水谷精微等营养物质。“升清”，即是指水谷精微等营养物质的吸收和上输于心、肺、头目，通过心肺的作用化生气血，以营养全身。若脾气不能升清，可出现神疲乏力、头目眩晕、腹胀、泄泻等症。脾主升清，还可以维持内脏的相对恒定。脾气（中气）下陷，则可见久泄脱肛，甚或内脏下垂等病症。

3）主统血：统，是统摄、控制的意思，即是脾有统摄血液在经脉之中流行，防止逸出脉外的功能。若脾的运化功能减退，则气血生化无源，气血虚亏，气的固摄功能减退，而导致各种出血。

（2）脾与志、液、体和窍的关系

1）在志为思：是指脾脏与思的情志有密切的关系。思虑过度，会影响脾的运化和升清功能，常能导致不思饮食，脘腹胀闷，头目眩晕等症。

2）在液为涎：在正常情况下，涎液上行于口，但不溢于口外。若脾胃不和，则往往导致涎液分泌急剧增加，而发生口涎自出等现象，故说脾在液为涎。

3）在体合肌肉、主四肢：脾将水谷精微输送到人体的四肢，以维持四肢的正常活动。同时全身的肌肉也要依靠脾运化和输送的水谷精微来营养，才能肌肉发达，健壮有力。

4）在窍为口、其华在唇：开窍于口，系指饮食口味等与脾运化功能有密切关系。口味的正常与否，全赖于脾胃的运化功能。口唇的色泽，不但是全身气血状况的反映，而且实际上也是脾胃运化水谷精微的功能状态的反映。

4. 肝 肝位于腹部，横膈之下，右胁之内。肝为阴中之阳，五行属木，与胆相表里。肝为罢极之本，魂之处，血之藏，筋之宗，肝又称为“将军之官”等。

（1）肝的主要生理功能

1）主疏泄：疏，即疏通；泄，即发泄、升发。肝的疏泄功能反映了肝为刚脏，主升、主动的生理特点，是调畅全身气机，推动血和津液运行的一个重要环节。肝的疏泄功能，主要表现在以下五个方面。

调畅气机，使气机疏通、畅达、升发。血的运行、津液的输布、脏腑的功能活动及经络的通利，都依赖于气机的畅达。

促进脾胃的运化。脾胃的运化功能正常与否的一个极重要环节，是脾的升清与胃的降浊之间是否协调平衡，而肝的疏泄功能，可以使两者之间功能协调。

促进胆汁的分泌与排泄。肝的疏泄正常，则胆汁能正常地分泌和排泄，有助于脾胃的运化功能。

调畅情志活动。正常的情志活动，主要依赖于气血的正常运行，情志异常对机体生理活动的重要影响，也在于干扰正常的气血运行。

此外，妇女的排卵和月经来潮、男子的排精，与肝的疏泄功能也有密切的关系。

2）主藏血：是指肝有储藏血液和调节血量的生理功能。肝可以将一定量的血储存于肝内，以供机体各部分活动需要。肝对人体各部分血量的分配起调节作用，人动则血运于诸经，人静则血归于肝脏。肝血不足或肝不藏血时，即可引起月经量少，甚则闭经，或月经量多，甚则崩漏等症。

（2）肝与志、液、体和窍的关系

1）在志为怒：怒是人们在情绪激动时的一种情志变化，属于一种不良的刺激，可使气血上逆，阳气升泄。

2）在液为泪：肝开窍于目，泪从目出，故说："肝为泪"。在正常情况下，泪濡润眼睛而不外溢。

3）在体合筋，其华在爪：筋附着于骨而聚于关节，有赖于肝血的滋养。肝的血液充盈，才能养筋；筋得其所养，才能运动有力而灵活。爪即爪甲，包括指甲和趾甲，乃筋之延续，故称"爪为筋之余"。肝血的盛衰，可影响爪甲的荣枯。

4）在窍为目：肝的经脉上联于目系，肝与目的关系密切。目的视力，有赖于肝气之疏泄和肝血之营养，故说："肝开窍于目"。

5. 肾 肾位于腰部，脊柱两旁，左右各一。肾为阴中之阴，五行中属水，与膀胱相表里。肾为封藏之本，先天之本，精之处。肾又被称为"作强之官、水脏"等。

（1）肾的主要生理功能

1）藏精：即是说，肾对于精气具有闭藏的作用，为精气在体内能充分发挥其应有的生理效应，创造良好的条件。精是构成人体和推动人体生命活动的基本物质，有广义和狭义之分。广义之精，泛指一切精微物质。狭义的精，是指肾中所藏之精。肾中所藏之精，一是来源于父母的生殖之精，称先天之精；二是来源于饮食物的水谷之精，称后天之精。两者相辅相成，在肾中密切结合而组成肾中精气。肾中精气的主要生理效应是促进机体的生长、发育和逐步具备生殖能力。机体生、长、壮、老、已的自然规律，与肾中精气的盛衰密切相关。

2）主水：是指肾具有主持和调节人体津液代谢的生理功能。肾中精气的蒸腾气化，主宰着整个津液代谢，肺、脾等内脏对津液的气化，均依赖于肾中精气的蒸腾气化；特别是尿液的生成和排泄，更是与肾中精气的蒸腾气化直接相关。如果肾中精气的蒸腾气化失常，则可引起关门不利，小便代谢障碍而发生尿少、水肿等病理现象。

3）主纳气：是指肾有摄纳肺所吸入的清气，有助于肺保持吸气深度，防止呼吸表浅的作用。肺吸入之清气，必须下达于肾，以帮助肺维持吸气的深度。因此，肾的纳气功能正常，则呼吸均匀和调。若肾的纳气功能减退，则出现呼吸表浅，动辄气喘，呼多吸少等病理现象。这即称为"肾不纳气"。

(2) 肾与志、液、体和窍的关系

1) 在志为恐:恐是人们对事物惧怕的一种精神状态,是一种不良的刺激。肾藏精居下焦,恐则气下,则出现下焦胀满,甚至遗尿。

2) 在液为唾:唾为肾精所化,有滋养肾中精气的作用。若多唾或久唾,则易耗损肾中精气。

3) 主骨生髓,其华在发:骨的生长发育,有赖于骨髓的充盈及其所提供的营养。肾中精气的盛衰,影响骨髓、脊髓和脑髓的充盈和发育。发的生长,全赖于精和血。

4) 开窍于耳及二阴:听觉的灵敏与否,与肾中精气的盈亏有密切关系。二阴,即前阴(外生殖器)和后阴(肛门)。尿液的排泄虽在膀胱,但须依赖肾的气化才能完成。

(二) 六腑

六腑,即胆、胃、大肠、小肠、膀胱、三焦的合称。六腑多为囊状官腔性器官,共同的生理功能特点是受盛和传化水谷,泻而不藏,实而不满。

1. 胆 胆,居六腑之首,又隶属于奇恒之府。肝和胆有经脉相互络属,而为表里。

(1) 储存和排泄胆汁:胆储存胆汁,胆汁源于肝,汇聚于胆。储存于胆内的胆汁,经排泄到小肠,以帮助饮食物的消化。胆汁的化生和排泄,由肝的疏泄功能控制和调节。

(2) 主决断:是指胆与人的勇怯及决断能力有关。如胆气虚则惊悸、虚怯、善太息,数谋虑而不能决断等。

2. 胃 胃,又称胃脘,分上、中、下三部。胃被称为"太仓"、"水谷之海"等。胃的主要生理功能是受纳与腐熟水谷,胃以降为和。

(1) 主受纳、腐熟水谷:指胃接受、容纳饮食物,并对饮食物进行初步消化,形成食糜。食糜经胃下传于小肠,其精微经脾的运化而营养全身。

(2) 主通降,以降为和:饮食物入胃,经胃的腐熟后,必须下行入小肠,进一步消化吸收。胃的通降作用,还包括小肠将食物残渣下输于大肠,及大肠传化糟粕的功能在内。

3. 小肠 小肠,位于腹中,其上口与胃相接,其下口与大肠相连。小肠与心有经脉互相络属,故与心相为表里。小肠的主要生理功能是受盛、化物和泌别清浊。

(1) 主受盛和化物:是指小肠具有接受胃初步消化之食糜和将食糜进一步消化为水谷精微的生理功能。如小肠受盛和化物的功能失常,则可见腹胀、肠鸣、腹痛或者泄泻等。

(2) 泌别清浊:小肠对食物消化的同时,随之进行分清别浊的功能。分清是将食物中的精华吸收,再经脾运化全身。别浊,是将食物残渣下输大肠,形成粪便。

4. 大肠 大肠亦居腹中,其上紧接小肠,其下端紧接肛门。大肠与肺有经脉相互络属,而为表里。大肠的主要生理功能是传化糟粕。

大肠接受经过小肠泌别清浊后所剩下的食物残渣,再吸收其中多余的水液,形成粪便,经肛门而排出体外。

5. 膀胱 膀胱位于小腹中央,为贮尿的器官。膀胱和肾直接相通,两者又有经脉相互络属,故为表里,膀胱的主要生理功能是贮尿和排尿。

尿液为津液所化,在肾的气化作用下生成尿液,下输于膀胱。尿液在膀胱内贮留至一定程度时,即可及时自主地排出体外。

6. 三焦 三焦是上焦、中焦、下焦的合称,为六腑之一。三焦的主要生理功能是主持诸气、通行水道。三焦是分布于胸腹腔的一个大腑,在人体脏腑中,唯它最大,故有"孤府”之称。

（1）通行元气：是指三焦作为元气的通道使根于肾的元气充沛全身，以推动、激发各脏腑组织器官的功能活动。三焦通利则元气通畅，全身气的升降出入运行正常。

（2）运行水液：三焦有疏通水道、运行水液的作用，是水液升降出入的通路。

（三）奇恒之府

奇恒之府，包括脑、髓、骨、脉、胆、女子胞六个脏器组织。它们在形态上多属中空而与腑相似，在功能上则不是饮食物消化排泄的通道，而且又储藏精气，与脏的生理功能特点相类似。

四、气、血、津液

气、血、津液是构成人体和维持人体生命活动的基本物质，是脏腑、经络等组织器官进行生理活动的物质基础，也是脏腑生理活动的产物。

（一）气

气是不断运动的精微物质，是构成人体和维持生命活动的最基本物质，人体中血、精、津液等生命基本物质，也都是由气这种最基本的物质所化生的。

1. 气的生成 气的生成有三个方面：即禀受于父母的先天之精气、水谷之精气、自然界的清气，三者通过肺、脾、肾、胃等脏腑功能的综合作用，共同生成人体之气。

2. 气的生理功能 气，是维持人体生命活动的最基本物质，它对于人体具有十分重要的多种生理功能。气的生理功能，主要有六个方面。

（1）推动作用：气能激发和促进人体的生长发育及各脏腑、经络等组织器官的生理活动，对血的生成和运行，津液的生成、输布和排泄等，均起着推动作用和激发其运动的作用。

（2）温煦作用：气是人体热量的来源，人体的体温，是依靠气的温煦作用来维持恒定；各脏腑、经络等组织器官，也要在气的温煦作用下进行正常的生理活动；血和津液等液态物质，也要依靠气的温煦作用，进行着正常的循环运行。

（3）防御作用：气的防御作用，主要体现于护卫全身的肌表，防御外邪的入侵。气的防御作用减弱，外邪就得以侵入机体而致病。气的防御作用减弱，全身的抗病能力必须随之而下降，机体也易患疾病。

（4）固摄作用：气的固摄作用，主要是对血、津液等液态物质具有防止其无故流失的作用。若气的固摄作用减弱，能导致体内液态物质大量流失的危险。

（5）气化作用：气化是指通过气的运动而产生的各种变化，是指精、气、血、津液各自的新陈代谢及其相互转化。气化运动是生命的基本特征。如果气化功能失常，会影响整个物质代谢过程，形成各种代谢异常的疾病。

（6）营养作用：主要指脾胃把饮食物化生为水谷精微，进而化生为营气以营养全身。营养与津液结合化生为血液，由脉运往全身，发挥营养作用。

3. 气的分布、分类及功能 根据气的主要组成部分、分布部位和功能特点的不同，有各种不同的名称。主要有如下几种。

（1）元气：元气，又名“原气”、“真气”，是人体最基本、最重要的气，是人体生命活动的原动力。元气根于肾，依赖于肾中精气所化生。

元气的主要功能，是推动人体的生长和发育，温煦和激发各个脏腑、经络等组织器官的生理活动，所以说，元气是人体生命活动的原动力，是维持生命活动的最基本物质。

（2）宗气：宗气，是积于胸中之气，以肺从自然界吸入的清气和脾胃从饮食物中运化而生成的水谷精气为其主要组成部分，相互结合而成。

宗气的主要功能有两个方面：一是走息道以行呼吸。凡语言、声音、呼吸的强弱，都与宗气的盛衰有关。二是贯心脉以行气血。凡气血的运行、肢体的寒温和活动能力、视听的感觉能力、心搏的强弱及其节律等，皆与宗气的盛衰有关。

（3）营气：营气富于营养，故又称"荣气"。营气主要来自脾胃运化的水谷精气，由水谷精气中的精华部分所化生。营气分布于血脉之中，成为血液的组成部分而循脉上下，营运于全身。

营气的主要生理功能，有营养和化生血液两个方面。

（4）卫气：卫气是运行于脉外之气，主要由水谷精气所化生，它的特性是"漂疾滑利"。也就是说它的活动力特别强，流动很迅速。

卫气的生理功能有三方面，一是护卫肌表，防御外邪入侵。二是温养脏腑、肌肉、皮毛等。三是调节控制腠理的开合、汗液的排泄，以维持体温的相对恒定等。

（二）血

1. 血的基本概念 血，是红色的液态样物质，是构成人体和维持人体生命活动的基本物质之一，具有很高的营养和滋润作用。

2. 血的生成 血，主要由营气和津液所组成。营气和津液，都来自所摄入的饮食物经脾和胃的消化吸收而生成的水谷精微，所以说脾和胃是气血生化之源。血液的生成过程，又要通过营气和肺的作用，方能化生为血。

3. 血的功能

（1）营养和滋润作用：血在脉中循行，内至脏腑，外达皮肉筋骨，不断地对全身各脏腑组织器官起着充分的营养和滋润作用，以维持正常的生理活动。

（2）是神志活动的物质基础：人的精神充沛，神志清晰，感觉灵敏，活动自如，均有赖于血气的充盛，血脉的调和与流利。

（三）津液

1. 津液的基本概念 津液，是机体一切正常水液的总称，和气与血一样，是构成人体和维持人体生命活动的基本物质。津和液，同属于水液，都来源于饮食，有赖于脾和胃的运化功能而生成。由于津和液在其性状、功能及其分布部位等方面均有所不同，因而也有一定的区别。一般地说，性质较清稀，流动性较大，布散于体表皮肤、肌肉和孔窍，并能渗注于血脉，起滋润作用的，称为津；性质较稠厚，流动性较小，灌注于骨节、脏腑、脑、髓等组织，起濡养作用的，称为液。

2. 津液的功能

（1）滋润和濡养机体：津液是含有丰富营养的液态物质，其布散全身，起到滋养濡润的作用。

（2）参与化生血液：津液渗入血脉中和营气一起化生为血液。

（3）运载全身之气：津液为气之载体，气依附于津液，运动变化于津液之中。

（4）排泄代谢物：津液在代谢过程中，能把机体的代谢产物通过汗、尿等排出体外，以维持正常的气化活动。

（四）气、血、津液之间的相互关系

气、血、津液是构成人体和维持人体生命活动的最基本物质。无论在生理或病理情况下，气、血、津液之间均存在着极为密切的相互关系。

（1）气和血的关系

1）气能生血：是指血的组成及其生成过程中，均离不开气和气的运动变化。气旺，则化生血的功能亦强；气虚，则化生血的功能亦弱，甚则可导致血虚。

2）气能行血：血属阴而主静，血不能自行，有赖于气的推动；气行则血行，气滞则血瘀。

3）气能摄血：血在脉中循行而不逸出脉外，主要依赖于气对血的固摄作用。如果气虚而固摄血液的作用减弱，可导致各种出血的病证，即是“气不摄血”。

4）血能载气：血是气的载体，并给气以充分的营养。

5）血能生气：血为气的功能提供营养，使气保持充盛。若血虚者，气亦易衰；血脱者，气亦逸脱。

（2）血和津液的关系：血和津液的生成都来源于水谷精气，由水谷精气所化生，故有“津血同源”之说。津液渗注于脉中，即成为血液的组成部分。

五、病　　因

病因是导致人体产生疾病的原因。致病因素是多种多样的，诸如气候的异常、疫病的传染、精神刺激、饮食劳倦、跌仆金刃外伤，以及虫兽所伤等，均可导致疾病的发生。一般中医将病因分为外感性致病因素、内伤性致病因素和其他致病因素三大类。

1. 六淫

（1）六淫的概念：六淫，即风、寒、暑、湿、燥、火六种外感病邪的统称。风、寒、暑、湿、燥、火，在正常的情况下，称为“六气”，是自然界六种不同的气候变化。当六气成为致病因素，侵犯人体发生疾病时，便称为“六淫”，是属于外感病的一类致病因素。

（2）六淫致病的不同特点

1）风：风为春季的主气，四季皆有风。风邪的性质与致病特点如下。

风为阳邪，其性开泄：风邪具有善动、升发、向上、向外的特性，故属于阳邪。其性开泄，是指易使腠理疏泄而开张。风邪侵袭，多侵犯人体的上部（头面）、阳经和肌表，使皮毛腠理开泄，常出现头痛、汗出、恶风等症状。

风性善行而数变：风邪致病，发病迅速、变化较快、病位游走不定。

风性主动：风邪致病，常出现动摇不定的特点。

风为百病之长：风邪致病，常为外邪致病的先导。凡寒、湿、燥、热诸邪多依附于风而侵犯人体，如外感风寒、风热、风湿等。

2）寒：寒为冬季主气，也可见于其他季节。寒邪伤于肌表，郁遏卫阳，称为“伤寒”；寒邪直中于里，伤及脏腑阳气，则为“中寒”。寒邪的性质及致病特点如下。

寒为阴邪，易伤阳气：感受寒邪，最易损伤人体阳气。阳气受损，失其正常的温煦气化作用，则可出现阳气衰退的寒证。

寒性凝滞：寒邪致病，可致阳气不振，气血运行不畅或气血凝滞，脉络不通，出现疼痛。故又说寒性凝滞而主痛。

寒性收引：寒邪侵袭人体，侵犯肌肤，皮毛、汗孔收缩，出现恶寒、无汗、脉紧等表现。寒邪侵犯关节，经脉收引，出现关节剧烈疼痛与筋脉拘急痉挛等表现。

3）暑：暑为夏季的主气，致病有明显的季节性，主要发生于夏至以后，立秋以前。暑邪的性质及致病特点如下。

暑为阳邪，其性升散：人受暑邪则腠理开泄，多见壮热，心烦，面赤，汗出、身大热、脉象洪大等表现。

暑多伤津耗气：暑邪致病，汗出过多而伤津液，津液亏损，即可出现口渴喜饮，尿赤短少等症。汗出的同时，往往气随津泄，而致气虚，可见气短乏力，甚则突然昏倒，不省人事。

暑多夹湿：暑邪为病，常兼夹湿邪以侵犯人体。其临床特征除发热、烦渴等暑热症状外，常兼见四肢困倦，胸闷呕恶，大便溏泄而不爽等湿阻症状。

4）湿：湿为长夏主气。夏秋之交，为一年之中湿气最盛的季节。湿邪的性质及致病特点如下。

湿为阴邪，阻遏气机，损伤阳气：湿邪黏滞，留滞于脏腑经络，阻遏气机，出现胸脘痞闷、小便短涩、大便溏而不爽等表现。

湿性重浊：湿邪致病，可出现头身困重，四肢酸楚，关节酸痛、痛处固定、活动不利，小便浑浊不清，大便溏泄等表现。

湿性黏滞：湿邪的性质黏腻停滞，主要表现在两方面：一是指湿病症状多黏滞而不爽，如排出物及分泌物多滞涩而不畅。二是指湿邪为病多缠绵难愈，病程较长或反复发作，如湿痹、湿疹、湿温病等。

湿性趋下，易袭阴位：湿邪为病多见下部的症状，如水肿多以下肢较为明显。此外，淋浊、带下、泄痢等病证，多由湿邪下注所致。

5）燥：燥为秋季主气。燥邪为病又有温燥、凉燥之分：初秋有夏热之余气，燥与温热结合而侵犯人体，则多见温燥病证；深秋又有近冬之寒气，燥与寒邪结合侵犯人体，故有时亦见凉燥病证。燥邪的性质及致病特点如下。

燥性干涩，易伤津液：燥邪为干涩之病邪，故外感燥邪最易耗伤人体的津液，造成阴津亏虚的病变，可见口鼻干燥，咽干口渴，皮肤干涩，甚则皲裂，毛发不荣，小便短少，大便干结等症。

燥易伤肺：肺在外合皮毛，开窍于鼻，燥邪伤人，多从口鼻而入，故最易伤损肺津，影响肺的宣发肃降功能，从而出现干咳少痰，或痰液胶黏难咯，或痰中带血，以及喘息胸痛等症。

6）火：火为夏季的主气。火为热之极，火与热常并称。火热邪气的性质和致病特点如下。

火热为阳邪，其性炎上：火属阳邪，阳主躁动而向上。火热伤人，多见高热、恶热、烦渴、口渴、脉洪数等症。火热上扰神明，出现心烦失眠、狂躁妄动、神昏谵语等症。临床所见火热病症，亦多表现在人体的上部，如头面部位。

火易耗气伤津：火热之邪，易迫津外泄，消灼阴液，使人体阴津耗伤，除有热象外，往往伴有口渴喜饮、咽干舌燥、小便短赤、大便秘结等津伤液耗之症。

火易生风动血：火邪耗伤津液，使筋脉失其滋养濡润，而致肝风内动，称为“热极生风”，表现为高热，神昏谵语，四肢抽搐，目睛上视，颈项强直，角弓反张等。同时，火热之邪可以加速血行，甚则迫血妄行，而致各种出血，如吐血、衄血、便血、尿血、皮肤发斑及妇女月经过多等病证。

火易扰乱心神：火邪致病，导致神志不安，烦躁，或语妄发狂，或昏迷等症。

火易致肿疡：火热之邪入于血分，可聚于局部，腐蚀血肉发为痈肿疮疡。。

2. 七情内伤 七情即喜、怒、忧、思、悲、恐、惊七种情志变化，是机体的精神状态。七情是人体对客观事物的不同反映，在正常的情况下，一般不会使人致病。只有突然、强烈或长期持久的情志刺激，超过了人体本身的正常生理活动范围，使人体气机紊乱，脏腑阴阳气血失调，才会导致疾病的发生，由于它是造成内伤病的主要致病因素之一，故又称“内伤七情”。

人体的情志活动与内脏有密切的关系，而脏腑功能活动主要靠气的温煦、推动和血的濡养。情志活动必须以五脏精气作为物质基础。又说心“在志为喜”，肝“在志为怒”，脾“在志为思”，肺“在志为忧”，肾“在志为恐”。喜怒思忧恐，简称为“五志”。

七情致病直接影响相应的内脏，使脏腑气机逆乱，气血失调，导致种种病变的发生。怒则气上，喜则气缓，悲则气消，恐则气下，惊则气乱，思则气结。

3. 痰饮、瘀血 痰饮和瘀血是人体受某种致病因素作用后在疾病过程中所形成的病理产物。这些病理产物形成之后，又能直接或间接作用于人体某一脏腑组织，发生多种病证，故又属致病因素之一。

（1）痰饮：痰饮是水液代谢障碍所形成的病理产物。质稠者为痰，质稀者为饮。痰随气遍布全身、无处不到，饮常聚于胃肠、胸胁等。痰饮致病的主要特点如下：①阻碍气血的运行；②影响水液的代谢；③蒙蔽心神；④致病广泛，变化多端。

（2）瘀血：指体内有血液停滞，包括离经之血积存体内，或血运不畅，阻滞于经脉及脏腑内的血液，均称为瘀血。瘀血的形成，主要有两方面：一是因气虚、气滞、血寒、血热等原因，使血行不畅而凝滞。二是由于内外伤、气虚失摄或血热妄行等原因造成血离经脉，积存于体内而形成瘀血。

瘀血临床特点：①疼痛。多为刺痛，痛处固定不移，拒按，夜间痛甚。②肿块。外伤肌肤局部，可见青紫肿胀，瘀积于体内，久聚不散，则可形成痛积，按之有痞块，固定不移。③望诊。血色多呈紫暗色，并伴有块状。面色黧黑，肌肤甲错，唇甲青紫，舌质暗紫，或有瘀点、瘀斑，舌下经脉曲张等。④脉诊。脉象多见细涩、沉弦或结代等。

六、诊　法

诊法，是中医诊察收集病情资料的基本方法。中医诊法的内容主要包括望、闻、问、切四诊。此处只介绍问诊和望诊。

（一）问诊

问诊是了解病情，诊察疾病的重要方法，在四诊中占有重要的地位。

问诊的内容主要包括一般情况、主诉、现病史、既往史、个人生活史、家族史等。此处仅就问现在症状进行叙述。现在症状是当前病理变化的反映，是辨证的首要依据。

1. 问寒热 问寒热指询问患者有无怕冷或发热的感觉及寒热出现的时间、寒热的轻重、持续的时间及有关的兼症等。

（1）恶寒发热：指患者恶寒与发热同时出现，是表证的特征性症状。恶寒重发热轻，是风寒表证的特征；发热轻而恶风，是伤风表证的特征；发热重恶寒轻，是风热表证的特征。

(2) 但寒不热：指患者只感寒冷而不发热的症状，是里寒证的寒热特征。久病畏寒，多为阳虚证。

(3) 但热不寒：指只发热，而无怕冷之感的症状。多系阳盛或阴虚所致，是里热证的寒热特征。高热（体温在 39℃以上）持续不退，为壮热，属里实热证。按时发热，或按时热势加重，如潮汐之有定时，称为潮热，属阳明腑实证、湿温病或阴虚证。发热不高，体温一般在 38℃以下，或仅自觉发热，称为微热，多见于温病后期和某些内伤杂病。

(4) 寒热往来：恶寒与发热交替发作，为半表半里证寒热的特征，属少阳病或疟疾。

2. 问汗　汗是阳气蒸化津液经玄府达于体表而成。询问患者有无汗出，出汗的时间、多少、部位及主要兼症。

(1) 有汗无汗：表证无汗者，多属风寒表证。里证无汗出者，多因津血亏虚，化汗乏源，或阳气虚，无力化汗所致。表证有汗出者，多见于风邪犯表证和风热表证。里证有汗出者，多见于里热证。

(2) 特殊汗出：指具有某些特征的病理性汗出。见于里证。自汗，指醒时经常汗出，活动尤甚的症状，多见于气虚证和阳虚证。盗汗，指睡则汗出，醒则汗止的症状，多见于阴虚证。黄汗，指汗出沾衣，色如黄柏汁的症状。多因风湿热邪交蒸所致。

3. 问疼痛　疼痛是临床上最常见的一种自觉症状。患病机体的各个部位皆可发生。疼痛有虚实之分。问疼痛，应注意询问疼痛的部位、性质、程度、时间及喜恶等。

(1) 问疼痛的性质：胀痛，指疼痛兼有胀感的症状，是气滞作痛的特点。刺痛，指疼痛如针刺之状的症状，是瘀血致痛的特点。冷痛，指疼痛有冷感而喜暖，有实证与虚证之分。灼痛，指疼痛有灼热感而喜凉的症状，也有实证与虚证之分。重痛，指疼痛兼有沉重感的症状，多因湿邪困阻气机所致。

(2) 问疼痛的部位：①问头痛。据头痛的部位，可确定病变在哪条经络。前额连眉棱骨痛，病在阳明经；后头连项痛，病在太阳经；头两侧痛，病在少阳经；巅顶痛，病在厥阴经等。此外，头痛还有虚实之分。②胸痛。胸居上焦，故胸痛多与心肺病变有关。应根据胸痛的具体部位、性质和兼症进行诊断。如左胸心前区憋闷作痛，时痛时止者，多因痰、瘀等邪阻滞心脉所致；胸痛，咳喘气粗，壮热面赤者，多因热邪壅肺，肺络不利所致等。③胁痛多与肝胆病变有关。肝郁气滞、肝胆湿热、肝胆火盛、肝阴亏虚及饮停胸胁，阻滞气机、经脉不利，均可导致胁痛。④腹痛。腹部持续性疼痛，阵发性加剧，伴腹胀、呕吐、便闭者，多见于肠痹或肠结；全腹痛，有压痛及反跳痛者，多因腹部脏器穿孔或热毒弥漫所致；脐外侧及下腹部突然剧烈绞痛，向大腿内侧及阴部放射，尿血者，多系结石所致等。

4. 问二便　问二便应注意询问二便的性状、颜色、气味、时间、便量、排便次数、排便时的感觉及兼有症状等。

(1) 大便：健康人一般每日或隔日大便 1 次，排便通畅，成形不燥，多呈黄色，内无脓血黏液及未消化的食物。

1) 便次异常

A. 便秘：又称大便难。指大便燥结，排便时间延长，便次减少，或时间虽不延长但排便困难的症状。胃肠积热，或阳虚寒凝，或气血阴津亏损，或腹内癥块阻结等，可导致肠道燥化太过，肠失濡润，或推运无力，传导迟缓，气机阻滞而成便秘。

B. 泄泻：又称腹泻。指大便次数增多，粪质稀薄不成形，甚至呈水样的症状。外感风寒湿热疫毒之邪，或饮食所伤，食物中毒，或情志失调，肝气郁滞，或久病脾肾阳气亏虚等，均可导致脾失健运，小肠不能分清别浊，大肠传导亢进，水湿下趋而成。

2）便质异常：常见的有如下内容。

A. 完谷不化：指大便中含有较多未消化食物的症状。病久体弱者见之，多属脾虚、肾虚；新起者多为食滞胃肠。

B. 溏结不调：指大便时干时稀的症状，多因肝郁脾虚、肝脾不调所致。若大便先干后稀，多属脾虚。

（2）小便：小便清长而量多，多属虚寒；小便短赤，多为热证；若兼尿痛，排尿不畅而浑浊，多为膀胱湿热或瘀血；小便频数，甚至自遗或失禁，多为肾虚或气虚。

5. 问经带 妇女还需询问经、带、胎、产情况。

（1）月经：主要问月经周期、行经期，月经的量、色、质等。月经先期，色鲜红而少，腹痛喜按，多为气血两虚；月经后期，色紫黯有血块，经前腹痛，多为血瘀；经行无定期，腹痛拒按或经行乳胀，多为肝郁气滞。闭经，兼见色淡，神疲气短，面色无华，食少，多为血虚；如兼精神抑郁，少腹拘急疼痛，舌质紫黯，多为血瘀。经血突然大下不止，称为“血崩”；经血淋漓，日久不断，称为“经漏”；若经血色淡腹痛，体倦乏力，多为虚寒；经血色鲜红而量多，手足心热，心烦失眠，多为虚热；经血色紫有块，少腹刺痛，多为血瘀。

（2）白带：带下量多稀白，多为脾肾虚寒、寒湿下注所致；带下量多色黄，质稠臭秽，多为湿热内盛；赤白带下，稠黏臭秽，多为湿毒下注。

（二）望诊

望诊，是运用视觉对人体外部情况进行有目的的观察，以了解健康状况，测知病情的方法。望诊的内容主要包括：全身望诊、局部望诊、望舌、望排出物和望小儿示指指纹五个部分，下面只对部分局部望诊和望舌进行叙述。

1. 望色 望色，又称“色诊”，是通过观察人体皮肤的色泽变化来诊察病情的方法。若患者面部色泽鲜明、荣润，表明病情轻浅，气血未衰；若面色晦暗、枯槁，表明病情深重，精气已伤。

（1）常色：即正常的面色与肤色，因种族不同而异。我国健康人的面色是红黄隐隐，明润含蓄。常色有主色和客色之分，主色是指由禀赋所致、终身不变的色泽；客色指受季节气候、生活和工作环境、情绪及运动等不同因素影响所致气色的短暂性改变，非疾病所致。

（2）病色：人体在疾病状态时面部显示的色泽，称为病色。病色包括五色（青、赤、黄、白、黑），分别见于不同脏腑和不同性质的疾病。

1）青色：主寒证、气滞、血瘀、疼痛、惊风。面色淡青或青黑者，属寒盛、痛剧。突见面色青灰，口唇青紫，肢凉脉微，则多为心阳暴脱、心血瘀阻之象，可见于真心痛；面色青黄（即面色青黄相兼，又称苍黄）者，可见于肝郁脾虚的患者；小儿眉间、鼻柱、唇周发青者，多属惊风。

2）赤色：主热证，亦可见于戴阳证。满面通红者，属实热证。午后两颧潮红者，属阴虚证。久病重病面色苍白，却时而泛红如妆、游移不定者，属戴阳证。

3）黄色：主脾虚、湿证。面色萎黄者，多属脾胃气虚，气血不足；面黄虚浮者，属脾虚湿蕴；面目一身俱黄者，为黄疸。

4）白色：主虚证（包括血虚、气虚、阳虚）、寒证、失血证。面色淡白无华，唇舌色淡者，多属血虚证或失血证。面色㿠白者，多属阳虚证；若面色白而虚浮，则多属阳虚水泛。面色苍白者，多属亡阳、气血暴脱或阴寒内盛。

5）黑色：主肾虚、寒证、水饮、血瘀、剧痛。面黑暗淡或黧黑者，多属肾阳虚；面黑干焦者，多属肾阴虚；眼眶周围发黑者，多属肾虚水饮或寒湿带下；面色黧黑，肌肤甲错者，多由血瘀日久所致。

2. 望皮肤　皮肤为一身之表，为机体御邪之屏障，内合于肺，为气血所荣。脏腑病变，可通过经络反映与肌表皮肤。

（1）形色变化：色如涂丹者，称为丹毒，多由实热火毒之气所致；皮肤面目俱黄者多为黄疸，由脾胃或肝胆湿热（阳黄）或寒湿困脾（阴黄）所致；皮肤青紫者，常见于中毒；皮肤干瘪枯槁者为津液耗伤。

（2）斑疹：斑和疹都是皮肤上的病变。皮肤筋膜出现深红色或青紫色片状斑块，平铺于皮肤，抚之不碍手，压之不褪色为斑。可由外感温热邪毒、脾虚失摄因外伤等所致。皮肤出现红色或紫红色、粟粒状疹点，高出皮肤，抚之碍手，压之褪色为疹。常见于麻疹、风疹、瘾疹等病，亦可见于温热病中。

3. 望舌　舌诊是观察患者舌质和舌苔的变化以诊察疾病的方法，是望诊的重要内容，是中医诊法的特色之一。五脏在舌面的分布一般为舌尖属心肺，舌边属肝胆，舌中属脾胃，舌根属肾。正常的舌象为“淡红舌，薄白苔”。望舌的顺序是先看舌尖，再看舌中、舌边，最后看舌根部。舌诊主要是观察舌质和舌苔两个方面的变化。望舌质包括舌的颜色、形质和动态，以诊察脏腑的虚实，气血的盛衰。舌苔是指舌面上附着的一层苔状物，是胃气上蒸所生。望舌苔包括诊察苔质和苔色两个方面的情况，以察病邪的性质、浅深，邪正的消长。

（1）舌色：即舌质的颜色。一般分为淡红、淡白、红、绛、青、紫六种。淡红舌，为气血调和的征象，常见于正常人，病中见之多属病轻。淡白舌，主气血两虚、阳虚。红舌，主实热、阴虚。绛舌，主里热亢盛、阴虚火旺。紫舌，主血行不畅。

（2）舌形

1）老、嫩舌：舌质纹理粗糙或皱缩，坚敛而不柔软，舌色较暗者，为苍老舌，见于实证；舌质纹理细腻，浮胖娇嫩，舌色浅淡者，为娇嫩舌，多见于虚证。

2）胖、瘦舌：舌体比正常舌大而厚，伸舌满口，称为胖大舌。舌体比正常舌瘦小而薄，称为瘦薄舌。胖大舌多主水湿内停、痰湿热毒。瘦薄舌多主气血两虚、阴虚火旺。

3）点、刺舌：点，指突起于舌面的红色或紫红色星点。刺，指舌乳头突起如刺，摸之棘手的红色或黄黑色点刺，称为芒刺舌。提示脏腑热极，或为血分热盛。

4）裂纹舌：舌面上出现各种形状的裂纹、裂沟，沟裂中并无舌苔覆盖。多由邪热炽盛、阴液亏虚、血虚不润、脾虚湿侵所致。

5）齿痕舌：舌体边缘有牙齿压迫的痕迹。主脾虚、水湿内盛证。

（3）舌下络脉：舌下络脉短而细，舌色偏淡者，多属气血不足。舌下络脉粗胀，或呈紫黯，或舌下络脉曲张，皆为血瘀的征象。

（4）苔质：指舌苔的质地、形态。主要观察舌苔的厚薄、润燥、腻腐、剥落等方面的改变。

薄、厚苔：透过舌苔能隐隐见到舌质者，称为薄苔，又称见底苔；不能透过舌苔见到舌质者，称为厚苔，主要反映邪正的盛衰和邪气之深浅。薄苔是正常舌苔的表现之一，提示胃有生发之气。厚苔是主痰湿、食积、里热等证。

润、燥苔：主要反映体内津液的盈亏和输布情况。滑苔为水湿之邪内聚的表现，主痰饮、主湿。燥苔提示体内津液已伤。糙苔多见于热盛伤津之重证。

腻、腐苔：主要测知阳气与湿浊的消长。腻苔，为湿浊、痰饮、食滞所致。腐苔，由痰浊、食积久积不化所致。

剥（落）苔：舌面本有舌苔，疾病过程中舌苔全部或部分脱落，脱落处光滑无苔而可见舌质。一般主胃气不足，胃阴枯竭或气血两虚，亦是全身虚弱的一种征象。

（5）苔色：苔色的变化主要有白苔、黄苔、灰黑苔三类。白苔，可为正常舌苔，病中多主表证、寒证、湿证。黄苔，主热证、里证；淡黄苔为热轻，深黄苔为热甚，焦黄苔为热极。灰黑苔，主阴寒内盛，或里热炽盛等；灰而滑润，为寒湿内阻或痰饮内停；灰而干燥，为热炽伤津或阴虚火旺；黑而燥裂，为热极津枯。

七、八纲辨证

八纲，指表、里、寒、热、虚、实、阴、阳八个纲领。根据病情资料，运用八纲进行分析综合，从而辨别疾病现阶段病变部位的浅深、病情性质的寒热、邪正斗争的盛衰和病证类别的阴阳，以作为辨证纲领的方法，称为八纲辨证。

（一）表里辨证

表里是辨别病变部位外内浅深的两个纲领。

表与里是相对的概念，如皮肤与筋骨相对而言，皮肤属表，筋骨属里；脏与腑相对而言，腑属表，脏属里；经络与脏腑相对而言，经络属表，脏腑属里。

表里主要代表辨证中病位的外内浅深，一般而论，身体的皮毛、肌膜在外、属表；血脉、骨髓、脏腑在内，属里。临床辨证时，一般把外邪侵犯肌表，病位浅者，称为表证；病在脏腑，病位深者，称为里证。

1. 表证 表证指六淫、疠气等邪气，经皮毛、口鼻侵入机体的初期阶段，正气抗邪于肌表浅层，以新起恶寒发热为主要表现的轻浅证候。

临床表现：新起恶风寒，或恶寒发热，头身疼痛，喷嚏，鼻塞，流涕，咽喉痒痛，微有咳嗽、气喘，舌淡红，苔薄，脉浮。

一般以新起恶寒，或恶寒发热并见，脉浮，内部脏腑的症状不明显为共同特征。表证见于外感病初期，具有起病急、病位浅、病程短的特点。

2. 里证 里证指病变部位在内，脏腑、气血、骨髓等受病所反映的证候。

临床表现：里证的范围极为广泛，其表现多种多样，概而言之，凡非表证（及半表半里证）的特定证候，一般都属里证的范畴，即所谓“非表即里”。其证候特征是无新起恶寒发热并见，以脏腑症状为主要表现。

里证由于形成的原因、性质不同，其证候、机制亦各不相同。里证可见于外感疾病的中、后期阶段，或为内伤疾病。

（二）寒热辨证

寒热是辨别疾病性质的两个纲领。

阳邪致病导致机体阳气偏盛而阴液受伤，或是阴液亏损而阳气偏亢，均可表现为热证；阴邪致病容易导致机体阴气偏盛而阳气受损，或是阳气虚衰而阴寒内盛，均可表现为寒证。

1. 寒证　寒证指感受寒邪，或阳虚阴盛，导致机体功能活动衰退所表现的具有冷、凉特点的证候；由于阴盛可表现为寒的证候，阳虚亦可表现为寒的证候，故寒证有实寒证、虚寒证之分。

临床表现：常见恶寒，畏寒，冷痛，喜暖，口淡不渴，肢冷蜷卧，痰、涎、涕清稀，小便清长，大便稀塘，面色白，舌淡，苔白而润，脉紧或迟等。

2. 热证　热证指感受热邪，或脏腑阳气亢盛，或阴虚阳亢，导致机体功能活动亢进所表现的具有温、热特点的证候。

由于阳盛可表现为热的证候，阴虚亦可表现为热的证候，故热证有实热证、虚热证之分。

临床表现：常见发热，恶热喜冷，口渴欲饮，面赤，烦躁不宁，痰、涕黄稠，小便短黄，大便干结，舌红，苔黄燥少津，脉数等。

（三）虚实辨证

虚实是辨别邪正盛衰的两个纲领，主要反映病变过程中人体正气的强弱和致病邪气的盛衰。

1. 实证　实证指人体感受外邪，或疾病过程中阴阳气血失调，体内病理产物蓄积，以邪气盛、正气不虚为基本病理，表现为有余、亢盛、停聚特征的各种证候。

临床表现：由于感邪性质的差异，致病的病理因素不同，以及病邪侵袭、停积部位的差别，因而证候表现各不相同，所以很难以哪几个症状作为实证的代表。临床一般是新起、暴病多实证，病情急剧者多实证，体质壮实者多实证。

2. 虚证　虚证指人体阴阳、气血、津液、精髓等正气亏虚，而邪气不著，表现为不足、松弛、衰退特征的各种证候。

临床表现：各种虚证的表现极不一致，各脏腑虚证的表现更是各不相同，所以很难用几个症状全面概括。临床一般以久病、势缓者多虚证，耗损过多者多虚证，体质素弱者多虚证。

（四）阴阳辨证

阴阳是八纲中的总纲，是辨别疾病属性的两个纲领。

由于阴、阳分别代表事物相互对立的两个方面，它无所不指，也无所定指，故疾病的性质、临床的证候，一般都可归属于阴或阳的范畴，所以阴阳是辨证的基本大法。

1. 阴证　凡见抑制、沉静、衰退、晦暗等表现的里证、寒证、虚证，以及症状表现于内的、向下的、不易发现的，或病邪性质为阴邪致病、病情变化较慢等，均属阴证范畴。

临床表现：不同的疾病，表现出的阴证证候不尽相同，各有侧重。其特征性表现主要有：面色苍白或暗淡，精神委靡，身重蜷卧，畏冷肢凉，倦怠无力，语声低怯，纳差，口淡不渴，小便清长或短少，大便溏泄气腥，舌淡胖嫩，脉沉迟、微弱、细。

2. 阳证　凡见兴奋、躁动、亢进、明亮等表现的表证、热证、实证，以及症状表现于外的、向上的、容易发现的，或病邪性质为阳邪致病、病情变化较快等，均属阳证范畴。

临床表现：不同的疾病，表现出的阳证证候不尽相同，各有侧重。其特征性表现主要有：面色赤，恶寒发热，肌肤灼热，烦躁不安，语声高亢，呼吸气粗，喘促痰鸣，口干渴饮，小便短赤涩痛，大便秘结奇臭，舌红绛，苔黄黑生芒刺，脉浮数、洪大、滑实。

第二节　中药基本性能

所谓中药性能，即对中药作用的基本性质和特征的高度概括，又称药性。研究中药性能的理论就叫药性理论，主要包括四气、五味、升降浮沉、归经、有毒无毒等。

一、四　气

四气，又称四性。即指药物具有的寒、热、温、凉四种药性。它反映药物影响人体阴阳盛衰和寒热变化的作用特点，是说明药物作用性质的中药概念之一。四气之外还有平性，是指药物寒热偏性不明显者。但这只是相对而言，实际上仍有偏温偏凉之别，仍未超出四气的范围。

四气，从本质上而言只有寒热二性。凡寒凉性药物，即表示其具有清热、泻火、凉血、解热毒等作用；凡温热性药物，即表示其具有温里散寒、补火助阳、温经通络、回阳救逆等作用。四气对人体的作用也有两面性，若应用不当，可对人体产生不良反应。此时，寒凉性有伤阳助寒之弊，而温热药则有伤阴助火之害。

二、五　味

所谓五味，是指药物有酸、苦、甘、辛、咸五种不同的味道，因而具有不同的治疗作用。有些还具有淡味或涩味，因而实际上不止五种。但是，五味是最基本的五种滋味，所以仍然称为五味。

辛：能散、能行，具有发散、行气、活血作用。一般来讲，解表药、行气药、活血药多具有辛味。因此辛味药多用治表证及气血阻滞之证。

甘：能补、能缓、能和，有补虚、和中、缓急、调和药性等作用。一般来讲，滋养补虚、调和药性及制止疼痛的药物多具有甘味。甘味药多用治正气虚弱、身体诸痛及调和药性、中毒解救等几个方面。

酸：能收、能涩，即具有收敛、固涩作用。一般固表止汗、敛肺止咳、涩肠止泻、固精缩尿、固崩止带的药物多具有酸味。酸味药多用治体虚多汗、肺虚久咳、久泻肠滑、遗精滑精、遗尿尿频、崩带不止等证。

苦：能燥、能泄、能坚。即具有清泄火热、泄降气逆、通泄大便、燥湿、坚阴（泻火存阴）等作用。一般来讲，清热泻火、下气平喘、降逆止呕、通利大便、清热燥湿、苦温燥湿、泻火存阴的药物多具有苦味。苦味药多用治热证、火证、喘咳、呕恶、便秘、湿证、阴虚火旺等证。

咸：“能下、能软”，即具有泻下通便、软坚散结的作用。一般来讲，泻下或润下通便及软化坚硬、消散结块的药物多具有咸味，咸味药多用治大便燥结、痰核、瘿瘤、癥瘕痞块等证。

淡：“能渗、能利”，即具有渗湿利小便的作用，故有些利水渗湿的药物具有淡味。淡味药多用治水肿、脚气、小便不利之证。

涩：与酸味药的作用相似，多用治虚汗、泄泻、尿频、遗精、滑精、出血等证。故本草文献常以酸味代表涩味功效，或与酸味并列，标明药性。

三、升降浮沉

升降浮沉，即指药物对机体有向上、向下、向外、向内四种不同作用趋向。它是与疾病所表现的趋向性相对而言的。一般来讲，凡味属辛、甘，气属温、热的药物，大都是升浮药，如麻黄、升麻、黄芪等药；凡味属苦、酸、咸，性属寒、凉的药物，大都是沉降药，如大黄、芒硝、山楂等。花、叶、皮、枝等质轻的药物大多为升浮药，如苏叶、菊花、蝉衣等；而种子、果实、矿物、贝壳及质重者大多都是沉降药，如苏子、枳实、牡蛎、代赭石等。

升降浮沉代表不同的药性，标示药物不同的作用趋向：一般升浮药，其性主温热，味属辛、甘、淡，质地多为轻清至虚之品，作用趋向多主上升、向外。分别具有疏散解表、宣毒透疹、宣肺止咳、温里散寒、温通经脉、行气开郁、活血消癥、开窍醒神、升阳举陷等作用。故解表药、温里药、祛风寒湿药、行气药、活血祛瘀药、开窍药、补益药、涌吐药等多具有升浮特性。一般沉降药，其性主寒凉，味属酸、苦、咸，质地多为重浊坚实之品，作用趋向多主下行向内。分别具有清热泻火、泻下通便、利水渗湿、重镇安神、平肝潜阳、息风止痉、降逆平喘、止呕、止呃、消积导滞、固表止汗、敛肺止咳、涩肠止泻、固崩止带、收敛止血、收湿敛疮等作用。故清热药、泻下药、利水渗湿药、降气平喘药、降逆和胃药、安神药、平肝息风药、收敛止血药、收涩药等多具有沉降药性。

四、归　经

归经是指药物对于机体某部分的选择性作用，即某药对某些脏腑经络有特殊的亲和作用，因而对这些部位的病变起着主要或特殊的治疗作用，药物的归经不同，其治疗作用也不同。

归经一是以脏腑经络学说为理论基础；如心经病变多见心悸失眠，临床用朱砂、远志能治愈心悸失眠，说明它们归心经。二是与临床实践密切相关。三是依据药物的自身特性进行归经；其中尤以五味多用，如辛入肺、甘入脾、酸入心、苦入肝、咸入肾等。

掌握归经便于临床辨证用药，即根据疾病的临床表现，诊断出病变所在脏腑经络部位，按照归经来选择适当药物进行治疗。如病患热证，有肺热、心火、胃火、肝火等的不同，治疗时用药不同。还有助于区别功效相似的药物。如同是利尿药，有麻黄的宣肺利尿、黄芪的健脾利尿、附子的温阳利水、猪苓的通利膀胱之水湿等的不同。

五、有毒与无毒

中药的毒性概念有广义与狭义之分。一般认为“毒”的概念在古代为广义概念。其意义有：一指药物的总称；二指药物的偏性；三指药物作用的强弱不同；四指药物的毒性反应。现代对毒的认识，“中药的毒性是指药物对机体的损害性”，为“毒”的狭义概念。不良反应是指在常用剂量时出现与治疗需要无关的不适反应。毒性反应与不良反应不同，它对人体的危害较大，甚至可危及生命，多因多用、久用所致。不良反应对人体危害轻微，停药后能消失。

《中华人民共和国药典》将中药的毒性分为大毒、有毒和小毒三类。

产生中药中毒的主要原因：一是剂量过大，如砒霜、斑蝥、马钱子、附子、乌头等毒性较大的药物，用量过大，或时间过长，可导致中毒；二是误服伪品，如误以华山参、商陆代人参，独角莲代天麻使用；三是炮制不当，如使用未经炮制的生附子、生乌头；四是制剂服法不当，如乌头、附子中毒，多因煎煮时间太短，或服后受寒、进食生冷；五是配伍不当，如甘遂与甘草同用，乌头与瓜蒌同用而致中毒。此外，还有药不对证、自行服药、乳母用药及个体差异也是引起中毒的原因。

第三节 清热解毒类中成药

清热解毒药性味亦多苦寒，或有辛寒、甘寒，功主清解热毒，主治外感或内生实热火毒诸证，如痈疮肿毒、丹毒、咽喉肿痛、肺痈、肠痈、热毒泻痢等。清热解毒类的中成药主要有黄连上清丸、栀子金花丸、板蓝根颗粒、双黄连口服液及清开灵胶囊。

案例

李姓患者，男，32岁。咽喉疼痛厉害，伴胸中烦闷不安，口渴，大便干，小便涩赤，脉数有力，舌苔黄。检查结果：咽部充血，扁桃体陷窝口有乳酪状渗出物。骆药师给药治疗：板蓝根颗粒，10g，量日3次。

问题：

1. 该案例中的患者可能患什么病？
2. 请列出对该病的诊断依据。
3. 采用药品治疗该病是否正确？

（一）黄连上清丸

【成分】 黄连、栀子（姜制）、连翘、炒蔓荆子、防风、荆芥穗、白芷、黄芩、菊花、薄荷、酒大黄、黄柏（酒炒）、桔梗、川芎、石膏、旋覆花、甘草。

【方解】 方中黄连、黄柏清热燥湿，泻火解毒；黄芩清热燥湿，泻火解毒，止血，安胎；石膏，清热泻火，除烦止渴；栀子、大黄清热凉血解毒，可引热毒从二便而出，共为君药。连翘清热解毒；菊花、荆芥穗、白芷、蔓荆子、川芎、防风、薄荷疏散风热，共为臣药。佐以旋覆花下气行水，桔梗清热利咽排脓，载药上行，引药归经。甘草清热解毒，调和诸药，为使药。诸药合用，散风清热，泻火止痛，上通下行，使火热随之而解。

【功能主治】 散风清热，泻火止痛。用于风热上攻、肺胃热盛所致的头晕目眩、暴发火眼、牙齿疼痛、口舌生疮、咽喉肿痛、耳痛耳鸣、大便秘结、小便短赤。急性口腔炎、急性扁桃体炎、急性结膜炎、急性中耳炎（无化脓者）、急性胃肠炎、眩晕（内耳迷路炎、前庭神经炎）、血管神经性头痛、牙痛（牙髓炎、牙周炎、口腔溃疡）见上述证候者。

【剂型规格】 水丸，每袋装6g；水蜜丸，每40丸重3g；大蜜丸，每丸重6g。

【用法用量】 口服。水丸或水蜜丸一次3~6g，大蜜丸一次1~2丸，一日2次。

【注意事项】 ①孕妇忌服。脾胃虚寒者忌服。②小儿、年老体弱患者或大便溏软者慎用，阴虚火旺者慎用。③本品不宜与含海藻、大戟、甘遂、芫花的药配伍。不宜与洋地黄类药同用。

（二）栀子金花丸

【成分】 栀子、黄连、黄芩、黄柏、大黄、金银花、知母、天花粉。

【方解】 方中栀子清热利尿，泻火除烦，泻三焦之火，凉血解毒，为君药。黄连、黄芩、黄柏清热燥湿，泻火解毒，泻三焦诸经实火，以加强栀子清热燥湿、泻火解毒之力，为臣药。金银花清热解毒，散上焦之热；知母补阴除烦，泻肺胃之火；天花粉降火润燥，排脓消肿；大黄清热泻火，凉血解毒，共为佐药。诸药合用，共奏清热泻火、凉血解毒之功。

【功能主治】 清热泻火，凉血解毒。用于肺胃热盛，口舌生疮，牙龈肿痛，目赤眩晕，咽喉肿痛，吐血衄血，大便秘结。现代有用于治疗急慢性咽炎、扁桃体炎，预防水痘、麻疹、流行性腮腺炎,预防和治疗感冒等。

【剂型规格】 丸剂,每袋装9g。

【用法与用量】 口服,一次9g,一日1次。

【注意事项】 ①本品含较多苦寒药及攻下药,孕妇慎用。②忌生冷、油腻、辛辣、不易消化食物,戒烟酒。③本品清肺胃实火,阴虚火旺者忌用。④本药苦寒易伤正气,体弱年迈者慎服,体壮者也应中病即止,不可过服、久服。

(三) 板蓝根颗粒

【成分】 板蓝根。

【功能主治】 清热解毒,凉血利咽。用于肺胃热盛所致的咽喉肿痛、口咽干燥、腮部肿胀;急性扁桃体炎、腮腺炎见上述证候者。用于治疗急性扁桃体炎、腮腺炎、急性咽炎、慢性咽炎、传染性肝炎、小儿麻疹、红眼病、单纯性疱疹、病毒性角膜炎、水痘、病毒性皮肤病有肺胃热证者,亦可用于白喉、肺炎、流行性脑脊髓膜炎、单纯性疱疹性口炎、口腔黏膜溃疡、上呼吸道感染。

【剂型规格】 颗粒剂:①每袋装5g(相当于饮片7g);②每袋装10g(相当于饮片14g);③每袋装3g(无蔗糖,相当于饮片7g)

【用法用量】 开水冲服。一次5~10g(含蔗糖);一次3~6g(无蔗糖),一日3~4次。

【注意事项】 ①非实火热毒者忌服。②风寒感冒者,发热轻,无汗鼻塞流清涕,口不渴,咳吐稀白痰禁用。③孕妇、脾胃虚寒者慎用。

(四) 牛黄解毒丸(片、胶囊、软胶囊)

【成分】 人工牛黄、石膏、黄芩、大黄、雄黄、冰片、桔梗、甘草。

【方解】 方中牛黄味苦气凉,功善清热凉心解毒,为主药。生石膏味辛能散,大寒可清热泻火,除烦止渴;黄芩味苦气寒,清热燥湿,泻火解毒;大黄苦寒沉降,清热泻火,泻下通便,开实火下行之途,共为辅药。雄黄、冰片清热解毒,消肿止痛;桔梗味苦辛,宣肺利咽,共为佐药。甘草味甘性平,调和诸药,为使药。诸药合用,共奏清热解毒泻火之效。

【功能主治】 清热解毒。用于火热内盛,咽喉肿痛,牙龈肿痛,口舌生疮,目赤肿痛。临床多用于咽喉炎、面颌炎、扁桃体炎、牙龈炎、舌炎、便秘、带状疱疹、注射部位局部感染等。

【剂型规格】 水蜜丸,每100丸重5g;大蜜丸,每丸重3g。片剂,小片,0.3g/片;大片,0.6g/片。胶囊剂,大粒每粒重0.4g;小粒每粒重0.3g。软胶囊,每粒装0.4g。

【用法用量】 口服。水蜜丸一次2g,大蜜丸一次1丸,一日2~3次。片剂,小片一次3片,大片一次2片,一日2~3次。胶囊剂,小粒一次3粒,大粒一次2粒,一日2~3次。软胶囊,一次4粒,一日2~3次。

【注意事项】 ①孕妇禁用。②阴虚热盛所致口疮、牙痛、喉痹者忌服。③本品苦寒泄降,脾胃虚弱者慎用。④因方中含有雄黄,故不宜过量、久服。⑤新生儿慎用。

(五) 黄连解毒丸

【成分】 黄连、黄柏、黄芩、栀子。

【功能主治】 泻火解毒,清化湿热。主治菌痢、肛痢、疔肿热毒或湿热所致者。

【剂型规格】 水蜜丸,每10丸重0.5g。

【用法用量】 水丸剂。口服,一次 10g,一日 2 次,温开水送服。

【注意事项】 非火症、实热者忌用。

(六) 穿心莲片

【成分】 穿心莲。

【功能主治】 清热解毒,凉血消肿。用于邪毒内盛,感冒发热,咽喉肿痛,口舌生疮,顿咳劳嗽,泄泻痢疾,热淋涩痛,痈肿疮疡,毒蛇咬伤。

【剂型规格】 薄膜衣片,每片重 0.5g。

【用法与用量】 口服。一次 2~3 片(小片),一日 3~4 次;或一次 1~2 片(大片),一日 3 次。

【注意事项】 ①本品用于热毒蕴结肠胃所致的泄泻、痢疾,若脾胃虚寒及阴虚火旺者慎用。②本药寒凉,易伤胃气,老人、儿童及素体脾胃虚弱者慎服。③服药期间饮食宜清淡,忌食辛辣油腻食物,以免助热生湿,加重病情。④治疗急性咽炎、痈肿疮疡、毒蛇咬伤时,可适当配合使用外用药物,以增强疗效。

第四节 感冒类中成药

感冒是临床常见病之一,本类药主要适用于外感风寒或风热所致的恶寒、发热、头痛、身痛、无汗或有汗、脉浮等表证。从中医理论说感冒药分为风寒感冒药、风热感冒药和暑湿感冒三类。风寒感冒症状表现为怕冷,发低热,无汗、头痛,痰稀,四肢酸痛,舌苔薄而润,脉浮。风热感冒表现为高热,痰黄,口干,出汗多,舌苔白而干燥,脉浮数。暑湿感冒多发生在夏天,由湿邪侵袭引起,患者发高热,头晕脑胀,心中燥热,容易感到疲倦,无汗,口干,伴有呕吐,恶心,尿少而黄,舌苔黄腻等。从西医的角度来说分为普通感冒和流行性感冒(简称流感)两种。普通感冒和流感并非一回事,所谓流行性感冒是由流感病毒引起,具有较强的传染性。常用的感冒中成药有双黄连口服液、板蓝根冲剂、感冒灵胶囊、银翘解毒片、抗病毒冲剂、999 感冒灵冲剂,感冒灵胶囊等。

案例

韩姓患者,男,65 岁。昨晚发热,体温 38.5℃,微咳,咽红,今晨体温 37.9℃,小便黄。脉浮数,舌赤无苔。王药师给药治疗:银翘解毒片,4 片,一日 2 次。

问题:

1. 该案例中的患者属风寒感冒还是风热感冒?
2. 请列出对该病的诊断依据。
3. 采用药品治疗该病是否正确?

(一) 风寒感冒用药

1. 午时茶胶囊(颗粒、茶剂)

【成分】 苍术、前胡、陈皮、羌活、广藿香、枳实、甘草、山楂、防风、川芎、连翘、神曲、柴胡、白芷、紫苏叶、厚朴、桔梗、麦芽、红茶。

【方解】 方中广藿香、紫苏叶、苍术散寒解表除湿,为君药。白芷、羌活、防风发散在表之风寒而止痛;陈皮、厚朴行气健脾,和胃除湿;川芎活血行气,祛风止痛,以上共为臣药。山楂、麦芽、六神曲合用，可健胃消积化食；柴胡、枳实一升一降，更助行气消积之力；红茶化痰消食，和中化滞；连翘苦寒以清食积所化之热，兼制温药之性；桔梗、前胡宣肺解表，以上共为佐药，甘草调和诸药，为使药。诸药合用，共奏祛风解表、化湿和中之功。

【功能主治】 祛风解表，化湿和中。用于外感风寒、内伤食积证，症见恶寒发热、头痛身楚、胸脘满闷、恶心呕吐、腹痛腹泻。还可用于治疗胃肠型感冒、急性胃肠炎、胃肠功能紊乱、消化不良、过敏性肠炎等。

【剂型规格】 胶囊剂：①每粒装 0.25g；②每粒装 0.5g。颗粒剂，每袋装 6g。茶剂，每袋装 2.5g。

【用法用量】 胶囊，口服，一次 6 粒（规格①）或一次 3 粒（规格②），一日 1～2 次。颗粒剂，开水冲服，一次 6g，一日 1～2 次。茶剂，开水冲服，一次 2.5g，一日 1～2 次，小儿酌减。

【注意事项】 ①本品散寒解表，风热感冒者不适用。②孕妇慎用。③本品含麦芽、六神曲，不宜与抗生素、活性炭、矽炭银等西药联用。④服药期间忌服滋补性中药，忌烟、酒及辛辣、生冷、油腻食物，以免助湿生热。⑤本品含有甘草，不宜与海藻、大戟、甘遂、芫花同用。

2. 小青龙合剂

【成分】 麻黄、桂枝、白芍、干姜、细辛、炙甘草、法半夏、五味子。

【方解】 方中麻黄辛温，发汗解表，宣肺平喘，利尿行水，为君药。桂枝解肌发汗，助麻黄解表，又温肾阳化气，以行水逐饮，为臣药。干姜温脾肺之寒；半夏降逆和胃，祛痰化饮；细辛、五味子降逆下气止喘；芍药、甘草敛阴和营，缓解支气管痉挛以止咳喘，共为佐药。甘草调和诸药，为使药。方中诸药合用，共奏解表化饮、止咳平喘之功。

【功能主治】 解表化饮，止咳平喘。用于风寒水饮，恶寒发热，无汗，喘咳痰稀。

【剂型规格】 合剂，每瓶 100ml。

【用法用量】 口服。一次 10～20ml，一日 3 次。用时摇匀。

【注意事项】 ①本品用于风寒水饮证，内热咳喘及虚喘者忌服。②服药期间忌食辛辣、生冷、油腻食物。③孕妇禁用。

3. 九味羌活口服液（丸、片、颗粒）

【成分】 羌活、防风、苍术、细辛、川芎、白芷、黄芩、地黄、甘草。

【方解】 方中羌活散风寒，祛风湿，利关节，止痛行痹，为君药。防风长于祛风胜湿散寒止痛；苍术可燥湿健脾，祛风散寒，两药共助君药散寒祛湿止痛，为臣药。细辛、川芎、白芷散寒祛风通痹止痛，以止头身疼痛；黄芩、生地清泻里热，生地并可防辛温燥烈之品伤阴之弊，共为佐药。甘草调和诸药，为使药。诸药配伍，共奏疏风解表、散寒除湿之效。

【功能与主治】 疏风解表，散寒除湿。用于外感风寒夹湿所致的感冒，症见恶寒、发热、无汗、头重而痛、肢体酸痛。

【剂型规格】 口服液，每支装 10ml；水丸，每 500 粒重 30g，每袋 18g；片剂，每片重 0.5g；颗粒剂，每袋 5g。

【用法与用量】 口服。一次 20ml，一日 2～3 次。水丸，一次 6～9g。颗粒剂，每次 15g。片剂，一次 4～5 片，一日 2～3 次，用葱姜汤或温开水送服。

【注意事项】 ①本品用于风寒夹湿、内有郁热证，风热感冒、湿热证或阴虚内热慎用。②服药期间，忌食辛辣、生冷、油腻食品。③本品含有甘草，不宜与海藻、大戟、甘遂、芫花等配伍。本品含有细辛，不宜与藜芦配伍用药。

4. 正柴胡饮颗粒

【成分】 柴胡、防风、生姜、赤芍、陈皮、甘草。

【方解】 方中柴胡味辛，能疏散退热，为君药。生姜解表散寒，温肺止咳；防风解表祛风，胜湿止痛，共为臣药。赤芍清热凉血；陈皮理气健脾，共为佐药。甘草调和诸药，为使药。诸药合用，共奏表散风寒、解热止痛之功。

【功能主治】 发散风寒，解热止痛。用于外感风寒所致的发热恶寒、无汗、头痛、鼻塞、咽痒咳嗽、四肢酸痛；流感初起、轻度上呼吸道感染见上述证候者。

【剂型规格】 颗粒剂：①每袋装 10g；②每袋装 3g(无蔗糖)。

【用法与用量】 开水冲服。一次 10g 或 3g（无蔗糖），一日 3 次，小儿酌减或遵医嘱。

【注意事项】 ①本品发表散寒，风热感冒不宜用。②服药期间饮食宜清淡，忌食辛辣油腻之品。③本品含有赤芍，不宜与藜芦同用；本品含有甘草，不宜与海藻、大戟、甘遂、芫花同用。

（二）风热感冒用药

1. 银翘解毒丸(浓缩丸、片、胶囊、颗粒、合剂)

【成分】 金银花、连翘、桔梗、薄荷、淡豆豉、淡竹叶、牛蒡子(炒)、荆芥、甘草。

【方解】 方中金银花、连翘常协同入药，均可清热解毒，透邪外出，为君药。薄荷、荆芥、淡豆豉透热外出，其中淡豆豉、荆芥虽为辛温解表之品，但药性温和，为臣药。牛蒡子味辛苦，性寒，疏散风热，利咽散结，解毒消肿；桔梗、甘草宣肺止咳，清利咽喉；淡竹叶甘凉轻清，以清热生津止咳，均为佐药。甘草调和诸药，为使药。诸药合用，共奏疏风解表、清热解毒之功。

【功能主治】 疏风解表，清热解毒。用于风热感冒，症见发热，微恶风寒，鼻塞流黄浊涕，头痛，咳嗽，口干，咽喉疼痛，舌苔薄黄、脉浮数。可治疗感冒、流感、肺炎、腮腺炎、急性扁桃体炎、麻疹、风疹、眼疾、上呼吸道感染见上述证候者。

【剂型规格】 浓缩丸，每丸重 3g；蜜丸，每丸重 3g；包衣水丸，每 10 丸重 1.5g。片剂：①素片每片重 0.3g；②薄膜衣片每片重 0.52g。软胶囊，每粒装 0.5g。胶囊，每粒装 0.4g。颗粒剂，每袋装：①15g；②2.5g。合剂，每支装 10ml。

【用法用量】 蜜丸、浓缩丸，用芦根汤或温开水送服，一次 1 丸，一日 2~3 次。片剂，口服，一次 4 片，一日 2~3 次。软胶囊，口服，一次 2 粒，一日 3 次。胶囊剂，口服，一次 4 粒，一日 2~3 次。颗粒剂，开水冲服，一次 15g 或 5g(含乳糖)，一日 3 次。重症者加服 1 次。合剂，口服 10ml，一日 3 次用时摇匀。

【注意事项】 ①孕妇、脾胃虚寒者慎用。②风寒感冒者忌用，其表现为恶寒重，发热轻，无汗，口不渴，鼻塞，流清涕，喉痒咳嗽，吐稀白痰。③本品含有甘草，不宜与海藻、大戟、甘遂、芫花配伍。④本品含有金银花、连翘，具有广谱抗菌作用。不宜与乳酶生同用。

2. 抗病毒口服液(胶囊)

【成分】 板蓝根、广藿香、石膏、知母、石菖蒲、连翘、芦根、生地黄、郁金。

【方解】 方中板蓝根能清热解毒、凉血利咽散结，为君药；辅以生石膏、知母、芦根清泻肺热以清热生津、除烦止渴，为臣药；连翘疏散风热以利尿，抗菌消炎功效独特；生地、郁金滋阴清肺。石菖蒲、藿香辟浊祛湿，化痰畅中，共为佐药。全方组合，共奏清热祛湿、凉血解毒之效。

【功能主治】 清热祛湿、凉血解毒。用于风热感冒，温病发热，上呼吸道感染，流感，流行性腮腺炎等病毒感染疾患。

【剂型规格】 口服液，每支 10ml。胶囊，每粒装 0.3g。

【用法用量】 口服，口服液，1 次 1~2 支，一日 2~3 次，饭后服用，小儿酌减。胶囊剂，成人一次 4~6 粒；3~7 岁一次 2 粒；2 岁以下一次 1 粒；一日 3 次。

【注意事项】 ①临床症状较重、病程较长或合并有细菌感染的患者，应加服其他治疗药物。②本品含郁金，不宜与丁香同用。

3. 桑菊感冒片

【成分】 桑叶、菊花、连翘、薄荷、杏仁、桔梗、甘草、芦根。

【方解】 方中桑叶疏散风热，宣肺止咳；菊花甘凉轻清，清利头目，同为君药。薄荷协助君药以疏散上焦风热；杏仁宣肃肺气；桔梗宣肺止咳，二药一宣一降，增强肺之宣降功能而止咳，三者共为臣药。连翘味辛性寒，清热透表解毒；芦根甘寒，清热透邪，生津止渴，共为佐药。甘草调和诸药，为使药。诸药配伍，共奏疏风清热、宣肺止咳之功。

【功能主治】 疏风清热，宣肺止咳。用于风热感冒初起，头痛，咳嗽，口干，咽痛。现代用于上呼吸道感染、急性支气管炎。

【剂型规格】 薄膜衣片，每片重 0.62g。

【用法用量】 口服。一次 4~8 片，一日 2~3 次。

【注意事项】 ①本方疏风清热，宣肺止咳，风寒外感者慎用。②服药期间忌食辛辣、油腻食品。③本品含甘草，不宜与甘遂、京大戟、海藻和芫花同用。

4. 风热感冒颗粒

【成分】 金银花、板蓝根、连翘、桑叶、菊花、荆芥穗、薄荷、牛蒡子、桔梗、杏仁、芦根。

【功能主治】 清热解毒，宣肺利咽。主治外感风热或温热所致的感冒，风热乳蛾，痄腮等病症。症见发热重、恶寒轻微、少汗、头痛、口干、咽痛、鼻塞、流黄涕等。

【剂型规格】 颗粒剂，每袋 10g。

【用法用量】 口服，每次 1 袋，1 日 3 次，小儿酌减。

【注意事项】 ①风寒感冒不适用。②服药期间，饮食宜清淡，多饮热开水，避风寒，忌食生冷油腻之品。

（三）暑湿感冒用药

1. 藿香正气口服液

【成分】 苍术、陈皮、厚朴（姜制）、白芷、茯苓、大腹皮、生半夏、甘草、广藿香油、紫苏叶油。

【方解】 方中广藿香芳香化浊，开胃止呕，且辟秽和中，升清降浊，为君药。紫苏发散风寒，行气宽中；白芷祛风除湿，为臣药。厚朴行气燥湿，消食积，消痞；大腹皮行气宽中，行水消肿；半夏、陈皮燥湿化痰，降逆止呕；苍术、茯苓燥湿健脾，祛风除湿，和中止渴，共为佐药。甘草调和药性，为使药。诸药合用，共奏解表化湿、理气和中之功。

【功能主治】 解表化湿，理气和中。用于外感风寒、内伤湿滞或夏伤暑湿所致的感冒，症见头痛昏重、胸膈痞闷、脘腹胀痛、呕吐泄泻；胃肠型感冒见上述证候者。

【剂型规格】 口服液,每支装10ml。

【用法与用量】 口服。一次5~10ml,一日2次,用时摇匀。

【注意事项】 ①本品辛温解表,热邪导致的霍乱感冒忌服,阴虚火旺者忌服。②孕妇忌服。忌食生冷油腻食物,宜选清淡之品,服药期间忌服滋补性中药。③本品含有甘草,不宜与海藻、大戟、甘遂、芫花同用。含有半夏,不宜与乌头同用。

2. 暑湿感冒冲剂

【成分】 藿香、防风、紫苏叶、佩兰、白芷、苦杏仁、大腹皮、香薷、陈皮、半夏、茯苓等。

【功能主治】 清暑祛湿,芳香化浊。用于外感风寒或暑湿引起的感冒发热,胸闷呕吐,泄泻便溏。

【剂型规格】 冲剂,每袋8g。

【用法用量】 口服。一次1袋,一日3次,小儿酌减。

【注意事项】 ①孕妇慎用。②服药期间忌服滋补性中药,饮食宜清淡。

第五节 滋补类中成药

本类药物主要用于虚证,以及由虚证所致的自汗、盗汗、心悸等病症。虚证以脏腑亏损、气血阴阳不足为主要表现。可分为气虚、血虚、阴虚、阳虚等不同类型。气虚主要表现为少气懒言、神疲乏力等;血虚表现为口唇指甲色淡、眩晕、心悸等;阴虚的主要表现为五心烦热、潮热盗汗、舌红少苔、脉细数等;阳虚表现为畏寒肢冷、大便溏薄等。此外,还有气血两虚、阴阳两虚等证。本类药物还可以治疗由脏腑亏虚、气血不足、阴阳失调所致的虚汗、心悸等病症。

临床各系统的功能衰退性疾病或功能紊乱见上述证候者均可选用本类药物。此外,营养不良性贫血、缺铁性贫血、再生障碍性贫血、血小板减少症等见有虚证的病症,也可选用本类药物。

本类药物主要有八珍丸、补中益气丸、归脾丸、六味地黄丸、人参养荣丸、龟鹿补肾丸、大补阴丸等。

案例

赵姓患者,女,54岁。患耳鸣3年,曾到医院做电测听等相关检查,诊断为感音神经性耳聋、卡他性中耳炎。耳鸣长期困扰其生活,影响听力及睡眠,伴两目干涩,精神疲惫,腰腿酸软,舌红,苔薄黄,脉沉细。陈药师给药治疗:六味地黄丸,6g,一日2次。

问题:

1. 该案例中的患者可能患什么病,属于哪种证型?
2. 请列出对该病的诊断依据。
3. 采用药品治疗该病是否正确?

(一) 补气剂

1. 补中益气丸

【成分】 炙黄芪、党参、炙甘草、炒白术、当归、升麻、柴胡、陈皮。

【方解】 本方炙黄芪能益气补中,升阳举陷,重用为君药。党参、白术补中益气,健脾和胃;升麻、柴胡辅助君药升举阳气,共为臣药。陈皮理气健脾和胃,使补而不滞;当归补血和血，防升阳之品燥烈而伤阴，共为佐药。炙甘草补中益气，调和诸药，为使药。全方合用，共奏补中益气、升阳举陷之功。

【功能主治】 补中益气，升阳举陷。用于脾胃虚弱、中气下陷所致的泄泻、脱肛、阴挺，症见体倦乏力、食少腹胀、便溏久泻、肛门下坠或脱肛、子宫脱垂；慢性肠炎、慢性结肠炎、术后胃肠功能紊乱见上述证候者。

【剂型规格】 大蜜丸，每丸重 9g。

【用法与用量】 口服。小蜜丸一次 9g，大蜜丸一次 1 丸，一日 2~3 次。

【注意事项】 ①阴虚发热、阳气欲脱、实热证者不宜使用。②不宜与感冒药同时服用。③本品含有甘草，不宜与海藻、大戟、甘遂、芫花同用。含有党参，不宜与藜芦同用。

2. 参苓白术散

【成分】 人参、茯苓、白术（炒）、山药、白扁豆（炒）、莲子、薏苡仁（炒）、砂仁、桔梗、甘草。

【方解】 方中人参擅补脾胃之气；白术甘温，可益气补虚，性燥，能健脾燥湿；茯苓甘淡，为利水渗湿、健脾助运之要药，三药合用，益气健脾，共为君药。山药甘平，既补脾胃，又益肺肾，不仅补气，亦可养阴；莲子甘平而涩，既能补益，又有收敛之功，补脾胃而益心肾，涩肠止泻，两药助人参、白术以健脾益气，兼以厚肠止泻；扁豆甘平微温，补脾化湿；薏苡仁甘淡微寒，健脾利湿，两药助白术、茯苓以健脾助运，渗湿止泻，四药共为臣药。砂仁芳香辛温，化湿醒脾，行气和胃；桔梗辛苦而平，宣肺化痰止咳，又可开提肺气，通利水道，并载诸药上行而成培土生金之功，两药为佐药。炙甘草益气和中，润肺止咳，调和诸药，为使药。诸药配伍，共奏补脾胃、益肺气之功。

【功能主治】 补脾胃，益肺气。用于脾胃虚弱，食少便溏，饮食不消，气短咳嗽，肢倦乏力，面色萎黄，痰白量多，咳声重浊，因痰而嗽，痰出咳平，进甘甜腻食物加重，舌淡、苔白腻，脉濡弱。

【剂型规格】 散剂，每袋装 3g。

【用法用量】 口服。一次 6~9g，一日 2~3 次。

【注意事项】 ①实热便秘者忌用。泄泻兼有大便不通畅、肛门有下坠感者忌服。②服本药时不宜同时服用藜芦、五灵脂、皂荚或其制剂。③本品不宜与海藻、大戟、甘遂、芫花配伍。④不宜喝茶和吃萝卜以免影响药效，不宜和感冒类药同时服用。

3. 四君子丸（合剂）

【成分】 党参、炒白术、茯苓、炙甘草。

【方解】 方中党参补脾肺气，虽较人参为弱，但药性平和，不燥不腻，为君药。白术补气健脾，燥湿利水；茯苓能渗湿健脾，与白术相须为用，增强健脾除湿之力，促进脾胃运化功能，助君药补脾益气而为臣药。甘草益气调中，为使药。诸药合用，共奏健脾益气之效。

【功能主治】 益气健脾。用于脾胃气虚，胃纳不佳，食少便溏。

【剂型规格】 水丸，每瓶装 60g 或 100g；合剂，100ml。

【用法与用量】 口服。水丸，一次 3~6g，一日 3 次。合剂，一次 20ml，一日 3 次。

【注意事项】 ①阴虚或实热证者忌用。②服药期间忌食辛辣、油腻、生冷之品，宜食清淡易消化之品。③本品含有甘草，不宜与海藻、大戟、甘遂、芫花同用。

4. 玉屏风口服液

【成分】 黄芪、白术（炒）、防风。

【方解】 方中重用黄芪,凸显黄芪补气升阳、益卫固表止汗之功,故为君药。白术补气健脾,助黄芪补气固表,为臣药。防风走表而御风邪,为佐药。黄芪得防风,固表不留邪;防风得黄芪,祛邪不伤正。本剂补中有散,散中有补,三药合用,共奏益气固表止汗之功。

【功能主治】 益气,固表,止汗。用于表虚不固,自汗恶风、面色㿠白,或体虚易感风邪者。

【剂型规格】 口服液,每支装10ml。

【用法与用量】 口服。一次10ml, 一日3次。

【注意事项】 ①热病汗出忌用。阴虚盗汗应慎用。②服药期间饮食宜选清淡之品。

5. 生脉饮(口服液、胶囊)

【成分】 红人参、麦冬、五味子。

【方解】 方中以人参能补脾益肺,益气生津,补气祛邪,为君药。麦冬养阴润肺, 益胃生津,清心安神,与人参合用,可使气旺津生,脉气得复,为臣药。五味子敛肺滋肾,生津敛汗,宁心安神,为佐药。三药配合,一补、一清、一敛,共奏益气复脉、养阴生津之功。

【功能主治】 益气复脉,养阴生津。用于气阴两亏,心悸气短,脉微自汗。

【剂型规格】 口服液,每支装10ml。胶囊:①每粒装0.3g;②每粒装0.35g。

【用法用量】 口服。口服液,一次10ml,一日3次。胶囊,一次3粒,一日3次。

【注意事项】 ①热邪尚盛者,咳而尚有表证未解者忌用。②服用本品同时,忌食辛辣、油腻之物。③本品不宜与含藜芦、五灵脂的中药同时使用。

(二)补血剂

1. 归脾丸

【成分】 炙黄芪、龙眼肉、党参、炒白术、当归、茯苓、炒酸枣仁、制远志、木香、炙甘草、大枣(去核)。

【方解】 方中龙眼肉甘温,归心脾经,能补心脾,益气血;黄芪甘微温,归脾肺经,能补脾益气,两者共为君药。白术、党参甘温补气健脾,加强君药补脾益气之功;当归补血活血,增强君药补心养血之效,为臣药。木香理气醒脾,与补气养血药配伍,使之补而不碍胃,补而不滞;大枣甘温,补中益气;茯苓、酸枣仁、远志宁心安神,以上五味为佐药。炙甘草补气健脾兼调和诸药,为使药。诸药合用,共奏益气健脾、养血安神之效。

【功能主治】 益气健脾,养血安神。用于心脾两虚,气短心悸,失眠多梦,头晕头昏,肢倦乏力,食欲缺乏,崩漏便血。还可用于慢性疲劳综合征,神经衰弱,贫血,功能性子宫出血,胃、十二指肠溃疡。还可用于脑外伤综合征,椎管内麻醉后并发头晕、头痛,原发性血小板减少性紫癜,更年期综合征,癌肿放疗、化疗所致的白细胞及全血细胞减少症,甲状腺功能亢进,心动过缓及阵发性心动过速等。

【剂型规格】 大蜜丸每丸重9g。

【用法与用量】 用温开水或生姜汤送服。水蜜丸一次6g,小蜜丸一次9g,大蜜丸一次1丸,一日3次。

【注意事项】 ①本品为心脾两虚之证而设,若阴虚火旺者忌用。②服药期间,宜食清淡易消化食品,忌食辛辣、生冷、油腻之品,以免加重。③有高血压、心脏病、肝病、糖尿病、肾病等慢性病严重者应在医师指导下服用。④本品含有甘草,不宜与海藻、大戟、甘遂、芫花同用。

2. 四物合剂

【成分】 当归、川芎、白芍、熟地黄。

【方解】 方中当归为妇科调经要药，补血活血，调经止痛，为君药。熟地甘温，大补肝肾，养血滋阴，为臣药。白芍补血敛阴，和营养肝，助熟地调补肝肾，为佐药。川芎为血中气药，活血行血，开郁止痛，并使地芍补而不滞，为使药。四药合用，补而不腻，温而不燥，补中有通，刚柔相济。诸药合用，共奏养血调经之功。

【功能主治】 养血调经。用于血虚所致的面色萎黄、头晕眼花、心悸气短及月经不调。

【剂型规格】 合剂，每支 10ml。

【用法与用量】 口服，一次 10~15ml，一日 3 次。

【注意事项】 ①阴虚血热、肝火旺盛所致的月经过多等症不宜选用，孕妇慎用。②感冒发热患者不宜服用。③忌不易消化食物。④本品含有白芍，不宜与藜芦同用。

3. 复方阿胶浆(胶囊、颗粒)

【成分】 阿胶、红参、熟地黄、党参、山楂。

【方解】 方中熟地补血补阴，补精益髓，以补脏腑先天之本；阿胶补血滋阴，共为君药。红参、党参甘温补阴，大补元气，鼓舞后天生化之源，共为臣药。山楂健胃消食，行气散瘀，使其补中寓散，滋而不腻，为佐药。诸药合用，共奏补气养血、滋阴养荣、填精益髓之功。

【功能主治】 补气养血。用于气血两虚，头晕目眩，心悸失眠，食欲缺乏及白细胞减少症和贫血。

【剂型规格】 口服液：①每瓶装 20ml；②每瓶装 200ml；③每瓶装 250ml；④每瓶装 20ml(无蔗糖)。胶囊剂，每粒装 0. 45g；颗粒剂，每袋装 4g。

【用法与用量】 口服。口服液，一次 20ml，一日 3 次。胶囊剂，一次 6 粒，一日 3 次。颗粒剂，一次 4g，一日 3 次。

【注意事项】 ①本品为补血滋阴之剂，性质黏腻，凡脾胃虚弱，食入难化，呕吐泄泻，腹胀便溏、咳嗽痰多者忌服。②感冒者慎用，以免表邪不解。③服药期间忌生冷、油腻之品。

(三) 气血双补剂

1. 八珍丸(颗粒)

【成分】 党参、炒白术、茯苓、甘草、当归、白芍、川芎、熟地黄。

【方解】 方中党参补中益气，健脾益肺；熟地黄，补血养阴，填精益髓，共为君药。白术、茯苓助人参补脾益气且祛湿；当归、白芍助熟地补血养心敛肝；共为臣药。川芎行气活血，使补而不滞，为佐药。甘草益气调和诸药为使。全方合用，共奏补气益血之功。

【功能主治】 补气益血。用于气血两虚，面色萎黄，食欲缺乏，四肢乏力，月经过多。

【剂型规格】 大蜜丸，每丸重 9g；颗粒剂，每袋装 8g、3. 5g(无蔗糖)。

【用法用量】 口服。丸剂，水蜜丸一次 6g，大蜜丸一次 1 丸，一日 2 次。颗粒剂(冲剂)，开水冲服，一次 1 袋，一日 2 次。

【注意事项】 ①体虚有热者禁用。忌过劳、辛辣、寒凉。慎房事。②服用本品不宜同时服用藜芦或其制品。③孕妇慎服。④本品不宜与感冒类药同时服用。⑤本品宜饭前服用或进食同时服用。

2. 十全大补丸(酒、口服液、膏、糖浆、片、颗粒)

【成分】 党参、炒白术、茯苓、炙甘草、当归、川芎、酒白芍、熟地黄、炙黄芪、肉桂。

【方解】 方中党参性味甘、平,补中益气,健脾益肺;熟地黄性味甘、微温,补血养阴,填精益髓,共为君药。臣以白术、茯苓助人参补脾益气且祛湿,更加黄芪补气健中;当归、白芍助熟地补血养心肝;肉桂补火助阳,温通经脉。佐以川芎行气活血,使补而不滞。使以甘草益气调药。全方合用,气血并补,温补力强。

【功能主治】 温补气血。用于气血两虚,面色苍白,气短心悸,头晕自汗,体倦乏力,四肢不温,月经量多。现代用于治疗慢性萎缩性胃炎、胃下垂,尤其是气血不足引起的胃下垂,以及子宫癌、骨疽、美尼尔综合征、席汉综合征、原发性血小板增多症、白细胞减少症等。

【剂型规格】 丸剂,大蜜丸,每丸重 9g。酒剂,每瓶装 500ml。口服液,每瓶装 10ml。膏剂,每瓶 400g。糖浆,每瓶装 100ml。片剂,每片相当于总药材 10g。颗粒剂,每袋装 30g。

【用法用量】 口服。丸剂、浓缩丸,一次 8~10 丸,一日 3 次;水蜜丸一次 6g,大蜜丸一次 1 丸,一日 2~3 次。酒剂,一次 15~30ml,一日 2 次。口服液,一次 1 瓶,一日 2~3 次。膏剂,一次 10~15g。糖浆,一次 10ml,一日 2 次。片剂,一次 6 片,一日 2 次。颗粒剂,每次半袋;或将 1 袋加白酒 250ml 化服,一次 10~20ml,一日 2 次。

【注意事项】 ①内有实热及阴虚火旺,咳嗽失血者禁用。本品为纯补之剂,凡病邪未尽者不宜用。②孕妇忌用。③忌食生冷、油腻食物。④外感风寒、风热,实热内盛者不宜服用。⑤不宜和感冒类药同时服用。⑥服本药时不宜同时服用藜芦、赤石脂、海藻、大戟、芫花、甘遂或其制剂的药物。⑦本品宜饭前服用或进食同时服。

3. 当归补血口服液(丸、膏)

【成分】 当归、黄芪。

【方解】 方中当归温通质润,功善补血养血活血。其味甘而重,故专能补血,其气轻而辛,故能行血,补中有动,行中有补,诚血中之气药,亦为血中圣药。黄芪功能补脾肺之气,资生血之源。两药合用共奏补气生血之效。

【功能主治】 补养气血。用于气血两虚证。另有用于治疗气血两虚贫血、老年性皮肤瘙痒症及慢性萎缩性胃炎伴异型增生等。

【剂型规格】 口服液,每支装 10ml;蜜丸,每丸重 9g;水蜜丸,每瓶 60g;膏剂,每瓶 125g、250g。

【用法用量】 口服。一次 10ml,一日 2 次。蜜丸,成人一次服 1 丸,一日 2~3 次。水蜜丸一次 6g,一日 2~3 次。膏剂,每次 9g,一日 3 次,温开水送服。

【注意事项】 ①高血压患者慎用。②本品宜饭前服用。③月经提前,量多、色深红,或经前、经期腹痛拒按,乳房胀痛者不宜服用。④阴虚潮热者慎服,感冒发热者忌服。

(四) 补阴剂

1. 六味地黄丸

【成分】 熟地黄、山茱萸、山药、泽泻、茯苓、牡丹皮。

【方解】 方中重用甘温之品熟地黄,取其补血滋阴、填精益髓之功,为君药。山药补脾养胃,补肾益精;山茱萸补益肝肾,并能涩精固脱,共为臣药。茯苓渗湿健脾,助山药健运;泽泻利湿泄热而降肾浊,并能减熟地黄之滋腻;牡丹皮清泻虚热,并制山茱萸之温性,共为佐药。诸药合用,共奏滋补肾阴之功。

【功能主治】 滋阴补肾。用于肾阴亏损,头晕耳鸣,腰膝酸软,骨蒸潮热,盗汗遗精,消渴。临床可用于性功能障碍、遗精、高血压、神经性耳聋、糖尿病等。

【剂型规格】 大蜜丸,每丸重9g。水蜜丸,每8丸重1.44g(每8丸相当于原药材3g)。

【用法用量】 口服。水蜜丸一次6g,大蜜丸一次1丸,一日2次。

【注意事项】 ①本品为阴虚证而设,体实及阳虚者忌服。②感冒者慎用,以免表邪不解。③本品药性滋腻,有碍消化,凡脾虚、气滞、食少纳呆者慎服。④服药期间饮食宜选清淡易消化之品,忌食辛辣、油腻之品。

2. 知柏地黄丸

【成分】 知母、黄柏、熟地黄、制山茱萸、牡丹皮、山药、茯苓、泽泻。

【方解】 本方在六味地黄丸补肾阴虚基础上加知母、黄柏以清热,引火下行。方中重用熟地黄滋阴补肾,益精填髓,为君药。以山茱萸、山药补肾固精,益气养阴,而助熟地黄滋补肾阴,为臣药;知母甘寒质润,清虚热,滋肾阴;黄柏苦寒,泻虚火,坚真阴,配合熟地黄以滋阴降火。佐以茯苓健脾渗湿;泽泻利水清热;丹皮清泄肝肾,三药合用,使补中有泻,补而不腻。诸药配合,共奏滋阴降火之功。

【功能主治】 滋阴降火。用于阴虚火旺,消瘦,潮热,盗汗,两颧发红,五心烦热,口干咽痛,咽痒干咳,有异物感,耳鸣遗精,腰膝酸软,小便短赤。

【剂型规格】 大蜜丸,每丸重9g,水蜜丸,每丸重0.2g。

【用法用量】 口服。水蜜丸一次6g,大蜜丸一次1丸,一日2次。

【注意事项】 ①本品为阴虚火旺证而设,气虚发热及实热者忌服。孕妇慎服。感冒者慎用,以免表邪不解。②本品药性滋腻而寒凉,凡脾虚便溏、气滞中满者不宜使用。虚寒性病证表现为怕冷、手足凉,喜热饮患者不适用。③不宜和感冒类药同时服用。④本品宜空腹或饭前服用开水或淡盐水送服。

3. 大补阴丸

【成分】 熟地黄、盐知母、盐黄柏、醋龟甲、猪脊髓。

【方解】 方中熟地黄滋阴填精生髓,龟甲育阴清热除蒸,滋补真阴,潜阳制火,共为君药。盐知母、盐黄柏苦寒,泻火坚阴,滋阴润燥,且清肺热,为臣药。以血肉甘润之品猪脊髓,既助主药填精补阴,又制黄柏苦燥之性,为佐药。诸药相合,共奏培本清源、滋阴降火之功。

【功能主治】 滋阴降火。用于阴虚火旺,潮热盗汗,咳嗽咯血,耳鸣遗精。现代用于甲状腺功能亢进、肺结核、糖尿病、神经性耳聋、性功能障碍。

【剂型规格】 大蜜丸,每丸重9g。水蜜丸,每瓶装60g。

【用法用量】 口服。水蜜丸一次6g,一日2~3次;大蜜丸一次1丸,一日2次。

【注意事项】 ①本品为阴虚火旺证而设,气虚发热者及火热实证者忌服。②本品滋腻而寒凉,凡脾胃虚弱、痰湿内阻、脘腹胀满、食少便溏者慎使用。③感冒者慎用,以免表邪不解。④服药期间饮食宜选清淡易消化之品,忌食辛辣、油腻之品。

(五)补阳剂

1. 龟鹿补肾丸(口服液)

【成分】 盐菟丝子、淫羊藿(蒸)、续断(盐蒸)、锁阳(蒸)、狗脊(蒸)、酸枣仁(炒)、制何首乌、炙甘草、陈皮(蒸)、鹿角胶(炒)、熟地黄、龟甲胶(炒)、金樱子(蒸)、炙黄芪、山药(炒)、覆盆子(蒸)。

【方解】 方中鹿角胶、龟甲胶为君药,既补人体肾中之阳气,又补人体肾中之阴精。菟丝子、淫羊藿、续断、锁阳、狗脊等配伍鹿角胶加强补肾壮阳、强筋健骨之效;熟地黄、何首乌配合龟甲胶以加强补肾养阴、益精填髓之力,共为臣药。覆盆子、金樱子益肾固精缩尿;黄芪、山药合用补气健脾养血,以资化源;酸枣仁养心益肝,镇静安神;陈皮行气健脾,并使上药补而不腻,以助运化吸收,共为佐药。甘草调药和中,为使药,并可增强治本之功。诸药为伍,共奏补肾阳、益精血、和气血、调阴阳之功。

【功能主治】 补肾壮阳,益气血,壮筋骨。用于肾阳虚所致的身体虚弱、精神疲乏、腰腿酸软、头晕目眩、精冷、性欲减退、小便夜多、健忘、失眠、神经衰弱、性功能障碍、高血压见上述证候者。

【剂型规格】 大蜜丸,每丸重 6g 或 12g。水蜜丸,每 15 粒重 1g。口服液,每支装 10ml。

【用法用量】 口服。水蜜丸一次 4.5~9g,大蜜丸一次 6~12g,一日 2 次。口服液,一次 1~2 支,一日 2 次。儿童酌减。

【注意事项】 ①本品补肾壮阳,若阴虚火旺者忌用。②感冒者慎用,以免表邪不解。③因本品具有温补之性,长期服用者如出现烦热、咽痛等症,当宜停服。

2. 右归丸

【成分】 肉桂、炮附片、鹿角胶、盐杜仲、菟丝子、山茱萸、熟地黄、枸杞子、当归、山药。

【方解】 方中附子、肉桂辛甘热,有回阳救逆、补火助阳之功,能温补肾阳命门;肉桂可散寒止痛,引火归原;鹿角胶温肾壮阳,能补肝肾益精血,三药配合,温补肾阳,填精益髓,故为君药。菟丝子、山茱萸既补肾阳,又益阴精,兼能固精止遗;杜仲补肝肾,强筋骨;枸杞子滋肝肾明目;重用熟地黄补血滋阴,益精填髓,此六味合用,阴阳双补,侧重阴中求阳,共为臣药。当归补血活血;山药补脾养胃,补肾涩精,为佐药。诸药合用,共奏温补肾阳、填精止遗之功。

【功能主治】 温补肾阳,填精止遗。用于肾阳不足,命门火衰,腰膝酸冷,精神不振,怯寒畏冷,阳痿遗精,大便溏薄,尿频而清。

【剂型规格】 小蜜丸,每 10 丸重 1.8g;大蜜丸,每丸重 9g。

【用法与用量】 口服。小蜜丸一次 9g,大蜜丸一次 1 丸,一日 3 次。

【注意事项】 ①本品温肾涩精,用于肾阳亏虚、精关不固的遗精虚证,若阴虚火旺、心肾不交,湿热下注,扰动精室,劳伤心脾,气不摄精者忌用。②本品为命门火衰精气虚寒、阳痿虚证所设,若思虑忧郁,劳伤心脾,恐惧伤肾,湿热下注所致阳痿忌用。③本品为脾肾阳虚泄泻所设,若外感寒湿或外感暑湿、湿热及食滞伤胃、肝气乘脾所致泄泻忌用。④方中有肉桂、附子大温大热之品,不宜过服,以免伤阴;孕妇慎用。服药期间忌生冷饮食,忌房事。⑤本品含有肉桂,不宜与赤石脂同用;本品含有附片,也不宜与半夏、瓜蒌(全瓜蒌、瓜蒌皮、瓜蒌仁、天花粉)、贝母(川贝母、浙贝母)、白蔹、白及同用。

第六节 妇科用药

案例

易姓患者,女,27岁,月经不调2年,自两年前因家事不乐,出现月经紊乱,或十余日一至,或两个月一行,量或多或少,色暗有血块,4日干净,伴面色黯滞,精神郁闷,胸胁、小腹胀痛,食欲欠佳,喜食清淡厌油腻,舌质暗苔薄,脉弦涩有力。陈药师给药治疗:逍遥丸(浓缩丸),8丸,一日3次。

问题:

1. 该案例中的患者可能患什么病,属于哪种证型?
2. 请列出对该病的诊断依据。
3. 采用药品治疗该病是否正确?

一、月经不调类用药

本类药物用于妇女月经不调诸症。月经不调是指妇女月经的周期、经期、经量、颜色质地的异常。常见的病变有月经的周期不准,包括月经先期,即月经周期提前;月经后期,即月经周期错后;月经先后不定期,即经期时而提前,时而错后。月经经量异常,包括月经过多或过少,即月经周期基本正常,但经血量较常量明显增多或减少,以及崩漏等。以上几个症状可单独出现,也可以同时互见。此外,月经不调又常与经行乳腹胀痛并存,故本类药物在使用时可与“痛经类药”相互参见。

月经不调是妇科最常见的疾病,多见于现代医学中的青春期月经紊乱、内分泌失调、原发性闭经和继发性闭经、功能失调性子宫出血、盆腔或附件的炎症等。肝郁气滞、气滞血瘀、血热妄行、气血不和、气虚血亏等均可导致月经不调,临床选用时需注意辨清病因。

本类药物主要有七制香附丸、八珍益母丸(胶囊)、乌鸡白凤丸、定坤丸、艾附暖宫丸、当归养血丸、少腹逐瘀丸等。

1. 七制香附丸

【成分】 醋香附、当归、熟地黄、阿胶、白芍、益母草、醋延胡索、川芎、艾叶(炭)、茯苓、炒白术、人参、粳米、砂仁、盐小茴香、地黄、天冬、山茱萸、黄芩、炒酸枣仁、甘草。

【方解】 方中香附具有疏肝解郁、行气散结、调经止痛之功,为君药。当归补血活血、调经止痛,熟地黄、阿胶益精补血养血,白芍养血柔肝、缓急止痛;益母草、延胡索、川芎活血祛瘀、行气止痛;艾叶、艾叶炭温经散寒止痛,以上九味共为臣药,以加强君药养血调经、行气止痛之功。茯苓、白术、人参、粳米健脾益气以补气生血;砂仁、小茴香温中行气,使中焦脾胃得以健运,地黄、天冬、食盐养阴凉血;山茱萸补肝肾益精,黄芩清热燥湿止带,酸枣仁养血宁心安神,以上诸药共为佐药。甘草调和诸药,为使药。全方配伍,共奏疏肝解郁、养血调经之效。

【功能与主治】 舒肝理气,养血调经。用于气滞血虚所致的痛经、月经量少、闭经,症见胸胁胀痛、经行量少、行经小腹胀痛、经前双乳胀痛、经水数月不行。现代还可用于治疗子宫肌瘤、月经先后无定期。

【剂型规格】 丸剂,每袋装6g。

【用法用量】 口服。一次6g,一日2次。

【注意事项】 ①本品为气滞血瘀所设，阴虚血瘀者慎用。②本品含有活血、淡渗利湿药物，有碍胎气，孕妇慎用。③服药期间饮食宜清淡易消化，忌食生冷之品。

2. 逍遥丸(大蜜丸、水丸、颗粒、合剂)

【成分】 柴胡、当归、白芍、炒白术、茯苓、炙甘草、薄荷。

【方解】 方中以柴胡疏肝解郁为君药；当归、白芍养血和血，柔肝舒肝，以养肝体，助肝阴，又防柴胡劫肝阴，为臣药；白术、茯苓、炙甘草健脾祛湿、益气和中，共以扶土疏木，为佐药；薄荷辛凉清轻，助柴胡疏肝散热，为使药。本方有顺肝条达之性，故名"逍遥"，诸药合用，肝脾并治，补疏共施，气血兼顾，共奏疏肝健脾、养血调经之功。

【功能与主治】 疏肝健脾，养血调经。用于肝郁脾虚所致的郁闷不舒、胸胁胀痛、头晕目眩、食欲减退、月经不调。现代用于月经紊乱、胃下垂、消化不良、胃炎。

【剂型规格】 水丸，每 50 丸重 3g；大蜜丸，每丸重 9g；浓缩丸，每 8 丸相当于原药材 3g，一日 3 次。颗粒剂：①每袋装 15g；②每袋装 6g(无糖)。合剂，每瓶 100ml。

【用法用量】 口服。水丸，一次 6~9g，一日 1~2 次；大蜜丸一次 1 丸，一日 2 次；浓缩丸，一次 8 丸，一日 3 次；颗粒剂，开水冲服，一次 1 袋，一日 2 次；合剂，一次 10~15ml，一日 2 次。

【注意事项】 ①凡肝肾阴虚所致的胁肋胀痛、咽干口燥、舌红少津者慎用。②月经过多者不宜服用本药。③感冒时不宜服用本药。④服药期间忌辛辣生冷食物，饮食宜清淡。⑤本品含白芍，不宜与藜芦同用；含甘草，不宜与甘遂、大戟、海藻和芫花同用。

3. 乌鸡白凤丸(口服液)

【成分】 乌鸡、人参、黄芪、山药、熟地黄、当归、白芍、川芎、丹参、鹿角霜、鹿角胶、鳖甲(制)、地黄、天冬、香附(醋制)、银柴胡、芡实(炒)、桑螵蛸、牡蛎(煅)、甘草。

【方解】 方中重用乌鸡，补肝肾，滋阴血，清虚热，为君药。人参、山药、黄芪补气健脾；当归、川芎、熟地黄、白芍、丹参补血活血，调经止痛；鹿角霜、鹿角胶补肝肾，益精血；鳖甲、地黄、天冬滋阴生津，清虚热，以上为臣药。香附疏肝理气，调经止痛；桑螵蛸、芡实、牡蛎收敛固涩止带；银柴胡清虚热，除疳热，合为佐药。甘草调和诸药，为使药。诸药合用，共奏补气养血、调经止带之效。

【功能与主治】 补气养血，调经止带。用于气血两虚，身体瘦弱，腰膝酸软，月经不调，崩漏带下。临床还用于女性功能性子宫出血、产后恶露不尽、带下量多、男子体虚等。西医之慢性盆腔炎、附件炎、女子不孕症、念珠菌阴道炎等。

【剂型规格】 大蜜丸，每丸重 9g；口服液，每支装 10ml。

【用法用量】 口服，水蜜丸一次 6g，小蜜丸一次 9g，大蜜丸一次 1 丸，一日 2 次。口服液一次 10ml，一日 2 次。

【注意事项】 ①气滞血瘀或血热实证引起的月经不调或崩漏，不宜使用。②服药期间应少食辛辣刺激食物。忌食寒凉、生冷食物。③服药期间不宜喝茶和吃萝卜，不宜同时服用藜芦、五灵脂、皂荚或其制剂。④感冒时不宜服用本药。⑤月经过多者不宜服用本药，带下量多气臭者应去医院就诊。⑥本品含有甘草，也不宜与海藻、大戟、甘遂、芫花同用。

4. 艾附暖宫丸

【成分】 当归、地黄、白芍(酒炒)、川芎、炙黄芪、艾叶(炭)、制吴茱萸、肉桂、续断、醋香附。

【方解】 方中当归养血活血，调经止痛，为妇科调经之要药，为君药。地黄、川芎、白芍滋阴养血，调经止痛，增强君药养血调经之力；黄芪补脾益气，可助有形之血化生，四药为臣药。入艾叶炭、吴茱萸、肉桂、续断温热之品，能温暖胞宫，散寒止痛，补肾固冲，使经血寒凝得以温通；香附疏肝理气，调经止痛，合为佐药。诸药配伍，共奏理气养血、暖宫调经之功。

【功能与主治】 理气养血，暖宫调经。用于血虚气滞、下焦虚寒所致的月经不调、痛经，症见行经后错、经量少、有血块、小腹疼痛、经行小腹冷痛喜热、腰膝酸痛。还可用于治疗肠梗阻、尿频、泄泻等。

【剂型规格】 大蜜丸，每丸重9g。

【用法用量】 口服，小蜜丸一次9g，大蜜丸一次1丸，一日2~3次。

【注意事项】 ①本品适用于血虚气滞，下焦虚寒者，热证、实证者忌用。②孕妇禁用。③忌食寒凉之品。④本品含有白芍，不宜与黎芦同用；本品含有肉桂，也不宜与赤石脂同用。

5. 少腹逐瘀丸

【成分】 当归、蒲黄、五灵脂(醋炒)、赤芍、延胡索(醋制)、没药(炒)、川芎、肉桂、炮姜、小茴香(盐炒)。

【方解】 方中当归补血活血，调经止痛，蒲黄化瘀，止血，相须为用，为君药。五灵脂、延胡索、没药、赤芍、川芎活血化瘀，行气止痛，增强君药之力，共为臣药。肉桂、小茴香、炮姜补火助阳，散寒止痛，活血通经，共为佐药。诸药合用，共奏温经活血、散寒止痛之功。

【功能与主治】 温经活血，散寒止痛。用于寒凝血瘀所致月经后期、痛经、产后腹痛，症见经行后错、行经小腹冷痛、经血紫暗、有血块、产后小腹疼痛喜热、拒按。临床主要用于痛经、产后腹痛等妇科疾病，也可用于增生性肠结核、溃疡性结肠炎、肠粘连、子宫功能性出血等。

【剂型规格】 大蜜丸，每丸重9g。

【用法用量】 温黄酒或温开水送服。一次1丸，一日2~3次。

【注意事项】 ①孕妇忌服。②本品温经散寒，活血化瘀，湿热为患、阴虚有热者忌用。③本品含有活血药物，气虚崩漏者忌服。④患外感时不宜服用。⑤服药期间忌食寒凉之品。⑥本品含有五灵脂，不宜与人参同用；本品含有赤芍，不宜与藜芦同用；本品还含肉桂，也不宜与赤石脂同用。

6. 益母丸(口服液、颗粒、膏)

【成分】 益母草、当归、川芎、木香。

【方解】 本方重用益母草，活血化瘀，调经止痛，为君药。当归活血养血，川芎行气活血，两药并用，调畅血气，止疼痛，为臣药。木香辛温，行气止痛，为佐药。四药配伍，共奏活血化瘀、调经止痛之效。

【功能与主治】 行气活血，调经止痛。用于气滞血瘀所致的月经量少、错后、有血块、小腹疼痛、经行痛减、产后恶露不净。现代用于功能性月经不调、原发性痛经、产后子宫复旧不全。

【剂型规格】 大蜜丸，每丸重9g。口服液，每支装10ml。颗粒剂，每袋装15g。膏剂：①每瓶装125g；②每瓶装250g。

【用法用量】 口服。大蜜丸,一次1丸,一日2次。口服液,一次10~20ml,一日3次;或遵医嘱。颗粒剂,开水冲服,一次15g,一日2次。膏剂,一次10g,一日1~2次。

【注意事项】 ①气不摄血、月经过多者禁用。②孕妇禁用。③经期、服药期间慎食生冷刺激食物。

二、痛经类药

本类药物用于妇女痛经病症。痛经是指妇女在经期或经行前后出现的周期性的小腹疼痛,或痛引腰骶,严重者剧痛晕厥,是常见的妇科疾病。现代医学将痛经分为原发性痛经和继发性痛经两类。青年未婚女子初潮后就有疼痛,一般无器质性病变者,多为原发性痛经;盆腔有器质性疾病,如炎症、肿瘤、子宫内膜异位症等导致的痛经多为继发性痛经。

中医将本病分为实证和虚证两大类:实证多因经期感受寒湿胞宫凝滞不通,或气滞血瘀,不通则痛;虚证多因冲任气血虚弱,或肝肾亏损而致痛经。故继发性痛经应积极治疗妇科原发病,原发性痛经的治疗应注意辨证论治。

本类药物主要有妇康宁片、痛经宝颗粒、痛经丸、元胡止痛片等。

1. 元胡止痛口服液(片、软胶囊、胶囊、颗粒)

【成分】 醋延胡索、白芷。

【方解】 方中延胡索温通辛散,有活血、散瘀、理气、止痛之功,为本方之君药。白芷祛风、燥湿、消肿、止痛,为本方之臣药,助延胡索活血行气止痛。两药合用,共奏理气、活血、止痛之功。

【功能与主治】 理气,活血,止痛。用于气滞血瘀所致的胃痛、胁痛、头痛及痛经。本品还对冠心病、心绞痛、胸痛发作有较好疗效。

【剂型规格】 口服液,每支装10ml。片剂,每片重0.25g。软胶囊,每粒装0.5g。胶囊剂,每粒装0.25g。颗粒剂,每袋装5g。

【用法用量】 口服。口服液,一次10ml,一日3次。片剂,一次4~6片,一次3次。软胶囊,一次2粒,一日3次。胶囊剂,一次4~6粒,一日3次。颗粒剂,开水冲服,一次1袋,一日3次,或遵医嘱。

【注意事项】 ①脾胃虚寒及胃阴不足胃痛者忌用。②方中含有活血、行气之品,故孕妇慎用。③饮食宜清淡,忌酒及辛辣、生冷、油腻食物。④本品不宜用于虚证痛经,其表现为经期或经后小腹隐痛喜按,月经质稀或色淡,伴有头晕目花、心悸气短等症者。⑤本品为含延胡索制剂,具有镇静镇痛作用,与咖啡因、苯丙胺等中枢兴奋剂及环己巴比妥等镇静催眠药不宜联用。

2. 妇康宁片

【成分】 白芍、香附、当归、三七、醋艾炭、麦冬、党参、益母草。

【方解】 方中白芍旨在养血敛阴,调经止痛,为君药。当归养血活血,调经止痛,为调经要药;党参健脾益气,以助气血生化之源,与白芍、当归为伍,可收补气生血之效,而为臣药。香附善解肝郁,理气调经而止痛;三七、益母草活血调经,麦冬养阴,以助生血;醋艾炭温通经脉,散寒止痛,兼制白芍寒凉之性,共为佐药。诸药合用,共奏养血理气、活血调经之功。

【功能与主治】 养血理气,活血调经。用于血虚气滞所致的月经不调,症见月经周期后错、经水量少、有血块、经期腹痛。

【剂型规格】 片剂：①薄膜衣片每片重0.26g；②糖衣片（片芯重0.25g）。

【用法用量】 口服。一次8片，一日2~3次；或经前4~5日服用。

【注意事项】 ①本品含有活血通经药物，有损胎气，孕妇慎用。②患有感冒者停用。③糖尿病患者慎用。④本品含有白芍，不宜与黎芦同用。

3. 痛经丸（片）

【成分】 当归、白芍、川芎、熟地黄、醋香附、木香、青皮、山楂（炭）、延胡索、炮姜、肉桂、丹参、茺蔚子、红花、益母草、五灵脂（醋炒）。

【方解】 方中益母草活血调经；肉桂补火助阳，活血通经，散寒止痛；醋香附疏肝调经止痛，消积化滞，共为君药。熟地黄、当归、白芍、川芎、丹参补血活血，濡养冲任，祛邪而不伤正；炮姜温经止血，温中止泻；青皮、木香疏肝行气止痛，可助香附疏理下焦气滞，均为臣药。五灵脂清热解毒，排脓消肿；延胡索行气止痛，活血祛瘀；红花活血通经止痛；山楂（炭）温经活血；茺蔚子活血调经，为佐药。诸药合用，共奏理气活血、温经散寒之功。

【功能与主治】 温经活血，调经止痛。用于下焦寒凝血瘀所致的痛经、月经不调，症见经行错后，经量少，有血块，行经小腹冷痛，喜暖。现代用于治疗子宫内膜异位症。

【剂型规格】 水丸，每袋装18g；每瓶装60g。片剂，每片含原生药0.74g。

【用法用量】 口服。水丸，一次6~9g，一日1~2次；片剂，一次8片，一日3次，临经时服用。

【注意事项】 ①本方行气化瘀，温经散寒，体虚、有热者忌用。②子宫内膜异位症患者经治疗后即使痛经减轻或消失，也应定期复查以防止复发或病情发展。③本方行气化瘀，孕妇禁用。④本品含有丹参、白芍，不宜与藜芦同用。含五灵脂，不宜与人参同用。

4. 痛经宝颗粒

【成分】 肉桂、三棱、五灵脂、红花、当归、丹参、莪术、延胡索（醋制）、木香。

【方解】 方中肉桂补火助阳，引火归元，散寒止痛，为君药。莪术、延胡索活血破血，行气止痛；丹参、三棱、五灵脂、红花、当归活血祛瘀，行气，调经止痛，为臣药。木香行气止痛，导滞，为佐药。诸药合用，共奏温经化瘀、理气止痛之功。

【功能与主治】 温经化瘀，理气止痛。用于寒凝气滞血瘀，妇女痛经，少腹冷痛，月经不调，经色暗淡。

【剂型规格】 颗粒剂：①每袋装10g；②每袋装4g（含乳糖）。

【用法用量】 温开水冲服。一次1袋，一日2次，于月经前一周开始，持续至月经来3日后停服，连续服用3个月经周期。

【注意事项】 ①孕妇禁用。②服药期间慎食生冷食物，不宜洗凉水澡。③血热瘀滞引起的痛经不宜使用。④本品含有丹参，不宜与藜芦同用。含有三棱，不宜与牙硝同用。含有五灵脂，不宜与人参同用。

5. 舒尔经颗粒

【成分】 当归、白芍、赤芍、醋香附、醋延胡索、陈皮、柴胡、牡丹皮、桃仁、牛膝、益母草。

【方解】 本方白芍平肝止痛，养血调经；当归补血活血，调经止痛，为君药。香附行气疏肝，调经止痛；延胡索行气止痛，活血祛瘀；赤芍清热凉血，活血祛瘀；柴胡升阳，行气疏肝，共为臣药。牛膝活血通经，补肝肾，强筋骨；益母草活血调经；桃仁、牡丹皮活血祛瘀;陈皮理气健脾共为佐药。诸药合用,共奏活血疏肝、止痛调经之效。

【功能与主治】 活血疏肝,止痛调经。用于痛经,症见月经将至前便觉性情急躁、胸乳胀痛或乳房有块、小腹两侧或一侧胀痛、经初行不畅、色暗或有血块。

【剂型规格】 颗粒剂,每袋装 10g。

【用法用量】 开水冲服。一次 1 包,一日 3 次;经前三日至月经行后两日止。

【注意事项】 ①小腹冷痛者不宜服。②服药期间忌辣及生冷。③本品含有白芍,不宜与藜芦同用。

三、带下病类药

本类药物用于妇女带下疾病。本节所称的带下病是指病理性带下,又称“白带异常”。中医认为,此病是由湿邪影响妇女冲任,带脉失约,任脉失固,导致阴道分泌物量多,或颜色、质地、气味发生异常改变,如分泌过多,清稀如水,久下不止,或黏稠色黄如脓,并伴有腰膝酸软、小腹胀痛等全身症状。临床上多见于急性盆腔炎、慢性盆腔炎,阴道炎,子宫颈炎、附件炎、子宫内膜炎等疾病。凡用本类药物治疗妇女带下疾病,需首先进行详细的妇科检查,予以确诊,再根据不同症状和带下色泽辨证用药。此外,本类某些中成药还可以治疗妇女外阴瘙痒、外阴湿疹、女阴白斑等。

本类药物主要有千金止带丸、白带丸、妇科千金片、妇乐颗粒等。

1. 千金止带丸

【成分】 党参、炒白术、当归、白芍、川芎、醋香附、木香、砂仁、小茴香(盐炒)、醋延胡索、盐杜仲、续断、盐补骨脂、鸡冠花、青黛、椿皮(炒)、煅牡蛎。

【方解】 方中党参补气健脾,补骨脂补肾壮阳,共为君药。白术辅党参补气健脾,燥湿利水;杜仲、续断助补骨脂温肾散寒;鸡冠花、椿皮、煅牡蛎清热燥湿,收涩止带;当归、白芍、川芎、延胡索活血养血,行气止痛,共为臣药。香附、木香、砂仁、小茴香理气化湿,温中止痛;青黛凉血散肿,共为佐药。诸药相合,共奏健脾益肾、行气和血、调经止带之功。

【功能与主治】 健脾补肾,调经止带。用于脾肾两虚所致的月经不调、带下病,症见月经先后不定期、量多或淋漓不净、色淡无块,或带下量多、色白清稀、神疲乏力、腰膝酸软。现代用于功能性月经不调、慢性盆腔炎。

【剂型规格】 大蜜丸,每丸重 9g。

【用法用量】 口服。一次 1 丸,一日 2 次。

【注意事项】 ①本品健脾补肾,肝郁血瘀证、湿热证、热毒证者忌用。②孕妇慎用。③本品含白芍,不宜与藜芦同用。

2. 白带丸

【成分】 黄柏(酒炒)、椿皮、当归、白芍、醋香附。

【方解】 方中黄柏苦寒沉降,善除下焦湿热之证,为清热燥湿止带之要药,故为君药。椿皮清热燥湿止带,助黄柏清下焦湿热,为臣药。白芍、当归养血活血,调经止带;香附疏肝理气,调经止痛,共为佐药。诸药合用,共奏清热燥湿、止带之功。

【功能与主治】 清热,除湿,止带。用于湿热下注所致的带下病,症见带下量多、色黄、有味。临床可用于阴道炎、子宫颈炎、子宫内膜炎、糖尿病等。

【剂型规格】 丸剂,每袋装 6g。

【用法用量】 口服。一次 6g,一日 2 次。

【注意事项】 ①本品清热、除湿、止带,肝肾阴虚证者(症见头晕目眩、目干、容易疲劳、肢体麻木、口燥咽干、失眠多梦、胁肋隐痛、耳鸣、舌红少苔、月经量少)忌用。②饮食宜清淡,应忌辛辣及肥甘厚味之品。③带下属虚寒者(症见白带量多,清稀如水、腰腿酸软、小腹发冷发胀)忌服。④本品含有白芍,不宜与藜芦同用。

3. 妇乐颗粒

【成分】 金银花藤、大血藤、甘草、大青叶、蒲公英、牡丹皮、赤芍、川楝子、醋延胡索、熟大黄。

【方解】 方中金银花藤清热解毒,为君药。大青叶清热凉血解毒,蒲公英清热解毒,利湿散结,共助金银花藤清热解毒之功,为臣药。牡丹皮、赤芍凉血化瘀;川楝子、延胡索两味合用,有清泻肝火、活血止痛之功;大血藤活血通经;大黄泻火解毒而除瘀热,共为佐药。甘草调和诸药,为使药。诸药合用,共奏清热凉血、化瘀止痛之功。

【功能与主治】 清热凉血,化瘀止痛。用于瘀热蕴结所致的带下病,症见带下量多、色黄,少腹疼痛;慢性盆腔炎见上述证候者。

【剂型规格】 颗粒剂:①每袋装 6g(相当于原药材 27.7g);②每袋装 12g。

【用法用量】 开水冲服。一次 12g,一日 2 次。

【注意事项】 ①本品用于瘀热蕴结证,气血虚弱所致腹痛、带下者慎用。②本品含攻下活血之品,孕妇慎用。③本品含有赤芍,不宜与藜芦同用。

4. 妇科千金片

【成分】 千斤拔、金樱根、穿心莲、功劳木、单面针、当归、鸡血藤、党参。

【方解】 方中千斤拔、功劳木清热解毒,燥湿止带,共为君药。单面针、穿心莲清热解毒,凉血消肿,燥湿止带,为臣药。鸡血藤、当归养血活血;党参益气健脾,促进水湿运化而止带;金樱根固精止带,共为佐药。诸药相合,共奏清热除湿、益气化瘀之功。

【功能与主治】 清热除湿,益气化瘀。用于湿热瘀阻所致的带下病、腹痛,症见带下量多、色黄质稠、臭秽、小腹疼痛、腰骶酸痛、神疲乏力;慢性盆腔炎、子宫内膜炎、慢性宫颈炎见有上述证候者。

【剂型规格】 片剂,每片重 0.32g。

【用法用量】 口服。一次 6 片,一日 3 次。

【注意事项】 ①本品清热除湿,气滞血瘀、寒凝血瘀证者忌用。②孕妇忌用。③糖尿病患者慎用。

5. 妇良片

【成分】 当归、熟地黄、续断、白芍、山药、白术、地榆炭、白芷、煅牡蛎、海螵蛸、阿胶珠、血余炭。

【方解】 方中当归补血活血,调经止痛;熟地黄滋阴补血,益精填髓,共为君药。白术、山药益气健脾,除湿止带;白芍养血柔肝,调经止痛;阿胶补血止血,调经,共为臣药。续断补肝肾,调血脉,止崩漏;白芷疏风燥湿止带;地榆凉血止血;血余炭止血散瘀;牡蛎、海螵蛸收敛固涩,止血止带,皆为佐药。诸药相合,共奏补血健脾、固经止带之功。

【功能与主治】 补血健脾,固经止带。用于血虚脾弱所致月经不调、带下病,症见月经过多、持续不断,崩漏色淡、经后少腹隐痛、头晕目眩、面色无华或带多清稀。

【剂型规格】 片剂,片芯重 0.3g。

【用法用量】 口服。一次4~6片,一日3次。

【注意事项】 ①带下腥臭、血色暴崩、紫色成块及经前、经期腹痛者慎服。②血热证者慎用。③糖尿病患者慎用。④感冒发热患者不宜服用。⑤本品含有白芍,不宜与藜芦同用。

6. 花红片

【成分】 一点红、白花蛇舌草、鸡血藤、桃金娘根、白背叶根、地桃花、菥蓂。

【方解】 方中一点红清热解毒、活血止痛,为君药。白花蛇舌草清热利湿解毒;菥蓂清热解毒,和中化湿,既能助一点红清热解毒,又能燥湿止带,共为臣药。白背叶根、地桃花清热利湿,鸡血藤、桃金娘根活血祛瘀止痛,共为佐药。七药合用,共奏清热解毒、燥湿止带、祛瘀止痛之功。

【功能与主治】 清热解毒,燥湿止带,祛瘀止痛。用于湿热夹瘀所致的带下病,症见带下量多、色黄质稠,小腹隐痛、腰骶酸痛、经行腹痛;慢性盆腔炎、附件炎、子宫内膜炎见上述证候者。

【剂型规格】 片剂:①薄膜衣片,每片重0.29g;②糖衣片,片芯重0.28g。颗粒剂,每袋装10g。

【用法用量】 口服。片剂,一次4~5片,颗粒剂一次10g,均一日3次。7日为1个疗程,必要时可连服2~3个疗程,每疗程之间停药3日。

【注意事项】 ①本品用于湿热瘀结证,月经过多、气血虚弱所致腹痛、带下者慎用。②孕妇禁用。③妇女经期、哺乳期慎用。④对本品过敏者禁用,过敏体质者慎用。

四、产后病类药

本类药物用于妇女产后病。妇女产后疾病包括妇女产后恶露不尽、产后腹痛、产后乳汁不行等。产后恶露不尽、出血不止者,多见于产后子宫复旧不良所致的产后出血。产后乳汁不行是指产妇在哺乳期间乳汁甚少或全无,现代医学亦称产后缺乳,多为气血亏虚、肝气郁滞所致,多发于初产妇。

本类药物主要有产妇康颗粒、加味生化颗粒、通乳颗粒等。

1. 产复康颗粒

【成分】 益母草、当归、人参、黄芪、何首乌、桃仁、蒲黄、熟地黄、香附(醋制)、昆布、白术、黑木耳。

【方解】 方中人参、黄芪、白术健脾益气摄血,资生气血,以化源充足,为君药。益母草、当归、桃仁、蒲黄活血化瘀,祛瘀生新,为臣药。熟地黄滋阴补血,益精填髓;何首乌、黑木耳补肝肾,益精血;香附理气解郁,与养血活血之品共用,使气血调达;昆布软坚祛瘀,五味皆为佐药。诸药相合,共奏补气养血、祛瘀生新之功。

【功能与主治】 补气养血,祛瘀生新。用于气虚血瘀所致的产后恶露不绝,症见产后出血过多、淋沥不断、神疲乏力、腰腿酸软。

【剂型规格】 颗粒剂:①每袋重20g;②每袋重10g;③每袋重5g(无蔗糖)。

【用法用量】 开水冲服。一次20g(规格①、②)或5g(规格③),一日3次;5~7日为1个疗程,产褥期可长期服用。

【注意事项】 ①本品益气养血、祛瘀生新,血热证者忌用。②产后大出血禁用。③本品含人参,不宜与藜芦、五灵脂等药配伍。④高血压、外感及局部感染严重患者忌用,产后实热、湿热诸证不宜服用。⑤含有昆布，不宜与甘草同用。

2. 通乳颗粒

【成分】 黄芪、熟地黄、通草、瞿麦、天花粉、路路通、漏芦、党参、当归、川芎、白芍（酒炒）、王不留行、柴胡、穿山甲（烫）、鹿角霜。

【方解】 方以黄芪、熟地补脾益气，益阴养血为君。党参、当归、川芎、白芍助君药补气生血为臣。王不留行、穿山甲、通草、路路通通经下乳；瞿麦活血通经；漏芦清热排乳；天花粉生津消痈；柴胡疏肝理气；鹿角霜益肾助阳，为血肉有情之品，适于产后子宫虚冷；均为佐药。全方有益气生血、通经下乳之功。

【功能与主治】 益气生血，通经下乳。用于产后气血亏损，乳少，无乳，乳汁不通。

【剂型规格】 颗粒剂：①每袋装 15g；②每袋装 30g；③每袋装 5g（无蔗糖）。

【用法用量】 口服。一次 30g 或 10g（无蔗糖），一日 3 次。

【注意事项】 ①本品用于气血亏损证，肝郁气滞证产后缺乳慎用，体虚有热者不宜用。②调和情志，保持心情舒畅，以免影响泌乳。③孕妇忌用。④服药期间忌食生冷及辛辣之品。⑤本品含天花粉，不宜与川乌、附子、草乌同用；含白芍，不宜与藜芦同用。

第七节　儿科用中成药

案例

患儿，女，3 岁，咳嗽 3 日。来时家人代诉咳嗽痰多，色黄黏稠，发热口渴，烦躁不宁，大便干结，舌质红，苔黄腻，脉滑数。黄药师给药治疗：小儿百部止咳糖浆，10ml，一日 3 次。

问题：

1. 该案例中的患儿可能患什么病，属于哪种证型？
2. 请列出对该病的诊断依据。
3. 采用药品治疗该病是否正确？

一、小儿感冒类药

本类药物用于小儿感冒病症。感冒俗称“伤风”，是小儿最常见的外感疾病。小儿感冒的发病原因，主要由于脏腑娇嫩，肌肤疏薄，外邪常于四时气候骤变、冷热失常时乘虚而入，酿成感冒。以发热恶寒、头痛、鼻塞流涕、喷嚏咳嗽为主要症状。一般起病较轻，预后良好。但年幼体弱患儿临床表现复杂，症状较重，常见夹滞、夹惊等兼症，这是小儿感冒和成人感冒的不同之处。小儿感冒在治疗上应以解表为主，根据风寒感冒、风热感冒、暑湿感冒、气虚感冒等的不同特征，采用辛温解表、辛凉解表、清暑解表和扶正解表之法。在小儿传染病的初期，也可见有类似感冒的症状，应注意鉴别。

本类药物主要有儿感退热宁口服液、小儿清热解毒口服液、小儿感冒颗粒、小儿清热解毒口服液、小儿热速清颗粒等。

1. 儿感退热宁口服液

【成分】 青蒿、板蓝根、菊花、苦杏仁、桔梗、连翘、薄荷、甘草。

【方解】 方中青蒿苦寒清热，辛香透散，善使阴分伏热透达外散，为阴虚发热要药，此外兼有解暑、截疟之功，为主药。板蓝根清热解毒利咽，连翘清热解毒、散结消肿，能助君药清内郁之火，菊花、薄荷疏风散热解表，能助青蒿将透出阴分之热由表散出，共为辅药。桔梗、杏仁、甘草宣肃肺气，化痰利咽止咳；为佐药。甘草同时也有调和诸药之效，为使药。诸药合用，共奏清热解毒发表、化痰止咳利咽之功。

【功能与主治】 解表清热，化痰止咳，解毒利咽。用于小儿外感风热，内郁化火，发热头痛，咳嗽，咽喉肿痛。现代有用于治疗儿童急性上呼吸道感染。

【剂型规格】 口服液，每支装10ml。

【用法用量】 口服。一次30g或10g（无蔗糖），一日3次。

【注意事项】 ①对于风寒外感咳嗽不适用。②本品含有甘草，不宜与海藻、大戟、甘遂、芫花等配伍。③忌食生冷、辛辣、油腻食物。

2. 小儿百寿丸

【成分】 钩藤、炒僵蚕、胆南星（酒炙）、天竺黄、桔梗、木香、砂仁、陈皮、麸炒苍术、茯苓、炒山楂、六神曲（麸炒）、炒麦芽、薄荷、滑石、甘草、朱砂、牛黄。

【方解】 方中钩藤平肝息风，透散热邪；薄荷疏风散热，清利头目，共为君药。僵蚕、胆南星、天竺黄、牛黄、朱砂清热化痰，息风定惊，为臣药。以木香、砂仁、陈皮、茯苓、苍术、山楂、六神曲、麦芽健脾和胃，消食导滞；滑石清热利尿、引热下行，合为佐药。桔梗宣肺祛痰，载药上行；甘草解毒，调和诸药，为使药。诸药相合，共奏清热散风、消食化滞之功。

【功能与主治】 清热散风，消食化滞。用于小儿风热感冒、积滞，症见发热头痛、脘腹胀满、停食停乳、不思饮食、呕吐酸腐、咳嗽痰多、惊风抽搐。现代用于小儿上呼吸道感染、小儿胃肠型感冒、高热惊厥。

【剂型规格】 大蜜丸，每丸重3g。

【用法用量】 口服。一次1丸，一日2次；周岁以内小儿酌减。

【注意事项】 ①本品用于风热感冒，兼夹食滞者，若属风寒或暑湿感冒者不宜应用。②本品为表邪化热，热极生风的小儿急惊风所设，若属脾虚肝旺，慢惊风者不宜应用。③服药期间忌食生冷、油腻及辛辣不消化食物。④服本药时不宜同时服用滋补性中成药。⑤高热惊厥应住院治疗，不宜单用本品，以免贻误病情。⑥本品中含有朱砂，不宜加大剂量或长期服用。⑦本品含甘草，不宜与甘遂、大戟、海藻和芫花同用。

3. 小儿宝泰康颗粒

【成分】 连翘、地黄、滇柴胡、玄参、桑叶、浙贝母、蒲公英、南板蓝根、滇紫草、桔梗、莱菔子、甘草。

【方解】 方中连翘清热解毒，长于散上焦风热，为君药；辅以柴胡、桑叶辛凉解表、疏风清热，蒲公英、南板蓝根清热解毒利咽，生地、玄参、紫草清热凉血，以防小儿病传变快，热入血分，浙贝母、桔梗合用以化痰利咽止咳，莱菔子既能消食导滞，又能降气化痰，止咳平喘，以上共为佐药；甘草调和诸药，为使药。诸药合用，共奏解表清热、止咳化痰之效。

【功能与主治】 解表清热，止咳化痰。用于小儿风热外感，症见发热、流涕、咳嗽、脉浮。

【剂型规格】 颗粒剂：①每袋装2.6g；②4g；③8g。

【用法用量】 温开水冲服。周岁以内一次2.6g，1~3岁一次4g，3~12岁一次8g，一日3次。

【注意事项】 ①服药期间忌食辛辣、生冷、油腻食物。②风寒感冒者不适用，脾虚易腹泻者慎服。③糖尿病患儿禁服。④本品含玄参,不宜与藜芦同用;本品含浙贝母,不宜与川乌、附子和草乌同用。

4. 小儿退热颗粒

【成分】 大青叶、板蓝根、金银花、连翘、栀子、牡丹皮、黄芩、淡竹叶、地龙、重楼、柴胡、白薇。

【方解】 方中大青叶、板蓝根清热解毒、凉血利咽消肿,为君药。金银花、连翘透肌解表,清热解毒;栀子清热泻火,消肿止痛;牡丹皮清热凉血,化瘀消肿;黄芩清热燥湿,泻火解毒;重楼清热解毒,止痛消肿,共为臣药。淡竹叶清热除烦而利尿;地龙清热泻火,平喘利尿;白薇清热凉血,解毒疗疮,柴胡透解肌表邪热,为佐药。诸药合用,共奏疏风解表、解毒利咽之功效。

【功能与主治】 疏风解表,解毒利咽。用于小儿外感风热所致的感冒,症见发热恶心、头痛目赤、咽喉肿痛;上呼吸道感染见上述证候者。

【剂型规格】 颗粒剂:①每袋装 5g;②每袋装 15g。

【用法用量】 开水冲服。5 岁以下小儿一次 5g, 5～为岁一次 15g,一日 3 次;或遵医嘱。

【注意事项】 ①本品用治于风热感冒,风寒感冒者慎用。②腮腺炎为急性流行性传染病,应注意隔离及并发症,症状加重应及时到医院就诊。③服药期间饮食以流质、半流质为主,宜清淡,忌食生冷、辛辣、油腻食品。④本品含白薇,不宜与川乌、附子、草乌同用。

5. 小儿热速清口服液

【成分】 柴胡、黄芩、板蓝根、葛根、金银花、水牛角、连翘、大黄。

【方解】 方中柴胡善能透表解热,黄芩主清肺火,除上焦实热,两药表里双解,共为君药。金银花、连翘清热解毒,轻宣外邪;葛根清热解肌,生津止渴;板蓝根、水牛角清热凉血解毒、利咽消肿,共为臣药。另入大黄泻热通便,导热下行,为佐药。诸药合用,共奏清热解毒、泻火利咽之功。

【剂型规格】 合剂,每支装 10ml。

【功能与主治】 清热解毒,泻火利咽。用于小儿外感风热所致的感冒,症见高热、头痛、咽喉肿痛、鼻塞流涕、咳嗽、大便干结。现代还用于化脓性扁桃体炎。

【用法用量】 口服。1 岁以内一次 2.5～5ml, 1～3 岁一次 5～10ml, 3～7 岁一次 10～15ml, 7～12 岁次 15～20ml,一日 3～4 次。

【注意事项】 ①本品用于风热感冒,风寒感冒或脾虚、大便稀薄者慎用。②服药期间忌食生冷、油腻、辛辣食物。③使用本品 24h 后疗效不明显者,可酌情增加剂量。若高热持续不退者应去医院。

6. 小儿感冒口服液(颗粒)

【成分】 广藿香、菊花、连翘、大青叶、板蓝根、地黄、地骨皮、白薇、薄荷、石膏。

【方解】 方中藿香、菊花辛散疏风,菊花微寒又能清热解毒,两药相合疏风解表、清热解毒,共为君药;连翘、大青叶、板蓝根助君药清热解毒,为臣药;地黄、地骨皮、白薇滋阴以防邪热伤阴,薄荷既能疏散风热,又能清利咽喉,石膏清泻肺热,为佐药。诸药合用,共奏疏风解表、清热解毒之效。

【功能与主治】 疏风解表,清热解表。用于小儿外感风热所致发热重、微恶风寒、头痛、有汗或少汗、咽红肿痛、口渴、舌尖红、苔薄黄而干、脉浮数。

【剂型规格】 合剂,每支装10ml。颗粒剂,每袋装12g。

【用法用量】 口服。1岁以下一次5ml(应分多次服用),1~3岁一次5~10ml,4~7岁一次10~15ml,8~12岁一次20ml,一日2次。摇匀服用。

【注意事项】 ①感冒初起,怕冷无汗,低热,大便稀且次数多者慎用。②服药期间忌食生冷油腻食物。

二、小儿咳喘类药

本类药物用于小儿咳喘病症。咳喘即咳嗽、气喘。小儿咳喘是小儿肺部疾病的常见证候,其发病原因一般与成人相同,故治疗成年人咳喘的某些中成药,也可以治疗小儿咳喘。由于小儿发育尚未完全,肺脏娇嫩,腠理疏松,易受外邪侵袭,肺失宣降而咳嗽、气喘;小儿脾胃功能也较弱,易为乳食、生冷或不当饮食所伤。酿湿生痰,壅塞气道,肺气上逆,发为咳喘;故在用药上,与成人有所差异。小儿感冒、上呼吸道感染、支气管炎、肺气肿、哮喘型支气管炎,支气管哮喘等见有咳喘者,可选用本类中药。

本类药物主要有贝羚胶囊、儿童清肺丸、小儿百部止咳糖浆、小儿肺热咳喘口服液、小儿咳喘颗粒等。

1. 儿童清肺丸(口服液)

【成分】 麻黄、炒苦杏仁、紫苏叶、细辛、薄荷、黄芩、石膏、蜜桑白皮、板蓝根、蜜枇杷叶、天花粉、炒紫苏子、葶苈子、法半夏、橘红、浙贝母、前胡、白前、瓜蒌皮、石菖蒲、煅青礞石、甘草。

【方解】 方中麻黄开宣肺气,发散风寒,止咳平喘;苦杏仁降肺气,助麻黄增强止咳平喘之功;紫苏叶发表散寒,宣肺止咳;共为主药。细辛温肺散寒,下气消痰;薄荷疏风解表,清利头目;黄芩、石膏泻火解毒,清泻肺热;桑白皮、枇杷叶清肺降气,化痰止咳;板蓝根清热解毒,凉血利咽;天花粉清肺化痰,生津润燥,共奏清泄肺热、降气止咳之功。紫苏子、葶苈子泄肺降气,消痰止咳;法半夏、橘红燥湿化痰,理气止咳;共为辅药。前胡、白前、浙贝母、瓜蒌皮清肺化痰止咳;石菖蒲化湿豁痰,青礞石下气消痰,共奏降气化痰之功,共为佐药。甘草润肺止咳,调和诸药,为使药。诸药合用,共奏清肺、解表、化痰、止嗽之功效。

【功能与主治】 清肺,解表,化痰,止嗽。用于小儿风寒外束、肺经痰热所致的面赤身热、咳嗽气促、痰多黏稠、咽痛声哑。现代有用于治疗急性支气管炎。

【剂型规格】 丸剂,每丸重3g。口服液,每支装10ml。

【用法用量】 口服。丸剂一次1丸,一日2次;三岁以下一次半丸。口服液一次20ml;6岁以下,一次10ml,一日3次。

【注意事项】 ①本品用于外感风寒,内蕴痰热咳嗽,阴虚燥咳、体弱久嗽忌用。②服药期间饮食宜清淡,忌食辛辣、生冷、油腻之品。③本品含有半夏、瓜蒌、贝母,不宜与乌头配伍使用。

2. 小儿止嗽糖浆

【成分】 玄参、麦冬、胆南星、苦杏仁水、焦槟榔、桔梗、竹茹、桑白皮、天花粉、川贝母、瓜蒌子、甘草、炒紫苏子、知母、紫苏叶油。

【方解】 方中玄参清热降火,养阴生津;麦冬生津润燥,清肺养阴,共为君药。紫苏叶、天花粉、胆南星、杏仁、桔梗、竹茹清肺化痰，知母、川贝母清热润肺共为臣药。桑白皮、瓜蒌子、紫苏子、槟榔泻肺平喘、润肠通便，共为佐药。甘草祛痰止咳，调和诸药，为佐使药。诸药相合，共达润肺清热、止咳化痰之功。

【功能与主治】　润肺清热，止嗽化痰。用于小儿痰热内蕴所致的发热、咳嗽、黄痰、咳吐不爽、口干舌燥、腹满便秘、久嗽痰盛。现代用于小儿急性支气管炎。

【剂型规格】　糖浆剂，每瓶装：①10ml；②120ml。

【用法用量】　口服。一次 10ml，一日 2 次；周岁以内酌减。

【注意事项】　①本品适用于痰热咳嗽，若属肺脾气虚、阴虚久咳者慎用。②应注意 1～14 岁不同年龄组的不同剂量的合理服法。③脾虚大便泄泻者忌用。④服药期间饮食宜清淡，忌食生冷、油腻、辛辣食品。⑤本品含玄参，不宜与藜芦同用；本品含川贝、天花粉、瓜蒌子，不宜与川乌、附子和草乌同用；本品含甘草，不宜与甘遂、大戟、海藻和芫花同用。

3. 小儿百部止咳糖浆

【成分】　蜜百部、苦杏仁、桔梗、桑白皮、麦冬、知母、黄芩、陈皮、甘草、制天南星、枳壳（炒）。

【方解】　方中百部润肺下气，解痉止咳，对暴咳、久咳均有良效，为君药。黄芩、桑白皮功擅清肺泻热，天南星、陈皮长于燥湿化痰，四药相合，使清热而无伤正之弊，化痰而无助火之忧，共为臣药；杏仁、桔梗宣降肺气以复清肃之职，麦冬、知母养阴生津兼能制天南星、陈皮之燥，枳壳并陈皮能行气调中，为佐药，使药以甘草调和药性，诸药互济，共达清肺、止咳、化痰之效。

【功能与主治】　清肺，止咳，化痰。用于小儿痰热蕴肺所致的咳嗽、顿咳，症见咳嗽、痰多、痰黄黏稠、咯吐不爽，或痰咳不已、痰稠难出；百日咳见上述证候者。现代也用于急性支气管炎。

【剂型规格】　糖浆剂，每瓶装：①10ml；②100ml。

【用法用量】　口服。2 岁以上一次 10ml，2 岁以内一次 5ml，一日 3 次。

【注意事项】　①本品适用于痰热蕴肺化火所致顿咳、咳嗽，若属风寒咳嗽、阴虚燥咳者忌用。②服药期间饮食宜清淡，忌食辛辣、生冷、油腻之品。③本品含甘草，不宜与甘遂、大戟、海藻和芫花同用。

4. 小儿肺热咳喘口服液

【成分】　麻黄、苦杏仁、石膏、甘草、金银花、连翘、知母、黄芩、板蓝根、麦冬、鱼腥草。

【方解】　方中以金银花、连翘、麻黄为君药，寒温并用，共达辛凉宣肺、疏风散热之功，具有疏引入里之邪热，从卫分而解之效；臣以生石膏、黄芩之寒凉，增强君药清泻肺热之力；佐以板蓝根、鱼腥草清热解毒、止咳化痰，杏仁降气止咳平喘，知母、麦冬清热养阴生津；全方苦寒之品较多，故用甘草调中和胃，为使药。诸药相伍，有清热解毒、宣肺化痰之功。

【功能与主治】　清热解毒，宣肺化痰。用于热邪犯于肺卫所致发热、汗出、微恶风寒、咳嗽、痰黄，或兼喘息，口干而渴。现代用于急性上呼吸道感染、支气管炎、支气管肺炎。

【剂型规格】　合剂，每支装 10ml。

【用法用量】　口服。1～3 岁一次 10ml，一日 3 次；4～7 岁一次 10ml，一日 4 次；8～12

岁一次 20ml，一日 3 次。或遵医嘱。

【注意事项】 ①本品为风热犯肺所致感冒发热、咳喘所设，若属风寒感冒、风寒闭肺喘咳、内伤肺肾亏虚喘咳者忌用。②服药期间饮食宜清淡，忌食油腻腥荤、辛辣刺激食物。③本品含麻黄，高血压、青光眼者慎用。④本品含甘草，不宜与甘遂、大戟、海藻和芫花同用。

5. 小儿咽扁颗粒

【成分】 金银花、射干、金果榄、桔梗、玄参、麦冬、人工牛黄、冰片。

【方解】 方中金银花，清热泻火解毒；射干祛痰利咽，清热解毒，利咽，共为君药。金果榄清咽止痛，解毒利咽；桔梗开宣肺气，化痰利咽；玄参、麦冬养阴润燥，散结利咽，共为臣药。少量牛黄清热解毒，化痰开窍；冰片清热止痛，醒神开窍，共为佐药。诸药合用，共奏清热利咽、解毒止痛之功效。

【功能与主治】 清热利咽，解毒止痛。用于小儿肺卫热盛所致的喉痹、乳蛾，症见咽喉肿痛、咳嗽痰盛、口舌糜烂；急性咽炎、急性扁桃腺炎见上述证候者。

【剂型规格】 颗粒剂：①每袋装 8g；②每袋装 4g。

【用法用量】 开水冲服。1~2 岁一次 4g 或 2g（无蔗糖），一日 2 次；3~5 岁一次 4g 或 2g（无蔗糖），一日 3 次；6~14 岁一次 8g 或 4g，一日 2~3 次。

【注意事项】 ①本品为风热外侵，肺经有热之乳蛾、喉痹所致，若属虚火乳蛾、喉痹、风寒袭肺咳嗽者不宜应用。②脾虚易腹泻者慎服。③糖尿病患儿禁服。④服药期间忌食生冷、辛辣、油腻之食品。⑤本品含玄参，不宜与藜芦同用。

6. 贝羚胶囊（散）

【成分】 川贝母、羚羊角、猪去氧胆酸、人工麝香、沉香、人工天竺黄（飞）、煅青礞石（飞）、硼砂（炒）。

【方解】 方中川贝母清热化痰，润燥止咳；羚羊角清泻肝热，息风止痉，故为君药。人工天竺黄、硼砂清热化痰，清心定惊；青礞石下气消痰，平肝镇惊与君药相合，增强清肺化痰息风功效，为臣药。沉香，降气温中平喘；麝香药性辛温，与川贝母、羚羊角相伍，既可制其辛温之性，又能辛通以除胸中痰热、开窍醒神以治痰厥，是为佐药。猪去氧胆酸有抗炎镇咳作用。诸药合用，共奏清热化痰、止咳平喘之功。

【功能与主治】 清热化痰，止咳平喘。用于痰热阻肺，气喘咳嗽，表现为发热烦躁，咳嗽喘促，气急鼻煽，喉间痰鸣，口唇发绀面色红赤，大便干结，小便短黄，舌质红，苔黄。小儿肺炎、喘息性支气管炎及成人慢性支气管炎见上述证候者。

【剂型规格】 胶囊剂，每粒装 0.3g；散剂，每瓶装 0.3g。

【用法用量】 口服。一次 0.6g，一日 3 次；小儿一次 0.15~0.6g，1 周岁以内酌减，一日 2 次。

【注意事项】 ①大便溏稀者不宜使用。②本品清肺化痰，为痰热闭肺所致喘咳而设，若属风寒咳喘、阴虚燥咳、肺虚喘咳者忌用。③服药期间忌食生冷、过甜、过咸之品。④本品含川贝母，不宜与乌头（川乌、附子、草乌）同用。

三、小儿惊风类药

本类药物用于小儿惊风类病症。惊风又称“惊厥”、“抽风”，是小儿常见的危机证候，表现为突然发作的全身或手足部抽搐，可伴神昏。惊风有急惊风和慢惊风之分。急惊风病势较急，以高热目赤、昏迷抽搐、两目上视、牙关紧闭、口吐白沫、叹声辘辘等为主症。大多出现在发高热期间，多因热盛或痰热食滞引起，常见于现代医学的小儿流感、急性支气管炎、肺炎、急性扁桃体炎、流行性脑脊髓膜炎、流行性乙型脑炎等出现高热惊厥的急性传染性疾病或急性感染性疾病。慢惊风病势较缓，虚证明显，以面色淡白或青、神倦嗜睡、缓慢抽搐、时作时止、腹部凹陷、呼吸微缓等为主症。多因呕吐泄泻或多种重病晚期因久病伤阴所致。慢惊风者应以治疗原发病为主。

本类药物主要有万应胶囊、猴枣散、牛黄抱龙丸、小儿惊风散等。

1. 万应胶囊

【成分】 胡黄连、黄连、儿茶、冰片、香墨、熊胆粉、麝香、人工牛黄、牛胆汁。

【方解】 方中黄连、胡黄连苦寒清降，功善清热泻火解毒，共为君药。熊胆、牛黄清热解毒，息风止痉，化痰开窍；牛胆汁、香墨解毒消肿，四味为伍，加强君药清热解毒作用，共为臣药。儿茶清肺化痰，冰片清热止痛，麝香开窍醒神，合为佐药。诸药相合，共奏清热镇惊、解毒消肿、化痰开窍之功。

【功能与主治】 清热，解毒，镇惊。用于邪毒内蕴所致的口舌生疮、牙眼咽喉肿痛、小儿高热、烦躁易惊。现代用于口腔溃疡、急性咽炎、扁桃体炎、化脓性扁桃体炎、高热惊厥。

【剂型规格】 胶囊剂，每粒装：①0.3g；②0.15g。

【用法用量】 口服。大粒一次1~2粒，小粒2~4粒，一日2次；3岁以内小儿酌减。

【注意事项】 ①本品为风热、肺热上攻急性喉痹所设，若肺胃阴虚所致慢性喉痹不宜使用。②本品用治小儿外感急惊风证，若脾虚肝旺慢惊风证或阴虚生风虚风内动证，不宜应用。③本品含苦寒泄降药物，脾胃虚弱、体弱小儿不宜久服，孕妇慎用。④服药期间饮食宜清淡，忌食辛辣、油腻之品。

2. 小儿惊风散

【成分】 全蝎、炒僵蚕、雄黄、朱砂、甘草。

【方解】 本方以全蝎息风镇痉，攻毒散结，通络止痛为主药。以僵蚕祛风定惊、化痰散结，雄黄祛痰镇惊，朱砂清心镇惊、安神解毒，共为辅药，增强主药的镇惊息风作用。甘草调和诸药，为使药。诸药配伍，共奏镇惊息风之效。

【功能与主治】 镇惊息风。用于小儿惊风，抽搐神昏。

【剂型规格】 散剂，每袋装1.5g。

【用法用量】 口服。周岁小儿一次1.5g，一日2次；周岁以内小儿酌减。

【注意事项】 ①麻疹及慢惊风忌用。②本品含雄黄、朱砂，不宜多服、久服。③本品含有雄黄（雄黄中含有砷），不宜与硝酸盐、硫酸盐同服，在体内砷可被氧化成有毒的三氧化二砷，引起砷中毒。④本品含甘草，不宜与甘遂、大戟、海藻和芫花同用。

3. 牛黄千金散

【成分】 全蝎、僵蚕（制）、牛黄、朱砂、冰片、黄连、胆南星、天麻、甘草。

【方解】 牛黄苦凉，既善息风定惊，又具豁痰开窍、清热解毒之功，为治小儿痰热惊风首选药，故为主药。天麻、全蝎、僵蚕息风止痉，以加强牛黄息风定惊之力。胆南星清化热痰而开窍，以助牛黄豁痰开窍之效。黄连大寒清心解毒，以助牛黄清热解毒功效，此六药配伍，为本方之辅药。朱砂安神镇静，冰片开窍透邪，此两药共为本方佐药。甘草一味调和诸药，为本方之使。诸药合用，共奏清热解毒、镇痉定惊之功。

【功能与主治】 清热解毒，镇痉定惊。用于小儿惊风高热，手足抽搐，痰涎壅盛，神昏谵语。主要可用于治小儿高热急惊风抽搐严重者。

【剂型规格】 散剂，每瓶装0.6g。

【用法用量】 口服，一次0.6~0.9g，一日2~3次；3岁以内小儿酌减。

【注意事项】 ①麻疹及慢惊风忌用。②本品含雄黄、朱砂，不宜多服、久服。③本品含有雄黄（雄黄中含有砷），不宜与硝酸盐、硫酸盐同服，在体内砷可被氧化成有毒的三氧化二砷，引起砷中毒。④本品含甘草，不宜与甘遂、大戟、海藻和芫花同用。

4. 牛黄抱龙丸

【成分】 牛黄、胆南星、天竺黄、全蝎、炒僵蚕、朱砂、琥珀、人工麝香、雄黄、茯苓。

【方解】 方中牛黄为君药，其气芳香，功善清热解毒，息风定惊，豁痰开窍，芳香醒神凉肝效佳，不失为热证急救之妙药。天竺黄、胆南星清热化痰，清心定惊；全蝎、僵蚕息风止痉，共助牛黄清化热痰、息风定惊之作用，故为臣药。朱砂、琥珀归心经，清热镇心安神，为治小儿惊风之佳品；雄黄、麝香辛温性燥，雄黄祛痰定惊，麝香辛香走窜而开窍醒神，两者相配，开窍与定惊并效；茯苓淡渗利湿健脾，以防寒性药伤脾生湿，此五药共用，既治惊风之兼证，又助君臣之药效，为本方佐药。方中诸药配伍，共奏清热镇惊、祛风化痰之功。

【功能与主治】 清热镇惊，祛风化痰。用于小儿风痰壅盛所致的惊风，症见高热神昏、惊风抽搐。可用于治疗小儿肺炎、惊厥、中毒性痢疾、流行性乙型脑炎、高热惊厥等。对流行性乙型脑炎及合并麻疹所致之昏迷谵妄、烦躁不安、痰鸣抽搐等症状有较好疗效。也可用于肺炎、中毒性痢疾、败血症及上述疾病所致的高热不退、惊厥抽搐等。

【剂型规格】 蜜丸，每丸重1.5g。

【用法用量】 口服。一次1丸，一日1~2次；周岁以内小儿酌减。

【注意事项】 ①本品清热镇惊，祛风化痰，为风痰急惊所设，若脾胃虚寒所致慢惊风者，或阴虚火旺所致虚风内动者慎用。②本品含有朱砂、雄黄，不宜过量久服。③饮食宜清淡，忌食辛辣、油腻食物。

四、小儿厌食类药

本类药物用于小儿厌食类病症。厌食是指小儿较长时期食欲缺乏、不思饮食、甚至厌恶食物的一种表现，以1~6岁小儿多见。发病原因，主要是饮食喂养不当，如小儿进食无定时定量，或恣食肥甘生冷，乳食过度，损伤脾胃，或因素体脾胃虚弱，影响水谷收纳，致使运化功能失常。长期的厌食，不仅危及小儿的身体健康，还会影响小儿的发育，导致精神疲惫，体重减轻，抗病能力减弱，易患其他疾病，形成恶性循环。本病相当于现代医学的小儿单纯性消化不良、小儿营养紊乱等。由于厌食不是一个独立的病症，常常是发生于其他疾病的过程中，所以临床上除了要结合小儿厌食程度辨证施治外，还应与其他疾病相互参考，以合理选用中成药。

本类药物主要有一捻金、小儿七星茶颗粒、保赤散、肥儿丸、疳积散等。

1. 一捻金

【成分】 大黄、炒牵牛子、槟榔、人参、朱砂。

【方解】 方中大黄为君药，功能攻积消滞、清湿热、泻火解毒、凉血祛瘀，为治疗积滞、便秘之要药。牵牛子、槟榔为臣药，能消积行气、通利二便，助君药消食导滞、荡涤肠胃。人参甘温，既可补脾胃元气之不足，又可制大黄、牵牛子消导克伐损伤正气之弊，攻不伤正；朱砂性寒沉降，有镇心安神的作用，共为佐药。诸药相合，共奏消食导滞、祛痰通便之功。

【功能与主治】 消食导滞，祛痰通便。用于脾胃不和、痰食阻滞所致的积滞，症见停食停乳、腹胀便秘、痰盛喘咳。现代用于治疗小儿肺炎有较好疗效，对小儿温热、高热、抽风及癫痫实证、哮喘、荨麻疹、泄泻、肺炎、厌食症也有一定疗效。

【剂型规格】 散剂，每袋装 1.2g。

【用法用量】 口服。一岁以内一次 0.3g，1～3 岁一次 0.6g，4～6 岁一次 1g，一日 1～2次。或遵医嘱。

【注意事项】 ①本品消食化痰导滞，药力较猛，脾胃虚弱，内无痰食积滞者忌用。脾虚泄泻，消化不良者不宜服用。②孕妇慎用。③服药期间忌食生冷、油腻、腥膻等物。④本品中含有朱砂，不宜久服，不宜多服，肝肾功能不正常者慎用。不宜与碘化物、溴化物、硫酸亚铁、碳酸氢钠、巴比妥等配伍用药。⑤本品含有人参，不宜与藜芦、五灵脂配伍使用。

2. 儿宝颗粒

【成分】 太子参、北沙参、麦冬、炒白芍、茯苓、炒白扁豆、山药、炒山楂、炒麦芽、陈皮、葛根(煨)。

【方解】 方中太子参益气生津、补益脾胃，且补而不滞，为君药。北沙参、麦冬益胃生津；白芍酸甘，养血敛阴，三药可加强太子参益气养阴之功，以补胃阴之不足，为臣药。茯苓甘淡，药性和平，健脾利湿而不伤气；白扁豆健脾化湿，补脾不腻，除湿不燥；山药补脾气，益脾阴；山楂、麦芽消食化积，开胃进食；陈皮气香性温，能行能降，可理气运脾；葛根升举清阳而止泻，共为佐药。诸药相合，共奏健脾益气、生津开胃之功。

【功能与主治】 健脾益气，生津开胃。用于脾气虚弱、胃阴不足所致的纳呆厌食、口干燥渴、大便久泻、面黄体弱、精神不振、盗汗。现代有用于治疗小儿厌食症、消化不良症引起的营养不良，小儿脾虚泄泻、纳呆。

【剂型规格】 颗粒剂，每袋装 4.5g、5g、9g(低蔗糖型)、10g、15g。

【用法用量】 开水冲服。1～3 岁一次 5g 或 4.5g(低蔗糖型)，4～6 岁一次 7.5g 或 6.8g(低蔗糖型)，6 岁以上一次 10g 或 9g(低蔗糖型)，一日 2～3 次。

【注意事项】 ①本品健脾益气，生津开胃，为脾胃气虚、胃阴不足厌食所设，若食积内热厌食者忌用。②服药期间，忌食辛辣之品，养成良好的饮食习惯。③本品含有沙参、白芍，不宜与藜芦配伍用药。

3. 小儿七星茶颗粒(口服液)

【成分】 薏苡仁、稻芽、山楂、淡竹叶、钩藤、蝉蜕、甘草。

【方解】 方中薏苡仁清热利湿，健脾止泻为主药；稻芽、山楂消食化积，淡竹叶清心火、利小便共为辅药；蝉蜕、钩藤定惊安神为佐药；甘草调和诸药。诸药配伍，共奏消食导滞、定惊安神之功。

【功能与主治】 开胃消滞，清热定惊。用于小儿积滞化热，消化不良，不思饮食，烦躁易惊，夜寐不安，大便不畅，小便短赤。临床主要用于小儿消化不良、便秘、烦躁易惊等。

【剂型规格】 颗粒剂：①每袋装 3.5g；②每袋装 7g。口服液，每支装 10ml。

【用法用量】 开水冲服。一次 3.5~7g,一日 3 次。口服液,儿童一次 1~2 支,一日 2 次,婴儿酌减。

【注意事项】 ①忌食生冷、油腻等不易消化食品。②本品含甘草,不宜与甘遂、大戟、海藻和芫花同用。③过敏体质慎用。

4. 小儿化食丸

【成分】 六神曲(炒焦)、焦山楂、焦麦芽、焦槟榔、醋莪术、三棱(制)、牵牛子(炒焦)、大黄。

【方解】 方中焦山楂消一切饮食积滞,尤善消肉食油腻,为君药。六神曲消食健脾和胃;麦芽消食和中,善消米面之积;槟榔行气消积、导滞通便,共助山楂消食化滞,为臣药。莪术、三棱破血祛瘀,消积止痛;牵牛子、大黄攻积导滞,泻火通便,共为佐药。诸药合用,共奏消食化滞、泻火通便之功。

【功能与主治】 消食化滞,泻火通便。用于食滞化热所致的积滞,症见厌食、烦躁、恶心呕吐、口渴、脘腹胀满、大便干燥。现代用于小儿胃肠功能紊乱,还用于小儿便秘、小儿厌食。

【剂型规格】 大蜜丸,每丸重 1.5g。

【用法用量】 口服。周岁以内一次 1 丸,周岁以上一次 2 丸,一日 2 次。

【注意事项】 ①本品消食导滞,用于食积化热,正气未虚者,脾虚夹积者慎用。②服药期间应纠正不良的饮食习惯,不宜食辛辣、生冷、肥腻食物。③本品消导克伐之力较强,中病即止,不宜长期服用。④本品含三棱,不宜与芒硝同用;本品含牵牛子,不宜与巴豆同用。

5. 小儿消食片

【成分】 炒鸡内金、山楂、六神曲(炒)、炒麦芽、槟榔、陈皮。

【方解】 方中山楂功擅健脾胃,消一切饮食积滞,故为君药。六神曲、麦芽消食化滞、宽中除胀;鸡内金运脾健胃、消积化滞,共为臣药。槟榔、陈皮行气消积、导滞通便,为佐药。诸药配伍,共奏消食化滞、健脾和胃之功。

【功能与主治】 消食化滞,健脾和胃。用于食滞肠胃所致积滞,症见食少、便秘、脘腹胀满、面黄肌瘦。现代用于小儿消化功能紊乱。

【剂型规格】 片剂:①每片重 0.3g;②薄膜衣片,每片重 0.4g。

【用法用量】 口服或咀嚼。1~3 岁一次 2~4 片,3~7 岁一次 4~6 片,成年人一次 6~8 片;一日 3 次;薄膜衣片:1~3 岁一次 2~3 片,3~7 岁一次 3~5 片,成年人一次 5~6 片;一日 3 次。

【注意事项】 ①本品消食化滞,主治食滞胃肠所致积滞者,若脾胃虚弱、内无积滞者慎用。②服药期间不宜过食生冷、肥甘黏腻、辛辣食物。

6. 健脾丸

【成分】 党参、炒白术、陈皮、枳实(炒)、炒山楂、炒麦芽。

【方解】 方中党参、白术健脾益气,为君药。陈皮、枳实理气燥湿、醒脾和胃,为臣药。山楂、麦芽消食化滞,共为佐药。诸药合用,共奏健脾开胃之功。

【功能与主治】 健脾开胃。用于脾胃虚弱,脘腹胀满,食少便溏。现代用于功能性消化不良、慢性胃炎、胃及十二指肠溃疡、慢性肠炎、慢性结肠炎。

【剂型规格】 大蜜丸,每丸重 9g。

【用法用量】 口服。小蜜丸一次 9g,大蜜丸一次 1 丸,一日 2 次;小儿酌减。

【注意事项】 ①湿热内蕴所致胃痛、痞满、泄泻者慎用。②忌油腻生冷及不易消化食物。

五、小儿泄泻类药

本类药物用于小儿泄泻类病症。泄泻是以大便次数增多、粪便稀薄或大便呈水样为其主症,是小儿最常见的疾病之一。本病虽四时均可发生,但以夏秋季节较多,多由外感时邪,或内伤乳食所致。如久病不愈,常可导致疳证。小儿消化不良腹泻、小儿轮状病毒性肠炎或小儿肠道感染导致的泄泻可辨证选用本类中成药。

本类药物主要有抱龙丸、小儿泻痢片、小儿泻速停颗粒等。

1. 小儿泻速停颗粒

【成分】 地锦草、儿茶、乌梅、焦山楂、茯苓、白芍、甘草。

【方解】 本方以地锦草清热利湿为主药,辅以儿茶收敛止泻、乌梅敛肺涩肠止泻,以增强其收敛止泻作用,佐以茯苓健脾利湿,焦山楂消食健胃、收敛止痢,白芍收敛缓中止痛。甘草调和诸药为之使。诸药合用,共奏清热利湿、健脾止泻、缓急止痛之效。

【功能与主治】 清热利湿,健脾止泻,缓急止痛。用于小儿湿热壅遏大肠所致的泄泻,症见大便稀薄如水样、腹痛、纳差;小儿秋季腹泻及迁延性、慢性腹泻见上述证候者。

【剂型规格】 颗粒剂,每袋装:①3g;②5g;③10g。

【用法用量】 口服。一日 3~4 次;6 个月以下,一次 1.5~3g;6 个月至一岁以内,一次 3~6g;1~3 岁,一次 6~9g;3~7 岁,一次 10~15g;7~12 岁,一次 15~20g;或遵医嘱。

【注意事项】 ①服药期间忌食生冷油腻及不易消化食品。腹泻严重,有较明显脱水表现者应及时就医。②本品含白芍,不宜与藜芦同用;本品含甘草,不宜与甘遂、大戟、海藻和芫花同用。

2. 小儿泻痢片

【成分】 葛根、黄芩、黄连、厚朴、白芍、茯苓、焦山楂、乌梅、甘草、滑石粉。

【方解】 方中黄连清热燥湿,泻火解毒,厚肠胃而止泻痢,为君药。黄芩清热燥湿而止痢;葛根升举清阳而止泻;茯苓、滑石利水渗湿,四药清热祛湿,止痢止泻,共为臣药。焦山楂消食化滞;厚朴燥湿行滞;乌梅止泻止痢;白芍、甘草缓急解痉止痛,而为佐药。甘草调和诸药,兼为使药。诸药合用,共奏清热利湿、止泻之功。

【功能与主治】 清热利湿,止泻。用于小儿湿热下注所致的痢疾、泄泻,症见大便次数增多、里急后重、下利赤白。现代用于小儿腹泻病、急性痢疾。

【剂型规格】 片剂:①薄膜衣片,每片中 0.18g;②糖衣片(片芯重 0.17g)。

【用法用量】 口服。1 岁以下一次 1 片,2~3 岁一次 2~3 片,4 岁以上一次 4~6 片,一日 4 次。

【注意事项】 ①本品为湿热泻痢所设,若属寒湿或虚寒泻痢者忌用。②若属外感疫毒不洁之物所致疫毒痢者,不宜单用本品。③饮食宜清淡,忌生冷、油腻、辛辣食物。④本品含黄连,不宜与士的宁、阿托品、麻黄碱等合用,会增强毒性作用。⑤本品含白芍,不宜与藜芦同用;本品含甘草,不宜与甘遂、大戟、海藻和芫花同用。

3. 小儿腹泻宁糖浆

【成分】 党参、白术、茯苓、葛根、甘草、广藿香、木香。

【方解】 方中党参补养脾胃,益气和中,乃治脾胃气虚之要药,为君药。白术补脾益气,燥湿利水;茯苓益气健脾,淡渗利湿,两药相须为用,助党参补脾益气而止泻,为臣药。以广藿香化湿和胃止吐泻;木香调中导滞,行气止痛;葛根升发清阳,鼓舞脾胃阳气上升,三药理气和胃,使脾胃气机升降有序,而为佐药。甘草补中益气,调和诸药,为使药。诸药合用,共奏健脾和胃、生津止泻之功。

【功能与主治】 健脾和胃,生津止泻。用于脾胃气虚所致的泄泻,症见大便泄泻、腹胀腹痛、纳减、呕吐、口干、倦怠乏力、舌淡苔白。现代用于小儿腹泻病,还用于婴幼儿秋季腹泻。

【剂型规格】 糖浆剂,每瓶装 10ml。

【用法用量】 口服。10 岁以上儿童一次 10ml,一日 2 次;10 岁以下儿童酌减。

【注意事项】 ①本品为健脾和胃止泻之品,感受外邪、内伤食滞、湿热下注所致泄泻不宜使用。②呕吐腹泻后舌红口渴,小便短赤者慎用。③服药期间饮食宜清淡,忌食油腻不消化之品。

第八节　心血脑用中成药

案例

高姓患者,男,61 岁,胸前区疼痛反复发作 3 年,自诉心胸疼痛,如刺如绞,痛有定处,入夜为甚,甚者心痛侧背,伴有胸闷,日久不愈,劳累而病情加重,舌质紫黯,苔薄,脉弦数。夏药师给药治疗:复方丹参滴丸,10 丸,吞服,一日 3 次。

问题:

1. 该案例中的患儿可能患什么病,属于哪种证型?
2. 请列出对该病的诊断依据。
3. 采用药品治疗该病是否正确?

一、脑卒中类药

本类药物用于脑卒中及脑卒中后遗症。脑卒中由气血逆乱、脑络闭阻或血溢于脑而致,以昏仆、半身不遂、肢麻舌强语謇等为主要表现,相当于现代医学的“脑血管意外”。临床上以半身不遂、口眼歪斜、舌强语謇、偏身麻木,甚则神志恍惚、迷蒙、神昏、昏迷为主症。发病急骤,或有渐进发展过程。病前多有头晕头痛、肢体麻木等先兆。每因恼怒、劳累、酗酒、感冒等诱发。脑卒中后遗症,轻则言语不利、手足发凉、活动疼痛,重则一侧上下肢瘫痪,半身不遂、或伴有口角歪斜。多见于现代医学脑血栓形成、脑栓塞、脑出血后遗症,以及短暂性脑缺血、脑动脉痉挛等。脑卒中一证,发病急骤,应抓紧时间进行积极有效的治疗。对脑卒中后遗症,可根据医嘱,对症治疗。本类药物主要用于脑卒中后遗症属瘀血阻滞经络证者,症见半身不遂、言语不利、手足发冷或伴有血脂升高者。

本类药物主要有安宫牛黄丸、中风回春丸、华佗再造丸、苏合香丸等。

1. 中风回春丸(片)

【成分】 酒川芎、丹参、酒当归、川牛膝、桃仁、红花、炒茺蔚子、鸡血藤、土鳖虫(炒)、全蝎、蜈蚣、地龙(炒)、炒僵蚕、木瓜、金钱白花蛇、威灵仙(酒制)、金银花藤、络石藤、伸筋草。

【方解】 方中川芎活血行气，祛风止痛；丹参活血祛瘀，通经活络；当归补血活血、调经止痛，三者共为方中之君药。辅以川牛膝活血祛瘀，补肝肾，强筋骨；红花、桃仁、茺蔚子、鸡血藤活血通经、散瘀止痛，以助川芎、丹参、当归之效。土鳖虫破血逐瘀；全蝎、蜈蚣、地龙、僵蚕息风化痰止痉，通络止痛；木瓜、金钱白花蛇祛风舒筋，通络止痛；威灵仙通络止痛；佐以金银花藤、络石藤、伸筋草舒筋通络。诸药合用，共奏活血化瘀、舒筋通络之功。

【功能与主治】 活血化瘀、舒筋通络，用于痰瘀阻络所致的中风，症见半身不遂、肢体麻木、言语謇涩、口舌歪斜。临床主要用于中风、中风恢复期和后遗症期出现的痰瘀阻络证。

【剂型规格】 浓缩水丸：①每瓶装 16g；②每瓶装 1.8g。糖衣片，片芯重 0.3g。

【用法用量】 口服，浓缩丸，一次 1.2～1.8g；片剂一次 4～6 片，均一日 3 次，或遵医嘱。

【注意事项】 ①脑出血急性患者忌服。②孕妇禁用。③本品含有丹参，不宜与藜芦同用。

2. 安宫牛黄丸(散)

【成分】 牛黄、水牛角浓缩粉、麝香或人工麝香、珍珠、朱砂、雄黄、黄连、黄芩、栀子、郁金、冰片。

【方解】 方中牛黄清热解毒，化痰开窍，息风止痉；麝香开窍醒神，水牛角清营凉血、解毒定惊，共为君药。冰片、郁金芳香辟秽，通窍开闭；黄芩、黄连、栀子清热解毒，泻火除烦；共为臣药。朱砂、珍珠镇心安神、定惊止搐，雄黄解毒豁痰，共为佐药。诸药合用，共奏清热解毒、镇惊开窍之功。

【功能与主治】 清热解毒，镇惊开窍。用于热病，邪入心包，高热惊厥，神昏谵语；中风昏迷及脑炎、脑膜炎、中毒性脑病、脑出血、败血症等见上述症状者。

【剂型规格】 大蜜丸，每丸重 3g；散剂，每瓶装 1.6g。

【用法用量】 口服。丸剂，一次 1 丸，一日 1 次，小儿 3 岁以内一次 1/4 丸，4～6 岁一次 1/2 丸，一日 1 次；或遵医嘱。散剂，一次 1.6g，一日 1 次，小儿 3 岁以内一次 0.4g，4～6岁一次 0.8g，一日 1 次；或遵医嘱。

【注意事项】 ①本品为热闭神昏所设，寒闭神昏不得使用。②方中含有麝香，芳香走窜，有损胎气，孕妇忌服。③舌苔白腻，痰湿阻窍证勿用；中风脱证神昏勿用。④本品含朱砂、雄黄，不宜过量久服，肝肾功能不全者慎用。⑤本品含有朱砂，不宜与碘化物、溴化物、硫酸亚铁、碳酸氢钠、巴比妥、含苯甲酸钠的药物如巴氏合剂及用苯甲酸钠做防腐剂的制剂等同服，以免生成可溶性汞盐引起汞中毒。⑥本品含郁金，不宜与丁香同用。

3. 灯盏生脉胶囊

【成分】 灯盏细辛、人参、五味子、麦冬。

【方解】 方中灯盏细辛具有散寒解毒、活血舒筋、止痛、消积的功效，为主药。人参、五味子、麦冬为传统中药“生脉饮”之处方用药，具有补气、调补五脏、滋阴补肾、宁心柔肝、去瘀补虚等作用，为辅药，配合主药，全方共奏益气养阴、活血健脑之效。

【功能与主治】 益气养阴，活血健脑。用于气阴两虚、瘀阻脑络引起的胸痹心痛、中风后遗症，症见痴呆、健忘、手足麻木症；冠心病心绞痛、缺血性心脑血管疾病、高脂血症见上述证候者。

【剂型规格】 胶囊剂，每粒装 0.18g。

【用法用量】 口服。一次 2 粒，一日 3 次。饭后 30min 服用。两个月为一个疗程，疗程可持续。巩固疗效或预防复发，一次 1 粒，一日 3 次。

【注意事项】 ①脑出血急性期禁用。②本品含人参，不宜与藜芦、五灵脂等药配伍。

4. 苏合香丸

【成分】 苏合香、安息香、冰片、水牛角浓缩粉、人工麝香、檀香、沉香、丁香、香附、木香、乳香(制)、荜茇、白术、诃子肉、朱砂。

【方解】 方中苏合香、安息香、冰片、人工麝香辛温芳香走窜，开窍醒脑，共为君药。沉香、檀香行气止痛，散寒化浊；木香、香附疏肝解郁，行气止痛；乳香活血定痛；丁香、荜茇温中降逆、散寒止痛，共为臣药。白术燥湿化浊；朱砂镇静安神；水牛角凉血清心；诃子温涩敛气，可防诸药辛散太过，耗伤正气，共为佐药。全方配伍，共奏芳香开窍、行气止痛之功。

【功能与主治】 芳香开窍，行气止痛。用于痰迷心窍所致的痰厥昏迷，中风偏瘫，肢体不利及中暑，心胃气痛；急性脑血管病、冠心病、心绞痛见上述证候者。

【剂型规格】 水蜜丸每丸重 2.4g；大蜜丸每丸重 3g。

【用法用量】 口服。一次 1 丸，一日 1~2 次。

【注意事项】 ①热病、阳闭、脱证不宜服用。②中风病正气不足者慎用，或配合扶正中药服用。③孕妇禁用。④本品香燥药物过多，易耗散正气，故不宜久服。⑤本品含丁香，不宜与郁金同用。⑥本品含有朱砂有毒，不宜过量久服。不宜与碘化物、溴化物、硫酸亚铁、碳酸氢钠、巴比妥、含苯甲酸钠的药物如巴氏合剂及用苯甲酸钠做防腐剂的制剂等同服，以免生成可溶性汞盐引起汞中毒。

5. 脑得生丸(片、胶囊)

【成分】 三七、川芎、红花、葛根、山楂(去核)。

【方解】 方中川芎活血行气，通达气血，行滞通络，祛风止痛；三七、红花活血祛瘀、通经活络，共为主药。辅以葛根升举清阳，解肌通络；山楂活血化瘀，消积降脂。诸药合用，共奏活血化瘀、疏通经络之功。

【功能与主治】 活血化瘀，通经活络。用于瘀血阻络所致的眩晕、中风，症见肢体不用、言语不利及头晕目眩；脑动脉硬化、缺血性中风及脑出血后遗症见上述证候者。

【剂型规格】 大蜜丸，每丸重 9g。片剂：①薄膜衣片，每片重 0.35g；②薄膜衣片，每片重 0.38g；③糖衣片(片芯重 0.3g)。胶囊：①每粒装 0.45g；②每粒装 0.3g。

【用法用量】 口服。大蜜丸，一次 9g，一日 3 次。片剂，一次 6 片，一日 3 次。胶囊，大粒一次 4 粒；小粒一次 6 粒，一日 3 次。

【注意事项】 ①本方为活血化瘀通络之剂，孕妇忌服。②脑出血急性期忌用。

6. 华佗再造丸

【成分】 当归、川芎、红花、吴茱萸、天南星、马钱子、冰片等。

【功能与主治】 活血化瘀，化痰通络，行气止痛。用于痰瘀阻络之中风恢复期和后遗症，症见半身不遂、拘挛麻木、口眼歪斜、言语不清。临床用于冠心病及脑血管疾病及其恢复期和后遗症。

【剂型规格】 浓缩水蜜丸，每瓶 8g 或 80g。

【用法用量】　口服。一次4～8g，一日2～3次，重症一次8～16g，或遵医嘱。

【注意事项】　①孕妇忌服。②服药期间如有燥热感，可用白菊花蜜糖水送服，或减半服用，必要时暂停服用1～2日。③肝阳上亢、痰热壅盛者不宜使用。④忌食生冷，勿食雄鸡、鲤鱼及橡皮鱼。

二、高脂血症用药

本类药物用于高脂血症类病症。高脂血症是以血浆脂质浓度增高为主要表现的病症。高脂血症分为原发性（或遗传性）和继发性两大类。继发性高脂血症可见于多种疾病，如糖尿病、肾病综合征、痛风、甲状腺功能不全等。临床根据血脂和脂蛋白水平，划分为高胆固醇血脂症、高三酰甘油（甘油三酯）血症、混合型高脂血症和低密度脂蛋白血症4型。中医认为此病系由脏腑功能失调所致，其本在肝、脾、肾之虚，标在痰瘀闭阻。临床有以头晕耳鸣、腰酸、口干舌燥、五心烦热、舌红少苔、脉细数为主症的肝肾阴虚型及以头重、眩晕、便溏、乏力、苔腻为主症的脾虚湿困型，有的无任何症状。体征可见形体肥胖、皮肤黄瘤、老年环、肝脾肿大等。治当益肾、调肝、健脾以治本，消导、豁痰、利湿、化瘀以治标。近年来又多选用以抑制胆固醇吸收、合成，影响体内脂质代谢为治则的中成药。

本类药物主要有正心降脂片、血脂宁丸、降脂灵片等。

1. 正心降脂片

【成分】　羊红膻、决明子、陈皮、何首乌、黄芪、丹参、葛根、槐米。

【方解】　方中羊红膻辛散温通，气膻入血，能活血化瘀，通脉，为君药。丹参活血祛瘀；决明子清热；黄芪补气；陈皮理气；何首乌解毒消痈，以助君药益气活血消痈，共为臣药。葛根解表退热，槐米凉血止血，此为佐药。诸药合用，共奏益气活血、祛痰降浊之功效。

【功能与主治】　益气活血，祛痰降浊。用于气虚血瘀，痰浊蕴结所致的胸痹、心痛、头痛、眩晕。可用于高脂血症、冠心病心绞痛。

【剂型规格】　①薄膜衣片，每片重0.31g；②糖衣片，片芯重0.3g。

【用法用量】　口服。一次4片，一日3次。

【注意事项】　①心动过缓及低血压患者慎用。②本品含有丹参，不宜与藜芦同用。

2. 血脂宁丸

【成分】　决明子、山楂、荷叶、制何首乌。

【方解】　方中山楂活血散瘀，消积降脂，故为君药。荷叶利湿化浊、升清醒脾，助君药健脾化痰降浊，用为臣药。佐以决明子、何首乌滋补肝肾，益精明目，通便降脂。诸药相合，共奏化浊降脂、润肠通便之功。

【功能与主治】　化浊降脂，润肠通便。用于痰浊阻滞型高脂血症，症见头昏胸闷、大便干燥。

【剂型规格】　丸剂，每丸重9g。

【用法用量】　口服。一次2丸，一日2～3次。

【注意事项】　①严重胃溃疡、胃酸分泌多者禁用或慎用。②本品含有山楂，为酸性药物，不宜与某些西药配伍，易引起毒性作用或使疗效降低，如磺胺类药、红霉素、呋喃妥因、利福平、阿司匹林、吲哚美辛、氨茶碱、利血平、罂粟碱、东莨菪碱、链霉素、庆大霉素、卡那霉素等氨基糖苷类抗生素。

3. 血脂灵片

【成分】 泽泻、决明子、山楂、制何首乌。

【方解】 方中泽泻，利水渗湿、化浊降脂，为君药。决明子清肝明目，润肠通便；何首乌功擅补肝肾，益精血，降脂通便；山楂消积降脂，活血散瘀；三药同助泽泻降脂，故用以为臣。诸药合用，共奏化浊降脂、润肠通便之功。

【功能与主治】 化浊降脂，润肠通便。用于痰浊阻滞型高脂血症，症见头重体困、大便干燥。

【剂型规格】 片剂，每片重0.3g。

【用法用量】 口服。一次4~5片，一日3次。

【注意事项】 ①脾虚便溏者慎用。②方中含有泽泻，不宜与螺内酯、氨苯蝶啶等合成留钾利尿药，降压药苯酯丙脯酸（依拉普利）及氯化钾注射液合用，有引起高血钾症的危险，使毒性反应增强。

4. 降脂灵片

【成分】 制何首乌、枸杞子、黄精、山楂、决明子。

【方解】 方中制首乌能养肝补血，益肾固精；枸杞子能补肝肾明目；黄精能滋肾润肺，补脾益气，为君药。决明子清肝降脂，益肾明目；山楂健脾消食化积，防过补碍胃，又可活血化瘀、降脂去浊，为臣药。诸药合用，共奏补肝益肾、养血明目之功。

【功能与主治】 补肝益肾，养血明目。用于肝肾阴虚，头晕，目昏，须发早白，耳鸣如蝉，失眠，健忘多梦，心烦，腰膝酸软无力，胸闷，气短，胸痛阵作，舌暗红有裂纹，舌暗苔薄黄，脉细弦迟弱。可治疗脂肪肝、高血脂及冠心病的辅助治疗等见上述证候者。

【剂型规格】 ①薄膜衣，片每片重0.31g；②糖衣片，每片芯重0.30g。

【用法用量】 口服。一次5片，一日3次，用温水分次送服。

【注意事项】 气虚便溏者慎用。

5. 荷丹片

【成分】 荷叶、丹参、山楂、番泻叶、盐补骨脂。

【功能与主治】 化痰降浊，活血化瘀。用于高脂血症属痰浊夹瘀证候者。现代还用于非酒精性脂肪肝。

【剂型规格】 薄膜衣片，每片重0.73g。

【用法用量】 口服。糖衣片一次5片，薄膜衣片一次2片，一日3次。饭前服用。8周为一疗程，或遵医嘱。

【注意事项】 ①脾胃虚寒，便溏者忌用。②孕妇慎用，月经期及有出血倾向者忌用。③服药期间饮食宜清淡、低糖、低盐、低脂。食勿过饱。忌食辛辣、油腻之品，忌烟酒、浓茶。

三、胸痹类药

本类药物用于胸痹病症。胸痹是指以胸部闷痛，甚则胸痛彻背、喘息不得卧为主症的一种疾病。轻者仅感胸闷如窒，呼吸欠畅。重者则有胸痛，严重者心痛彻背，背痛彻心。多见于冠心病、心绞痛等病症。本类药物治疗冠心病、心绞痛等病症，应分辨标本虚实。标实有气滞、痰浊、血瘀、寒凝的不同，本虚又有心气不足、心肾阴虚和心阳虚衰等区分，临床应注意辨证选用。

本类药物主要有复方丹参片、复方丹参滴丸、复方血栓通胶囊、速效救心丸、通心络胶囊、血栓通胶囊等。

1. 复方丹参片（颗粒、滴丸）

【成分】 丹参、三七、冰片。

【方解】 本方丹参活血祛瘀，止痛，养心安神，消肿，调经，为君药。三七化瘀止血，消肿止痛，为臣药。冰片通窍止痛，醒神化浊，引药入经，为佐使药。诸药合用，共奏活血化瘀、理气止痛之功。

【功能与主治】 活血化瘀，理气止痛。用于气滞血瘀所致的胸痹，症见胸闷、心前区刺痛；冠心病心绞痛见上述证候者。

【剂型规格】 片剂：①薄膜衣小片，每片重0.32g（相当于饮片0.6g）；②薄膜衣大片，每片重0.8g（相当于饮片1.8g）；③糖衣片（相当于饮片0.6g）。颗粒剂，每袋装1g。滴丸，每丸重25mg；薄膜衣滴丸，每丸重27mg。

【用法用量】 片剂，口服。一次3片（规格①，③）或1片（规格②），一日3次。除常规服法外，还可以研为极细末，加入60℃左右白酒适量，调成稠糊状，外敷于患处；颗粒剂，口服。一次1袋，一日3次；滴丸，吞服或舌下含服。一次10丸，一日3次。28日为一个疗程；或遵医嘱。除常规服法外，当心绞痛发作时可随时含服5~10粒。

【注意事项】 ①本品含有活血化瘀之药，孕妇慎用。②寒凝血瘀胸痹心痛者不宜。③脾胃虚寒患者慎用。④服药期间忌生冷、辛辣、油腻之品，忌烟酒、浓茶。⑤个别人服药后胃脘不适，宜饭后服用。⑥冠心病兼有胃炎、十二指肠溃疡、食管炎的患者或属于虚寒体质的患者不宜选用。⑦长期服用复方丹参片可能引起低钾血症，因此服此药过程中应注意适当补钾。⑧不宜与抗肿瘤药物（环磷酰胺、5-氟尿嘧啶、阿糖胞苷等）、氢氧化铝凝胶、复方氢氧化铝片等配伍。⑨本品含有丹参，不宜与藜芦同用。

2. 复方血栓通胶囊

【成分】 三七、黄芪、丹参、玄参。

【方解】 方中三七散瘀止血，消肿定痛，祛瘀血而生新血，为君药。黄芪补气固表，使气旺而助血行，为臣药。丹参祛瘀止痛，活血通经，清心除烦，治因血热而成瘀滞者，为佐药。玄参凉血滋阴，泻火解毒，引虚浮之火下行，以助明目之功，为使药。诸药合用，共奏活血化瘀、益气养阴之功。

【功能与主治】 活血化瘀，益气养阴。用于治疗血瘀兼气阴两虚证的视网膜静脉阻塞，症见视力下降或视觉异常、眼底瘀血征象、神疲乏力、咽干、口干等；以及用于血瘀兼气阴两虚的稳定性劳累型心绞痛，症见胸闷、胸痛、心悸、心慌、气短乏力、心烦、口干。

【剂型规格】 胶囊剂，每粒装0.5g。

【用法用量】 口服。一次3粒，一日3次。

【注意事项】 ①孕妇慎用。②本品为气阴不足、瘀血阻络所致视瞻昏渺、胸痹所设，若属痰瘀阻络、气滞血瘀者不宜应用。③本品所治病症多为相关全身性疾病的伴发病症，使用本品应结合治疗原发性疾病。④服药期间不宜食用辛辣、厚味、肥甘滋腻、难于消化之食物，以免助热生湿。⑤本品含有丹参、玄参，不宜与藜芦同用。

3. 通心络胶囊

【成分】 人参、水蛭、全蝎、赤芍、蝉蜕、土鳖虫、蜈蚣、檀香、降香、乳香（制）、酸枣仁（炒）、冰片。

【方解】 方中人参大补元气,益气以行血;水蛭破血逐瘀;全蝎通络止痛,共为方中之主药。辅以土鳖虫破血逐瘀;蜈蚣通络止痛;檀香理气行气,宽胸止痛;降香行气活血,止痛;乳香、赤芍活血祛瘀,止痛。佐以酸枣仁养心安神;冰片通窍止痛;蝉蜕息风止痉。诸药合用,共奏益气活血、通络止痛之功。

【功能与主治】 益气活血,通络止痛。用于冠心病心绞痛属心气虚乏、血瘀络阻证。症见胸部憋闷,刺痛、绞痛,固定不移,心悸自汗,气短乏力,舌质紫暗或有瘀斑,脉细涩或结代。亦用于气虚血瘀络阻型中风病,症见半身不遂或偏身麻木、口舌歪斜、言语不利。现代用于冠心病、心绞痛、缺血性中风。

【剂型规格】 胶囊,每粒装 0.26g。

【用法用量】 口服。一次 2~4 粒,一日 3 次;4 周为一疗程。对轻度、中度心绞痛患者可一次 2 粒,一日 3 次;对较重度、重度患者以一次 4 粒,一日 3 次为优,心绞痛等症状明显减轻或消失,心电图改善后,可改为一次 2 粒,一日 3 次。

【注意事项】 ①孕妇、月经期及有出血倾向者禁用。②方中活血破瘀、通窍行气之品均能伤及脾胃,宜饭后服用。③本品含人参、赤芍,不宜与藜芦、五灵脂同时服用。

4. 心可舒片(胶囊)

【成分】 丹参、葛根、三七、山楂、木香。

【方解】 丹参活血调经,祛瘀止痛为君药。三七化瘀止血,消肿定痛;葛根解肌生津、升阳化浊,共为臣药,助君药活血化瘀之功。山楂活血化痛,消积导滞为佐药。木香行气止痛为使药,使气行血行。上药合用,共奏活血化瘀、行气止痛之功。

【功能与主治】 活血化瘀,行气止痛。用于气滞血瘀引起的胸闷、心悸、头晕、头痛、颈项疼痛;冠心病心绞痛、高血脂、高血压、心律失常见上述证候者。

【剂型规格】 片剂,每片重:①0.31g;②0.62g。胶囊剂,每粒装 0.3g。

【用法用量】 口服。一次 4 片(小片)或 2 片(大片),一日 3 次。或遵医嘱。

【注意事项】 ①孕妇慎用。②气虚血瘀,痰瘀互阻之胸痹、心悸不宜服用。③本品含有活血化瘀之药,有出血性疾病及出血倾向者慎用。④饮食宜清淡、低盐、低脂。食勿过饱。忌食生冷、辛辣、油腻之品,忌烟酒、浓茶。⑤心阳虚患者不宜服用。⑥本品含有丹参,不宜与藜芦同用。

5. 冠心生脉口服液

【成分】 人参、麦冬、醋五味子、丹参、郁金、赤芍、三七。

【方解】 方中人参大补元气,复脉固脱,补脾益肺,生津,安神,用为君药。麦冬养阴生津,润肺清火;五味子收敛固涩,益气生津,补肾宁心,合为臣药。丹参、郁金活血通经,清心除烦;三七、赤芍通脉止痛,活血祛瘀,共为佐药。全方配伍,共奏益气生津、活血通脉之功。

【功能与主治】 益气生津,活血通脉。用于气阴不足、心脉瘀血所致的心悸气短、胸闷作痛、自汗乏力、脉微结代。现代有用于治疗冠心病、心绞痛。

【剂型规格】 口服液,每支装 10ml。

【用法用量】 口服。一次 10~20ml,一日 2 次。

【注意事项】 ①孕妇慎用。寒凝血瘀之心悸、胸痹不宜应用。②服药期间饮食宜清淡、低盐、低脂。食勿过饱。忌食生冷、油腻之品,忌烟酒、浓茶。③本品含有人参、丹参,不宜与藜芦同用,亦不宜与五灵脂同用。含郁金,不宜与丁香同用。

6. 速效救心丸

【成分】 川芎、冰片。

【功能与主治】 行气活血,祛瘀止痛。用于气滞血瘀型冠心病、心绞痛。

【剂型规格】 滴丸,每丸重 40mg。

【用法用量】 含服,一次 4~6 粒,一日 3 次;急性发作时,一次 10~15 粒。

【注意事项】 ①本品含有活血化瘀之药,孕妇禁用。②寒凝血瘀或阴虚血瘀胸痹心痛不宜单用。③忌食生冷、辛辣、油腻之品,忌饮酒、浓茶。

四、头痛类药

本类药物用于头痛病症。头痛是临床常见的病症之一,可见于多种急、慢性疾病,如现代医学的传染病及感染性发热疾病、高血压脑病、动脉粥样硬化、颅内疾病所致的头痛,以及血管神经性头痛、肌紧张性头痛等。中医把头痛分为外感和内伤两类。其中外感头痛又有风寒头痛和风热头痛之分;内伤头痛又有肝阳上亢、瘀血阻滞、虚证头痛之不同。头痛的病因诊断与辨证施治很重要,只有辨证准确,才能有效治疗。

本类药物主要有川芎茶调丸、都梁丸、天麻头风灵胶囊、通天口服液、正天丸等。

1. 川芎茶调散(丸、片、颗粒、袋泡茶)

【成分】 川芎、白芷、羌活、细辛、防风、荆芥、薄荷、甘草。

【方解】 方中川芎辛温走散,有行气活血、祛风止痛功效,为诸经头痛之要药,尤擅治少阳、厥阴经头痛,为君药。羌活散风邪,除寒湿,治太阳经头项强痛;白芷辛香上行、祛风止痛、芳香通窍,主治阳明经头痛,两者共为臣药。荆芥祛风止痛;防风能祛风解表,胜湿止痛;薄荷辛散上行,疏散上部风邪;细辛通窍止痛,四药与川芎、羌活、白芷配伍,可治各个部位之头痛。更以清茶调服,既可苦寒清疏于上,又可防以上各药之温燥、升散,顺气降火于下,共为佐药。甘草调和诸药,为使药。全方配合,共收疏风止痛之效。

【功能与主治】 疏风止痛。用于外感风邪所致的头痛,或有恶寒、发热、鼻塞。现代用于神经性头痛、血管性头痛、感冒、鼻炎。

【剂型规格】 散剂,每袋装 18g;水丸,每 20 粒重 1g;浓缩丸,每 8g 相当于原药材 3g;片剂,每片重 0.48g;冲剂,每袋装 7.8g;袋泡茶,每袋装 1.6g。

【用法用量】 饭后清茶冲服。散剂,每次 3~6g,一日 2 次;水丸,每次 3~6g,一日 2 次;浓缩丸,每次 8g,一日 3 次;片剂,每次 4~6 片,一日 3 次;冲剂,每次 1 袋,一日 2 次;袋泡茶,每次 2 袋,一日 2~3 次,儿童酌减。

【注意事项】 ①久病气虚、血虚,或因肝肾不足,肝阳上亢之头痛慎用。②方中含有辛香走窜之品,有碍胎气,孕妇慎服。③本药药性发散,易伤正气,服用当中病即止,不可多服、久服。④服药期间饮食宜用清淡易消化之品,忌食辛辣、油腻之物,以免助热生湿。⑤本品含细辛,不宜与藜芦同用;本品含甘草,不宜与甘遂、大戟、海藻和芫花同用。

2. 天麻头痛片

【成分】 天麻、白芷、荆芥、川芎、当归、乳香(醋制)。

【方解】 方中天麻平肝息风,祛风止痛,善于平肝潜阳,内潜风阳,外祛风邪而止痛,为诸般头痛、头风之要药,故列为君药。荆芥发散风寒、透邪止痛,白芷祛风、燥湿、止痛,内解湿阻郁结、外散肌肤风寒,川芎行气开郁、祛风止痛,外能祛风散寒搜邪、内可活血通络止痛、上行头目,共列为臣药;佐以当归补血养血,合乳香辛香活血、化瘀止痛。诸药合用，共奏养血祛风、散寒止痛之功。

【功能与主治】 养血祛风，散寒止痛。用于外感风寒、瘀血阻滞或血虚失养所致的偏正头痛、恶寒、鼻塞。还具有平肝潜阳的作用，临床可用于肝阳上亢所致的眩晕及原发性高血压等。

【剂型规格】 ①薄膜衣片每片重 0.31g；②薄膜衣片每片重 0.62g；③糖衣片每片重 0.3g。

【用法用量】 口服。规格②一次 2~3 片，规格①、③一次 4~6 片，一日 3 次。

【注意事项】 ①肝火上炎所致的头痛、头晕慎用。②方中含有辛香走窜之品，有碍胎气，孕妇慎服。方中含乳香，脾胃虚弱者慎服。③服药期间饮食宜用清淡易消化之品，忌食辛辣、油腻之品，以免助热生湿。④本品处方中含天麻，与中枢兴奋药如尼可刹米、戊四氮、山梗菜碱等不宜联用。

3. 天舒胶囊

【成分】 川芎、天麻。

【方解】 方中川芎功能活血行气、祛风止痛。天麻为治风之神药，功能息风止痉、平抑肝阳、祛风通络，而且甘润能制约川芎之过于辛散。两药合用，共奏活血化瘀、平肝息风、通络止痛之功。

【功能与主治】 活血平肝，通络止痛。用于瘀血阻络或肝阳上亢所致的头痛日久、痛有定处，或兼有头晕胁痛、失眠烦躁、舌质暗或有瘀斑；血管神经性头痛见上述证候者。

【剂型规格】 胶囊剂，每粒装 0.34g。

【用法用量】 饭后口服，一次 4 粒，一日 3 次；或遵医嘱。

【注意事项】 ①孕妇及月经量过多的妇女禁用；见胃部不适、头胀和妇女月经量过多。②对本品过敏者禁用，过敏体质者慎用。③本品处方中含天麻，与中枢兴奋药如尼可刹米、戊四氮、洛贝林等不宜联用。

4. 通天口服液

【成分】 川芎、赤芍、天麻、羌活、白芷、细辛、菊花、薄荷、防风、茶叶、甘草。

【方解】 方中川芎既能行气活血，又能祛风止痛，上行头目，血中之气药，为君药。天麻通络脉而止疼痛，平息肝风而定眩晕；羌活解表散寒，祛风胜湿，止痛；白芷解表祛风，止痛；三药相合，既能平息肝阳所化之风，又能祛散外风、行气止痛，共为臣药。赤芍活血和血，通经止痛；菊花、薄荷辛凉疏风，清肝疏郁，清利头目；防风、细辛祛风散寒，通窍止痛，共为佐药。茶叶清利头目，载诸药上行，苦泻风热；甘草调和诸药，合为使药。诸药合用，共奏活血化瘀、祛风止痛之功。

【功能与主治】 活血化瘀，祛风止痛。用于瘀血阻滞、风邪上扰所致的偏头痛，症见头部胀痛或刺痛、痛有定处、反复发作、头晕目眩，或恶心呕吐、恶风。现代用于血管神经性头痛、原发性高血压。还用于三叉神经痛。

【剂型规格】 口服液，每支装 10ml。

【用法用量】 口服。第一日：即刻、服药 1h 后、2h 后、4h 后各服 10ml，以后每 6h 服 10ml；第二三日：一次 10ml，一日 3 次。3 日为一个疗程，或遵医嘱。

【注意事项】 ①出血性脑血管病、肝火上炎的头痛患者禁用。②本品发散力较强，有碍胎气，孕妇禁服。③服药期间忌食辛辣、油腻食物。④本品含赤芍、细辛，不宜与藜芦同用。

第九节　止咳化痰用中成药

本类药物主要用于咳嗽、哮喘等病症。咳嗽是呼吸道疾病的常见症状,多见于现代医学的上呼吸道感染,急、慢性支气管炎,肺炎,肺结核,支气管扩张,百日咳等。中医临床将本病分为外感咳嗽和内伤咳嗽两大类。外感咳嗽一般分为风寒、风热和燥邪犯肺等型。内伤咳嗽一般分为痰湿、痰热和肺虚咳嗽等型。风寒咳嗽痰多色白,并兼有恶寒发热、头痛鼻塞等风寒感冒症状;风热咳嗽痰多色黄,并兼有发热口渴等风热感冒症状;燥邪犯肺所致的咳嗽,多见干咳少痰,或咳痰不爽,咽干喉痛等症状。痰湿咳嗽咳痰多色白,量多,兼有痰湿兼症;痰热咳嗽咳痰黄稠,兼有痰热兼症;肺虚咳嗽有气、血、阴、阳的不同,兼有脾虚、肾虚的差异。故本类中成药在使用中需辨证使用。

本类药物主要有百合固金丸、川贝枇杷糖浆、黛蛤散、二陈丸、桂龙咳喘宁胶囊、急支糖浆等。

案例

高性患者,女,45岁。一周前感冒,症见发热,恶寒,咽喉疼痛,服用抗病毒口服液后症状好转。来药店时咳嗽,咳少量黄痰,咽喉疼痛,舌红,苔薄黄。宁药师给药:急支糖浆,30ml,一日3次。

问题:

1. 该案例中的患者可能患什么病?
2. 请列出对该病的诊断依据。
3. 采用药品治疗该病是否正确?

一、外感咳嗽用药

1. 通宣理肺丸(胶囊、口服液、颗粒、膏)

【成分】 紫苏叶、前胡、桔梗、苦杏仁、麻黄、甘草、陈皮、半夏(制)、茯苓、枳壳(炒)、黄芩。

【方解】 方中紫苏、麻黄性温辛散,疏风散寒,发汗解表,宣肺平喘,共为君药。前胡、苦杏仁降气化痰平喘,桔梗宣肺化痰利咽,三药相伍,以复肺脏宣发肃降之机;陈皮、半夏燥湿化痰,茯苓健脾渗湿,以绝生痰之源,共为臣药。黄芩清泻肺热,以防外邪内郁而化热,并防麻黄、半夏等温燥太过;枳壳理气,使气行则痰化津复,共为佐药。甘草化痰止咳,调和诸药,为使药。诸药相合,共奏解表散寒、宣肺止咳之功。

【功能主治】 解表散寒,宣肺止嗽。用于风寒束表、肺气不宣所致的感冒咳嗽,症见发热、恶寒、咳嗽、鼻塞流涕、头痛、无汗、肢体酸痛。

【剂型规格】 丸剂,水蜜丸每100丸重10g;大蜜丸,每丸重6g。胶囊剂,每粒装0.36g。口服液,每支装10ml。颗粒剂,每袋装9g。膏剂,每瓶100g。

【用法用量】 口服。丸剂,水蜜丸一次7g,大蜜丸一次2丸,一日2~3次。胶囊剂,一日2粒,一日2~3次。口服液,一次2支,一日2~3次。颗粒剂,开水冲服,一次1袋,一日2次。膏剂,一次15g,一日2次。

【注意事项】 ①本品辛温发散风寒,风热或痰热咳嗽、阴虚干咳者忌服。孕妇慎用。②服药期间饮食宜清淡,忌烟、酒及辛辣刺激食物。

2. 桂龙咳喘宁胶囊(颗粒)

【成分】 桂枝、龙骨、白芍、生姜、大枣、炙甘草、牡蛎、黄连、法半夏、瓜蒌皮、炒苦杏仁。

【方解】 方中桂枝发汗解肌散寒,为君药。白芍敛阴和营,伍用桂枝调和营卫;苦杏仁降气止咳平喘,润畅通便;瓜蒌皮清热涤痰,宽胸散结;法半夏燥湿化痰,四药肃肺化痰,止咳平喘,并配合芍药解肌散寒,共为臣药。龙骨、牡蛎重镇降气,敛阴固涩,又可防辛散太过而耗散肺气;生姜解表散寒,化痰止咳;大枣配生姜补益脾胃,调和营卫;黄连清热解毒,佐制诸药温燥之性,以上五味均为佐药。甘草化痰止咳,调和诸药,为使药。诸药相合,共奏止咳化痰、降气平喘之效。

【功能主治】 止咳化痰,降气平喘。用于外感风寒、痰湿阻肺所致的咳嗽、气喘、痰涎壅盛;急、慢性支气管炎见上述证候者。

【剂型规格】 胶囊,每粒装0.3g(相当于饮片1g)。颗粒,每袋装6g。

【用法用量】 口服。胶囊,一次5粒,一日3次。颗粒剂,开水冲服,一次6g,一日3次。

【注意事项】 ①本品解肌散寒,外感风热慎服。孕妇慎用。②本品含白芍,不宜与藜芦同用;含法半夏、瓜蒌皮,不宜与川乌、附子和草乌同用。

3. 急支糖浆

【成分】 鱼腥草、金荞麦、四季青、麻黄、紫菀、前胡、枳壳、甘草。

【方解】 方中鱼腥草长于清热解毒,消痈排脓,为君药。金荞麦、四季青清热解毒,消肿祛瘀,加强君药清肺热之功,为臣药。紫菀润肺下气,消痰止咳;前胡散风清热、降气化痰,麻黄宣肺降气、止咳平喘;枳壳疏利气机,四药共为佐药。甘草化痰止咳,调和诸药,为佐使药。诸药合用,共奏清热化痰、宣肺止咳之功。

【功能主治】 清热化痰,宣肺止咳。用于外感风热所致的咳嗽,症见发热、恶寒、胸膈满闷、咳嗽咽痛;急性支气管炎、慢性支气管炎急性发作见上述证候者。现代有用于治疗呼吸道感染、肺炎、咳嗽变异性哮喘、肺脓疡。

【剂型规格】 糖浆剂,每瓶装:①100ml;②200ml。

【用法与用量】 口服。一次20~30ml,一日3~4次;儿童1岁以内一次5ml,1~3岁一次7ml,3~7岁一次10ml,7岁以上一次15ml,一日3~4次。

【注意事项】 ①本品清热化痰,寒证者忌服。方中麻黄辛温发散,有碍胎气,孕妇慎用。②服药期间饮食宜清淡,忌食辛辣刺激及油腻之品。③本方含有麻黄,心脏病、高血压患者应慎用。麻黄能兴奋心肌而加快心率,增强心脏对强心苷类药物的敏感性而增加对心脏的毒性。④本品含有甘草,不宜与海藻、大戟、甘遂、芫花同用。

4. 川贝枇杷糖浆

【成分】 川贝母流浸膏、桔梗、枇杷叶、薄荷脑。

【方解】 方中川贝母,功善清热化痰,润肺止咳,为君药。枇杷叶可降肺气而止咳,为臣药。桔梗化痰利咽,宣开肺气;薄荷脑轻扬升浮、芳香通窍、祛风利咽,两药共为佐使药,引药上行,疏散上焦之风热。全方有宣有降,共奏清热宣肺、化痰止咳之功。

【功能主治】 清热宣肺,化痰止咳。用于风热犯肺、痰热内阻所致的咳嗽痰黄或咯痰不爽、咽喉肿痛、胸闷胀痛;感冒、支气管炎见上述证候者。

【剂型规格】 糖浆剂,每瓶装:①10ml;②120ml;③150ml。

【用法用量】 口服。一次 10ml，一日 3 次。

【注意事项】 ①本品为风热犯肺、痰热内阻证所设，外感风寒者忌用。②服药期间饮食宜清淡，忌食辛辣油腻之品，以免助火生痰。③不宜在服药期间同时服用滋补性中药。④本品含川贝，不宜与川乌、附子和草乌同用。

5. 镇咳宁糖浆(胶囊、口服液)

【成分】 甘草流浸膏、桔梗、盐酸麻黄碱、桑白皮。

【功能主治】 止咳，平喘，祛痰。用于风寒束肺所致的咳嗽，气喘急促，咯痰色白量多，舌淡红苔白，脉浮紧。可治疗支气管炎、支气管哮喘见上述证候者。

【剂型规格】 糖浆剂，每瓶 100ml；胶囊剂，每粒装 0.35g；口服液，每支装 10ml。

【用法与用量】 口服。糖浆剂，一次 5~10ml，一日 3~4 次；胶囊剂，一次 1~2 粒，一日 3 次。口服液，一次 10ml，一日 3 次。

【注意事项】 ①孕妇忌服。冠心病、心绞痛和甲状腺功能亢进、前列腺肥大患者慎用。②本品性温，故风热或痰热咳嗽者忌用。③不宜与呋喃唑酮、帕吉林、洋地黄类药同用。

二、内伤咳嗽

1. 杏仁止咳合剂(糖浆)

【成分】 杏仁水、百部流浸膏、远志流浸膏、陈皮流浸膏、桔梗流浸膏、甘草流浸膏。

【方解】 方中杏仁水降气化痰，止咳平喘为君药。百部润肺止咳，远志祛痰止咳，两药配伍为臣药。陈皮理气健脾、燥湿化痰，桔梗利气化痰，两药配伍，增强君、臣药化痰止咳的功能，为佐药。甘草祛痰止咳，调和诸药为使药。诸药配伍，共奏化痰止咳之功。

【功能与主治】 化痰止咳。用于痰浊阻肺所致的咳嗽痰多；急、慢性支气管炎见上述证候者。

【剂型规格】 合剂，每瓶装 100ml。糖浆，每瓶 100ml。

【用法用量】 口服，合剂、糖浆，均一次 15ml，一日 3~4 次。

【注意事项】 ①忌食辛辣、油腻食物。不宜在服药期间同时服用滋补性中药。②对本品过敏者禁用，过敏体质者慎用。③本品含有甘草，不宜与海藻、大戟、甘遂、芫花同用。

2. 蛇胆川贝软胶囊(胶囊、散、口服液)

【成分】 蛇胆汁、川贝母。

【方解】 方中蛇胆汁性凉，味苦微甘，有行气祛痰、搜风去湿、明目益胆的功效，为主药。川贝母性味苦寒，可清肺养阴、化痰散结，为辅药。两者配伍，用于外感风热咳嗽、痰火郁结、咯痰黄稠。全方共奏清肺、止咳、祛痰之功。

【功能主治】 清肺，止咳，祛痰。用于肺热咳嗽，痰多稠黄，气粗，咯吐不爽，发热，咽喉疼痛，舌红苔黄腻，脉滑数。支气管炎见上述证候者。

【剂型规格】 软胶囊，每粒装 0.3g。胶囊，每粒装 0.3g。散剂，每瓶装：① 0.3g；② 0.6g。口服液，每支装 10ml。

【用法用量】 口服，软胶囊，一次 2~4 粒，一日 2~3 次。胶囊，一次 2~4 粒，一日 2~3次。散剂，一次 0.3~0.6g，一日 2~3 次。口服液，每次 1 支，一日 2 次。

【注意事项】 ①本品清热止咳，风寒咳嗽、痰湿犯肺、久咳不止者不宜用。②本品性味苦寒，孕妇慎用。寒证、虚证者忌用。③不宜同时服用滋补性中药。

3. 百合固金口服液（丸、浓缩丸）

【成分】 百合、地黄、熟地黄、麦冬、玄参、川贝母、当归、白芍、桔梗、甘草。

【方解】 方中百合养阴润肺止咳，熟地黄滋肾益阴，共为君药。地黄、麦冬、玄参、川贝母，止咳化痰、滋阴润肺，共为臣药。当归、白芍养血和阴，桔梗止咳祛痰，共为佐药。甘草调和诸药，为使药。诸药合用，共奏养阴润肺、化痰止咳之功效。

【功能主治】 养阴润肺，化痰止咳。用于肺肾阴虚，燥咳少痰，痰中带血，咽干喉痛。

【剂型规格】 口服液：①每瓶装 10ml；②每瓶装 20ml。大蜜丸，每丸重 9g；浓缩丸，每 8 丸相当于原生药 3g。

【用法用量】 口服，口服液，一次 10～20ml，一日 3 次。丸剂，水蜜丸一次 6g，大蜜丸一次 1 丸，一日 2 次。

【注意事项】 ①本品为阴虚燥咳所设，外感咳嗽、寒湿痰喘者忌用。②本品滋阴碍脾，脾虚便溏、食欲缺乏者慎服。③本品含有玄参、白芍，不宜与藜芦同用。④本品含有贝母，不宜与乌头同用。⑤本品含有甘草，不宜与海藻、大戟、甘遂、芫花同用。

4. 止咳橘红口服液（丸）

【成分】 化橘红、瓜蒌皮、陈皮、法半夏、茯苓、石膏、知母、炒紫苏子、苦杏仁（去皮炒）、紫菀、款冬花、桔梗、地黄、麦冬、甘草。

【方解】 方中化橘红，能散寒，燥湿，利气，消痰；瓜蒌皮，润肺化痰、利气宽胸，两者合用，化痰而无燥热之弊、清肺而无寒凝之碍，共为君药。法半夏、陈皮、茯苓助化橘红燥湿化痰止咳，知母、石膏助瓜蒌皮以清肺脏之郁热，共为臣药。款冬花、紫苏子、紫菀、苦杏仁润肺下气、化痰止咳平喘，桔梗宣肺祛痰利咽排脓，麦冬、地黄滋阴润燥、清泻热火，共为佐药。甘草止咳兼调和诸药，为使药。诸药相合，共奏清肺、止咳、化痰之功。

【功能主治】 清肺，止咳，化痰。用于痰热阻肺引起的咳嗽痰多、胸满气短、咽干喉痒。临床主要用于上呼吸道感染、急性支气管炎、慢性支气管炎、慢性阻塞性肺气肿、支气管扩张合并感染。

【剂型规格】 水蜜丸，每 10 粒重 1g；大蜜丸，每丸重 6g；口服液，每支装 10ml。

【用法用量】 口服，一次 10ml，一日 2～3 次；儿童用量遵医嘱。丸剂，一次 2 丸，一日 2 次。

【注意事项】 ①忌食辛辣油腻物，服药期间忌烟酒。②外感风寒咳嗽及干咳无痰者慎服。③本品含氰苷的苦杏仁，不宜与麻醉、镇静、止咳药如硫喷妥钠、可待因、巴比妥盐类、哌替啶等及帕吉林联合使用。④本品含瓜蒌皮、半夏，不宜与乌头同用；本品还含有甘草，也不宜与海藻、大戟、甘遂、芫花同用。

5. 固本咳喘片

【成分】 党参、白术（麸炒）、茯苓、盐补骨脂、麦冬、醋五味子、炙甘草。

【方解】 方中以党参、白术益气健脾，脾与肺互为相生，脾强则肺健，为君药。茯苓健脾化痰，补骨脂温脾补肾纳气，共为臣药。麦冬、五味子敛肺滋肾、养阴生津、润肺燥以止咳，为佐药。甘草补气和中，调和诸药，为使药。诸药相合，共奏益气固表、健脾补肾之功。

【功能主治】 益气固表，健脾补肾。用于脾虚痰盛、肾气不固所致的咳嗽痰多、喘痰无力、气短、动则尤甚、乏力、纳差、舌淡苔薄白，或舌质紫暗、水滑、脉弱。可治疗慢性支气管炎、肺气肿、支气管哮喘、阻塞性肺气肿见上述证候者。

【剂型规格】 片剂,每片重 0.4g。

【用法用量】 口服。一次 3 片,一日 3 次。

【注意事项】 ①外感咳嗽忌用。②本品为扶正固本之剂,仅用于慢性支气管炎缓解期,急性发作期不宜服用。③本品含党参不宜与藜芦同用。含甘草不宜与海藻、大戟、甘遂、芫花同用。

第十节 风湿性关节痛用中成药

案例

患者,男,52 岁,关节反复疼痛 3 年。近来关节疼痛时作,可涉及一个或多个关节,局部红肿热痛,痛不可触,伴见口渴、烦躁不安、小便短黄等全身症状。舌质红,舌苔黄腻,脉滑数。刘药师给药治疗:当归拈痛丸,9g,吞服,一日 2 次。

问题:

1. 该案例中的患者可能患什么病,属于哪种证型?
2. 请列出对该病的诊断依据。
3. 采用药品治疗该病是否正确?

本类药物主要用于痹症病症。痹症是指风寒、湿邪侵犯肢体经络和骨节,引起肌肉、筋骨或关节疼痛、麻木、肿胀、活动不利或关节变形等的病症。根据病邪及临床病症的不同,痹症又有"风痹"、"寒痹"、"湿痹"、"热痹"等区分。风痹又称"行痹"或"周痹",临床表现为肢体疼痛,游走无定处。寒痹又称"痛痹",临床表现为肢体关节疼痛,且疼痛程度较为剧烈,遇寒痛增,得热痛减,病因以寒邪偏盛,使气血凝滞不通所致。湿痹又称"着痹",临床表现为肌肤、关节麻木,肿痛处固定不移,病因以湿邪偏盛、湿性黏腻滞着所致。热痹临床表现为关节红、肿、热、痛,常伴有发热、恶风、口渴、胸闷等全身症状,病因为内有蕴热,复感风寒,或风、寒、湿之邪日久化热而成。风湿性关节炎、类风湿关节炎等病可参照本类药治疗。

本类药物主要有小活络丸、当归拈痛丸、独活寄生丸、麝香镇痛膏等。

1. 小活络丸

【成分】 胆南星、制川乌、制草乌、地龙、乳香(制)、没药(制)。

【方解】 方中制川乌、制草乌温经活络、祛风除湿、散寒止痛,为君药。胆南星燥湿化痰,祛经络中之风痰及湿邪,并能止痛,为本方臣药。乳香、没药活血化瘀止痛,为佐药。地龙通经活络,引导诸药直达病所,为使药。诸药合用,共奏祛风散寒、化痰除湿、活血止痛之功效。

【功能与主治】 祛风散寒,化痰除湿,活血止痛。用于风寒湿邪闭阻、痰瘀阻络所致的痹病,症见肢体关节疼痛,或冷痛,或刺痛,或疼痛夜甚,关节屈伸不利,麻木拘挛。现代用于类风湿关节炎、骨关节炎、强直性脊柱炎、坐骨神经痛、脑卒中恢复期。

【剂型规格】 丸剂,每丸重 3g。

【用法用量】 黄酒或温开水送服。一次 1 丸,一日 2 次。用于颈椎病:用 50% 乙醇浸泡小活络丸 7~10 日,制成 5%~30% 的配剂,采用离子导入法导入患处。

【注意事项】 ①本品性味辛温,为风湿痰瘀阻络所致痹病、中风偏瘫所设,若属湿热瘀阻或阴虚有热者慎用。②本品含有毒及活血药,孕妇忌用。③本品含乳香、没药,脾胃虚弱者慎用;过敏体质慎用。④本品含川乌、草乌有毒,应在医生指导下使用,不可过量服用;不宜与士的宁、阿托品、麻黄碱等合用,会增强毒性作用;不宜与半夏、瓜蒌、天花粉、川贝、浙贝、白蔹和白及同用。

2. 当归拈痛丸

【成分】 当归、粉葛、党参、苍术(炒)、升麻、苦参、泽泻、炒白术、知母、防风、羌活、黄芩、猪苓、茵陈、甘草。

【方解】 方中羌活祛风力强,能祛风湿、散寒邪、利关节而止痛,茵陈善于清利湿热,两药相合,疏风清热利湿,共用为君药。泽泻、猪苓等渗水利湿,且性寒,寒又可泻热,苦参、黄芩清热燥湿,葛根、升麻、防风祛风散邪,更助羌活祛风胜湿之力,诸药合用,外散风邪、内除湿热,共用为臣药。苍术、白术健脾燥湿,标本兼顾,方中辛香走窜、苦燥、渗利诸药皆易耗伤气血,故加党参、当归益气养血、扶正祛邪;知母苦寒而不燥,清热而不伤阴,以上共用为佐药。甘草为使药,既可调和诸药,又可加强党参、白术等益气健脾之功。诸药合用,共奏清热利湿、祛风止痛之效。

【功能与主治】 清热利湿,祛风止痛。用于湿热闭阻所致的痹病,症见关节红肿热痛或足胫红肿热痛;亦可用于疮疡。另有用于风湿性关节炎、类风湿关节炎、痛风性关节炎、骨关节炎及局部红肿热痛、皮肤溃破溢脓及体表化脓性感染等症。

【剂型规格】 水丸,每 18 丸重 1g。

【用法用量】 口服。一次 9g,一日 2 次。

【注意事项】 ①本方清热利湿、祛风止痛,故寒湿闭阻证者慎用。②方中含有淡渗利湿之品,有碍胎气,孕妇慎用。③本品含有甘草,不宜与海藻、大戟、甘遂、芫花同用。

3. 独活寄生合剂(丸)

【成分】 独活、桑寄生、秦艽、防风、细辛、当归、白芍、川芎、熟地黄、盐杜仲、川牛膝、党参、茯苓、甘草、桂枝。

【方解】 方中独活祛下焦与筋骨间风寒湿邪而止痛;桑寄生祛风除湿、补肝肾、强筋骨,两药共为君药。防风、秦艽祛风除湿止痛,活血通络;桂枝发散风寒,温通经脉;细辛发散风寒、利窍,且能止痛,对风寒湿三气相合而成之痹病,有宣痹止痛之功;牛膝、杜仲引火归原、补益肝肾、强壮筋骨,兼祛风湿,以上均为臣药。当归、芍药、地黄、川芎补血,活血调经,祛风止痛;党参、茯苓补气健脾、祛湿、生津止渴、扶助正气,使祛邪不伤正,扶正不恋邪,共为佐药。甘草能调和诸药,为使药。诸药合用,共奏养血舒筋、祛风除湿、补益肝肾之功。

【功能与主治】 养血舒筋,祛风除湿,补益肝肾。用于风寒湿闭阻、肝肾两亏、气血不足所致的痹病,症见腰膝冷痛、屈伸不利。现代有用于肝肾气血不足,风寒湿邪闭阻所致的强直性脊柱炎、风湿性关节炎、类风湿关节炎、坐骨神经痛、骨关节炎、腰椎骨质增生、腰肌劳损、腰椎间盘突出症。

【剂型规格】 合剂,每瓶装 10ml、100ml;水丸,每丸重 9g。

【用法用量】 口服。合剂,一次 15~20ml,一日 3 次;用时摇匀。丸剂,一次 6g,一日 2 次。

【注意事项】 ①本品中有活血温散之品,有碍胎元,孕妇慎用。②本品补肝肾,祛风湿，主治痹病属寒湿闭阻。肝肾不足者，关节红肿热痛、热痹实证者忌用。③本品含有甘草，不宜与海藻、大戟、甘遂、芫花同用。本品含有细辛、白芍，不宜与藜芦同用。

4. 麝香镇痛膏

【成分】 人工麝香、生川乌、水杨酸甲酯、颠茄流浸膏、辣椒、红茴香根、樟脑。

【方解】 本方为中西合方制剂。方中人工麝香辛散温通，气香走窜，善于开窍，活血，散结，消肿止痛，为主药。生川乌祛风除湿，温经止痛；辣椒祛风行血，散寒除湿；红茴香根散瘀止痛，祛风通络，为辅药。樟脑消肿止痛，辛香走窜开窍，外达肌表，贯穿经脉，内透筋骨。水杨酸甲酯具有解除肌肉疼痛、关节疼痛及神经痛作用。颠茄流浸膏解痉止痛，为佐使药。诸药合用，共奏散寒、活血、镇痛之功。

【功能与主治】 散寒，活血，镇痛。用于风湿关节痛，关节扭伤。现用于治疗风湿性关节炎、类风湿关节炎。

【剂型规格】 贴剂，7cm×10cm。

【用法用量】 贴患处，每日一次。

【注意事项】 ①使用中如皮肤发痒或变红，应立即停用。②风湿热痹，关节红肿热痛者慎用。③凡对橡胶膏过敏或皮肤糜烂、破裂者不宜贴用。④本品含有毒及通经之品，孕妇忌用。

5. 风湿骨痛胶囊(丸)

【成分】 制川乌、制草乌、麻黄、红花、木瓜、乌梅、甘草。

【方解】 方中制川乌、制草乌皆辛热燥烈之品，可散经络之风湿，逐内里之寒邪，功擅温经散寒、通络止痛，故为君药。麻黄辛温发散，能解表散寒，助川乌、草乌温散寒湿，红花温通活血，能化瘀止痛，助君药散瘀消肿而止痛，为臣药。乌梅、木瓜、甘草三药相合，酸甘化阴，舒筋活络，缓急止痛，并缓和川乌、草乌辛燥刚烈之性，为佐药。甘草又能调和诸药，兼为使药。诸药合用，共奏温经散寒、通络止痛之功。

【功能与主治】 温经散寒，通络止痛。用于寒湿闭阻经络所致的痹病，症见腰脊疼痛、四肢关节冷痛；风湿性关节炎见以上证候者。临床还用于骨关节病、颈椎病、腰椎骨质增生等。

【剂型规格】 水丸，每粒装 0. 3g；胶囊剂每粒装 0. 3g。

【用法用量】 口服，丸剂，一次 10~15 粒；胶囊剂，一次 2~3 粒，一日 2 次。

【注意事项】 ①本品含毒性药，不可多服；孕妇忌服。②由于本品辛热，阴虚火旺，湿热痹病也应忌服。③本品还含生物碱的川乌、草乌，与胃蛋白酶、乳酶生等酶制剂，士的宁、阿托品等生物碱类，金属盐类，碘及碘化物类等西药不宜联用。④本品含有草乌、川乌，不宜与半夏、瓜蒌(全瓜蒌、瓜蒌皮、瓜蒌仁、天花粉)、贝母(川贝、浙贝)、白蔹、白及、犀角同用；本品含有甘草，不宜与海藻、大戟、甘遂、芫花同用。

6. 国公酒

【成分】 当归、羌活、牛膝、防风、独活、牡丹皮、广藿香、槟榔、麦冬、陈皮、五加皮、厚朴(姜炙)、红花、制天南星、枸杞子、白芷、白芍、紫草、盐补骨脂、醋青皮、麸炒白术、川芎、木瓜、栀子、麸炒苍术、麸炒枳壳、乌药、佛手、玉竹、红曲。

【方解】 方中羌活、独活、防风、五加皮、苍术、川芎、白芷、广藿香、天南星、木瓜共收祛风胜湿、散寒止痛之功，为君药。白术、槟榔、厚朴、枳壳、陈皮、青皮、乌药、佛手共收健脾燥湿、理气散结、行气止痛之效，红花、牡丹皮、紫草、红曲、当归、白芍活血养血、通络祛风，以收治风先治血、血行风自灭之效；补骨脂、枸杞子、牛膝补益肝肾，强筋壮骨，为臣药。麦冬、玉竹、栀子养阴清热，佐制诸药温燥伤阴之弊，为佐药。蜂蜜、红糖缓中以调味，为使药。全方配伍，共收散风祛湿、舒筋活络之功效。

【功能与主治】 散风祛湿，舒筋活络。用于风寒湿邪闭阻所致的痹病，症见关节疼痛、沉重、屈伸不利、手足麻木、腰腿疼痛；也用于经络不和所致的半身不遂、口眼歪斜、下肢瘫软、行走无力的中风后遗症、脑卒中后遗症见上述证候者。

【剂型规格】 每瓶装250ml、500ml。

【用法用量】 口服，一次10ml，一日2次。

【注意事项】 ①本品性味辛温，阴虚有热或湿热阻络者不宜服用。本品含有活血类药，孕妇禁用。感冒发热患者不宜服用。②本品含乙醇（酒精）55%～60%，服药后不得驾驶机、车、船、从事高空作业、机械作业及操作精密仪器。乙醇过敏者慎用。③忌食生冷，避风寒，宜饭后服用。勿加入其他酒类饮用。④本品含白芍不宜与藜芦同用。含郁金不宜与丁香同用。含肉桂不宜与赤石脂同。

第十一节　常用名贵中药

目前我国常用的名贵中药材主要有35种，它们分别为人参、红参、西洋参、党参、黄芪、红景天、灵芝、天山雪莲、当归、何首乌、龙眼肉、黄精、铁皮石斛、枸杞子、天麻、杜仲、山茱萸、冬虫夏草、蛤蚧、紫河车、鹿茸、鹿角胶、阿胶、龟甲胶、海龙、海马、哈蟆油、三七、西红花、血竭、麝香、白花蛇、羚羊角、牛黄、珍珠。

1. 冬虫夏草 本品为麦角菌科真菌冬虫夏草菌寄生在蝙蝠蛾科昆虫幼虫上的子座和幼虫尸体的干燥复合体。

【性味与归经】 甘，平。归肺、肾经。

【功能主治】 补肾益肺，止血化痰。用于肾虚精亏，阳痿遗精，腰膝酸痛，久咳虚喘，劳嗽咯血。

【用法与用量】 3～9g。

2. 铁皮石斛 本品为兰科植物铁皮石斛的干燥茎。

【性味与归经】 甘，微寒。归胃、肾经。

【功能与主治】 益胃生津，滋阴清热。用于热病津伤，口干烦渴，胃阴不足，食少干呕，病后虚热不退，阴虚火旺，骨蒸劳热，目暗不明，筋骨痿软。

【用法与用量】 6～12g。

3. 鹿茸 本品为鹿科动物梅花鹿的雄鹿未骨化密生茸毛的幼角。

【性味与归经】 甘、咸，温。归肾、肝经。

【功能与主治】 壮肾阳，益精血，强筋骨，调冲任，托疮毒。用于肾阳不足，精血亏虚，阳痿滑精，宫冷不孕，羸瘦，神疲，畏寒，眩晕，耳鸣，耳聋，腰脊冷痛，筋骨痿软，崩漏带下，阴疽不敛。

【用法与用量】 1～2g，研末冲服。

4. 人参 本品为五加科植物人参的干燥根和根茎。

【性味与归经】 甘、微苦，微温。归脾、肺、心、肾经。

【功能与主治】 大补元气，复脉固脱，补脾益肺，生津养血，安神益智。用于体虚欲脱,肢冷脉微,脾虚食少,肺虚喘咳,津伤口渴,内热消渴,气血亏虚,久病虚羸,惊悸失眠,阳痿宫冷。

【用法与用量】 3~9g,另煎兑服;也可研粉吞服。

【注意】 不宜与藜芦、五灵脂同用。

5. 西洋参 本品为五加科植物西洋参的干燥根。

【性味与归经】 甘、微苦,凉。归心、肺、肾经。

【功能与主治】 补气养阴,清热生津。用于气虚阴亏,虚热烦倦,咳喘痰血,内热消渴,口燥咽干。

【用法与用量】 3~6g,另煎兑服。

【注意】 不宜与藜芦同用。

6. 灵芝 本品为多孔菌科真菌赤芝或紫芝的干燥子实体。

【性味与归经】 甘,平。归心、肺、肝、肾经。

【功能与主治】 补气安神,止咳平喘。用于心神不宁,失眠心悸,肺虚咳喘,虚劳短气,不思饮食。

【用法与用量】 6~12g。

7. 西红花 本品为鸢尾科植物番红花的干燥柱头。

【性味与归经】 甘,平。归心、肝经。

【功能与主治】 活血化瘀,凉血解毒,解郁安神。用于经闭癥瘕,产后瘀阻,温毒发斑,忧郁痞闷,惊悸发狂。

【用法与用量】 1~3g,煎服或沸水泡服。

【注意】 孕妇慎用。

8. 羚羊角 本品为牛科动物赛加羚羊的角。

【性味与归经】 咸,寒。归肝、心经。

【功能与主治】 平肝息风,清肝明目,散血解毒。用于肝风内动,惊痫抽搐,妊娠子痫,高热痉厥,癫痫发狂,头痛眩晕,目赤翳障,温毒发斑,痈肿疮毒。

【用法与用量】 1~3g,宜另煎 2h 以上;磨汁或研粉服,每次 0.3~0.6g。

9. 阿胶 本品为马科动物驴的干燥皮或鲜皮经煎煮、浓缩制成的固体胶。

【性味与归经】 甘,平。归肺、肝、肾经。

【功能与主治】 补血滋阴,润燥,止血。用于血虚萎黄,眩晕心悸,肌痿无力,心烦不眠,虚风内动,肺燥咳嗽,劳嗽咯血,吐血尿血,便血崩漏,妊娠胎漏。

【用法与用量】 3~9g。烊化兑服。

10. 何首乌 本品为蓼科植物何首乌的干燥块根。

【性味与归经】 苦、甘、涩,微温。归肝、心、肾经。

【功能与主治】 解毒,消痈,截疟,润肠通便。用于疮痈,瘰疬,风疹瘙痒,久疟体虚,肠燥便秘。

【用法与用量】 3~6g。

11. 红参 本品为五加科植物人参的栽培品经蒸制后的干燥根和根茎。

【性味与归经】 甘、微苦,温。归脾、肺、心、肾经。

【功能与主治】 大补元气,复脉固脱,益气摄血。用于体虚欲脱,肢冷脉微,气不摄血,崩漏下血。

【用法与用量】 3~9g,另煎兑服。

【注意】 不宜与藜芦、五灵脂同用。

12. 党参 本品为桔梗科植物党参、素花党参或川党参的干燥根。

【性味与归经】 甘,平。归脾、肺经。

【功能与主治】 健脾益肺,养血生津。用于脾肺气虚,食少倦怠,咳嗽虚喘,气血不足,面色萎黄,心悸气短,津伤口渴,内热消渴。

【用法与用量】 9~30g。

【注意】 不宜与藜芦同用。

13. 黄芪 本品为豆科植物蒙古黄芪或膜荚黄芪的干燥根。

【性味与归经】 甘,微温。归肺、脾经。

【功能与主治】 补气升阳,固表止汗,利水消肿,生津养血,行滞通痹,托毒排脓,敛疮生肌。用于气虚乏力,食少便溏,中气下陷,久泻脱肛,便血崩漏,表虚自汗,气虚水肿,内热消渴,血虚萎黄,半身不遂,痹痛麻木,痈疽难溃,久溃不敛。

【用法与用量】 9~30g。

14. 红景天 本品为景天科植物大花红景天的干燥根和根茎。

【性味与归经】 甘、苦,平。归肺、心经。

【功能与主治】 益气活血,通脉平喘。用于气虚血瘀,胸痹心痛,中风偏瘫,倦怠气喘。

【用法与用量】 3~6g。

15. 天山雪莲 本品系维吾尔族习用药材。为菊科植物天山雪莲的干燥地上部分。

【性味】 维吾尔医:性质,二级湿热。中医:微苦,温。

【功能与主治】 维吾尔医:补肾活血,强筋骨,营养神经,调节异常体液。用于风湿性关节炎,关节疼痛,肺寒咳嗽,肾与小腹冷痛,白带过多等。

中医:温肾助阳,祛风胜湿,通经活血。用于风寒湿痹痛、类风湿关节炎,小腹冷痛,月经不调。

【用法与用量】 3~6g,水煎或酒浸服。外用适量。

【禁忌】 孕妇忌用。

16. 当归 本品为伞形科植物当归的干燥根。

【性味与归经】 甘、辛,温。归肝、心、脾经。

【功能与主治】 补血活血,调经止痛,润肠通便。用于血虚萎黄,眩晕心悸,月经不调,经闭痛经,虚寒腹痛,风湿痹痛,跌扑损伤,痈疽疮疡,肠燥便秘。酒当归活血通经。用于经闭痛经,风湿痹痛,跌扑损伤。

【用法与用量】 6~12g。

17. 龙眼肉 本品为无患子科植物龙眼的假种皮。

【性味与归经】 甘,温。归心、脾经。

【功能与主治】 补益心脾,养血安神。用于气血不足,心悸怔忡,健忘失眠,血虚萎黄。

【用法与用量】 9~15g。

18. 黄精 本品为百合科植物滇黄精、黄精或多花黄精的干燥根茎。

【性味与归经】 甘,平。归脾、肺、肾经。

【功能与主治】　补气养阴，健脾，润肺，益肾。用于脾胃气虚，体倦乏力，胃阴不足，口干食少，肺虚燥咳，劳嗽咳血，精血不足，腰膝酸软，须发早白，内热消渴。

【用法与用量】　9～15g。

19. 枸杞子　本品为茄科植物宁夏枸杞的干燥成熟果实。

【性味与归经】　甘，平。归肝、肾经。

【功能与主治】　滋补肝肾，益精明目。用于虚劳精亏，腰膝酸痛，眩晕耳鸣，阳痿遗精，内热消渴，血虚萎黄，目昏不明。

【用法与用量】　6～12g。

20. 天麻　本品为兰科植物天麻的干燥块茎。

【性味与归经】　甘，平。归肝经。

【功能与主治】　息风止痉，平抑肝阳，祛风通络。用于小儿惊风，癫痫抽搐，破伤风，头痛眩晕，手足不遂，肢体麻木，风湿痹痛。

【用法与用量】　3～10g。

21. 杜仲　本品为杜仲科植物杜仲的干燥树皮。

【性味与归经】　甘，温。归肝、肾经。

【功能与主治】　补肝肾，强筋骨，安胎。用于肝肾不足，腰膝酸痛，筋骨无力，头晕目眩，妊娠漏血，胎动不安。

【用法与用量】　6～10g。

22. 山茱萸　本品为山茱萸科植物山茱萸的干燥成熟果肉。

【性味与归经】　酸、涩，微温。归肝、肾经。

【功能与主治】　补益肝肾，收涩固脱。用于眩晕耳鸣，腰膝酸痛，阳痿遗精，遗尿尿频，崩漏带下，大汗虚脱，内热消渴。

【用法与用量】　6～12g。

23. 蛤蚧　本品为壁虎科动物蛤蚧的干燥体。

【性味与归经】　咸，平。归肺、肾经。

【功能与主治】　补肺益肾，纳气定喘，助阳益精。用于肺肾不足，虚喘气促，劳嗽咳血，阳痿，遗精。

【用法与用量】　3～6g，多入丸散或酒剂。

24. 紫河车　本品为健康人的干燥胎盘。

【性味与归经】　甘、咸，温。归肺、肝、肾经。

【功能与主治】　温肾补精，益气养血。用于虚劳羸瘦，阳痿遗精，不孕少乳，久咳虚喘，骨蒸劳嗽，面色萎黄，食少气短。

【用法与用量】　2～3g，研末吞服。

25. 鹿角胶　本品为鹿角经水煎煮、浓缩制成的固体胶。

【性味与归经】　甘、咸，温。归肾、肝经。

【功能与主治】　温补肝肾，益精养血。用于肝肾不足所致的腰膝酸冷，阳痿遗精，虚劳羸瘦，崩漏下血，便血尿血，阴疽肿痛。

【用法与用量】　3～6g，烊化兑服。

26. 龟甲胶　本品为龟甲经水煎煮、浓缩制成的固体胶。

【性味与归经】　咸、甘，凉。归肝、肾、心经。

【功能与主治】 滋阴,养血,止血。用于阴虚潮热,骨蒸盗汗,腰膝酸软,血虚萎黄,崩漏带下。

【用法与用量】 3~9g,烊化兑服。

27. 海龙 本品为海龙科动物刁海龙、拟海龙或尖海龙的干燥体。

【性味与归经】 甘、咸,温。归肝、肾经。

【功能与主治】 温肾壮阳,散结消肿。用于肾阳不足,阳痿遗精,癥瘕积聚,瘰疬痰核,跌扑损伤,外治痈肿疔疮。

【用法与用量】 3~9g。外用适量,研末敷患处。

28. 海马 本品为海龙科动物线纹海马、刺海马、大海马、三斑海马或小海马(海蛆)的干燥体。

【性味与归经】 甘、咸,温。归肝、肾经。

【功能与主治】 温肾壮阳,散结消肿。用于阳痿,遗尿,肾虚作喘,癥瘕积聚,跌扑损伤;外治痈肿疔疮。

【用法与用量】 3~9g。外用适量,研末敷患处。

29. 哈蟆油 本品为蛙科动物中国林蛙雌蛙的输卵管,经采制干燥而得。

【性味与归经】 甘、咸,平。归肺、肾经。

【功能与主治】 补肾益精,养阴润肺。用于病后体弱,神疲乏力,心悸失眠,盗汗,痨嗽咳血。

【用法与用量】 5~15g,用水浸泡,炖服,或作丸剂服。

30. 三七 本品为五加科植物三七的干燥根和根茎。

【性味与归经】 甘、微苦,温。归肝、胃经。

【功能与主治】 散瘀止血,消肿定痛。用于咯血,吐血,衄血,便血,崩漏,外伤出血,胸腹刺痛,跌扑肿痛。

【用法与用量】 3~9g;研粉吞服,一次1~3g。外用适量。

【注意】 孕妇慎用。

31. 血竭 本品为棕榈科植物麒麟竭果实渗出的树脂经加工制成。

【性味与归经】 甘、咸,平。归心、肝经。

【功能与主治】 活血定痛,化瘀止血,生肌敛疮。用于跌打损伤,心腹瘀痛,外伤出血,疮疡不敛。

【用法与用量】 研末,1~2g,或入丸剂。外用研末撒或入膏药用。

32. 麝香 本品为鹿科动物林麝、马麝或原麝成熟雄体香囊中的干燥分泌物。

【性味与归经】 辛,温。归心、脾经。

【功能与主治】 开窍醒神,活血通经,消肿止痛。用于热病神昏,中风痰厥,气郁暴厥,中恶昏迷,经闭,癥瘕,难产死胎,胸痹心痛,心腹暴痛,跌扑伤痛,痹痛麻木,痈肿瘰疬,咽喉肿痛。

【用法与用量】 0.03~0.1g,多入丸散用。外用适量。

【注意】 孕妇禁用。

33. 金钱白花蛇 本品为眼镜蛇科动物银环蛇的幼蛇干燥体。

【性味与归经】 甘、咸,温;有毒。归肝经。

【功能与主治】 祛风,通络,止痉。用于风湿顽痹,麻木拘挛,中风口眼歪斜,半身不遂,抽搐痉挛,破伤风,麻风,疥癣。

【用法与用量】 2~5g。研粉吞服1~1.5g。

34. 牛黄 本品为牛科动物牛的干燥胆结石。

【性味与归经】 甘,凉。归心、肝经。

【功能与主治】 清心,豁痰,开窍,凉肝,息风,解毒。用于热病神昏,中风痰迷,惊痫抽搐,癫痫发狂,咽喉肿痛,口舌生疮,痈肿疔疮。

【用法与用量】 0.15~0.35g,多入丸散用。外用适量,研末敷患处。

【注意】 孕妇慎用。

35. 珍珠 本品为珍珠贝科动物马氏珍珠贝、蚌科动物三角帆蚌或褶纹冠蚌等双壳类动物受刺激形成的珍珠。自动物体内取出,洗净,干燥。

【性味与归经】 甘、咸,寒。归心、肝经。

【功能与主治】 安神定惊,明目消翳,解毒生肌,润肤祛斑。用于惊悸失眠,惊风癫痫,目赤翳障,疮疡不敛,皮肤色斑。

【用法与用量】 0.1~0.3g,多入丸散用。外用适量。

(王 华 黄龙涛)

自测题

单项选择题

1. 以下哪一项不具阳的特性
   A. 有形的 B. 明亮的
   C. 运动的 D. 兴奋的
2. 下列五行生克关系中,哪项是错误的
   A. 木克土 B. 水生木
   C. 金克木 D. 火克水
3. 主持人体水液代谢的脏腑是
   A. 肺 B. 心
   C. 肾 D. 肝
4. 观察病情时,若见患者面色为红色,则为
   A. 虚证 B. 热证
   C. 痛证 D. 瘀血
5. 苔黄厚而腻,多为
   A. 风寒表证 B. 食滞
   C. 湿热 D. 瘀血
6. 头晕目眩,少气懒言,乏力自汗,面色淡白,心悸失眠,舌淡嫩,脉弱,证属
   A. 血虚证 B. 气虚证
   C. 气血两虚证 D. 气不摄血证
7. 具补中益气,升阳举陷的中成药是
   A. 补中益气丸 B. 人参健脾丸
   C. 参苓白术丸 D. 天麻首乌片
8. 中药的性能是指
   A. 中药的功效
   B. 中药的性状
   C. 中药作用的基本性质和特征的高度概括
   D. 中药的基本作用
9. 三黄片的功能是
   A. 泻火通便,清肝明目
   B. 清热解毒,利水消肿
   C. 清热解毒,散风止痛
   D. 清热解毒,泻火通便
10. 黄连上清丸的功能是
    A. 泻火通便,清肝明目
    B. 清热解毒,利水消肿
    C. 清热通便,散风止痛
    D. 清热燥湿,泻火解毒
11. 风寒感冒患者宜选用的中成药是
    A. 银翘解毒颗粒 B. 双黄连颗粒
    C. 感冒清热颗粒 D. 桑菊感冒颗粒
12. 具有开胃消滞,清热定惊作用的小儿消食药是
    A. 儿宝颗粒 B. 小儿七星茶颗粒
    C. 小儿化食丸 D. 小儿健脾丸
13. 气血两虚所致的月经不调可用
    A. 乌鸡白凤丸 B. 益母丸

C. 七制香附丸　D. 逍遥丸

14. 八珍丸服用的时间

A. 饭后服　B. 空腹服

C. 睡前服　D. 饭前或进食同服

15. 冠心病、心绞痛和甲状腺功能亢进、前列腺肥大患者慎用的止咳化痰药是

A. 川贝枇杷糖浆　B. 镇咳宁糖浆

C. 川贝枇杷糖浆　D. 桂龙咳喘宁胶囊

16. 橘红丸适用于

A. 燥咳少痰、质黏难出

B. 咳嗽痰黄，咽喉肿痛

C. 发热恶寒，咳喘气急

D. 咳嗽痰多，咽干喉痒

17. 三七研粉吞服的用量是

A. 1~3g　B. 4~5g

C. 0.5~1g　D. 0.25~1g

第四章 医疗器械类医药商品

现代的医疗服务不但依赖医护人员的经验和思维判断,并且很大程度上还依赖实验手段和设备条件。提供先进、快捷、安全有效的仪器设备作为诊疗工具,是提高医疗服务质量的物质基础和先决条件。可以说装备水平已经是医院现代化程度的一个重要标志。

中国是一个拥有13亿人口的大国,医疗设备需求庞大,是世界上最大的普及型医疗器械市场,也是世界上最大的高端医疗设备市场之一。2010年,中国年销售额达到1000亿元人民币,已经成为世界上第四大医疗器械市场。但目前超过8成的高端医疗器械被外资品牌垄断。

第一节 概 述

一、医疗器械的概念及特点

(一) 医疗器械的概念

医疗器械是指单独或者组合使用于人体的仪器、设备、器具、材料或者其他物品。其对人体体表及体内的主要预期作用不是用药理学、免疫学或代谢的手段获得,但可能有这些手段参与并起一定辅助作用。

此定义阐明了医疗器械使用对象、使用方法、功能、产品形态,而且和具有相同功能与用途的另一个产品群——药物做了原则区别界定。

(二) 医疗器械的使用目的

(1) 疾病的预防、诊断、治疗、监护或者缓解。

(2) 损伤或残疾的诊断、治疗、监护、缓解或者补偿。

(3) 解剖或生理过程的研究、替代或者调节。

(4) 妊娠控制。

(三) 医疗器械的特点

现代医疗器械通常都是集电子、机械于一体的非常复杂的装置,是非常精密的、可靠性和安全性要求都很高的自动或半自动系统。一般具有以下特点。

(1) 对被测体必须是无害的。

(2) 生物信号弱小。

(3) 能量受限制。

(4) 安全有效。

(四) 医疗器械的认定标准

理论上判断某个产品是否属于医疗器械范畴,需要特别注意以下五个要点。

(1) 是否用于人体。

(2) 是否符合定义所规定的4个预期用途之一。

(3) 是否有理论依据,支持达到预期的效果。

(4) 是否有临床验证。

(5) 是否由药物或代谢或免疫在起主要作用。

符合以上五点要求,通常可称之为医疗器械。但随着生物医学工程的快速发展,有些产品较难界定。例如,目前药械结合的产品越来越多,也是医疗器械发展的一个方向,对该类产品的定位,是药品还是医疗器械在起主要作用也越来越值得研究,实行双重管理的模式应是一个趋势。

实例解析

实例:以下产品属于医疗器械吗?

A. CT　B. 注射针　C. 眼镜　D. 电动牙刷

E. 用于糖尿病的胰岛素注射包　F. 轮椅　G. 激光美容治疗仪

解析:判断某个产品是否属于医疗器械,需要参考上述五点要求。

链　接

美国FDA对医疗器械的定义

美国FDA对医疗器械有着明确和严格的定义,其定义如下:"所谓医疗器械是指符合以下条件的仪器、装置、工具、机械、器具、插入管、体外试剂及其他相关物品,包括组件、零件或附件:明确列于National Formulary或the Unite States Pharmacopeia或者前述两者的附录中者;预期使用于动物或人类疾病,或其他身体状况的诊断,或用于疾病的治愈、减缓与治疗者;预期影响动物或人体身体功能或结构,但不经由新陈代谢来达到其主要目的者。"

只有符合以上定义的产品方被看作医疗器械,在此定义下,不仅医院内各种仪器与工具,即使连消费者可在一般商店购买的眼镜框、眼镜片、牙刷与按摩器等健身器材等都属于FDA的管理范围。它与我国目前对医疗器械的认定稍有不同,在我国医疗器械的定义中使用对象仅包括人类。

二、医疗器械的分类

医疗器械分类,主要依据医疗器械的定义进行判定,同时也应依据医疗器械的结构特征、医疗器械使用形式和医疗器械使用状况三方面的情况进行综合判定。

(一) 医疗器械按判定依据分类

1. 医疗器械按结构特征分类　医疗器械按其结构特征可分为有源医疗器械和无源医疗器械。

(1) 有源医疗器械是需要能源来驱动的医疗器械。

(2) 无源医疗器械是指作用或效力直接由人体自身或重力作用,而不是依靠电能或其他外部能源产生的医疗器械,主要包括不接触人体的器械和接触或进入人体的器械。

2. 医疗器械按使用形式分类　根据不同的预期目的,可将医疗器械归入一定的使用形式,具体内容如下所述。

(1) 无源器械的使用形式有:药液输送保存器械;改变血液、体液器械;医用敷料;外科器械;一次性无菌器械;植入器械;避孕和计划生育器械;消毒清洁器械;护理器械、体外诊断试剂、其他无源接触或无源辅助器械等。

（2）有源器械的使用形式有：能量治疗机械；诊断监护机械；输送体液机械；电离辐射机械；实验室仪器设备、医疗消毒设备；其他有源器械或有源辅助设备等。

3. 医疗器械按使用状态分类　根据使用中对人体产生的损伤的可能性、对医疗效果的影响，医疗器械使用状况可分为接触或进入人体器械和非接触人体器械，具体可分为如下内容。

（1）接触或进入人体器械。

1）按使用时限分为：暂时使用（24h 以内），短期使用（30 日以内），长期使用（超过 30 日）。

2）按接触人体的部位分为：皮肤或腔道，创伤或体内组织，血液循环系统或中枢神经系统。

3）按有源器械失控后造成的损伤程度分为：轻微损伤、损伤、严重损伤。

（2）非接触人体器械：按照对医疗效果的影响程度可分为基本不影响、有间接影响、有重要影响。

（二）医疗器械的种类

1. 按使用风险大小分为三类

（1）第一类是风险程度低，实行常规管理可以保证其安全、有效的医疗器械。如大部分手术器械、听诊器、医用 X 线胶片、医用 X 线防护装置、全自动电泳仪、医用离心机、切片机、牙科椅、煮沸消毒器、纱布绷带、弹力绷带、橡皮膏、创可贴、拔罐器、手术衣、手术帽、口罩、急尿袋等。

（2）第二类是具有中度风险，需要严格控制管理以保证其安全、有效的医疗器械。如体温计、血压计、助听器、制氧机、避孕套、针灸针、心电诊断仪器、无创监护仪器、光学内镜、便携式超声诊断仪、全自动生化分析仪、恒温培养箱、牙科综合治疗仪、医用脱脂棉、医用脱脂纱布等。

（3）第三类是具有较高风险，需要采取特别措施严格控制管理以保证其安全、有效的医疗器械。如置入式心脏起搏器、体外震波碎石机、患者有创监护系统、人工晶体、有创内镜、超声手术刀、彩色超声成像设备、激光手术设备、高频电刀、微波治疗仪、医用磁共振成像设备、X 线治疗设备、200mA 以上 X 线机、医用高能设备、人工心肺机、内固定器材、人工心脏瓣膜、人工肾、呼吸麻醉设备、一次性使用无菌注射器、一次性使用输液器、输血器、CT 设备等。这种分类方法也是目前最常见、最有效的分类方式。由国务院药品监督管理部门负责组织制定医疗器械分类规则，确定医疗器械产品的分类。

2. 按照资产管理要求分类

（1）大型仪器：100 万元以上的，如 CT、磁共振设备。

（2）中小型仪器：如心电图机、床边监护仪等。

（3）低值产品：包括很多一次性配件、耗材等。

3. 按照使用状态分类　可分为接触或进入人体和非接触人体器械。

4. 按照物理原理分类　可分为诊断仪器、治疗仪器、辅助仪器。

（1）诊断仪器

1）医用电子设备：心电图机、脑电图机、床边监护系统、动态心电监护仪、胎儿监护仪、饱和血氧浓度监护仪。

2）医用成像装置：X 射线诊断装置、X 线计算机断层扫描仪、核医学成像装置、超声诊断装置、磁共振成像装置、热成像装置。

3）医用检验仪器：生物传感器、生化分析仪、血气分析仪、血细胞分类仪。

4）医用光学仪器：内镜、光学显微镜、激光仪器、眼科光学仪器。

（2）治疗仪器

1）人工器官：人工心脏、瓣膜、心脏辅助装置、人工关节、假肢、人工肝、人工肾、人工肺（氧合器）、人工听觉、人工角膜、人工晶体等。

2）物理治疗仪：前列腺治疗仪、微波高温治疗仪、放射治疗装置、高频治疗设备、超声治疗设备、激光治疗设备、利用机械能的设备（呼吸机、输液泵）、其他治疗设备（高压氧舱、低温麻醉设备、冷冻刀）。

（3）辅助设备：医学信息系统、其他辅助设备。

（三）医疗器械分类目录

2002 年 8 月 28 日，国家食品药品监督管理总局制定了《医疗器械分类目录》，国药监械[2002]302 号，共有 43 个一级类别和大于 260 个二级类别的产品种类。

该《医疗器械分类目录》不包含按医疗器械管理的体外诊断试剂产品，见国家食品药品监督管理总局另行印发的体外诊断试剂产品分类目录（表 4-1）。

表 4-1　医疗器械分类目录

序号	编码名称	子编码	序号	编码名称	子编码
1	6801 基础外科手术器械	7	23	6828 医用磁共振设备	1
2	6802 显微外科手术器械	6	24	6830 医用 X 射线设备	4
3	6803 神经外科手术器械	5	25	6831 医用 X 射线附属设备及部件	7
4	6804 眼科手术器械	5	26	6832 医用高能射线设备	2
5	6805 耳鼻喉科手术器械	6	27	6833 医用核素设备	4
6	6806 口腔科手术器械	6	28	6834 医用射线防护用品、装置	2
7	6807 胸腔心血管外科手术器械	7	29	6840 临床检验分析仪器	9
8	6808 腹部外科手术器械	4	30	6841 医用化验和基础设备器具	4
9	6809 泌尿肛肠外科手术器械	4	31	6845 体外循环及血液处理设备	7
10	6810 矫形外科（骨科）手术器械	8	32	6846 植入材料和人工器官	5
11	6812 妇产科用手术器械	6	33	6854 手术室、急救室、诊疗室设备及器具	14
12	6813 计划生育手术器械	2	34	6855 口腔科设备及器具	8
13	6815 注射穿刺器械	1	35	6856 病房护理设备及器具	3
14	6816 烧伤（整形）科手术器械	4	36	6857 消毒和灭菌设备及器具	8
15	6820 普通诊查器械	7	37	6858 医用冷疗、低温、冷藏设备及器具	5
16	6821 医用电子仪器设备	2	38	6863 口腔科材料	16
17	6822 医用光学器具、仪器及内镜设备	8	39	6864 医用卫生材料及敷料	4
18	6823 医用超声仪器及有关设备	7	40	6865 医用缝合材料及黏合剂	4
19	6824 医用激光仪器设备	6	41	6866 医用高分子材料及制品	9
20	6825 医用高频仪器设备	5	42	6870 软件	5
21	6826 物理治疗及康复设备	9	43	6877 介入器材	3
22	6827 中医器械	3			

三、我国医疗器械的发展现状

（一）产品主要依赖进口

高技术医疗设备产业是当今世界发展最快的产业之一，但长时间以来国际高技术医疗设备市场主要被美国、日本、德国等少数国家的几个跨国公司垄断。由于我国医疗器械市场竞争能力不足，我国的医疗器械研发力量远远不能满足医疗器械产业发展的需求。目前我国药品与器械人均消费比例仅为 10∶1，而目前发达国家人均医药卫生消费药品和器械的比例已达到 1∶1。我国医疗器械行业存在的问题主要是研发能力不足、创新能力薄弱、研究设备和基础条件差、研发投入不足、科技成果转化能力薄弱。

（二）进口设备开发利用率低

目前我国对临床工程没有规范的立法和认证制度，而且一些医院为了提高声誉和收益，盲目攀比，超前配置各种大型医疗设备，造成设备使用率低、资源浪费，普遍存在仪器设备引进购置与应用开发、效益评估脱节的情况。我国三甲医院的医疗设备是全球最先进的，但管理却很不到位。诸如 CT 等仪器的功能开发率只达到 30%，资源严重浪费。

链 接

五大外资医疗器械企业的概况

1. 通用电气医疗集团　隶属于 GE（通用电气）公司，总部设在英国，从 1979 年开始在中国开展业务。GE 医疗集团在医学成像、信息技术、医疗诊断、患者监护系统、药物研发、生物制药技术、卓越运营和整体运营解决方案等领域拥有广泛的专业技术，以“立足中国、服务中国”为基本战略。

2. 上海西门子医疗器械有限公司　一名名叫宝隆的德国医生于 1899 年在上海创办了同济医院，并将西门子在中国的第一台 X 光机带到上海，由此揭开了西门子医疗在华长达 100 多年的发展序幕。西门子医疗隶属于西门子集团，1847 年建立，现总部位于德国慕尼黑。

3. 美国贝克曼库尔特　1983 年陆续于中国设立代表处及维修站。1988 年重组，在 1997 年 10 月，通过贝克曼对库尔特公司的并购，产生了一个集生物医疗为一体的最具产品业务综合性的新的组织。涵盖了从生命科学到临床诊断和细胞分析的领域开发和销售仪器，生化，软件及能够简化和自动化实验室处理的产品。

4. 美敦力中国　美国美敦力公司成立于 1949 年，1989 年，美敦力公司通过代理商悄悄将产品打入中国市场，2008 年底，以 17.26 亿港元入股山东威高 15%，试图再通过威高实现本土化。主要产品覆盖心血管疾病、恶性及非恶性疼痛、运动失调、糖尿病、胃肠疾病、泌尿系统疾病、脊椎疾病、神经系统疾病及五官科手术治疗等领域。

5. 强生（中国）医疗器材有限公司　强生（中国）医疗器材有限公司成立于 1994 年，总部设在上海，产品涉及生产和销售医疗器材产品，在冠心病的介入治疗、周围血管及神经介入治疗、骨科、外科手术、妇女健康、临床诊断、糖尿病的诊断和专业灭菌等方面都具有世界领先水平。

（三）高端市场为国外占据

我国医疗器械行业虽然基础差、底子薄，但近年来发展很快，开发出了一些拥有专利的高精尖产品，如 CT、MRI 超声治疗仪、带药冠脉支架等。但我国医疗机械出口仍以技术含量低的中小型产品为主,还有待于进一步发展。

第二节　创伤外科用器械

一、刀　类

(一) 一次性使用无菌手术刀

【性能及组成】 由手术刀片和 ABS 塑料柄组合而成。应无菌。

【适用范围】 供手术中切割软组织用。

【规格型号】 10、11、12、15、20、21、22、23、24。

(二) 削切刀

【性能及组成】 产品包括削切刀、外套管、转接器及清洗转接器。

【适用范围】 用于膝、肩、髋及肘关节,用于切除组织及部分骨骼。清洗转接器用于在使用清洗及消毒设备时,方便对削切刀进行有效的清洁。

二、剪　类

(一) 手术剪

【性能及组成】 手术剪的形式可分为尖、钝、直、弯、长、短各型。根据其用途分为精细剪、组织剪、线剪、拆线剪、骨剪、钢丝剪六大类。

(二) 牙用剪

【性能及组成】 产品材料为 420 不锈钢。

【适用范围】 用于口腔科,供牙科诊治时剪断组织、缝合线、临时性牙冠或组织、纱布、线头用。

三、镊　类

(一) 医用镊

【性能及组成】 材料:不锈钢镊子由 GB1220 中规定的 2Cr13、1Cr13 材料制成,钛合金镊子材料应符合 GB/T2965-1995 的要求。

【适用范围】 用于普通外科手术。

【规格型号】 解剖镊(直和弯)、组织镊、敷料镊。

(二) 牙用镊

【性能及组成】 产品材料为 420 不锈钢。

【适用范围】 用于口腔科,供口腔中取拿、传递辅料用;供缝合时拿取、稳定软组织片。

【规格型号】 双弯有定位销、无定位销;单弯有定位销、无定位销。

四、钳　类

(一) 基础外科用钳

【性能及组成】 该产品为基础外科用钳,由不锈钢材料制成。

【适用范围】　该产品临床适用于外科手术中夹持组织。

（二）血管钳

【性能及组成】　血管钳在结构上主要的不同是齿槽床，由于手术操作的需要，齿槽床分为直、弯、直角、弧形（如肾蒂钳）等。

【适用范围】　该产品主要用于钳夹血管或出血点，也用于分离、钳夹组织，协助术者拔针或牵引缝线。

五、缝　针

【性能及组成】　该产品由三个基本部分组成，即针尖、针体和针眼。

【适用范围】　用于各种组织缝合。

【规格型号】　针尖按形状分为圆头、三角形两种；针体有近圆形、三角形及铲形三种。根据针尖与针眼两点间有无弧度可分为直针和弯针。弯针根据弧度不同分为 1/2、3/8 弧度等（图 4-1）。

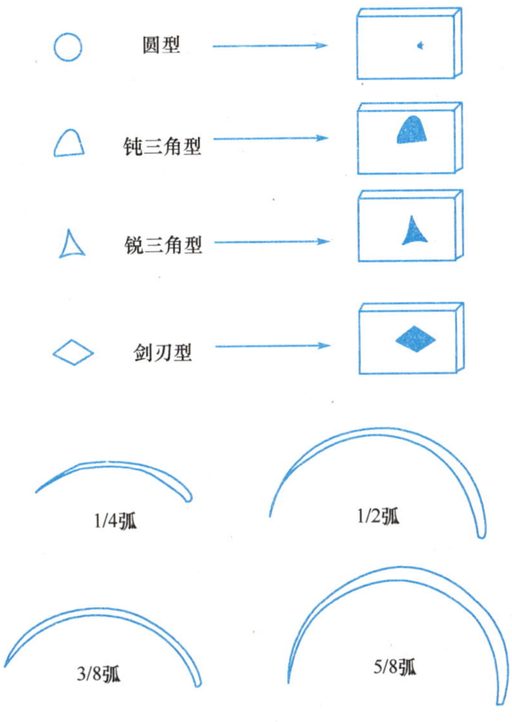

图 4-1　不同类型缝针

六、卫生材料及敷料

（一）医用棉纱布

【性能及组成】　采用未经重复加工的、棉葵科草棉属植物成熟种子的毛绒纺纱织造的平纹棉布，经脱脂、漂白、精制而成。

【适用范围】　外科用敷料。用于外科清创护理、保健护理。出厂未做灭菌，须由使用单位灭菌后方可使用。

（二）医用棉花

1. 棉片类

（1）特优级棉片、棉卷：主要用于医院医用敷料、精密仪器和光学仪器。

（2）特级、优级棉片棉卷：主要用于医院医用敷料、手工棉签、家庭使用。

（3）普级棉片、棉卷：主要用于纱布夹棉、卫生院，医用和民用过滤材料，特别是出口，主要销往非洲。

2. 散花类

3. 棉条类

（1）精落棉和锯齿棉：可做优质棉球、棉签。主要销往医院、妇幼保健院。

（2）清弹棉：可做医用棉签。

4. 棉卷类（有 500g/卷、450g/卷、100g/卷、50g/卷、10g/卷）

（1）先漂后梳：主要销往国外或化妆品用。

（2）先梳后漂：主要用于国内医院、家庭。

5. 棉签类(一般分医用和民用)

（1）医用一般是 10~300px 竹棉签及各种棉签。

（2）民用又分为美容保健用、婴幼儿用、工业电子精密仪器用。

6. 棉球类(一般有 0.3g/颗、0.5g/颗、0.6g/颗 0.8g/颗等)

（1）医用棉球一般要求纤维在 15~500px，无短绒。

（2）民用棉球一般分高档和一般。

（三）医用橡皮膏

橡皮膏是一种药品包装材料。采用纯棉布为底材，以天然橡胶和纯质氧化锌为原料。用料考究，外观精致，气味清凉芬芳，广泛适用于绊手术伤。

【组成】

（1）裱背材料：漂白细布。

（2）膏药料：主要由基质、辅料和药物组合而成。

【特点】 膏面覆所含的成分比较稳定，黏着力强，不经预热可直接粘贴于患部，亦不易产生配伍禁忌，对机体无损害，不污染皮肤和衣服，携带和使用均方便，患者乐于应用。

（四）创可贴

【组成】 它是由一条长形的胶布，中间附以一小块浸过药物的纱条构成。

【特点】 由于它的结构的限制，创可贴只能用于小块的创伤应急治疗，从而起到暂时的止血、保护创面的作用。但是应该注意，使用的时间不宜过长。如果过久地使用它，创可贴外层的胶布不透气。就会使伤口和伤口周围的皮肤发白、变软导致细菌的继发感染。这样就会使伤口更加的恶化。

第三节　儿科用器材

一、暖　箱

【组成】 箱体、控制温度系统、LED 视窗(可显示空气温度和装置温度)、电子警报系统。

【功能】 可使患儿体温保持稳定，提高未成熟儿的成活率。适用于出生体重低于 2000g 及异常新生儿如新生儿硬肿症、体温不升等(图 4-2)。

二、蓝 光 箱

【原理】 用于新生儿高胆红素血症辅助治疗，使血中未结合胆红素转变成水溶性胆红素，它的产物可不经肝脏处理直接从胆汁和尿液中排出体外，使血清中胆红素的浓度降低。

【特点】 一般采用波长 427~470nm，强度：20W 或 40W 的蓝色荧光灯，光箱有单面和双面光疗箱两种，双面光优于单面光，灯管与患儿皮肤的距离为 33~50cm。

【功用】 适用于高胆红素血症、新生儿溶血、胆红素代谢先天障碍，可减轻黄疸的程度(图 4-3)。

图 4-2　暖箱

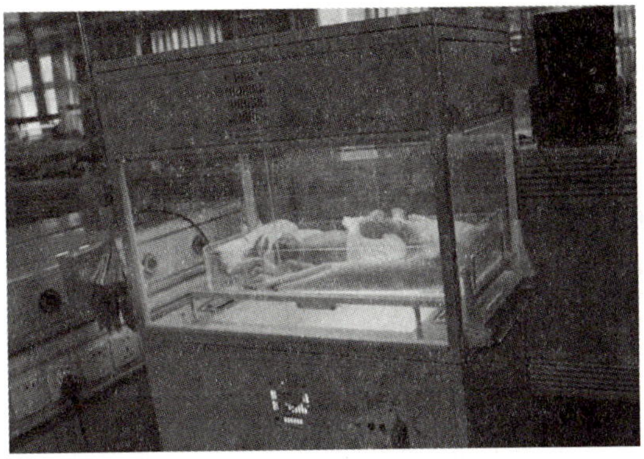

图 4-3　蓝光箱

三、身长测量器

【组成】　测量板、顶板、滑动板。
【功能】　测量 3 岁以下小儿身长(图 4-4)。

图 4-4　身长测量器

第四节　妇科用器材

一、宫腔异物钳

【性能及组成】　该产品由上钳头、下钳头、钳杆、左钳身和右钳身 5 个部分组成。上钳头和下钳头有齿槽,对手术线的夹持过程中不会出现滑脱现象,减少手术时间,更减少患者疼痛。左钳身、右钳身的钳杆的连接处采用弧线设计,便于医生操作。钳杆横截面积小于等于 4.8mm,在深入子宫过程中不会对宫颈口造成任何的损坏。钳子有效工作长度在 180mm 以上,保证了工作的有效性。

【适用范围】　该产品用于夹持宫腔内异物。禁忌证:急性阴道炎、子宫内膜炎等不适合宫腔手术时禁用。

二、腹 腔 镜

常用的妇科腹腔镜有两种，一种是诊断用的腹腔镜，另一种是手术用的腹腔镜。主要的区别在于诊断用的腹腔镜光源较强，可窥角度较大，直径有小有大，直径越大，所见的投影越大，同时套管越长，进入腹腔也越深。手术用的腹腔镜增加了多方面的应用，可用以观察盆腔及腹腔脏器作为诊断疾病用。

【性能及组成】 手术用腹腔镜的装置包括充气系统（二氧化碳）、观察系统、辅助系统、记录设备四个部分。

【适用范围】 可用于妇科手术及观察盆腔和腹腔脏器作为诊断疾病用。

三、宫 腔 镜

宫腔镜是一项新的、微创性妇科诊疗技术，用于子宫腔内检查和治疗的一种纤维光源内镜。它是利用镜体的前部进入宫腔，对所观察的部位具有放大效应，以其直观、准确的特点，成为妇科出血性疾病和宫内病变的首选检查方法。

【组成】 包括宫腔镜、能源系统、光源系统、灌流系统和成像系统。

【类型】

（1）全景式宫腔镜：带有充盈宫腔装置系统，能观察腔内全景。

（2）接触式宫腔镜：直接观察接触部分宫腔内膜。

（3）显微宫腔镜和显微阴道宫腔镜。

（4）急用宫腔镜。

【应用】 常用于异常子宫出血、不孕症或习惯性流产、宫腔内异物、子宫黏膜下肌瘤切除、子宫内膜息肉切除、宫腔粘连等情况。

第五节　医用电子仪器

一、生理理信息测量仪器

（一）心电图机

心电图机是记录心电图的专用仪器，有单道心电图机和多道心电图机。多道心电图机可以同时记录多导联的心电图，最多有同时记录 12 导联者，而单道心电图机只能顺序记录 12 个导联。根据控制方式和导联切换方式的不同，有手控的模拟心电图机，也有程控的数字式心电图机。

【工作原理】 将两个电极安放在人体表面的相关部位，分别与心电图的正负极端相连，用以描记体表两点间的电位差，这种放置电极的方法及其与心电图机的连接方式称为心电图导联。体表心电经电极、导联线送至心电图机，心电图机主体从原理上可分为输入回路、导联线选择、放大电路、描笔驱动和走纸部分，现代心电图机通常还有程控部分。

【应用范围】 目前应用于临床的心电图机有三道、四道、六道、八道和十二道心电图机。有些多道心电图机还同时具有心电自动分析功能和多路波形显示的功能，大大方便了医务人员的操作。各类多道心电图机在心内科、急诊科、儿科、监护病房、基础医学部、临床研究室、心功能室、综合健诊中心、保健中心等科室，是用以发现一般单道心电图机较难分析的一些心脏疾病，如多行期期前收缩的定位、定性和识别；宽 QSR 波心动过速的鉴别诊断；室内传导阻滞的诊断；QT 离散度和心律失常的分析和诊断等（图 4-5）。

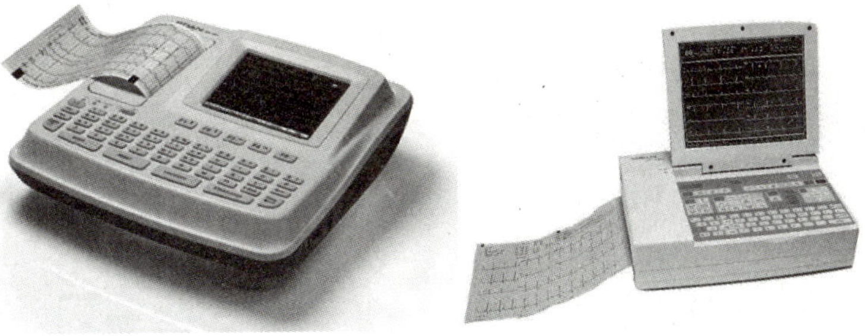

图 4-5　心电图机

（二）脑电图机

1924 年，法国学者 Berger 首次用头皮电极记录到人脑的电活动，并首次记录到人类癫痫发作时的脑电图，确立了脑电活动起源于脑组织的理论。测量记录大脑的电活动的装置称为脑电图机，它能用来描记大脑两半球电活动曲线，供临床诊断和神经生理研究。

【性能及组成】　典型的脑电图机通常由 8 道或 16 道组成，它可同时记录多道脑电信号。

1. 输入盒　头皮电极的导线一般不直接与脑电图机输入端相连接，而是通过输入盒与主机相连，输入盒为金属屏蔽盒，上有电极插孔，包括 20 个以上的脑电极插孔，以及接地插孔、外接插孔等，外接插孔可用于描记脑电、肌电、眼电、诱发电、呼吸波等。盒内有缓冲放大器，有的还带有电极阻抗测量装置。

2. 导联选择器　导联选择器通常是一个节点开关阵列，来自 CPU 的指令接通一组节点即可把相应的来自电极的生物电信号送到放大器输入端。脑电图机可提供固定导联选择及自由导联编程。

3. 放大器　放大器由多级放大器组成放大电路，另外还包括时间常数变换、高频滤波、灵敏度控制、交流干扰抑制等电路。

4. 记录器　目前脑电图机多用笔式记录器，大部分采用墨水笔式。

5. 控制部分　控制部分主要是键盘扫描电路，用于产生相应的键码，使 CPU 做相应的操作，这些操作包括导联的选择与编程、定标描记、光刺激、参考电极的选择等。

6. CPU 部分　现代脑电图机有很多都是电脑控制的，如日本光电的 7300 系列，采用 Z80 芯片，外加 48KROM、8KRAM 及 8255 芯片等组成。

目前已经出现了脑电信号无纸化的趋势。将脑电信号放大到合适的电压再过 A/D 转换后送入电脑系统，这样数字化的脑电信号可以被存储保存，以便进行各种参数的自动分析、测量、后处理和图像输出。

【应用范围】　脑电图机适用于脑电诊疗科室、监护病房、保健治疗中心等医疗系统部门。可就患者的相关病情做常规观察和监护观察（图 4-6）。

（三）电子血压计

血压是指血液对血管壁产生的侧压力。血管分为动脉、静脉和毛细血管，血压也就有动脉血压、静脉血压和毛细血管血压之分。人们通常所说的血压是动脉血压的简称。血压

图 4-6　脑电图机

的单位为千帕，1kPa＝7. 5mmHg，测量血压时，是以血压和大气压做比较，用血压高于大气压的数值表示血压的高度。如测得的动脉压是 100mmHg，即表示动脉内血液对血管壁的侧压力比大气压高 100mmHg。动脉血压在上臂部测量，正常成人动脉收缩压为 12～18. 7kPa（90～140mmHg），舒张压为 8～12kPa（60～90mmHg），脉压为 4～6. 7kPa（30～50mmHg）。

1. 半自动数字臂式血压计

（1）性能及组成：由主机（集成电路、压力传感器、液晶显示器、外壳、按钮、电池）和充气胶球（含有定速排气阀和急速放气阀）及臂带三部分组成。

（2）适用范围：供测量人体血压和脉搏用。

（3）规格型号：CH-308B、CH-302B、CH-311B。

2. 电子血压计

（1）性能与组成：由主机、送气球、臂带、连接管组成。血压测量范围 20～280mmHg，误差 4mmHg；脉搏测量范围 30～199 次/min，误差±5%。

（2）适用范围：用于测量舒张压、收缩压、脉搏数。

（3）规格型号：ES-H55（图 4-7）。

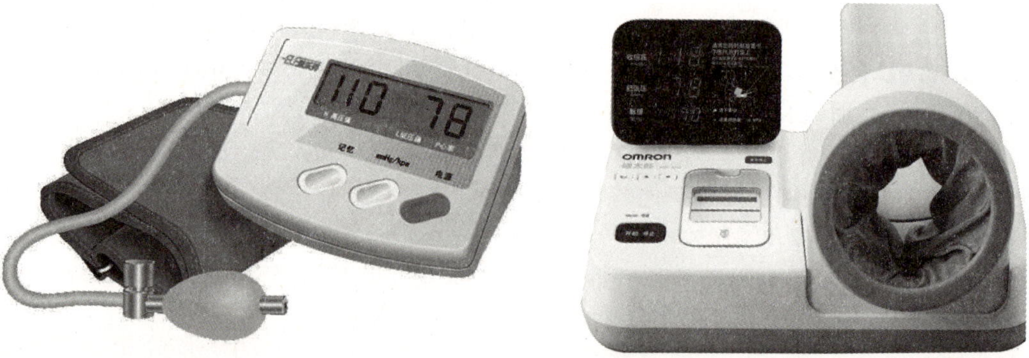

图 4-7　电子血压计

链 接

电子血压计的使用步骤

(1) 测量血压前,手臂上臂最好裸露出来,不能把长袖袖子卷起来,这样会造成对上臂血管的压迫,造成血压值不准确。

(2) 取坐位,手掌向上平伸,肘部位于心脏水平,上肢胳膊与身躯呈45°手放轻松勿握拳。

(3) 将袖带平整地缠绕于上臂中部(不能缠在肘关节部)。袖带的下缘距肘窝1~2cm。袖带卷扎的松紧以能刚好插入一指为宜。缠得过紧,测得的血压偏低;而过松则偏高。袖带的胶管应放在肱动脉搏动点。

(4) 测量血压时不要说话,也不要屏住呼吸,要自然呼吸。

(5) 测血压需一次完成,若未完成则应松开袖带,休息2~3min再重新测量。

(四) 电子体温计

体温,即人体各个部位的温度,是人类和高等动物不断进行新陈代谢的结果,亦是维持生命体正常功能活动的条件之一。

常规使用的水银玻璃体温计,由于其热平衡时间长(一般需3~4min),测量速度慢;采用折光原理读取数据困难,且准确度较低;使水银复位极不方便,易破损。

电子体温计是利用某些物质的物理参数与环境温度之间存在着的确定关系,利用专门的集成电路芯片,将体温用液晶数字显示出来的体温计。由于其价廉,读数方便、快捷、正确,无需甩下水银,跌落或误咬嚼不易损坏。

【技术指标】

测量范围:32~43℃;

测量精度:所测温度在35~39℃范围时为≤±0. 10℃;

测量速度:普通型约为1. 5min(腋下3min),快速测量型为4~10s(图4-8)。

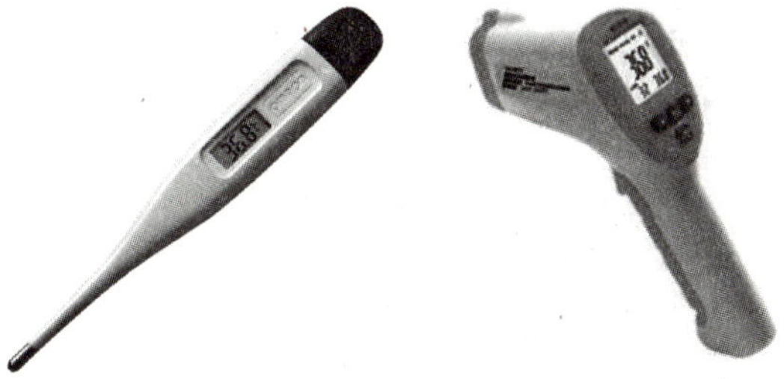

图4-8 电子体温计

二、医用监护仪器

医用监护仪器是一种以测量和控制患者生理参数,并可与已知设定值进行比较,如果出现超差可发出报警的装置或系统。监护仪的用途除测量和监视生理参数外,还包括监视和处理用药及手术前后的状况。因此在医院内常设置各类监护病房,这些监护病房中使用各类医用监护仪分别对各种生理、生化参数进行测量、分析与控制。

监护仪的使用,不仅减轻类医务人员的劳动,提高了护理工作的效率,更重要的是使医生随时了解病情,当出现危急情况时可及时进行处理,提高了护理质量,大大降低类危重患者的死亡率。

(一) 监护仪的分类

1. 按仪器构造功能分类 按仪器构造功能分类可将医用监护仪分为一体式监护仪和插件式监护仪。

2. 按仪器接收方式分类 按接收方式可分为有线监护仪和遥测监护仪。

3. 按功能分类 按功能可分为通用监护仪和专用监护仪。

4. 按使用范围分类 可分为床边监护仪、中央监护仪和远程监护仪。

5. 按检测参数分类 可以分为单参数监护仪和多参数监护仪。

(二) 多生理参数监护床边监护仪

多生理参数床边监护床边监护仪是一种用来对危重患者的众多生理(或生化)参数进行连续、长时间、自动、实时监测,并经分析处理后实现多类别的自动报警、自动记录的监护装置(图 4-9)。

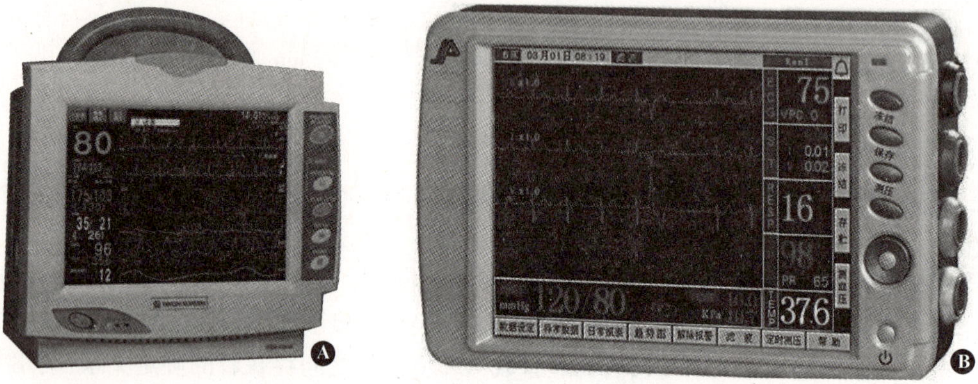

图 4-9 多生理参数床边检测仪

【性能及组成】 主要由信号采集、信号处理和信号显示与输出三大部分组成。信号采集部分包括各类传感器和电极;信号处理部分一般包括信号的模拟处理和数字信号处理两部分,前者常常采用硬件来完成,后者采用计算机软件来实现;信号的显示、记录与报警部分是仪器的输出装置,是监护与使用者进行信息交换的部分。

【生理参数】 心电图(ECG)、有创血压、无创血压、血氧饱和度、呼吸波与呼吸率、体温、心排血量。

【适用范围】 适用于医疗单位的重症加强护理病房(ICU、CUU)、麻醉、急诊等部门临床监测。

三、血糖检测仪

血糖浓度指的是血液中的葡萄糖的含量。测量血糖的仪器称为血糖检测仪。目前,市场上的家用血糖仪主要分为电化学和光反射技术两大类。

(一) 电化学法

【原理】 电化学法血糖检测仪采用检测反应过程中产生的电流信号的原理来反应血糖值,酶与葡萄糖反应产生的电子通过电流计数设施,读取电子数量,再转化成葡萄糖浓度读数。

【组成】 供电单元、信号采集单元、运算单元和显示终端构成的电子系统、检测试纸条。

【主流品牌】 现在在我国共有 10 多个厂家生产、销售血糖仪及试纸,血糖仪种类共 30 多种(含进口),例如,强生(稳捷系列,稳豪,稳灵,稳步倍加型,随手测);罗氏(乐康全，优越系列）；京都；利舒坦（五代，mini 型；）雅培（安妥，QID）；拜耳（拜安易，拜安捷）；会好；怡成（JPS3，JPS5）；三诺；施乐；唐博士；易立测；台欣；金鹊等。每个品牌的血糖仪所用试纸各不相同，必须配合专用的试纸才能完成测量。

【特点】 在操作中，不会受到强光环境的影响，高脂血症和高胆红素血症测试也不会受到干扰。但是，使用中的微波炉、手机会影响仪器的准确性，因此在使用这类仪器进行血糖检测时，应避免仪器受到电磁辐射（图 4-10）。

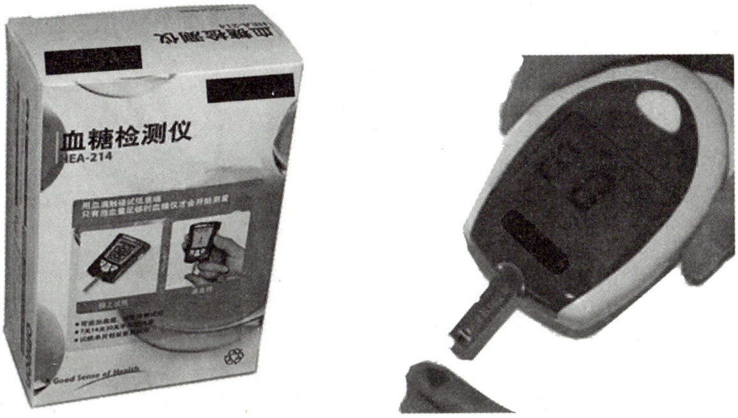

图 4-10 电子血糖仪

链 接

电子血糖仪的使用方法

（1）将电池安装在电子血糖仪中。

（2）测试血糖前先要用温水或中性肥皂彻底洗净双手和干燥双手，温暖手指以增加血液循环。

（3）将采血针安装到位，推荐大家不要采用过深的采血深度，这样可以减少采血的痛感。

（4）按摩左手无名指，使无名指血流充沛，便于采血，用 75% 的乙醇消毒左手无名指指腹（注意按摩不应过于用力，以免使组织液流出而导致结果偏低）。

（5）取出试纸，并按照正确的方法插入血糖仪。

（6）待乙醇干了，根据手指表皮的厚度用采血针刺入足够深度，使自然流出足量血液并进行测定（注意不要使用第一滴血）。采取的血滴应足够覆盖试纸的有色区域，检查“血量指示点”是否完全变蓝，并务必于采血后 2min 内测试。

（7）获得最终的血糖数据。

（8）将电子血糖仪按照要求收纳好，以方便再次使用。试纸注意保存，放在干燥、避光的地方，需要试条保存温度限制范围内保存，避免将仪器置于电磁场附近。

（二）光反射法

光反射法血糖检测仪是检测反应过程中试条的颜色变化来反应血糖反应产生的中间物（带颜色物质），运用检测器检测试纸反射面的反射光的强度，转化成葡萄糖浓度。

【特点】 光反射法技术较为传统，优势是比较成熟稳定，而且在紧急情况下可以通过目视检查试纸背面的颜色变化进行辅助判断血糖的高低。但是这种方法在强光环境下操作会产生误差(如夏天室外);另外高脂血症和高胆红素血症的患者用这种血糖仪进行测试时,误差也会加大。

第六节　风湿寒性关节痛治疗仪

风湿寒性关节痛(简称风关痛)是指人体感受风寒湿邪后所引起的肌肉、关节疼痛为主要表现的疾病。主要的致病因素如下所述。

(1) 久居寒湿之地或高寒野外作业、野外宿营、野餐等。

(2) 劳累过度、汗出受风、抵抗能力下降。

(3) 受寒饮酒,使皮肤血管扩张,易受风湿寒邪。

(4) 室内外温差过大,突然外出,不能适应气温的变化而感受风湿寒邪。

(5) 汗后游泳、腠理未密或水中作业,感受寒湿之邪。

(6) 妇女产后,月经期间,劳动保护不全,防寒设备简陋等,感受风湿寒邪,引起关节疼痛。

(7) 夏天较潮湿的地板,睡时吹电风扇、空调。

风湿寒性关节痛是一种常见的顽固病症,在风湿寒性关节痛的预防和治疗中各种风湿治疗仪也起到重要的作用。

一、神灯治疗仪

神灯治疗仪,指 TDP 治疗器,在各医院被广泛使用,有特殊的治疗效果,广泛应用于理疗。TDP 治疗器的治疗板,是根据人体必需的几十种元素,通过科学配方涂制而成。在温度的作用下,能产生出带有各种元素特征信息的振荡信号,故命名为"特定电磁波谱",它的汉语拼音缩写"TDP"(图 4-11)。

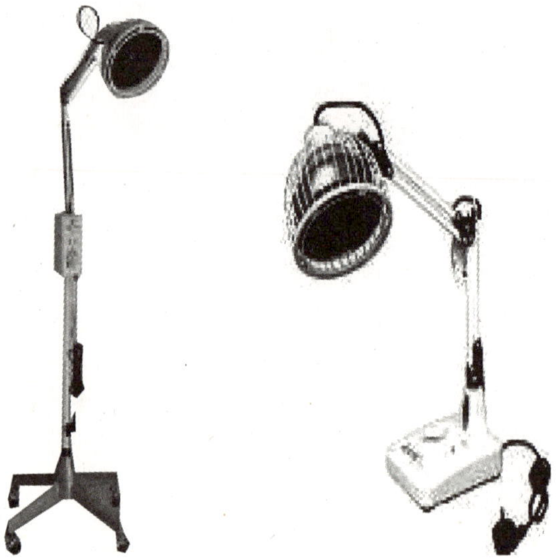

图 4-11　TDP 治疗器

【作用机制】

(1) TDP 治疗器的红外线热辐射对机体的治疗,能有效地疏通被阻塞或阻滞的微循环通道,促使机体对深部瘀血块和深部积液(水分子)的吸收。

(2) TDP 治疗器产生出的各种元素的振荡信息,随红外线进入机体的同时,被带入机体,与相同元素产生共振,使机体中各种元素的活性被激活,元素所在的原子团、分子团和体内各种酶的活性得到提高,增强机体对缺乏元素的吸收,提高机体自身的免疫能力和抗病能力。

【功用】

(1) 具有消炎镇痛、活血化瘀、舒筋活络、增强脑啡呔的分泌、持久镇痛的作用。

(2) 能迅速改善血液循环功能,促进微循环系统的通畅,促进血液循环。

（3）能提高机体内各种酶的活性，增强缺乏元素转换和吸收。增强胃肠功能。

（4）能提高机体自身的免疫功能，增强人体的抗病能力。

（5）能促进血液载氧率，增强脑细胞活力，改善睡眠质量，提高记忆力。

【适用范围】

（1）软组织损伤：肩周炎、腰肌劳损、网球肘、腱鞘炎、急性软组织拉伤、扭伤、挫伤。

（2）骨骼病变：骨关节炎、风湿性关节炎、骨质增生、腰椎间盘突出。

（3）神经系统及血液循环系统障碍性疾病：中风后遗症、坐骨神经痛、三叉神经痛、静脉曲张、前列腺炎、神经衰弱、头痛、失眠等。

（4）健美、养生保健。

二、中频治疗仪

中频治疗仪是采用工作频率为1000～100 000Hz的脉冲电流治疗疾病的仪器。能够对运动神经肌肉、血管、自主神经起到强烈的电刺激生物学效应。其主要生物学治疗作用为：镇痛、消炎、消肿、促进局部血液循环、锻炼骨骼肌、调整神经系统功能等（图4-12）。

【适用范围】　风湿寒性关节痛、腰肌劳损、腰椎间盘突出症、急性扭伤、挫伤、扭挫伤、软组织损伤、肩关节周围炎等。

图4-12　中频治疗仪

第七节　助障用器械

一、助　听　器

助听器是帮助提高听力的仪器，实际上就是一个小型的半导体扩音器，其作用可以使比较弱小的声音，经放大后传到耳机，使本来听力下降的部位借助放大作用而听到声音。自从20世纪初，电子助听器被启用以来，助听器的结构并没有太大的变化，但是助听器各部分的体积逐渐缩小，音质日渐改善，有更多的选择性控制。

【组成】

（1）麦克风：收集声音并转化成电波。

（2）放大器：增加电波的强度。

（3）接收器：刚好和麦克风相反，把增加的电能再转回成声波。

（4）电源：小型电池。

(5) 外壳:保护内部结构。

【分类】

(1) 从外部结构可分为:盒式、耳背式、耳内式,而耳内式又可分成普通耳内式、耳道式、深耳道式。

(2) 从电子原理可分为:模拟助听器、可编程助听器、全数码助听器、宽动态语言技术助听器等。

(3) 助听器按传导方式分为气导助听器和骨导助听器。盒式、耳背式、耳内式都属于气导助听器。

二、助 行 器

助行器,就是可以让通过器械的支撑,让腿脚不方便的老人患者等腿脚不灵活甚至失去行走能力的人能够自理,能够和正常人一样外出散步(图 4-13)。

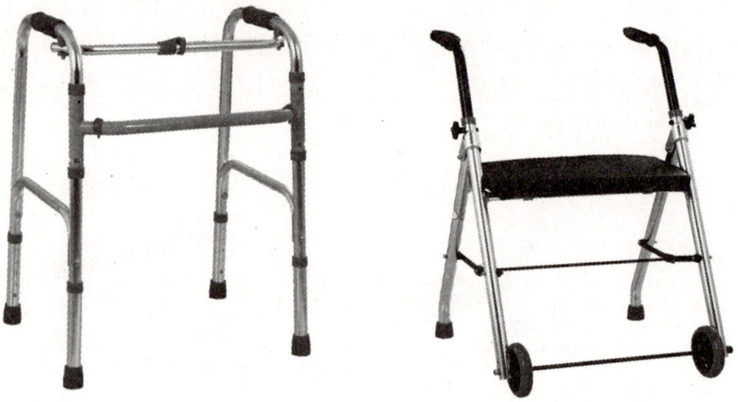

图 4-13　助行器

(董　欣)

自 测 题

一、单项选择题

1. 医疗器械是指
   A. 能治病的设备
   B. 可以诊断疾病的仪器
   C. 对疾病治愈率达到 80% 的器具
   D. 单独或组合使用于人体的仪器、设备、器具、材料或其他物品,包括所需要的软件
2. 三类医疗器械产品注册时必须进行临床试验的是
   A. 第一类　B. 第二类
   C. 第三类　D. 第一类、二类和三类
3. 下列属于三类医疗器械产品的是
   A. 血压计　B. 手术衣
   C. 医用脱脂棉　D. 微波治疗仪
4. 以下属于无源医疗器械的是
   A. X 线机　B. 心电图机
   C. 电子血压计　D. 体外诊断试剂
5. 一次性无菌注射器使用后必须
   A. 立即消毒,以备再用
   B. 可用环氧乙烷消毒
   C. 可用高温蒸汽消毒
   D. 立即销毁

二、简答题

1. 简述医疗器械的定义。
2. 根据医疗器械分类判定依据,试说明心电图机的管理类别。

第五章 医药商品的相互作用和合理使用

近年来,随着新药的不断涌现,药物品种的日益增多,临床上联合用药的现象越来越普遍。联合用药时,由于药物之间相互影响或干扰,使药物的药理效应或毒性反应发生变化。合理的联合用药可增强疗效、减少不良反应和耐药性的产生,提高医药商品的价值和使用价值;不合理的联合用药不仅影响药物的治疗效果,还可对患者产生危害,甚至危及生命。

研究药物的相互作用,掌握药物相互作用的机制和规律,科学地预见联合用药后药物疗效和毒性的变化,正确指导合理用药,最大限度地提高医药商品的价值和使用价值,防止毒性反应的发生。

第一节 医药商品的相互作用

案例 5-1

患者,男,20 岁,2 日前受凉,出现头痛、咽痛,发热,体温 39℃。检查:扁桃体Ⅱ肿大,咽部充血;白细胞 12.5×10^9/L,中性粒细胞 0.82。诊断为急性化脓性扁桃体炎。医嘱:①青霉素静脉滴注抗感染;②对症治疗对乙酰氨基酚片加复方氨酚烷胺胶囊口服。

问题:

1. 该方案中使用对乙酰氨基酚和复方氨酚烷胺胶囊的目的是什么?
2. 该方案中对症治疗用药合理否?为什么?

一、联合用药

临床上为了达到治疗目的而采用两种或两种以上的药物同时或先后应用,称联合用药。

(一)联合用药的目的

1. 增强药物的疗效 合理的联合用药可使药物发挥更大的疗效,比单用药物更具有优越性。例如,在高血压治疗中,长期应用胍乙啶、米诺地尔、二氮嗪等降压药可产生水钠潴留,降压作用减弱,此时,伍用利尿药可加强降压药的治疗效果。

2. 降低毒性或减少不良反应 异烟肼与维生素 B_6 合用可减少异烟肼引起的神经系统毒性;氨茶碱与镇静催眠药合用以减少氨茶碱的中枢兴奋作用等;降压药与利尿药合用治疗高血压,既增强降压作用,又减少了降压药引起水钠潴留的不良反应。

3. 延缓病原体耐药性的产生 结核病对抗结核药易产生耐药性,是结核病化疗失败的重要原因之一。单独使用异烟肼、利福平或链霉素等,两个月后约有 50% 的患者产生耐药性。为了防止或延缓耐药性的产生,可以在治疗一开始就联合使用两种或两种以上的药物,如异烟肼加链霉素或利福平、乙胺丁醇等,可降低病原菌的耐药性,提高药物的疗效。

4. 促进吸收，提高药物生物利用度 口服钙剂，往往吸收度偏低，若与维生素 D_3 合用，则可大大促进钙的吸收。

（二）不合理联合用药的危害

随着经济发展，新药不断的开发应用，药物品种及药房居多，患者往往自行买药、用药，不合理联合用药日益增多，不合理的联合用药不仅影响临床治疗效果，增加药品不良反应，使药源性疾病随着增多，还会不同程度增加患者的经济负担。

1. 降低药物的疗效 四环素类抗生素与抗酸药（氢氧化铝、氧化镁、碳酸钙等）及硫酸亚铁等联用，会形成不溶性络合物而影响其吸收，从而使四环素类抗生素的疗效降低；多潘立酮片可加快胃肠蠕动，促进胃排空，而阿托品则可松弛胃肠平滑肌，使胃排空缓慢，故两药合用可产生拮抗作用，使疗效降低。

2. 增加药物不良反应 氨基糖苷类有耳毒性，能引起耳鸣、听力减退、耳聋等不良反应，与万古霉素、强效利尿药等也有耳毒性的药物联用，会使耳毒性增加，易引起永久性的耳聋。同类药物使用，如两代头孢联用；两个氟喹诺酮药物或两个解热镇痛药联用，都会使不良反应增加，也属于不合理联合用药。

不合理的联合用药弊端还有很多，如药源性疾病的产生、细菌耐药菌株增多及增加患者经济负担等。无论是医生还是患者，在临床用药过程中，联合用药必须慎重，用药数量宜少不宜多，一种药物能治愈的就不要联用两种及以上的药物。

二、药物相互作用

两种或多种药物同时或先后使用时，由于药物之间的相互影响或干扰，使药物的药理效应或毒性反应发生变化称药物的相互作用。药物相互作用的结果是药物作用增强或作用减弱。作用增强可表现为疗效提高，也可表现为毒性加大；作用减弱可表现为疗效降低，也可表现为毒性减轻。

药物相互作用可发生在体内，也可发生在体外，因此药物的相互作用根据发生的机制分为药物在体外的相互作用和药物在体内的相互作用。

（一）药物在体外的相互作用

药物在体外的相互作用称为配伍禁忌，指将药物混合在一起，特别是配制液体药物过程中，药物之间、药物与辅料、溶媒之间发生物理或化学反应，使药效降低或产生有害物质。

1. 药物在静脉滴注中的相互作用 向静脉滴注中加入一种、两种等药物是临床常用的治疗措施，由于药物与药物之间、药物与溶媒之间的相互影响，静脉滴注中或注射器内可能发生药物相互作用，其作用结果有药物变色、沉淀、氧化和分解等而失效。如氢化可的松注射液（50%乙醇）与水溶性注射剂合用产生沉淀；维生素 C 注射液在 pH>6 时易被氧化，不宜与氨茶碱等碱性注射液合用。这类相互作用多能肉眼观察到，但有些药物混合后外观没有任何变化，可实际已经发生分解破坏、效价降低等潜在变化，不仅影响疗效而且可能发生医疗事故，如庆大霉素与青霉素合用可致庆大霉素失效。

2. 药物与赋形剂之间的相互作用 这类相互作用主要有潮解，液化与固化，分层、浑浊与沉淀，变色，产生气体及潜在变化等，既影响药品质量，又影响药物的疗效和安全性。

（二）药物在体内的相互作用

1. 药物体内过程的相互作用　药物体内过程的相互作用是指一种药物的吸收、分布、代谢、排泄等被其他药物所改变。

（1）药物吸收过程中的相互作用：一种药物改变另一种药物的吸收速率和程度。如含二价或三价金属离子（如钙、镁、铝、铁、铋等）的化合物若与四环素类抗生素同服，将在胃肠道内形成难解离的络合物，使其吸收受阻，在体内达不到有效浓度。胃的排空速度和肠的蠕动也影响药物的吸收，如丙胺肽林可延缓胃排空，减少对乙酰氨基酚在小肠的吸收；泻药明显加快肠蠕动而减少药物的吸收。

（2）药物分布中的相互作用：一种药物可以改变另一种药物的分布，主要是相互竞争血浆蛋白结合部位，从而改变游离型药物的比例；改变药物在某些组织的分布量，影响药物的消除。如保泰松、阿司匹林、苯妥英钠可使双香豆素从血浆蛋白部位置换出来，而引起出血；去甲肾上腺素可减少肝脏血流量，减少利多卡因在其主要代谢部位肝脏中的分布量，从而减少该药代谢，结果使利多卡因浓度增高，药效增强，毒性也增大。

（3）药物代谢中的相互作用：大部分药物主要被肝药酶催化而代谢，因此药酶的活性高低直接影响许多药物的代谢，药酶诱导剂如苯巴比妥、水合氯醛、卡马西平、苯妥英钠、尼可刹米、灰黄霉素、利福平、保泰松、螺内酯等可以增加肝药酶的活性，从而加速其他药物的代谢，结果使受影响的药物作用减弱或缩短。药酶抑制剂如氯霉素、西咪替丁与华法林合用，可提高华法林的浓度并增强其抗凝血作用。

（4）药物排泄中的相互作用：绝大多数药物由肾脏排泄。肾脏排泄药物的主要方式是肾小管的分泌和重吸收。当两种药物合用时，可相互竞争载体，使其中一种药物经肾小管的分泌减少，从而影响该药从肾脏的排泄而影响疗效或产生毒性。如丙磺舒与青霉素合用，丙磺舒竞争性占据药物载体，阻碍青霉素经肾小管的分泌，进而延缓青霉素的排泄而使其发挥较为持久的疗效。

2. 药效学方面的相互作用　药效学方面的药物相互作用是指联合用药后，药物的体内药量或血药浓度与单用时无明显差异，而是一种药物改变另一种药物的作用，表现为药效的增强或减弱；毒性反应的增大或降低。药效学方面药物相互作用后药理效应的变化有以下四种。

（1）协同作用：指两种药物联合应用所产生的效应明显超过两药之和。例如，乙醇、抗组胺药、苯二氮䓬类、吩噻嗪类、甲基多巴、可乐定等可增加其他中枢抑制药的作用，有的可致呼吸抑制，甚至死亡。

（2）相加作用：指两种药物联合应用时所产生的效应等于或接近两药之和，治疗作用和不良反应均可相加。例如，不同作用机制的抗高血压药合用时，其降压作用相加。目前血管紧张素Ⅱ受体拮抗药（沙坦类药）与氢氯噻嗪等制成复方制剂已成为治疗高血压的有效途径和发展趋势。

（3）增强作用：指两种药物联合应用时所产生的作用大于单用时的作用。例如，静止期杀菌药庆大霉素与快速抑菌药阿奇霉素合用，抗菌作用增强。

（4）拮抗作用：两种药物联合应用所产生的效应小于其中一种药物。例如，具有兴奋作用的咖啡因可减弱苯二氮䓬类药物的镇静作用；速效抑菌药如四环素、氯霉素、红霉素等与青霉素合用时，会降低青霉素的杀菌作用。

第二节　医药商品的合理使用

药物是社会发展必不可少的宝贵资源，其实际种类数量十分有限，远远不能满足人类日益增长的卫生保健需求，必须在药物资源的配置和使用方面精打细算，通过正确选用、合理配伍，发掘现有药品的作用潜力，提高使用效率。也就是说应当合理使用现有的药物，让其发挥应有的生物医学效益、社会效益和经济效益。

案例 5-2

患儿，男，13 岁，急性肠炎。医嘱：环丙沙星注射剂 0.2g，静脉滴注，一日 2 次。

问题：

1. 环丙沙星治疗急性肠炎的依据是什么？为什么？
2. 给该患者使用环丙沙星合理吗？为什么？

一、合理用药概述

（一）合理用药的基本要素

以当代药物和疾病的系统知识和理论为基础，安全、有效、经济、适当地使用药物，这就是合理用药。从用药的过程和结果考虑，合理用药的基本要素应包括如下内容。

（1）安全性：是指用药者承受最小的治疗风险而获得最大的治疗效果。安全性是合理用药的首要条件，直接体现了对患者和公众切身利益的保护。

（2）有效性：就是要通过药物的作用达到预定的目的，常见判断指标有治愈率、显效率、好转率、无效率。

（3）经济性：是指获得最满意的治疗效果所投入的成本应尽可能低。强调以尽可能低的治疗成本取得较高的治疗效果，合理使用有限的医疗卫生资源，减轻患者及社会的经济负担。

（4）适当性：是用适当的药品，以适当的剂量，在适当的时间，经适当的途径给适当的患者，使用适当的疗程，达到适当的治疗目标。强调尊重客观现实，立足当前医疗科学技术和社会发展水平，避免不切实际地追求高水平的药物治疗。

（二）常见不合理用药的表现和危害

目前我国不合理用药普遍存在的问题很多。归纳起来主要有以下几种表现：①有病症未得到治疗，患者患有需要进行药物治疗的疾病或症状，但没有得到治疗。②选用药物不当，指患者存在用药病症，但选用的药物不对症，对特殊患者有用药禁忌或者合并用药配伍失当等。临床上，以抗生素药物的滥用最为严重。③用药不足，包括剂量太小和疗程不足，多发生在因畏惧药物不良反应，预防用药，或以为病情减轻过早停药的情况下。④用药过量或过分，给患者使用了对症的药物，但剂量过大或者时间过长；给轻症患者用重药，联合用药过多等。⑤不适当的合并用药，未根据治疗需要和药物特性设计合理的给药方案，不必要或不适当的使用多种药物。⑥无适应证用药，患者并不存在需要进行药物治疗的疾病或不适，医生安慰性给患者开药，患者保险性用药。⑦无必要地使用价格昂贵的药品，例如，单纯为了提高医疗单位的经济收入而给患者开大处方，开价格昂贵的进口药。⑧给药时间、间隔、途径不适当。⑨重复给药,包括多名医生给同一患者开相同的药物,并用含有相同活性成分的复方制剂和单方药物,或者提前续开药方。总之,凡属人为因素造成的非安全、有效、经济、适当的用药都是不合理用药。

不合理用药必然会给机体带来危害,这些危害有些是单方面的,有些是综合性的;有些程度轻,有些较为严重,主要有以下几个方面:①导致治疗失败,治疗效果不能得到充分保证,还会延误疾病的治疗,轻则无效,重则贻误救治时机,危及患者的生命。②易发生不良反应,某些具有相同不良反应的药物,合并用药时使不良反应相加,加重对机体的损害。③导致药源性疾病,指在药物使用过程中,如预防、诊断或治疗中,通过各种途径进入人体后诱发的生理生化过程紊乱、结构变化等异常反应或疾病,是药物不良反应的后果,如临床可见的“阿司匹林胃”、“四环素牙”等。④造成医药资源的浪费,用药不对症,使用无确切疗效的药物,用药不足,消费了药品,却没有达到应有的效果,造成了无意的浪费。⑤造成微生物耐药性的产生,用药不足和不对症,使耐药菌比例越来越大,耐药程度越来越高。

(三) 合理用药应考虑的因素

1. 药物的选择 用药合理与否,关系到治疗的成败。在选择用药时,必须考虑以下几点:①是否有用药的必要。在可用可不用的情况下无需用药。②若必须用药,就应考虑疗效问题。为尽快治愈患者,在可供选择的同类药物中,应首选疗效最好的药物。③药物疗效与药物不良反应的轻重权衡。大多数药物都或多或少地有一些与治疗目的无关的不良反应或其他不良反应,以及耐药、成瘾等。一般来说,应尽可能选择对患者有益无害或益多害少的药物,因此在用药时必须严格掌握药物的适应证,防止滥用药物。④联合用药问题。提高治疗效应,减弱毒性反应是联合用药的目的,反之,治疗效应降低,毒性反应加大,是联合用药不当所致。

2. 制剂的选择 同一药物、相同剂量、不同的制剂,由于药物生物利用度的不同,会引起不同的药物效应。因此选择适宜的制剂也是合理用药的重要环节。

3. 剂量的选择 为保证用药安全、有效,通常采用最小有效量与达到最大治疗作用但尚未引起毒性反应的剂量之间的那一部分剂量作为常用量。

4. 给药途径的选择 不同给药途径影响药物在体内的有效浓度,与疗效关系密切。给药途经的选择应结合病情、药物制剂的特点及患者的生理情况等考虑。

5. 给药时间间隔、用药时间及疗程的选择 适当的给药时间间隔是维持血药浓度稳定、保证药物有效的必要条件。给药的时间间隔,主要是根据药物的半衰期确定。药物的服用时间应根据具体药物而定。易受胃酸影响的药物应餐前服,如抗酸药;易对胃肠道有刺激的药物宜饭后服,如阿司匹林、吲哚美辛等;而镇静催眠药应睡前服,以利其发挥药效,适时入睡。疗程的长短应视病情而定,一般在症状消失后即可停药,但慢性疾病需长期用药者,应根据规定疗程给药,如抗结核药一般应至少连续应用半年至一年以上。另外,疗程长短还应根据药物毒性大小而定,如抗癌药物应采用间歇疗法给药。

6. 影响药物作用的机体因素 有些患者对某种药特别敏感,称为高敏性;反之,对药物敏感性低则称为耐受性;有些患者对药物产生的反应与其他人有质的不同,即为特异质反应。因此,临床用药既要根据药物的药理作用,也要考虑患者实际情况,如年龄、性别、病理状态、精神因素、遗传因素、营养状态等,以及高敏性、耐受性、特异质反应等的患者,做到因人施治。

（四）合理用药的生物医学标准

1997年，WHO与美国卫生管理科学中心（MSH）针对合理用药的具体内涵进行了明确规定，共同制定了合理用药的7项生物医学标准：药物正确无误；用药指征适宜；疗效、安全性、使用用途、价格对患者适宜；用药对象适宜，无禁忌证，不良反应小；药品调配及提供给患者的药品信息无误；剂量、用法、疗程妥当；患者依从性良好。

二、特殊人群用药

（一）老年人用药

老年人因各脏器的组织结构和生理功能都有不同程度的退行性改变，因而影响了药物在体内的吸收、分布、代谢和排泄过程，而老年人又多体弱多病，老人生病的种类很多，吃药的品种及数量也多，引起药物不良反应和药物中毒的可能性也增多。因此，在给老年人用药时，必须特别慎重。

1. 老年人用药特点

（1）老年人用药机会、种类较多，疗程也较长：老年人随着年龄的增长，患病率、同时患多种疾病的机会增加。如许多老年人同时患有高血压、慢性支气管炎、肺气肿等。

（2）老年人选择药物的主观性强：老年人生活阅历丰富，有一定的用药经验，对所用药物有主观选择愿望，有时盲目地追求新药、贵药、进口药和补药等，这些要求无疑给医生带来困难。

（3）老年人用药个体差异大：老年人个体差异大，其实际年龄并不一定和生理年龄相一致，现在还缺乏按生理年龄用药的标准，也没有按老年人年龄计算的用药公式，这就造成了老年人用药的个体差异较大。

（4）老年人用药依从性差：老年患者往往记忆力下降，注意力不集中，常常发生忘用药物、用错药物、用药不足或用药过量等现象。

（5）老年人用药不良反应发生率高：老年人由于生理功能、生化反应等方面的改变，导致机体对某些药物的敏感性增加，即使使用常用量也有可能产生不良反应。

（6）中西药物同时服用：老年人同时患有多种疾病较为多见，常常将中西药物同时服用。由于药物之间相互影响，至药效降低或不良反应增加。

2. 老年人用药原则

（1）准确合理用药：药物是治疗疾病的重要手段之一。治疗上要做到安全有效，就必须正确合理地使用药物。首先是要对症下药，而不可乱投药。当诊断明确后，确实需要用药物时，医生应根据病情选择适当的药物，作为患者应该按医嘱服药，决不可自作主张。如果只根据一些表面现象来用药，很容易产生严重的不良反应。并且用药还要因人而异。

（2）使用最小的有效剂量：由于老年人肝肾功能减退，导致机体对药物的代谢、排泄能力下降。一般规定，60～80岁的老年人使用成人剂量的3/4～4/5；80岁以上的老年人使用成人剂量的1/2。

（3）尽量减少药物的种类：用药种类多是引起药物不良反应的主要因素。在同一时间内用药种类越多，发生不良反应的机会就越多。据统计，使用一种药的不良反应发生率为10.8%，而同时使用6种药时，不良反应发生率则可增至27%，所以老年人特别是患有慢性器质性疾病的老人用药种类应尽量减少。

(4) 注意药物不良反应:老年人是药物不良反应的高发人群,在用药过程中,如出现某些异常症状,应及时停药。对从未用过的药物要特别注意。已引起过不良反应,特别是已发生过过敏反应的药物,决不能再使用。此外还应避免长期用药,以免使药物在体内蓄积而导致中毒反应。

(5) 选择合适剂型:有些老年人身患的疾病较多,一次服用的药物也较多。而老年人的吞咽功能不好,一次服用这么多药物较为困难,因此,不宜使用片剂、胶囊,而可选用液体剂型。另外,老年人胃肠道功能不稳定,不宜服用缓慢释放的药物制剂,否则会因胃肠蠕动的突然加速而使药物释放不充分。

(6) 用药时间的选择:有的药要空腹服,而有的药要饭后服,多数药物的常规用法是每日给予 3~4 次,以维持药物在体内必要的有效浓度,保证药物效果。但是对于某些药物,其服用时间上有特殊的要求,如肾上腺皮质激素治疗某些慢性病时采用隔日一次疗法。

(7) 注意给药方式:老年人若能口服给药时,就不必通过静脉滴注和肌内注射方式给药。一般疾病尽量选用口服药品的方法,一是方便简单,二是比较安全、适应性好。这是因为,老年人的血管壁较脆容易破裂,并且肌肉对药物的吸收能力较差,当以注射方式给药后,疼痛较为显著或易形成硬结。静脉滴注治疗只是给药的一种方法,有一定的危险性,费用较高、费时。

(8) 切忌滥用药:很多患者治病心切,喜欢求医寻药,且自以为“久病成良医”,自作主张,给人给己滥用药物,后患无穷。如抗生素、激素、安眠药、解热镇痛药、泻药等更不可滥用。

(9) 用补药要恰当:俗话说“药补不如食补”,饮食正常的健康人群不需要服补药。体弱多病或康复期的患者可适当进补。但必须在医生指导下使用而不能滥用补药。

(10) 及时停药或减量:当病情好转或治疗达到一定疗程时,应遵医嘱及时减量或停药。实际中有两种极端情况:一是用药容易停药难,总担心停药后病情加重或复发,造成用药时间长、药量过大;另一种是担心药物不良反应,当病情稍有好转就立即停药。这两种都容易造成医源性疾病。

3. 老年人用药注意

(1) 忌滥用解热镇痛药:老年人因骨关节的退行性病变,易患腰腿痛、背痛、关节痛,长期服用解热镇痛药去痛片、吲哚美辛等已成习惯。实际上,长期服用该类药物,害多利少,不宜提倡。如老年人使用解热镇痛药可因大量出汗而引起虚脱;去痛片还可引起粒细胞减少、肾损害、血红蛋白变性和严重过敏反应;吲哚美辛有时可引起胃肠出血及锥体外系病变等毒性反应,必须引起注意。

(2) 忌长期服用泻药:老年人因食物过于精细、粗纤维含量较少,进食进水减少;生理上肠蠕动缓慢、直肠肌肉萎缩、张力减退,或因精神紧张、疾病等因素致使粪便在肠道内产生硬结、停留时间较长,从而较易发生便秘。老年人长期服用泻药,如液体石蜡等,可引起脂溶性维生素(A、D、E、K)的缺乏,影响钙磷的吸收,造成相关缺乏症。为此,老年人便秘,不宜长期服用泻药,宜调整膳食,加强锻炼,养成定时排便习惯,必要时可应用开塞露等药物治疗,以减轻患者痛苦。

(3) 忌随便服用安眠药:老年人因入睡时间延长,熟睡时间缩短,极易早醒。这是老年人正常生理现象，不必焦虑。但因各种原因，如精神紧张、气候变化、疾病因素等影响睡眠时，则可服用安眠药进行必要的治疗。老年人因对安眠药的分解排泄变慢，长期应用可形成依赖性，所以不可滥用，只可偶尔短期应用，且宜减少用量；必须长期应用时，宜不断更换用药品种，以减少形成药物依赖性。

(4) 忌滥用抗生素：抗生素一般只对细菌性感染有效，对病毒感染无效。个别抗生素对立克次体、衣原体、支原体、螺旋体及真菌有效。即使是细菌性感染，也不是所有抗生素均对之有效，故不可滥用。加之老年人身体各系统功能都有不同程度的减退，即使是常用抗生素，如用药不当，亦可造成不良反应。如肾功能不全患者大量应用青霉素 G 钾盐，则会引起高血钾症，严重时可致心搏骤停。氨基糖苷类抗生素，如链霉素、庆大霉素、卡那霉素等，老年人应用容易发生蓄积中毒，产生肾毒性及耳毒性。老年人常用红霉素容易出现肝脏损害。氯霉素所致再生障碍性贫血，随年龄增长而发病率明显增高。

(二) 儿童用药

1. 儿童用药特点 儿童是指 14 周岁以下的小儿，通常分为新生儿期、婴幼儿期和儿童期。

儿童阶段，随着年龄的增长，肌体器官在结构、生理、生化免疫等方面不断发生变化，如身高、体重、体表面积、组织器官均在逐渐增长，各生理功能也在逐渐走向成熟。儿童用药的特征是年龄依赖性，不同的年龄由于具有各自不同的生理特点而对药物反应呈现特殊性。

(1) 新生儿、婴幼儿期用药特点：胎儿娩出后 28 日内为新生儿期，生后 1 个月～1 周岁为婴儿期，2～3 岁为幼儿期。此时的小儿正处于生理和代谢过程迅速变化的阶段，其生理特点是体格生长显著加快，各器官功能渐趋完善。由于该时期生长发育迅速，特别要密切注意药物通过不同机制影响儿童的正常生长发育。婴幼儿对药物引起的中枢神经系统毒性的反应不一，可以是明显，也可以是不明显的，要警惕。这一时期主要是哺乳期，要注意药物通过乳汁进入婴幼儿体内产生的后果。婴幼儿的给药途径仍以静脉滴注为优，肌内、皮下注射因局部血液循环不足，易造成吸收不完全。婴幼儿的另一特点是呼吸道狭窄，炎症时黏膜肿胀，渗出物较多，故治疗呼吸道感染时，应以祛痰为主，保持呼吸道通畅有利于疾病恢复。在选用止咳药时，不主张使用中枢性镇咳药，以防气道阻塞，喘憋加重。婴幼儿腹泻不宜过早使用止泻剂，以免使肠道毒素吸收增加，而加重全身中毒症状，在便秘时应以调整饮食为主。

(2) 儿童期用药特点：儿童期包括学龄前儿童和学龄儿童，年龄从 3～12 岁。此时的儿童随着体内内分泌的改变，发育速度加快，第二性征开始出现，进入青春发育早期，因此对影响神经、骨骼发育和内分泌的药物特别敏感。如长期服用中枢神经抑制剂可造成中枢神经及智力的损害；长期服用类固醇皮质激素可造成骨质疏松，影响儿童的生长；喹诺酮类药物动物实验表明，可影响幼狗软骨的发育。在这一时期，还需注意药物是否会对儿童听力、注意力、营养吸收等造成影响。

2. 儿童用药原则 儿童用药应慎重选择，不可滥用，必须在医师或药师指导下使用。

(1) 避免不合理的联合用药：药物种类不宜过多，可用可不用的尽量不用，用一种能解决的就不要用两种，合并应用几种药物时应注意药物之间的相互干扰而产生的毒性反应或药效的降低。

(2) 选择合适的剂型：采用口服药物有效就不要肌内注射，肌内注射有效就不要静脉给药，能局部用药不主张全身给药，能用普通抗生素就不要用高级特殊抗生素。

(3) 选择合适的剂量和给药时间间隔：应按照药品说明书严格按时用药，严格把握剂量，尽量选用儿童专用剂型药品，如糖浆剂、冲剂等。

3. 儿童用药注意事项 儿童处在生长发育时期，神经系统、内分泌系统及许多脏器发育尚不完善，肝、肾的解毒和排毒功能及血脑屏障的作用也都不健全。所以，下列药物儿童应慎用或禁用。

(1) 维生素：维生素 A、维生素 D，吃多了会出现厌食、发热、烦躁、哭闹、肝大及肾脏损害；维生素 C 用处虽多，但大量服用也会引起腹痛、腹泻等症状，以及出现药物中毒。

(2) 抗生素：长期使用链霉素、新霉素、庆大霉素、卡那霉素等抗生素，会对听神经造成影响，引起眩晕、耳鸣，甚至耳聋；使用氯霉素可能引起再生障碍性贫血；8 岁以内的孩子，特别是新生儿，服用四环素、土霉素容易引起牙齿变黄，并使牙釉质发育不良；喹诺酮类药物可影响软骨发育。

(3) 解热止痛药：发热的儿童在没有查出病因前，不能随便使用解热止痛药，这样会掩盖病情，妨碍正确诊断，耽误治疗；特别是幼儿高热时，如果使用解热止痛药不当，还会引起出汗增多、体温突然下降而发生虚脱。

(4) 丙种球蛋白：丙种球蛋白主要作用是预防麻疹、甲型肝炎、腮腺炎和脊髓灰质炎，对其他传染病的防治效果不可靠。由于丙种球蛋白是用人血或胎盘血制成，滥用可能出现荨麻疹等不良反应。

(5) 中枢神经系统药：儿童服用吗啡、哌替啶等药物，易引起呼吸抑制，应禁用。儿童服用氨茶碱可出现兴奋作用，应慎用。

(6) 激素类药：儿童长期使用肾上腺皮质激素，如可的松、泼尼松等可抑制骨骼生长，影响水盐等物质代谢、降低免疫力等，故应严加注意和控制长期使用。雄激素的长期应用使骨骼闭合过早，影响生长发育。

(三) 妊娠期和哺乳期妇女用药

1. 妊娠期妇女用药

(1) 药物对妊娠的危险性分级：妊娠期用药一般分为 4~5 级。其中 A 级为动物数据和临床数据未显示对胎儿有危害的药物；D 级为药物对胎儿有风险或怀疑药物对胎儿有害，利可能大于弊；X 级为禁用于孕妇的药物；B 级和 C 级一般为灰色区，即没有充分的临床数据来说明妊娠期是否适用这类药。

国际上一般采用美国食品药品监督管理局(FDA)颁布的药物对妊娠期的危险等级分级的标准。其分级标准如下。

A 级：在有对照组研究中，在妊娠 3 个月的妇女未见到对胎儿危害的迹象(并且也没有对其后 6 个月的危害性的证据)，可能对胎儿的影响甚微。A 级的药物如适量的维生素 A、维生素 B_1、维生素 B_2、维生素 C、维生素 D、维生素 E 等。

B 级：在动物繁殖性研究中(并未进行孕妇的对照研究)，未见到对胎儿的影响。在动物繁殖性研究中表现有不良反应，这些不良反应并未在妊娠 3 个月的妇女得到证实(也没有对其后 6 个月的危害性的证据)。B 级的药物如青霉素、红霉素及绝大多数头孢菌素类药物等。

C 级：在动物的研究证明它有对胎儿的不良反应(致畸或杀死胚胎)，但并未在对照组的妇女进行研究，或没有在妇女和动物并行地进行研究。本类药物只有在权衡了对孕妇的好处大于对胎儿的危害之后，方可应用。对C级药物的使用要谨慎，如果有可以替代的药要选用替代的药，否则在权衡利弊后，应向患者或家属说明选用该药的理由。大多数抗病毒药如阿昔洛韦、齐多夫定；降压药如甲基多巴、哌唑嗪；常用的血管扩张药，如酚妥拉明、安拉唑林；呋塞米、甘露醇等均为C级药。

D级：有对胎儿的危害性的明确证据。尽管有危害性，但孕妇用药后有绝对的好处，（例如，孕妇受到死亡威胁或患有严重的疾病，如应用其他药物虽然安全但无效），可考虑应用。如镇静催眠药中地西泮、氯氮䓬、甲丙氨酯及奥沙西泮；利尿药中氢氯噻嗪、依他尼酸、苄噻嗪属于D级药。

X级：对动物或人的研究表明它可使胎儿异常，或基于人类的经验知其对胎儿有危险，对妊娠期妇女或对两者均有害，孕妇应用这类药物显然是无益的。本类药物禁用于妊娠或将妊娠的患者。镇静药中氟西泮、氟硝西泮属于X级药物。

（2）妊娠期妇女用药注意事项

1）了解不同药物在妊娠期对胎儿的影响，安全选药：应尽量选用对孕妇及胎儿安全的药物。在妊娠期用药过程中要注意用药时间宜短不宜长，剂量宜小不宜大。最好进行血药浓度监测，以便及时调节剂量。凡属于临床验证的新药，以及疗效不确定的药物都尽量避免使用。

2）要谨慎使用可引起子宫收缩的药物：缩宫素用于催产时，如果发现子宫收缩过强、过频，或胎心不好时，应立即停用。如果产妇骨盆小、粘连变形、胎儿大、分娩有困难，用此类药则有子宫破裂之危险，应禁用。

3）要权衡利弊，在妊娠期绝不滥用抗菌药：对疑有感染的孕妇，必须进行临床检查及细菌学检查，必要时应对分离的致病菌进行药敏试验，最好是根据药敏试验结果选药。致病菌尚未明确时，可在临床诊断的基础上选用抗菌药物，其原则是首先考虑对患者的利弊，并注意对胎儿的影响，一般多采用β内酰胺类药物。

2. 哺乳期妇女用药

（1）药物经乳汁中排泄的特点：母体用药后药物进入乳汁，但其中的含量很少超过母亲摄入量的1%～2%，故一般不至于给乳儿带来危害。然而少数药物在乳汁中的排泄量较大，乳母服用量应考虑对乳儿的危害，避免滥用。一般分子量小于200的药物和在脂肪与水中都有一定溶解度的物质较易通过细胞膜。在药物与母体血浆蛋白结合能力方面，只有在母体血浆中处于游离状态的药物才能进入乳汁，而与母体血浆蛋白结合牢固的药物如抗凝血的华法林不会在乳汁中出现。另外，要考虑药物的解离度，解离度越高，乳汁中药物浓度就越低。弱碱性药物（如红霉素）易经乳汁排泄，而弱酸性药物（如青霉素）难排泄。

（2）哺乳期妇女用药注意事项

1）如所用药物弊大于利则应停药或选用其他药物和治疗措施。对可用可不用的药物尽量不用；必须用者要谨慎应用，疗程不要过长，剂量不要过大，用药过程中要注意观察不良反应。

2）避免在乳母血药浓度高峰期间哺乳；避免使用长效药物及多种药物联合应用，尽量选用短效药物，以单剂疗法代替多剂疗法，这样可以减少药物在乳儿体内蓄积的机会。

3）哺乳期的母亲患病必须用药时，则应选择对母亲和婴儿危害和影响小的药物替代。例如，乳母患泌尿道感染时，不用磺胺药，而用氨苄西林代替，这样既可有效地治疗乳母泌尿道感染，又可减少对婴儿的危害。

4）乳母必须使用某种药物进行治疗，而此种药物对婴儿会带来危害时，可考虑暂时采用人工喂养。

（3）经乳汁排泄，影响乳儿的常用药物

1）喹诺酮类：动物实验发现此类药物可影响软骨发育，导致未成熟的关节损害。由于本类药物易通过乳汁分泌，故哺乳期妇女慎用。

2）四环素类：这类药物通过乳汁进入婴儿体内，可致婴儿永久性牙齿变色，哺乳期妇女禁用。

3）H_2受体阻断药：西咪替丁在乳汁中浓缩，可致婴儿胃酸降低，抑制药物代谢，引起中枢兴奋，哺乳期禁用。

4）放射性碘和硫脲类：两者均易进入乳汁中，对乳儿甲状腺可产生破坏作用，哺乳期禁用。

5）异烟肼：经乳母的肝脏代谢后形成乙酰异烟肼，可致乳儿肝损害，哺乳期禁用。

6）抗癌药：多数抗癌药如环磷酰胺、甲胺蝶呤等都可进入乳汁，母体长期使用可致乳儿白细胞减少等，哺乳期禁用。

（陈长艳）

自测题

单项选择题

1. 抗结核药异烟肼与利福平合用的主要目的是
   A. 增强疗效　B. 降低毒性
   C. 延缓耐药性的产生　D. 促进异烟肼吸收
2. 在静脉滴注中药物之间可能发生相互作用，其作用结果肉眼不能观察到的是
   A. 沉淀　B. 变色
   C. 效价降低　D. 分层
3. 丙磺舒与青霉素合用，青霉素的排泄延缓而使其发挥较为持久的疗效属于
   A. 药物吸收中的相互作用
   B. 药物分布中的相互作用
   C. 药物代谢中的相互作用
   D. 药物排泄中的相互作用
4. 指两种药物联合应用所产生的效应明显超过两药之和称为
   A. 协同作用　B. 拮抗作用
   C. 增强作用　D. 相加作用
5. 不合理用药的表现之一为
   A. 收受药品回扣　B. 使用过期药品
   C. 选用药物不当　D. 发生药物不良反应
6. 所谓合理用药是指
   A. 对症开药
   B. 配药准确
   C. 价格低廉
   D. 以药物和疾病系统知识为基础，安全、有效、经济、适当地用药
7. 治疗胃酸过多的抗酸药物最佳的服用时间是
   A. 餐前服用　B. 餐中服用
   C. 餐后 1～1.5h 服用　D. 餐后立即服用
8. 老年人用药特点不包括
   A. 疗程较长　B. 主观性强
   C. 依从性好　D. 个体差异大
9. 下列对妊娠期妇女用药，不正确的说法是
   A. 用药时间宜短不宜长
   B. 最好进行血药浓度监测
   C. 慎用可引起子宫收缩的药物
   D. 可以使用临床验证的新药
10. 儿童应禁用的药物是
    A. 泼尼松　B. 喹诺酮类
    C. 维生素 A　D. 解热止痛药

第六章 医药商品物流与储存养护

医药商品作为一种特殊商品，它与人的生命健康息息相关，因此它的物流、储存等与一般商品相比都有较大区别。为了确保医药商品的稳定生产和市场供应，保障医药商品的库存合理性，从数量上降低医药商品的损耗，在质量上保护医药商品的品质，国家和企业从医药商品的运输、入库、储存和养护、出库等各个方面制定了符合实际需求的标准。

第一节 医药商品的物流

医药商品作为一种特殊商品，它的空间转移即医药商品实体的转移，并不是独立进行的，而是与医药商品的价值转移密切相关。

研究医药商品运输，合理地组织好医药商品的运输，在运输过程中有效地保护医药商品的使用价值，就必须把握好医药商品使用价值转移和价值转移之间的关系。即物流和商流的关系。

一、物流和商流的含义与关系

（一）物流

物流是指为了满足客户的需求，以最低的成本，通过运输、保管、配送等方式，实现商品由产地到消费地的计划、实施和信息化管理的全过程。物流公司不拥有商品，不参与商品的买卖，而是为客户提供以合同为约束的系列化、信息化的物流代理服务。生产经营企业为集中精力搞好主业，把原来属于自己处理的物流活动，以合同方式委托给第三方的专业物流公司，同时通过信息系统与物流企业保持联系，以达到对物流监控的运作方式。

（二）商流

商流即商业性交易，交易时商品价值运动，是商品所有权的转让，流动的是“商品所有权证书”，是通过货币实现的。

（三）物流和商流的关系

物流不是先于商流存在的，而是有了买卖行为之后，才有物流。物流虽然只是在商流确定之后实现买卖的具体行为，但如果没有物流，买卖行为也无法实现。从这一点来看，商流和物流是相辅相成、互相补充的。因此，在流通领域中，物流与商流应该同属主要功能。

（1）商品的流通过程是物流与商流的统一。

（2）物流和商流既有一定的联系，又有各自的运动规律，物流是基础，商品的实物运动是实现价值运动的物质条件。

（3）商品市场的日益发展，使得物流与商流分离的趋势增强。

二、物流与商流的流动形式

（一）结合

（1）自产自销：主要是一些规模不大的中小企业在企业所在地自行销售生产的产品，并将出卖商品所换回的货币，用来维持企业的经营，发放工资和购买扩大再生产的生产资料。

（2）换货交易：两个企业之间需要对方的产品，可以用各自的产品互相交换，不经过任何中间环节或中介人。

（3）钱货两清：医药生产企业将产品销售给医药经营企业，医药经营企业再将产品卖给消费者，在交易过程中，一手交钱，一手交货，钱货两清。

（二）分离

1. 时间上的分离

（1）商流在前，物流在后。物流是在商流之后完成的。商品的预购就是如此，实行商品预购，首先是买卖双方的一系列交易活动，如商务谈判、签订合同、交付订金或预付货款等。这时商品可能还没有生产出来，当然也不会有物流，经过一定的时间，等商品生产出来以后，才从产地运送到销地的购买者手里，从而这时也有商品的包装、装卸、运输、保管等物流活动。

（2）物流在前，商流在后。商品的赊销就属于这种情况。在商品赊销的条件下，买者不是先付贷款，而是先取得商品。商品实体首先发生包装、装卸、运输、储运等物流活动。过一个时期，才实行付款和结算，商流是在物流之后完成的。

2. 环节上的分离

（1）商流迂回，物流直达。例如，在商流中，产品的所有权多次易手，但产品实体可能从最初的售卖者直接送达最终的购买者。在这种场合，商流是曲线迂回地进行，但物流则不需要迂回进行，而是直达供货。

（2）物流迂回，商流直达。物流因交通、政治等因素迂回地进行，但商流则不需要迂回进行，而是直接付货款。

3. 物质上的分离 只有商流，没有物流。至少有以下两种情况，一种是建筑物、房产的买卖。一所大楼，可以经过许多卖主与买主的交易，反复地发生由商品变为货币和由货币变为商品的价值形态的变化，所在权出现多次的转移，但这所大楼依旧巍然不动，根本没有物的流通。第二种情况是商品的投机活动。在投机活动中，由商品变为货币和由货币变为商品可以进行过多次，由一个投机者手里转移到另一个投机者手里，商流不断地进行，但商品却可以沉睡在仓库里。这就是只有商流而没有物流。除此以外，也还有只有物流而没有商流的现象。

三、物流对企业的作用

物流是公司的生命线，离开物流公司就没法运转。现代企业越来越重视物流，物流已成为企业生产经营中的核心环节，地位至关重要。无论是大企业小企业都把物流放在一个重要的地位，意识到物流对于提高企业竞争力的重要性，它构成了企业价值链的基础活动，是企业取得竞争优势的关键。许多生产企业在加强技术开发和推进全面质量管理的同时，已经把寻求成本优势和价值优势的目光转向生产前后的物流领域。

（一）物流是生产流通企业的第三利润源泉

20世纪60~70年代，发达国家的企业大多把追求利润的竞争焦点放在生产领域，千方百计降低物资资源消耗获取“企业的第一利润源泉”，千方百计提高劳动生产率获取“企业的第二利润源泉”。然而，生产领域的这两个“利润源泉”，都要受到科学技术发展水平的制约，在生产机械化、自动化程度不断提高和生产工艺日趋程序化、规范化的新情况下，技术趋同性的增强使这两个“利润源泉”基本无“泉”可挖。

进入80年代，面对全球激烈的市场竞争挑战，人们开始把探寻利润的目光从生产领域转向非生产领域，惊奇地发现创造物流价值的成本相当高昂，企业生产经营过程中的浪费仍然十分突出。再加上微电子技术、信息技术及制度创新等因素，自80年代以后，作为企业的“第三利润源泉”的物流，就自然成为市场竞争的一个新焦点，受到理论界和实务界的高度重视。物流因其贯穿了生产和流通的全过程，所以合理、高效的物流能够通过对企业的整个生产和流通结构的协调与完善带来巨大的利润。

1. 对第三个利润源理论的最初认识基于两个前提条件

（1）物流是可以完全从流通过程中分化出来的。物流自成一个独立运行的体系，有本身的目标和管理，因而能对其进行独立的总体核算。

（2）物流和其他独立的经营活动一样，它不是总体的成本构成因素，而是单独的盈利因素，物流可以成为“利润中心”型的独立系统。

2. 物流成为第三个利润源要基于两个自身能力

（1）物流在整个企业战略中，对企业营销活动的成本发生重要影响，物流是企业成本的重要的产生点。因而，通过物流合理化、现代化等一系列活动降低成本，支持保障营销和采购等活动。所以，物流既是主要成本的产生点，又是降低成本的关注点。

（2）物流活动最大的作用，并不仅仅在于为企业减少了消耗、降低了成本或增加了利润，更重要的是在于提高企业对用户的服务水平，进而提高了企业的竞争能力。通过物流的服务保障，企业以其整体能力来压缩成本、增加利润。

（二）物流是企业获取竞争优势的重要源泉

企业竞争的成功只能通过成本优势或价值优势来取得。一个既无成本优势又无价值优势的企业只能属于前途渺茫的企业，必将走向衰亡。当前既能提供成本优势，又能提供价值优势的管理领域是极少的，而物流管理则是这些并不多的管理领域中的一个。高效、合理的物流管理，既能够降低企业经营成本，又能为顾客提供优质的服务；既能使企业获得成本优势，又能使企业获得价值优势。因此，物流管理日益受到企业的重视，被纳入企业战略管理的范围，甚至成为企业发展战略的基石。

一个拥有卓越物流能力的企业，可以通过向客户提供优质服务获得竞争优势；一个物流管理技术娴熟的企业，如果在存货的可得性、递送的及时性和交付的一贯性等方面领先于同行业的平均水平，就能成为有吸引力的供应商和理想的业务伙伴。放眼世界500强企业，它们都拥有世界一流的物流管理能力，通过向顾客提供优质服务获得竞争优势。可以说，物流管理已成为当今企业最具挑战性的领域之一。

四、医药物流

医药物流不是简单的药品进、销、存或者是药品配送。所谓的医药物流就是指：依托一定的物流设备、技术和物流管理信息系统，有效整合营销渠道上下游资源，通过优化药品供销配运环节中的验收、存储、分拣、配送等作业过程，提高订单处理能力，降低货物分拣差错，缩短库存及配送时间，减少物流成本，提高服务水平和资金使用效益，实现自动化、信息化和效益化。

我国的医药物流起步较晚，医药物流企业有 1 万多家，较大的有广州医药有限公司物流配送中心、北京医药股份有限公司物流中心、上海医药物流中心、九州通物流中心、南京医药集团物流中心等。大多数医药物流项目还停留在企业内部进、销、存业务整合、流程优化的阶段，很少涉及对上游药品生产厂、供应商和下游药品批发零售企业、医院的整合，从而无法根本性地解决重复运输、放大效应、库存积压等现象，导致供应链效率低下，药品配送成本增加。随着传统产业的发展和变革、电子商务的飞速发展，我国医药企业对第三方物流的需求会不断扩大，许多医药企业已把原有的物流业务交给第三方物流公司，第三方物流公司的专业化运作可以有效地提高物流服务水平、降低物流成本。可以预见到，在医药物流越来越受到重视的将来，人们将会看到越来越多这样的第三方物流的运营模式。

五、医药商品物流的信息化

信息化是医药企业能否成功扩张，同时又能降低管理成本的关键因素。作为联系医药产业上下游的纽带，医药批发企业比其他企业更需要建立现代物流，依靠其强大的信息系统跟供应商、物流公司、医院和零售网点建立信息共享，帮助各环节供货、存货，提供服务，物流信息处理已经成为提高竞争力的重要手段。

现代医药物流的发展必须以信息化建设为支撑，引导企业发展先进的信息技术；加强条形码、GSP 的管理和电子数据交换、管理信息系统及射频技术、企业资源计划、全球定位系统和供应链管理等物流技术在医药现代物流企业中的应用，从而全面提高企业的信息化管理水平。

现代医药物流以信息化为基础，为此需要政府大力支持，加快网络化、信息化建设的进程。在发达国家，网络建设已很完善，支撑物流的信息系统也非常广泛，主要有利用卫星的全球定位系统 GPS、电子数据交换系统 EDI、自动连续补货系统 CRP、电子订货系统 EOS、销售时点实时控制系统 POS、高速道路交通系统 ITS、寻车寻货系统 KIT、资金快速支付系统 EFI，以及实现信息快速输入的条形码技术和网上交易的电子商务技术等。

我国网络基础设施建设比较落后，传输速度慢，使用费用高，致使许多网络应用无法开展，直接阻碍了企业信息化的进程；其次我国信息化建设缓慢，信息资源的开发利用及共享性低，与国外存在着相当大的差距。为此需要政府多渠道地调动各方面的资金，加快信息网络的建设，尽快实现高速信息网与企业的互联互通。

六、医药商品的运输

医药商品的运输是指通过动力实现医药商品在地区之间转移的活动，它是联结医药生产企业和消费者、联结城市和乡村的枢纽，是医药商品流通中的一个重要环节。

医药商品运输业务管理的基本任务：根据医药市场的需求、计划、组织、指挥、监督和调节医药商品运输过程，保证以最短的里程、最低的费用、最短的时间完成医药商品在空间上的转移，满足社会和临床治疗的各项需求。

（一）不合理运输的现象

商品不合理运输是指在组织货物运输过程中，违反货物流通规律，不按经济区域和货物自然流向组织货物调运，忽视运输工具的充分利用和合理分工，装载量低，流转环节多，从而浪费运力和加大运输费用的现象。不合理的表现有：返程或起程空驶、对流运输、迂回运输、倒流运输、重复运输、过远运输、运力选择不当（弃水走路、铁路大型船舶的过近运输、运输工具承载能力选择不当）、托运方式选择不当。

（二）运输合理化

运输合理化就是按照货物流通的规律，用最少的劳动消耗，达到最大的经济效益，来组织货物调运。即在有利于生产，有利于市场供应，有利于节约流通费用和节约运力、劳动力的前提下，使货物走最短的里程，经最少的环节，用最快的时间，以最小的损耗，花最省的费用，把货物从生产地运到消费地。

（三）组织医药商品运输的原则

合理组织医药商品运输，必须遵循“及时、准确、安全、经济”的原则。

（四）医药商品的运输方式

（1）联合运输：就是交通运输部门把两种或两种以上的交通工具联合起来，使用同一运输凭证，使用多种运输工具、多个区段相互衔接的运输方式。

（2）四就直拨运输：即就工厂直拨、就车站码头直拨、就仓库直拨、就船过载直拨。

（3）直线直达运输：指将医药商品从产地或起运地直接运到销售地或客户，减少中间环节的一种运输方式。

（4）五定运输：即定商品、定运输路线、定起止站、定运输工具、定运输费用的简称。

（5）中转运输：指医药商品在运输过程中不能直接到达目的地，先运到某一适当地点后，由医药经营企业组织再次发运的转运方式。

（6）集装箱运输：指以集装箱这种大型容器为载体，将医药商品集合组装成集装单元，以便在现代流通领域中运用大型装载机械和大型载运车辆进行装卸、搬运作业和完成运输任务的一种运输方式。

（7）整车运输：指一批货物按照它的重量或体积需要单独使用三十吨以上的一辆或超过一辆的货车装运，或虽不能装满一辆货车，但是由于货物的性质、形状或运输条件等原因，必须单独使用一辆货车装运时，都应该以整车方式运输。

（8）零担运输：指当一批医药商品的重量或容积装不满一辆货车时，或者占用一节货车车皮（或一辆运输汽车）进行运输在经济上不合算，而由运输部门安排和其他几批甚至上百批医药商品拼装后进行运输。

（五）合理运输的措施

（1）提高运输工具实载率。

（2）采取减少动力投入，增加运输能力的有效措施求得合理化。

（3）发展社会化的运输体系。

（4）开展中短距离铁路公路分流，“以公代铁”的运输。

（5）尽量发展直达运输。

（6）配载运输。

(7) 组织“四就直拨”运输。

(8) 合装整车运输。

(9) 提高技术装载量。

(六) 一般药品的运输

(1) 企业应当按照质量管理制度的要求，严格执行运输操作规程，并采取有效措施保证运输过程中的药品质量与安全。

(2) 运输药品，应当根据药品的包装、质量特性并针对车况、道路、天气等因素，选用适宜的运输工具，采取相应措施防止出现破损、污染等问题。

(3) 发运药品时，应当检查运输工具，发现运输条件不符合规定的，不得发运。运输药品过程中，运载工具应当保持密闭。

(4) 企业应当严格按照外包装标示的要求搬运、装卸药品。

(5) 企业应当根据药品的温度控制要求，在运输过程中采取必要的保温或者冷藏、冷冻措施。

(6) 运输过程中，药品不得直接接触冰袋、冰排等蓄冷剂，防止对药品质量造成影响。

(7) 在冷藏、冷冻药品运输途中，应当实时监测并记录冷藏车、冷藏箱或者保温箱内的温度数据。

(8) 企业应当制订冷藏、冷冻药品运输应急预案，对运输途中可能发生的设备故障、异常天气影响、交通拥堵等突发事件，能够采取相应的应对措施。

(9) 企业委托其他单位运输药品的，应当对承运方运输药品的质量保障能力进行审计，索取运输车辆的相关资料，符合本规范运输设施设备条件和要求的方可委托。

(10) 企业委托运输药品应当与承运方签订运输协议，明确药品质量责任、遵守运输操作规程和在途时限等内容。

(11) 企业委托运输药品应当有记录，实现运输过程的质量追溯。记录至少包括发货时间、发货地址、收货单位、收货地址、货单号、药品件数、运输方式、委托经办人、承运单位，采用车辆运输的还应当载明车牌号，并留存驾驶人员的驾驶证复印件。记录应当至少保存 5 年。

(12) 已装车的药品应当及时发运并尽快送达。委托运输者，企业应当要求并监督承运方严格履行委托运输协议，防止因在途时间过长影响药品质量。

(13) 企业应当采取运输安全管理措施，防止在运输过程中发生药品盗抢、遗失、调换等事故。

(七) 特殊药品的运输

(1) 托运、承运和自行运输麻醉药品和精神药品者，应当采取安全保障措施，防止麻醉药品和精神药品在运输过程中被盗、被抢、丢失。

(2) 通过铁路运输麻醉药品和第一类精神药品的，应当使用集装箱或者铁路行李车运输，具体办法由国家药品监督管理部门会同国务院铁路主管部门制定。没有铁路需要通过公路或者水路运输麻醉药品和第一类精神药品的，应当由专人负责押运。

(3) 托运或者自行运输麻醉药品和第一类精神药品的单位，应当向所在地省、自治区、直辖市人民政府药品监督管理部门申请领取运输证明。运输证明有效期为 1 年。运输证明应当由专人保管,不得涂改、转让、转借。

(4) 托运人办理麻醉药品和第一类精神药品运输手续,应当将运输证明副本交付承运人。承运人应当查验、收存运输证明副本,并检查货物包装。没有运输证明或者货物包装不符合规定者,承运人不得承运。承运人在运输过程中应当携带运输证明副本,以备查验。

(5) 邮寄麻醉药品和精神药品,寄件人应当提交所在地省、自治区、直辖市人民政府药品监督管理部门出具的准予邮寄证明。邮政营业机构应当查验、收存准予邮寄证明;没有准予邮寄证明者,邮政营业机构不得收寄。省、自治区、直辖市邮政主管部门指定符合安全保障条件的邮政营业机构负责收寄麻醉药品和精神药品。邮政营业机构收寄麻醉药品和精神药品,应当依法对收寄的麻醉药品和精神药品予以查验。邮寄麻醉药品和精神药品的具体管理办法,由国家药品监督管理部门会同国务院邮政主管部门制定。

(6) 定点生产企业、全国性批发企业和区域性批发企业之间运输麻醉药品、第一类精神药品,发货人在发货前应当向所在地省、自治区、直辖市人民政府药品监督管理部门报送本次运输的相关信息。属于跨省、自治区、直辖市运输者,收到信息的药品监督管理部门应当向收货人所在地的同级药品监督管理部门通报;属于在本省、自治区、直辖市行政区域内运输者,收到信息的药品监督管理部门应当向收货人所在地设区的市级药品监督管理部门通报。

(八) 危险药品的运输

(1) 危险药品发运前,应检查包装是否符合危险货物包装表的规定及品名表中的特殊要求,箱外有无危险货物包装标志,然后按规定办好托运、交付等工作。

(2) 装车、装船时,应严格按照“危险货物配装表”规定的要求办理。

(3) 在装卸过程中,不能摔碰、拖拉、摩擦、翻滚,搬运时要轻拿轻放,严防包装破损。

(4) 汽车运输必须按当地公安部门指定的路线、时间行驶,保持一定车距,严禁超速、超车和抢行快车。

第二节　医药商品的保管储存

一、影响药品质量的因素

(一) 人的因素

医药企业的操作人员、管理人员、技术人员,以及医疗机构的工作人员等对药品质量的优劣起着关键性的影响。这包括:对药品质量的重视程度、责任心的强弱、研究改进和提高药品质量的积极性、技术熟练的程度及工作人员身体条件、精神状态的好坏等。

(二) 环境因素

1. 温度　药物成分在常温 15~20℃条件下比较稳定。

(1) 高温:引起霉变(30℃以上)。挥发油芳香性物质如薄荷油散失;含脂肪油和挥发油丰富中成药,如软膏类、栓剂等,温度增高而软化,或达到熔点,以致所含的油质往外溢出,在包装上呈现油样物质。

(2) 低温:药效减低,甚至沉淀失效;结冻胀破容器。

2. 湿度

(1) 风化：含有结晶水的药物易发生风化，如硫酸钠及明矾等。

(2) 引湿：水蒸气使药品发生稀释、潮解、变形、发霉等现象。

(3) 湿度引起中药材的质量变异有潮解、熔化、酸败、干枯、风化、皱缩和霉烂等。

3. 储存时间　有效期是指药品在规定的储存条件下，能够保持质量合格的期限，要求使用单位在规定期限内使用。

4. 空气　氧气容易导致药品氧化酸败，二氧化碳容易导致药品碳酸化。

5. 日光　光线中的紫外线可促进药品变色、分解氧化，使之变质，以致降低或失去药物价值。如升汞见光后析出水银，如保管不当，被光线直接照射会引起变质；如含油脂的中成药能产生酸败。

6. 医药商品的包装和装璜　金属容易受酸碱及其他化学物质的腐蚀，所以易与金属发生化学反应的药品不宜应用金属容器包装。塑料包装应选用无毒塑料包装。

7. 微生物　中药材大部分含有脂肪、蛋白质、碳水化合物和水分等，故在储藏期间易受微生物的侵袭。导致中药材霉变的微生物主要是霉菌和酵母菌。

(1) 霉腐微生物对中药有机质的分解和进行的营养代谢活动，会使中药有效成分含量降低，以至腐烂失效。

(2) 霉腐微生物对药材表层物质的分解和消耗，同时破坏了药材的组织结构，使内部所含糖质和油脂容易溢出，从而造成药材的粘连、泛油等变质现象。

(3) 霉腐微生物的繁殖和分泌物，造成对中药的污染，影响药效。

8. 医药商品仓库地址的选择　地势相对较高，气候比较干燥的地方，周围环境应比较干净，可避免药品受到污染。

9. 仓虫与霉菌

(1) 虫蛀：即害虫蛀蚀，适宜温度为16~35℃，相对湿度为60%以上时。

(2) 发霉：是指药品外表或内部生长霉菌，适宜温度为20~30℃，相对湿度在70%以上时。

(三) 药品本身因素

药品具有一定的理化性质、不同的药品其理化性质差异很大，药品的自身特性对其质量起着关键性的作用。

(1) 青霉素类药品：容易水解。

(2) 一些含有挥发油的药品(莪术挥发油)：遇热极易分解。

(3) 碘、碘仿、樟脑、薄荷脑、麝香草酚等：具有升华性。

(4) 鱼肝油乳、松节油擦剂、镁乳、氢氧化氯凝胶等：易发生冻结。

(5) 药用炭、白陶土、滑石粉等：具有吸附性。

(6) 含淀粉的药材，易吸收外界水分，受霉菌感染，有利于害虫吸取养料而蛀虫。

(7) 含有糖类物质的药材，遇水或受潮后即会膨胀发热，引起发酵、霉变。

二、药品的储存管理要求

(1) 按包装标示的温度要求储存药品，包装上没有标示具体温度的，按照《中华人民共和国药典》规定的储藏要求进行储存。

(2) 储存药品相对湿度为35%~75%。

(3) 在人工作业的库房储存药品,按质量状态实行色标管理:合格药品为绿色,不合格药品为红色,待确定药品为黄色。

(4) 储存药品应当按照要求采取避光、遮光、通风、防潮、防虫、防鼠等措施。

(5) 搬运和堆码药品应当严格按照外包装标示要求规范操作,堆码高度符合包装图示要求,避免损坏药品包装。

(6) 药品按批号堆码,不同批号的药品不得混垛,垛间距不小于5cm,与库房内墙、顶、温度调控设备及管道等设施间距不小于30cm,与地面间距不小于10cm。

(7) 药品与非药品、外用药与其他药品分开存放,中药材和中药饮片分库存放。

(8) 特殊管理的药品应当按照国家有关规定储存。

(9) 拆除外包装的零货药品应当集中存放。

(10) 储存药品的货架、托盘等设施设备应当保持清洁,无破损和杂物堆放。

(11) 未经批准的人员不得进入储存作业区,储存作业区内的人员不得有影响药品质量和安全的行为。

(12) 药品储存作业区内不得存放与储存管理无关的物品。

三、不同性质药品的存储方法

(一) 易受光线影响而变质的药品的保管方法

(1) 凡遇光易引起变化的药品,如盐酸、双氧水等,为避免光线对药品的影响,可采用棕色玻璃瓶黑色纸包裹的玻璃器包装,以防止紫外线的透入。

(2) 需要避光保存的药品,应放在阴凉干燥阳光不易直射到的地方。门、窗可悬挂遮光用的黑布帘、黑纸,以防阳光照入。

(3) 不常用的怕光药品,可储存于严密的药箱内,存放怕光的常用药品的药橱或药架应以不透光的布帘遮蔽。

(4) 见光容易氧化、分解的药物如乙醚、氯仿等,必须保存于密闭的避光容器中,并尽量采用小包装。

(二) 易受湿度影响而变质的药品的保管方法

(1) 对易吸湿的药品,可用玻璃软木塞塞紧、蜡封、外加螺旋盖盖紧。对易挥发的药品,应密封,置于阴凉干燥处。

(2) 控制药库内的湿度为45%~75%,可采用吸湿剂(如石灰、木炭)、排风扇和通风器控制湿度。

(3) 对少量易受潮药品,可采用石灰干燥器储存。

(三) 易受温度影响而变质的药品保管方法

一般药品储存于室温(0~30℃)即可。如指明“阴凉处”或“凉暗处”是指温度不超过20℃,冷处是指2~10℃。

(1) 对怕热药品可储存于水井、地窖中。

(2) 对挥发性大的药品如浓氨溶液,乙醚等,温度高时容器内压力大,不应剧烈震动。开启前应充分降温,以免药液冲出(尤其是氨溶液)造成伤害事故。

(3) 对易冻和怕冻的药品,必须保温储藏。保温措施:可用棉花作为保温材料。可利用地窖、坑道、天然山洞等储藏药品,其特点为冬暖夏凉。有条件的地方,可建立保暖库。

（四）易燃、易爆危险品保管原则方法

(1) 应储存于危险品库内，一般不得与其他药品同库储存，并远离电源。有专人负责保管。

(2) 危险品应分类堆放，特别是性质相抵触物品（如浓酸与强碱）。灭火方法不同物品应该隔离储存。危险品库应严禁烟火，不准进行明火操作，并应有消防安全设备（如灭火机、沙箱等）。

(3) 包装和封口必须坚实、牢固、密封。

(4) 少量危险品必须与其他药品同库短期储存时，亦应保持一定的安全距离，隔离存放。

(5) 报关氧化剂应防高热、日晒，与酸类药物、还原剂隔离，防止冲击摩擦。

(6) 钾、钠、钙金属应存放于油中。

(7) 易燃品、自燃品应与热隔绝，并远离火源，存放于避光阴凉处。

（五）规定有效期药品的保管方法

1. 有效期的概念　药品的有效期是指药品在规定的储藏条件下能保持其质量的期限，药品的有效期从生产日期开始算起。

药品有效期制定依据：根据其稳定性试验和留样观察，预测或掌握其效价（或含量）下降至不合格的时间，规定药品在一定储藏条件时的有效使用时限。

2. 有效期的三种表示方法

(1) 直接标明有效期：如某药品的有效期为 2009 年 10 月 15 日，表明本品至 2009 年 10 月 16 日起便不得使用。国内多数药厂都用这种方法。

(2) 直接标明失效期：如某药品的失效期为 2009 年 10 月 16 日，表明本品可使用至 2009 年 10 月 15 日。一些进口药品可见这种表示方法。

(3) 标明有效期年限，可由批号推算：如某药品批号为 990514，有效期为 3 年。由批号可知本产品为 1999 年 5 月 14 日生产，有效期 3 年，表明本品可使用到 2002 年 5 月 13 日为止。

3. 有效期药品的管理　有效期药品有规定的使用年限，故必须加强管理，以保证药品不致因保管不善而造成过期浪费。

(1) 有计划地采购药品，以免积压或缺货。

(2) 验收时检查效期，并按效期先后在账目上或在计算机管理账目中登记。

(3) 每一货位要设货位卡，注明效期与数量，记录发药、进药情况，应与“效期药品一览表”相一致。

(4) 要定期检查，按效期先后及时调整货位，做到近期先用。

(5) 药剂科因配方需要常将药品倒入磨口塞玻瓶中使用，因此必须注意再次补充药品时，一定将瓶中的药品用完，必要时可将剩余的少量药品用纸另外包开先用，防止旧药积存瓶底，久而久之出现过期失效。

(6) 库房人员要勤检查。一般效期药品在到期前 2 个月，要向药剂科主任提出报告，及时做出处理。

(7) 有些药品（如麻醉乙醚、酒石酸锑钾注射液）规定了储藏期或使用期（与有效期不同）。

(8) 有效期并不等于保险期。

(9) 包装容器不同,虽属同一药品,有效期会不同,如注射用青霉素钠(钾),用安瓿熔封的有效期是四年,以橡皮塞扎口粘瓶(属"严封")的,有效期仅二年。

(10) 同一原料药不同剂型,根据其稳定性差异,有效期也会不同。如硫酸新霉素片、软膏为三年,其眼药水为一年。

(11) 药品离开原包装时,例如,将片剂倾装置瓶内,针剂离开针盒别放的,应将有效期注明在变换后的容器上,以便查对。

(六) 特殊管理的药品

1. 麻醉药品和精神药品的保管方法与使用

(1) 麻醉药品和第一类精神药品的保管:必须严格实行专库(专柜)保管。专库(柜)必须执行双人双锁保管制度。入库应坚持双人开箱验收、清点,双人签字入库制度。出库应专人对品名、数量、质量进行核查,并有第二人复核,发货人与复核人共同在单据上盖章签字。建立麻醉药品、精神药品的专用账目,专人登记,定期盘点。麻醉药品的大部分品种,特别是针剂易遇光变质,库(柜)应注意避光,采取遮光措施。由于破损、变质、过期失效而不可供药用的品种,应清点登记,单独妥善保管,并列表上报药品监督管理部门,听候处理意见。

(2) 二类精神药品的保管:可储存于普通的药品库内。

(3) 麻醉药品和精神药品的使用:医师应当按照卫生部制定的麻醉药品和精神药品临床应用指导原则,开具麻醉药品、第一类精神药品处方。门(急)诊癌症疼痛患者和中、重度慢性疼痛患者需长期使用麻醉药品和第一类精神药品的,首诊医师应当亲自诊查患者,建立相应的病历,要求其签署《知情同意书》。

病历中应当留存下列材料复印件。

1) 二级以上医院开具的诊断证明。

2) 患者户籍簿、身份证或者其他相关有效身份证明文件。

3) 为患者代办人员身份证明文件。

除需长期使用麻醉药品和第一类精神药品的门(急)诊癌症疼痛患者和中、重度慢性疼痛患者外,麻醉药品注射剂仅限于医疗机构内使用。

麻醉药品目录中罂粟壳只能用于中药饮片和中成药的生产及医疗配方使用。

2. 医疗用毒性药品的保管方法 医疗用毒性药品的概念:医疗用毒性药品(以下简称毒性药品)是指毒性剧烈,治疗剂量与中毒剂量相近,使用不当会致人中毒或死亡的药品。医疗用毒性药品的分类:西药(原料药,不含制剂)和中药。

(1) 毒性药品的采购管理:严格按照国家关于医疗用毒性药品的管理法规要求采购。

(2) 毒性药品的验收与保管

1) 毒性药品一般可根据检验报告书或产品合格证验收。外观检查验收,可从塑料袋或瓶外查看,不能随意拆开内包装。

2) 毒性药品的包装容器必须贴有规定的毒药标记:黑底白字的"毒"字。

3) 单独保存、专柜加锁,专人保管。

4) 毒性药品的验收、收货双人签字。

5) 建立毒性药品收支账目,定期盘点,发现问题应立即报告当地医药主管部门及公安部门及时查处。

(3) 毒性药品的销毁处理

1) 经单位领导审核,报当地主管部门批准后方可销毁。

2) 按毒性药品的理化性质,采取不同方法销毁,如深埋法、燃烧法、稀释法等。

3) 销毁工作应在熟知所销毁药品的理化性质和毒性的技术人员指导下进行,确保安全。

4) 销毁地点应远离水源、住宅、牧场等。

5) 建立销毁档案。包括销毁日期、时间、地点、品名、数量、方法等。销毁批准人、监理人均应签字盖章。

四、西药常见剂型的储藏要求

(一) 片剂

片剂应注意储藏环境的温度和湿度,除另有规定外,片剂应密封储藏,在储藏期间应防止潮解、发霉、变质或失效。

(二) 胶囊剂

除另有规定外,胶囊剂应密封储藏。

(三) 糖浆剂

其宜密封储存。

(四) 颗粒剂

除另有规定外,颗粒剂宜密封储藏,在干燥处保存,防止受潮变质。

(五) 口服溶液剂、混悬剂、乳剂

其应密封,置阴凉处储藏。

(六) 注射剂

除应遮光储藏外,注射剂应按规定的条件储藏。

(七) 软膏剂

除另有规定外,软膏剂应置遮光容器中密封储藏,无菌处理的软膏应密封储藏。

(八) 眼膏剂

其应置遮光、灭菌容器中密封储藏。

(九) 滴眼剂

除另有规定外,滴眼剂每个容器的装量应不超过10ml。

(十) 酊剂

其应置遮光容器内密封,在阴凉处储藏。

(十一) 栓剂

除另在规定外,栓剂应在30℃以下密闭保存,防止因受热、受潮而变形、发霉、变质。

五、中药常见剂型的储藏要求

1. 丸剂 除另有规定外,丸剂应密封储藏。蜡丸应密封并置阴凉干燥处储藏。

2. 滴丸剂 除另有规定外，滴丸剂宜密封储藏，防止受潮、发霉、变质。

3. 散剂 除另有规定外，胶囊剂应密封储藏。

4. 片剂 除另有规定外，片剂应密封储藏。

5. 糖浆剂 应密封，置阴凉处储藏。

6. 合剂（单剂量灌装者称"口服液"） 应密封，置阴凉处储藏。在储藏期间允许有少量轻摇易散的沉淀。

7. 煎膏剂 应密闭，置阴凉处储藏。

8. 酒剂 密封，置阴凉处储藏。在储藏期间允许有少量轻摇易散的沉淀。

9. 酊剂 应置遮光容器内密封，在阴凉处储藏。

10. 橡胶膏剂 应密闭，置阴凉处储藏。

11. 软膏剂 应置遮光容器中密闭储存。

12. 栓剂 除另在规定外，应在 30℃ 以下密闭保存，防止因受热、受潮而变形、发霉、变质。

13. 注射剂 除遮光储仓外，还应按其他规定的条件储藏。

第三节 医药商品的养护

一、医药商品养护的意义

医药商品养护的意义在于：从数量上降低医药商品的损耗，在质量上保护医药商品的品质。

（1）医药商品养护有助于维护企业的经济效益。

（2）医药商品养护有助于维护社会财富。

据统计，1980 年以来，全国每年的仓储商品损耗为 3.4 亿~3.8 亿元，而医药商品占有一定的比例，这说明搞好医药商品养护、降低医药商品损耗是有很大潜力的。

（3）有助于提高我国医药商品的国际地位。

二、医药商品养护的原则

（一）贯彻"以防为主"原则

例如，定期进行药品的在库检查，及时了解药品的质量变化，并采取相应的防治措施；保持库房的清洁卫生，做好防治微生物和鼠、虫害工作。

（二）遵循"先产先出"、"易变先出"、"近期先出"的原则

（1）"先产先出"指同一商品，对先生产的批号尽量先出。

（2）"易变先出"指同一商品，对不宜久贮易于变质的应尽先出库。

（3）"近期先出"即近失效期先出，指库存有效期的同一商品，对接近失效期的先行出库。

（4）在库药品定期检查原则

1）逐日检查。

2）定期检查。

3）突击检查。

药品的检查内容包括：库房内的温湿度，药品的外观性状和质量变化情况，药品包装

的变异，药品堆垛安全，药品储存动态等。在检查中，要特别注意对那些容易变质、损坏和规定有效期的药品的查看和检验。

三、医药商品养护工作要求

（1）指导和督促储存人员对药品进行合理储存与作业。

（2）检查并改善储存条件、防护措施、卫生环境。

（3）对库房温湿度进行有效监测、调控。

（4）按照养护计划对库存药品的外观、包装等质量状况进行检查，并建立养护记录；对储存条件有特殊要求者或者有效期较短的品种应当进行重点养护。

（5）发现有问题的药品应当及时在计算机系统中锁定和记录，并通知质量管理部门处理。

（6）对中药材和中药饮片应当按其特性采取有效方法进行养护并记录，所采取的养护方法不得对药品造成污染。

（7）定期汇总、分析养护信息。

四、西药养护方法

（一）散剂

温度、湿度、光线、空气及微生物等对散剂质量均有一定影响，这其中又以湿度为最，吸湿后易引起二次变质或污染等。

（1）纸装散剂吸潮后引起润湿、结块，纸袋上出现迹印或霉斑；纸制包装容易破裂，贮运中要避免重压，以防破漏；有些纸制包装用浆糊加工，还应注意防止鼠咬虫蛀。

（2）塑料薄膜包装稳定，但透气、透湿，仍须注意防潮，并且不宜久贮。

（3）常见散剂的储藏

1）含吸湿性组分或加糖的散剂应密封贮于干燥处，注意防潮。

2）贵重药物散剂，可密封在坛内，必要时加吸潮剂。

3）含挥发性药物的散剂，受热后更易挥发，应密封在干燥阴凉处保存。

（4）含有遇光易变质的药物的散剂要避光保存，特别要防止日光的直接照晒。

（5）有特殊臭味的散剂，应与其他药物隔离存放，以防变味。

（6）内服散剂与外用散剂要分开存放。

（7）麻药的散剂要专柜、专库存放。

（8）人用散剂与杀虫灭鼠散剂（有毒），一定要严格远离存放。

注意：对易吸潮变质散剂要经常检查有无吸潮情况；使用吸潮剂保存的散剂，还要定期检查吸潮剂的吸潮情况，及时更换。

（二）片剂

影响因素以湿度为最，淀粉等辅料易吸收水分，则片剂易出现松散、破碎、发霉、变质等；其次温度、光线亦能引起某些片剂变质失效。

片剂一般应密闭于干燥处保存。另外，仓库相对湿度以60%～70%为宜，最高不得超过80%。霉雨或南方潮热地区（相对湿度超过80%），应采取防潮、防热措施。

常见片剂储藏如下所述。

(1) 包衣片(糖衣片,肠溶衣片)吸潮、受热易发生包衣褪光、褪色、粘连、溶化、霉变,甚至膨胀脱壳,保管较一般片剂严格,应注意防潮、防热。

(2) 掺有多量糖粉者,吸潮、受热后能溶化粘连,严重时能发生霉变,应注意密封,在干燥的凉处保存。

(3) 易挥发性片剂应防热,在凉处保存。

(4) 含生药或蛋白质类药品片剂如健胃片、甲状腺片、酵母片等易吸潮松散、发霉、虫蛀,更应注意密封于干燥处保存。

(5) 吸潮后易变色、变质及易潮解,溶化、粘连的片剂,需要特别注意防潮。

(6) 主药对光敏感的片剂(磺胺类)应于遮光容器内(如棕色瓶)避光保存。

(7) 外用片、内服片及兽用片剂必须分开储存,以免混淆错发。

(三) 胶囊剂

胶囊剂(硬胶囊剂、胶丸)主要原料是明胶,吸潮、受热后易变软、发粘、膨胀,或囊壁表面混浊失去光泽,严重时甚至粘软变形,有时还会生霉,因此保管要以防潮、防热为主。

胶囊剂的储藏要求如下所述。

(1) 一般胶囊剂应密封,贮于干燥凉处,注意防潮、防热;注意不宜过分干燥,以免胶囊中的水分过少而易于脆裂。

(2) 主药对光敏感的胶囊剂还要注意避光保存。

(3) 具有颜色的胶囊,在吸潮、受热后尚能出现颜色不匀、褪色、变色等情况,更要注意防潮、防热。

(4) 生药胶囊吸潮、受热后易发霉、生虫,发臭,更应特别注意密封,置于干燥的凉处保存。

(5) 抗生素类胶囊(土霉素胶囊),吸潮、受热后易使效价下降,也应特别注意密封于干燥的凉暗处保存。

(四) 注射剂

注射剂在储存期的养护,应根据药品理化性质、溶媒和包装容器特点,综合考虑。

(1) 一般注射剂,一般应避光储存,并按药典规定的条件保管。

(2) 遇光易变质的注射剂(复方奎宁、维生素类),在保管中要注意采取各种遮光措施,以防紫外线照射。

(3) 遇热易变质注射剂(抗生素类、酶类、生物制品等),绝大部分都有“有效期”,除应按规定的温度条件下储存外,还要注意“先产先出,近期先出”,在炎热季节加强检查。

1) 抗生素类注射剂遇热易分解,效价下降,故应置阴凉处避光保存。

2) 酶类注射剂(缩宫素注射液、注射用辅酶 A 等),温度引起蛋白质变性,光线亦可使其失去活性,因此一般均须在凉暗处保存。

3) 对热特别不稳定(细胞色素 C、胰岛素等),则应在 2~10℃的冷暗处储存。一般来说,本类注射液低温保存能增加其稳定性,但是亦不宜储藏温度过低而使其冻结,否则亦会因变性而降低效力。

4) 生物制品(白蛋白、丙种球蛋白等),具蛋白质的性质,一般都怕热、怕光,有些还怕冻。保存条件是 2~10℃的干暗处。除冻干品外,一般不能在 0℃以下保存,否则会因冻结而造成蛋白变性,融化后可能出现摇不散的絮状沉淀,致使不能药用。

（4）钙、钠盐类注射液（氯化钠、枸橼酸钠、水杨酸钠、碳酸氢钠及氯化钙、葡萄糖酸钙等），久贮后药液能侵蚀玻璃，不宜久贮，并加强澄明度检查。

（5）水溶液注射剂，在低温下易冻结，冻结后体积膨胀，往往使容器破裂；少数注射剂受冻后即使容器没有破裂，也会发生质量变异，致使不可供药用。

（6）大输液、代血浆大体积水溶液注射剂要注意防冻，不可横卧倒置。一些杂质往往能透过薄膜而进入药液，形成小白点，储存时间越长，澄明度变化越大（涤纶薄膜性能较稳定，电解质不易透过）。玻璃纸本身也能被药液侵蚀后形成小白点，甚至有大的碎片脱落，影响药品的澄明度。

此外，在储存或搬动的过程中，不可扭动、挤压或碰撞瓶塞，以免漏气，造成污染，又因输液瓶能被药液侵蚀，其表面的硅酸盐，在药液中可分解成偏硅酸盐沉淀，所以在保管中应分批号按出厂期先后次序，有条理地储存和发出，尽快周转使用。

（7）油溶液溶剂是植物油，内含不饱和脂肪酸，日光、空气或温度过高，其颜色会逐渐变深而发生氧化酸败。因此油溶液注射剂一般都应避光、避热保存。但是不怕冷冻。

（8）使用其他溶剂的注射剂（乙醇、丙二醇、甘油或它们的混合溶液，或它们和水的混合溶液）冰点较低，故冬季可以不必防冻。这类注射剂主要应根据药品本身性质进行保管，如洋地黄毒苷注射液见光或受热易分解失效，故应于凉处避光保存。

（9）注射用粉针剂应注意防潮（安瓿装或者瓶子装）。

（五）水剂

水剂类的溶剂是水，一般含药量较低，防腐力差，易生霉、沉淀、变色、分层、挥发、分解，冬季严寒容易冻结。因此水剂类保管时应密闭贮凉处，注意防止污染，冬季还需防冻。

此外水剂类还应根据各种剂型的特点采取适宜的保管方法。

1. 芳香水剂　芳香水剂易于霉败或产生异臭，易分解变质，温度、空气、强光为主要的影响因素。高温能使挥发性物质挥发，冰冻能使挥发性物质游离，瓶塞不严能使其变味并易使微生物生长繁殖，长期的光线照射能加速挥发性物质的化学变化。因此，芳香水剂一般都应密封，在凉处避光保存，冬季防冻。

2. 溶液剂　根据具体品种的特点采用不同的保管方法。

（1）含有挥发性成分的溶液剂，如氨溶液、稀盐酸等受热后药物挥散、含量下降，故储存时须注意防热。

（2）过氧化氢溶液（双氧水）见光受热后会分解失效，甚至炸裂容器，应避光防热保存。

（3）具有特殊臭味的溶液剂不能与包装严密性差或吸附性强的药品如活性炭、乳糖等存放在一起，以防串味。

（4）对人体有腐蚀毒害作用的环境消毒溶液剂还应与内服药隔离存放等。

3. 乳剂

（1）温度过高易分层；温度过低可使乳剂失去水化作用而析出结晶，破坏了乳化层。

（2）空气、光线对乳剂也有影响，如包装不严密乳剂长时间接触空气时，水包油乳剂可由于外相水分蒸发而引起油相的聚结。

（3）含植物油的乳剂，由于油被分散为小油滴，故遇光和遇空气过久时容易酸败，酸败后的油脂或乳剂对人都有害。

此外，乳剂还易被霉菌、酵母菌及细菌等微生物污染，而出现生霉、发酵、酸败或乳剂破坏等现象。因此，乳剂应密闭避光，于凉处保存，冬季防冻。有的国家药典中规定乳剂应于30℃以下储存。

4. 滴眼剂 易受空气、光线、温度等影响而分解变质；如储存时容器密闭不严及储存环境不干净，尚能被微生物（金黄色葡萄球菌、霉菌）污染，因此，滴眼剂应密闭或密封，在凉处避光保存，不宜久贮。

（六）糖浆剂

温度、光线或空气均能使糖浆剂霉败、沉淀和变色。因此糖浆剂应密闭，在30℃下避光保存。

（1）关键在于防止糖浆霉败，其主要措施应以防热、防污染为主。应置阴凉通风处保存，或采取降温措施；封口不严，应予烫蜡密封，瓶塞上面或瓶盖内纸垫如出现生霉，应用消毒棉沾乙醇拭净，以防蔓延。

（2）含浸出制剂的糖浆剂，在储存过程中往往会出现浑浊或沉淀。如含少量沉淀，摇匀后能均匀分散者，则仍可供药用；如沉淀是无效物，可以过滤除去复方糖浆中所产生的沉淀物，必须确定为无效物或对患者服用不利时，再做适当分离处理。

（七）乙醇制剂

（1）防受热挥发，应密塞于阴凉处保存。

（2）防火。

（3）避光。许多含乙醇制剂的有效成分遇光易变质——癣药水（含酚类），往往日光照射后能发生沉淀、变色、效价或含量降低。所以含乙醇制剂一般都应密封在遮光容器内，在阴凉处保存。酊剂、流浸膏剂沉淀多是某些杂质引起，一般不影响使用，沉淀较多则应滤去。

（八）油剂

空气、光或温度过高容易引起油剂变质分解；植物油油剂可出现油脂酸败等而不能供药用；含挥发油油剂可挥发减量、氧化变质，产生不愉快的臭味，甚至生成树脂样物质。因此，这类制剂应满装、密塞，以减少瓶内空气防止氧化，应于避光、凉处保管。大铁桶装油剂，到货后及时分装，以防油类受金属氧化物影响，加速氧化而变质。

（九）软膏剂、栓剂、膜剂

1. 软膏剂 与基质、药物的性质、储存条件（温度、光线、湿度）、容器和包装形式等有关。凡士林作基质的软膏一般比较稳定，但若含有某些不稳定的药物，亦容易变质；动植物油脂作基质的软膏易于酸败，光、空气、温度等均能促使其酸败，不易保存；乳剂基质，水溶性基质的软膏不稳定，如系用塑料管包装，久贮后易失水或霉败。因此，软膏剂应根据药物和基质性质，结合包装容器的特点进行保管。

2. 栓剂 受温度、湿度影响而熔化走油、软化，因此栓剂在储存期间应充分注意防热、防潮。

3. 膜剂 考虑主药与成膜材料的特性，并结合包装的性能进行保管养护。膜剂的包装多有透气、透湿、透光性，故一般都应密封，在干燥处避光保存。

五、中成药养护方法

中成药的特点是易于发霉、变质、沉淀、虫蛀。

(一) 丸剂

1. 蜜丸

(1) 发霉生虫:储存应防潮,防霉变和虫蛀,应置于室内阴凉干燥处,注意包装完好。健脾丸、六味地黄丸等均易遭受霉败和虫蛀;藿香正气丸、安宫牛黄丸等因含有芳香性防腐的药物,故较易储存。

(2) 变质:立即拣出。

(3) 表面吸湿:晒干。

(4) 霉雨:石灰缸内干燥(一般置3~5日)。蜡皮包装蜜丸,保护性能虽好,却因性脆易破裂,易软化塌陷,甚至熔化流失,故应防止重压,受热。蜜丸储藏期通常以18个月左右为宜。

2. 水丸 易发生霉变、虫蛀、松碎,充分干燥,使水分驱除出去,可延长保存时间。密闭,置于阴凉干燥处。通常能储存2年左右。

3. 糊丸 制造时充分干燥,然后装于密封容器中,可以储存数年而不坏。吸潮变软后即易发霉虫蛀。浓缩丸、微丸亦可同水丸、糊丸一样保管。

(二) 散剂

散剂易吸湿与风化,故必须充分干燥,包装防潮性能要好。

紫雪散含有元明粉、石膏粉,应密封储藏,防止挥发和香气散失;含有树脂性成药如七厘散中的乳香、没药等遇热极易结块,故应防高热。

(三) 煎膏剂

去渣浓缩加糖、蜂蜜制成的稠厚状半流体制剂,如参芪膏、二冬膏,保管不当,可出现结皮、霉变、发酵、变酸、糖晶析出较多或有焦楂味者,不宜药用。蜡纸或薄膜覆盖,加盖旋紧。宜密封于棕色玻璃瓶内,置于室内阴凉干燥处保存。储存期约一年。

(四) 膏药

膏药是含有药物而以铅硬膏为基质的外用制剂,如狗皮膏、独角膏等。多种膏药中含有挥发性药物:如冰片、樟脑、麝香、乳没等。若储藏日久,有效成分散失;如环境过热,膏药容易渗过纸或布外;环境过冷或吸湿,黏性亦易降低,贴时容易脱落。故宜贮于密闭容器内,置干燥阴凉处,防热、防潮、避风。一般储藏期以二年为宜。

(五) 丹剂

丹剂是用升华或熔合等方法制成的矿物性制品。它的剂型不定,往往很多丸、散剂也都称为丹,如红升丹、小儿金丹等。属重金属化合物的丹剂,如红升丹应装于棕色玻璃瓶内密封,置阴凉干燥处,防止潮湿和光照;植物性药料制成的丹剂(丸、散),如小儿金丹等应分别按各剂型的要求保管。

(六) 胶剂

温度高,则发软发粘;有时发霉败坏。如胶面已生霉斑,可用纱布沾少许乙醇拭去,吹干。若发现胶剂受潮发软,可置于石灰缸内保存数日,使之除潮,防止发霉。

胶剂应包妥装于盒内，置于室内阴凉干燥处。夏季或空气潮湿，应置于缸内或干燥稻糠内。过分干燥易破裂，一周后取出。冬季要防止风吹，以免碎裂成小块。

（七）冲剂

冲剂含有浸膏及大量蔗糖，极易受潮结块、发霉。通常装入塑料袋，袋口热熔封严，包装于铁听或塑料盒内，置于室内阴凉、干燥处、遮光、防潮、防热。一般不超过一年。

（八）片剂

片剂是药物经加工压制成片或包糖衣的制剂，如牛黄解毒片、三黄片等。中药片剂因含药材粉末或浸膏量较多，因此，易吸潮、松片、裂片以致粘结、霉变等。片剂常用无色或棕色玻璃瓶、或塑料瓶加盖密封，亦有用塑料袋铅塑泡包装，密封。宜于室内凉爽通风、干燥、遮光处保存。

（九）注射剂

中药注射液在储藏过程中，温度过高，会使某些高分子化合物的胶体状态受到破坏而出现凝聚现象；温度降低，则某些成分的溶解度和稳定性随之降低，两者都会发生沉淀、混浊等。

注射剂应贮于中性硬质玻璃安瓿中，遮光，防冻结，防高热，置于室内阴凉干燥处，以室温 10~20℃为宜。储存期约为二年。

（十）酒剂

酒剂是指药物用白酒浸制成的澄清液体剂，如木瓜酒等。

酒剂常用棕色或无色小口玻璃瓶盛装，要严密封口，防止乙醇挥发而降低疗效或因溶剂浓度改变而产生沉淀或变色。储存时，夏季应避热，冬季应防冻，置于室内阴凉干燥处保存。

（十一）糖浆剂

蔗糖是一种营养物质，其水溶液很易被霉菌、酵母菌所污染，使糖浆被分解而酸败、混浊。盛装容器一般为容积不超过 500ml 的棕色细颈瓶、灌装后密封。贮于室内阴凉干燥处，应避光、防潮、防热等。一般储藏一年为宜。

（十二）合剂

合剂是指中药复方的水煎浓缩液或经提取以水为溶剂而配成的内服液体制剂。如小半夏合剂、小青龙合剂等。合剂成分复杂，久贮容易变质，故在制剂中应讲究清洁卫生，必要时加防腐剂，灌装后密封，于防潮、遮光处保存。

（十三）茶剂

茶剂是将药材研成粗粉，或加适当黏合剂制成块状剂型，用开水泡汁代茶服用，如午时茶。茶剂应干燥，无霉变、虫蛀、结串等。茶剂为药材粗粉，包装又简易，极易吸潮和霉蛀，挥发油成分又易散失，故茶剂必须贮于干燥、通风处，并严防受潮。一般储藏约一年为宜。

（十四）锭剂

锭剂是以药粉加入黏合剂（蜂蜜、牛胆汁或糊）而制成的固体制剂，如紫金锭、枯痔锭等。锭剂黏合性较大，不易干燥，容易发霉，若遇热即变形，吸潮即松散。锭剂用防潮纸包好,装于盒内或玻璃瓶内。应置于阴凉干燥处保存。

(十五) 曲剂

曲剂是将药材细粉与面粉混合揉和均匀,切制成块,经发酵制成,如六神曲、半夏曲等。曲剂粉性较大,易吸潮而霉蛀变质,应以防潮纸包好,装于箱内,密封,置干燥通风处保存。霉雨季节宜置石灰缸内干燥后密封于适宜的容器内保存。

(十六) 酊水剂

酊水剂中所含的乙醇有挥发性,有些酊剂还含有挥发油,应装入小口瓶中以蜡密封。温度较高,可使所含乙醇或挥发油挥散;温度过低又可使某些药物成分发生沉淀。因此应储存温度适宜之处,以10~20℃为宜。酊剂中所含成分,有些遇光可发生分解、变色,应装在棕色容器中,置避光处保存。

(十七) 胶囊剂

胶囊剂是将药物填装于空胶囊中的一种制剂,如天麻胶囊。胶囊剂易吸收水分,轻者可膨胀,胶囊表面浑浊,严重时可长霉、粘连,甚至软化、破裂。遇热易软化、粘连;过于干燥,水分过少而易脆裂。应贮于密闭塑料袋或玻璃、塑料瓶中。置于阴凉干燥处,温度不超过30℃为宜。

(十八) 栓剂

栓剂亦称塞药或塞剂,是供插入患者的肛门、阴道等腔道的一种固体剂型。

栓剂是以可可豆油或甘油明胶等为基质而制成的,熔点较低,遇热容易软化变形。甘油明胶有很强的吸湿性,易吸湿而霉变。空气中湿度过低时,它又可析出水分而干化。所以在储存中,应以蜡纸、锡纸包裹,放于纸盒内或装于塑料或玻璃瓶中,注意不要挤压,以免互相接触发生粘连或变形。宜置于室内阴凉干燥处,最好储存在30℃以下。

(十九) 软膏剂

软膏剂是指用适宜的基质,加入药物混合均匀,制成容易涂布于皮肤、黏膜或疮面上的一种外用半固体剂型,如三黄软膏、玉红膏、白敬宇眼膏等。

稳定性主要决定于所用基质和所含的药物的物理与化学性质。软膏应储存在温度较低处,一般不超过30℃。应在阴凉处干燥处为宜。

六、中药材养护方法

(1) 防霉:主要应严格控制药材的水分和储存场所的温度、湿度,避免日光和空气的影响,使霉菌不易生长繁殖。易发霉的中草药,应选择阴凉干燥通风的库房,垛堆应离地,用木条垫高,垛底垫入芦席或油毛毡等隔潮。地面上铺放生石、炉灰或木炭、干锯末等防潮剂,使药材经常保持干燥,以防止霉变。

(2) 防虫蛀:药材进库前,应把库内彻底清理,以杜绝虫源,必要时在药材进库前,可以用适量的氯化苦、磷化铝等化学药剂熏蒸法杀虫。

(3) 打成压缩包:储存过程中,为防止霉菌、害虫的生长繁殖,可将中草药材干燥后,打成压缩包以减少与空气的接触面积。储存期间,尤其是热天或雨季,由于大气湿度较高,天气暖和,最适合霉菌、害虫的繁殖,更要选择晴朗的天气及时翻晒,并将仓库进行通风。但在湿度大的天气,应闭门窗,以防潮气浸入。

(4) 杀虫:如发现虫害时,可采用高温杀虫法如暴晒、烘烤、热蒸等措施杀灭害虫,也可用化学药剂如硫磺熏蒸法消灭虫害,以及采用红外线照射,防止发霉生虫。硫磺燃烧后产生的二氧化硫气体有漂白作用,易使某些药品变色、变酸味,且对种子发芽有不良影响,使用时应加以注意。

(5) 分离变质的药材:已虫蛀的药材,可按虫害轻重分开处理,凡生虫严重而有结块现象的不宜再供药用,严重霉烂变质的中草药材也不能再供药用。

第四节　医药商品的收货

企业应当按照国家有关法律法规及《药品经营质量管理规范》(以下简称《规范》),制订药品收货与验收标准。对药品收货与验收过程中出现的不符合质量标准或疑似假、劣药的情况,应当交由质量管理部门按照有关规定进行处理,必要时上报药品监督管理部门。

一、收货前的检查

(一) 检查运输工具和运输状况

(1) 检查运输工具是否密闭,如发现运输工具内有雨淋、腐蚀、污染等可能影响药品质量的现象,及时通知采购部门并报质量管理部门处理。

(2) 根据运输单据所载明的启运日期,检查是否符合协议约定的在途时限,对不符合约定时限者,报质量管理部门处理。

(3) 供货方委托运输药品的,企业采购部门要提前向供货单位索要委托的承运方式、承运单位、启运时间等信息,并将上述情况提前通知收货人员;收货人员在药品到货后,要逐一核对上述内容,内容不一致时,通知采购部门并报质量管理部门处理。

(4) 冷藏、冷冻药品到货时,查验冷藏车、车载冷藏箱或保温箱的温度状况,核查并留存运输过程和到货时的温度记录;对未采用规定的冷藏设备运输或温度不符合要求时,应当拒收,同时对药品进行控制管理,做好记录并报质量管理部门处理。

(二) 查验随货同行单(票)以及相关的药品采购记录

(1) 无随货同行单(票)或无采购记录的应当拒收;随货同行单(票)记载的供货单位、生产厂商、药品的通用名称、剂型、规格、批号、数量、收货单位、收货地址、发货日期等内容,与采购记录及本企业实际情况不符时,应当拒收,并通知采购部门处理。

(2) 应当依据随货同行单(票)核对药品实物。随货同行单(票)中记载的药品的通用名称、剂型、规格、批号、数量、生产厂商等内容,与药品实物不符时,应当拒收,并通知采购部门进行处理。

1) 对于随货同行单(票)内容中,除数量以外的其他内容与采购记录、药品实物不符时,经供货单位确认并提供正确的随货同行单(票)后,方可收货。

2) 对于随货同行单(票)与采购记录、药品实物数量不符时,经供货单位确认后,应当由采购部门确定并调整采购数量后,方可收货。

3) 供货单位对随货同行单(票)与采购记录、药品实物不相符的内容,不予确认时,应当拒收,存在异常情况时,报质量管理部门处理。

二、收货过程

（1）收货人员应当拆除药品的运输防护包装，检查药品外包装是否完好，对出现破损、污染、标志不清等情况的药品，应当拒收。

（2）收货人员应当将核对无误的药品放置于相应的待验区域内，并在随货同行单（票）上签字后，移交验收人员。

三、验　收

（1）药品待验区域及验收药品的设施设备，应当符合以下要求。

1）待验区域有明显标志，并与其他区域有效隔离。

2）待验区域符合待验药品的储存温度要求。

3）设置特殊管理的药品专用待验区域，并符合安全控制要求。

4）保持验收设施设备清洁，不得污染药品。

5）按规定配备药品电子监管码的扫码与数据上传设备。

（2）企业应当根据不同类别和特性的药品，明确待验药品的验收时限，待验药品要在规定时限内验收，验收合格的药品，应当及时入库，验收中发现的问题应当尽快处理，防止对药品质量造成影响。

（3）验收药品应当按照批号逐批查验药品的合格证明文件，对于相关证明文件不全或内容与到货药品不符时，不得入库，并交质量管理部门处理。

1）按照药品批号查验同批号的检验报告书，药品检验报告书需加盖供货单位药品检验专用章或质量管理专用章原印章；从批发企业采购药品的，检验报告书的传递和保存，可以采用电子数据的形式，但要保证其合法性和有效性。

2）验收实施批签发管理的生物制品时，有加盖供货单位药品检验专用章或质量管理专用章原印章的《生物制品批签发合格证》复印件。

3）验收进口药品时，有加盖供货单位质量管理专用章原印章的相关证明文件。

A.《进口药品注册证》或《医药产品注册证》。

B. 进口麻醉药品、精神药品及蛋白同化制剂、肽类激素需有《进口准许证》。

C. 进口药材需有《进口药材批件》。

D.《进口药品检验报告书》或注明“已抽样”字样的《进口药品通关单》。

E. 进口国家规定的实行批签发管理的生物制品，有批签发证明文件和《进口药品检验报告书》。

4）验收特殊管理的药品须符合国家相关规定。

（4）应当对每次到货的药品进行逐批抽样验收，抽取的样品应当具有代表性，对于不符合验收标准者，不得入库，并报质量管理部门处理。

1）对到货的同一批号的整件药品按照堆码情况随机抽样检查。整件数量在 2 件及以下的，要全部抽样检查；整件数量在 2 件以上至 50 件以下的，至少抽样检查 3 件；整件数量在 50 件以上的，每增加 50 件，至少增加抽样检查 1 件，不足 50 件的，按 50 件计。

2）对抽取的整件药品需开箱抽样检查，从每整件的上、中、下不同位置随机抽取 3 个最小包装进行检查，对存在封口不牢、标签污损、有明显重量差异或外观异常等情况者，至少再增加一倍抽样数量，进行再检查。

3）对整件药品存在破损、污染、渗液、封条损坏等包装异常者，要开箱检查至最小包装。

4）到货的非整件药品要逐箱检查，对同一批号的药品，至少随机抽取一个最小包装进行检查。

（5）验收人员应当对抽样药品的外观、包装、标签、说明书等逐一进行检查、核对。出现问题的，报质量管理部门处理。

1）检查运输储存包装的封条有无损坏，包装上是否清晰注明药品通用名称、规格、生产厂商、生产批号、生产日期、有效期、批准文号、储藏、包装规格及储运图示标志，以及特殊管理的药品、外用药品、非处方药的标志等标记。

2）检查最小包装的封口是否严密、牢固，有无破损、污染或渗液，包装及标签印字是否清晰，标签粘贴是否牢固。

3）检查每一最小包装的标签、说明书是否符合以下规定。

A. 标签有药品通用名称、成分、性状、适应证或者功能主治、规格、用法用量、不良反应、禁忌、注意事项、储藏、生产日期、产品批号、有效期、批准文号、生产企业等内容；对注射剂瓶、滴眼剂瓶等因标签尺寸限制无法全部注明上述内容时，至少标明药品通用名称、规格、产品批号、有效期等内容；中药蜜丸蜡壳至少注明药品通用名称。

B. 化学药品与生物制品说明书列有以下内容：药品名称（通用名称、商品名称、英文名称、汉语拼音）、成分［活性成分的化学名称、分子式、分子量、化学结构式（复方制剂可列出其组分名称）］、性状、适应证、规格、用法用量、不良反应、禁忌、注意事项、孕妇及哺乳期妇女用药、儿童用药、老年用药、药物相互作用、药物过量、临床试验、药理毒理、药代动力学、储藏、包装、有效期、执行标准、批准文号、生产企业（企业名称、生产地址、邮政编码、电话和传真）。

C. 中药说明书列有以下内容：药品名称（通用名称、汉语拼音）、成分、性状、功能主治、规格、用法用量、不良反应、禁忌、注意事项、药物相互作用、储藏、包装、有效期、执行标准、批准文号、说明书修订日期、生产企业（企业名称、生产地址、邮政编码、电话和传真）。

D. 特殊管理的药品、外用药品的包装、标签及说明书上均有规定的标志和警示说明；处方药和非处方药的标签和说明书上有相应的警示语或忠告语，非处方药的包装有国家规定的专有标志；蛋白同化制剂和肽类激素及含兴奋剂类成分的药品有“运动员慎用”警示标志。

E. 进口药品的包装、标签以中文注明药品通用名称、主要成分及注册证号，并有中文说明书。

F. 中药饮片的包装或容器与药品性质相适应及符合药品质量要求。中药饮片的标签需注明品名、包装规格、产地、生产企业、产品批号、生产日期；整件包装上有品名、产地、生产日期、生产企业等，并附有质量合格的标志。实施批准文号管理的中药饮片，还需注明批准文号。

G. 中药材有包装，并标明品名、规格、产地、供货单位、收购日期、发货日期等；实施批准文号管理的中药材，还需注明批准文号。

（6）在保证质量的前提下，如果生产企业有特殊质量控制要求或打开最小包装可能影响药品质量时，可不打开最小包装；外包装及封签完整的原料药、实施批签发管理的生物制品，可不开箱检查。

(7) 验收地产中药材时，如果对到货中药材存在质量疑问，应当将实物与企业中药样品室(柜)中收集的相应样品进行比对，确认后方可收货。

验收人员应当负责对中药材样品的更新和养护，防止样品出现质量变异。收集的样品放入中药样品室(柜)前，应当由质量管理人员进行确认。

(8) 企业应当加强对退货药品的收货、验收管理，保证退货环节药品的质量和安全，防止混入假冒药品。

1) 收货人员要依据销售部门确认的退货凭证或通知对销后退回药品进行核对，确认为该企业销售的药品后，方可收货并放置于符合药品储存条件的专用待验场所。

2) 对销后退回的冷藏、冷冻药品，根据退货方提供的温度控制说明文件和售出期间温度控制的相关数据，确认符合规定条件时，方可收货；对于不能提供文件、数据，或温度控制不符合规定者，给予拒收，做好记录并报质量管理部门处理。

3) 验收人员对销后退回的药品进行逐批检查验收，并开箱抽样检查。整件包装完好时，按照本附录第十条规定的抽样原则加倍抽样检查；无完好外包装的，每件须抽样检查至最小包装，必要时送药品检验机构检验。

4) 销后退回药品经验收合格后，方可入库销售，不合格药品按《规范》有关规定处理。

(9) 检查验收结束后，应当将检查后的完好样品放回原包装，并在抽样的整件包装上标明抽验标志，对已经检查验收的药品，应当及时调整药品质量状态标志或移入相应区域。

(10) 对验收合格的药品，应当由验收人员与仓储部门办理入库手续，由仓储部门建立库存记录。

(11) 验收药品应当做好验收记录

1) 验收记录包括药品的通用名称、剂型、规格、批准文号、批号、生产日期、有效期、生产厂商、供货单位、到货数量、到货日期、验收合格数量、验收结果、验收人员姓名和验收日期等内容。

2) 中药材验收记录包括品名、产地、供货单位、到货数量、验收合格数量等内容，实施批准文号管理的中药材，还要记录批准文号。中药饮片验收记录包括品名、规格、批号、产地、生产日期、生产厂商、供货单位、到货数量、验收合格数量等内容，实施批准文号管理的中药饮片还要记录批准文号。

3) 建立专门的销后退回药品验收记录，记录包括退货单位、退货日期、通用名称、规格、批准文号、批号、生产厂商(或产地)、有效期、数量、验收日期、退货原因、验收结果和验收人员等内容。

4) 验收不合格的药品，需注明不合格事项及处置措施。

(12) 对实施电子监管的药品，企业应当按规定进行药品电子监管码扫码，并及时将数据上传至中国药品电子监管网系统平台。

1) 企业对未按规定加印或加贴中国药品电子监管码，或因监管码印刷不符合规定要求，造成扫描设备无法识别时，应当拒收。

2) 监管码信息与药品包装信息不符时，要及时向供货单位进行查询、确认，未得到确认之前不得入库，必要时向当地药品监督管理部门报告。

企业按照《规范》的相关规定，进行药品直调时，可委托购货单位进行药品验收。购货单位应当严格按照《规范》的要求验收药品，并进行药品电子监管码的扫码与数据上传，建立专门的直调药品验收记录。验收当日应当将验收记录、电子监管数据相关信息传递给直调企业。

第五节　医药商品的出库

一、GSP 中关于药品出库的规定

（1）药品出库时，应按发货或配送凭证对实物进行质量检查和数量、项目的核对。如发现以下问题应停止发货或配送，并报有关部门处理。

1）药品包装内有异常响动和液体渗漏。

2）外包装出现破损、封口不牢、衬垫不实、封条严重损坏等现象。

3）包装标志模糊不清或脱落。

4）药品已超出有效期。

（2）药品批发企业在药品出库复核时，为便于质量跟踪所做的复核记录，应包括购货单位、品名、剂型、规格、批号、有效期、生产厂商、数量、销售日期、质量状况和复核人员等项目。

药品零售连锁企业配送出库时，也应按规定做好质量检查和复核。其复核记录包括药品的品名、剂型、规格、批号、有效期、生产厂商、数量、出库日期，以及药品送至门店的名称和复核人员等项目。

（3）药品运输时，应针对运送药品的包装条件及道路状况，采取相应措施，防止药品的破损和混淆。运送有温度要求的药品，途中应采取相应的保温或冷藏措施。

二、药品的复核

为认真贯彻执行有关药品出库的法律法规，各企业应严格把好药品出库复核关，确保销售药品质量。

（1）药品出库必须经发货、复核手续方可发出。

（2）药品按先产先出、近期先出、按批号发货的原则出库。如果“先产先出”和“近期先出”出现矛盾时，应优先遵循“近期先出”的原则。

（3）仓储部按照销售订单通知保管员发货，保管员按发货单发货完毕后，在发货单上签字，将药品交复核员复核，复核员必须按发货清单逐品种、逐批号对药品进行质量检查和数量、项目的核对，并检查包装的质量状况等。

（4）对出库药品逐批复核后，复核人员应在发货单上签字，明确复核结论并记录复核内容。复核记录的内容应包括：购货单位、药品通用名称、剂型、规格、数量、批号、有效期、生产厂商、出库日期、质量状况和复核人员等内容。

（5）药品拼箱发货的代用包装箱应当有醒目的拼箱标志。

（6）整件与拆零拼箱药品的出库复核

1）整件药品出库时，应检查包装是否完好。

2）拆零药品应按配送单逐批号核对无误后，由复核人员进行装箱加封。

3）药品发货应使用统一的配送拼装箱，标明购货单位的名称。

（7）药品拼箱发货时应注意

1）尽量将同一品种的不同批号或规格的药品拼装于同一箱内。

2）若为多个品种，应尽量分剂型进行拼箱。

3）若为多个剂型，应尽量按剂型的物理状态进行拼箱。

4）液体制剂不得与固体制剂拼装在同一箱内。

（8）出库时应当对照销售记录进行复核。发现以下情况不得出库，并报告质量管理部门处理。

1）药品包装出现破损、污染、封口不牢、衬垫不实、封条损坏等问题。

2）包装内有异常响动或者液体渗漏。

3）标签脱落、字迹模糊不清或者标志内容与实物不符。

4）药品已超过有效期。

5）其他异常情况的药品。

（9）药品出库时，应当附加盖企业药品出库专用章原印章的随货同行单（票）。有直调药品情况时，应当由供货单位开具两份随货同行单（票），分别发往直调企业和购货单位。随货同行单（票）应当包括供货单位、生产厂商、药品的通用名称、剂型、规格、批号、数量、收货单位、收货地址、发货日期、直调企业名称等内容。

（周 妮）

自测题

一、单项选择题

1. 不是影响药物稳定性的因素
   A. 空气 B. 温度
   C. 日光 D. 剂型
2. 库房内的相对湿度应该保持在
   A. 20%～50% B. 60%～80%
   C. 45%～75% D. 35%～85%
3. 药品在阴凉处储存的温度要求是
   A. 1～30℃ B. 2～10℃
   C. 不超过20℃ D. 不超过15℃
4. 湿度对药物的影响很大，若湿度过大能使药物
   A. 氧化分解
   B. 潮解，液化，变质或霉坏
   C. 水解，沉淀析出
   D. 挥发，失效
5. 下列哪类药品不是重点养护品种
   A. 维生素A B. 维生素B
   C. 维生素C D. 维生素D
6. 哪类药品具有升华性
   A. 维生素E B. 阿司匹林
   C. 樟脑 D. 十滴水
7. 如果药品表明有效期2015.06，其有效期的终止日是
   A. 2015年6月30日 B. 2015年6月1日
   C. 2015年5月31日 D. 2015年7月1日
8. 不易风化的药品是
   A. 硫酸钠 B. 氯化钙
   C. 咖啡因 D. 磷酸可待因
9. 以下关于毒性药品的验收与保管说法正确的是
   A. 一般可根据检验报告书或产品合格证验收
   B. 验收时应拆开内包装查看
   C. 应存放于贵重药品库
   D. 验收应由专人进行并由领导签字
10. 毒性药品销毁方法应依据毒性药品的
    A. 理化性质 B. 作用原理
    C. 污染强度 D. 毒性大小
11. 毒性药品的销毁档案应由
    A. 批准人签字盖章
    B. 监理人签字盖章
    C. 销毁部门盖章

D. 批准人和监理人签字盖章

12. 药品的有效期是指药品
    A. 在规定的储藏条件下能保持其质量的期限
    B. 在任何条件下能保持其质量的期限
    C. 在规定的储藏条件下不产生毒性作用的期限
    D. 在规定的储藏条件下能够安全使用的期限
13. 药品有效期的制定依据是其
    A. 理化性质
    B. 毒性大小
    C. 临床使用疗效
    D. 稳定性试验和留样观察

二、简答题

1. 医药商品运输的原则有哪些？
2. 物流和商流的关系有哪些？
3. 物流对企业的作用是什么？

第七章 医药商品的经营销售

第一节 医药商品的陈列

一、医药商品陈列的意义和常识

(一) 医药商品陈列的意义

陈列医药商品的作用是为了方便顾客比较和选择药品,从而确定最终的购买。因为顾客有打算购买某一药品需求,会收集有关同类药品的资料信息,并加以比较,若陈列同类药品,可有助于顾客选择购买。

当顾客一走进药店,就像进入美妙的世界,觉得轻松、愉快、幻境、气氛详和,各种药品琳琅满目,而自己需要的药品正簇拥其中,顾客一见到它,就有购买的冲动,这样的药品陈列才是优越的。相反如果因药品陈列而破坏了药店整体形象,而可能降低顾客的购买欲望,导致交易的破裂。有些药店的医药商品陈列井然有序,而有些药店往往把纸箱、杂物、废纸、个人物品等放得乱七八糟,使顾客产生厌倦情绪。因此店员应对药店从各个角度观察一番,发现不当处,立即纠正。

为使药店陈列更富于变化和更新,还需要培养店员的医药商品陈列意识,因为店员是医药商品的直接接触者,陈列工作由店员完成,所以陈列的变更和创新则要看店员的药品陈列知识。一成不变的陈列方式,顾客看了,就不会有新鲜感,甚至会厌烦。对药品的陈列,需要不断地更新和变化,店员可利用没有顾客的空余时间进行,不知不觉中,药品的陈列就会焕然一新。

(二) 医药商品陈列的常识

(1) 药品应按品种、剂型或用途及储存要求分类陈列。

(2) 处方药与非处方药应分柜摆放。

(3) 危险品不应陈列。如确实需要,只能陈列代用品或空包装。

(4) 拆零药品应集中存放于拆零专柜,并保留原包装的标签。

(5) 中药饮片斗前应写正名正字。

(6) 陈列药品的货柜及橱窗应保持清洁卫生,防止人为污染药品。

(7) 类别的标签应放置准确、字迹清晰。

(8) 对陈列的药品应按月进行检查,发现质量问题要及时处理。

药品的陈列工作是由店员完成的,因而其陈列形成的变更和创新,也同样必须由店员来完成,所以,培养店员的陈列意识是十分必要的。除了符合药品陈列要求外,陈列药品要本着丰满、整齐、美观、醒目的原则,将当日热销的药品放在便于易拿取的位置,将新品种、首推产品的或应季药品陈列在显著位置。陈列药品时要考虑放什么药品、数量多少、放于什么位置、放什么角度、摆什么阵形等。药品柜台陈列的方法很多,如直线陈列、斜线陈列、梯形陈列、塔式陈列、矩阵陈列、堆头陈列、花车陈列等方式，要充分利用药品的图案，根据实际情况，摆出丰富多彩、虚实变化的阵形。

二、医药商品陈列的原则

1. GSP 陈列原则 药品区与非药品区分开；处方药与 OTC 药品分开，处方药不得开架自选销售；毒麻精放等特殊管理药品，按国家有关规定存放；危险品不陈列，如需要必须陈列时，只能陈列代用品或空包装；拆零药品，集中存放于拆零专柜，保留原包装标签；中药饮片，装斗前需复核，不得错斗、串斗、斗标应用正名正字。

2. 按用途分类原则 根据医药商品的临床治疗用途可分为：感冒用药、清热解毒药、妇科用药、儿科用药、外用药、心血管用药等。方便患者对不同药品进行功效、不良反应比较，根据病情选择药物等。

3. 易见易取原则 商品正面面向顾客，不被其他商品挡住视线；货架最底层不易看到的商品要倾斜陈列或前进陈列；整箱商品不要上货架，中包装商品上架前必须全部打码上架。对卖场主推的新品或电视广告宣传的药品突出陈列，可以陈列在上架、两头或显眼位置，容易让顾客看到商品，从而起到好的陈列效果。

4. 满陈列原则 满陈列就是把商品在货架上陈列得丰满些，要有量感，俗话说："货卖堆山。"据美国一项资料表明，满陈列的超市与做不到满陈列的超市相比较，其销售平均可提高 24%。

5. 先进先出原则 商品都有有效期和保质期，人们必须保证在有效期和保质期内提前卖完这些商品。因为顾客总是购买货架前面的商品，如果不按先进先出的原则来进行商品的补充陈列，那么陈列在后排的商品就永远卖不出去。所以每次将上架商品放在原有商品的后排或把近效期商品放在前排，以降低产品过期未售出带来的经济损失。

6. 关联性原则 医药商品之间的关联性陈列，比如感冒药和清热解毒药、杀菌消炎药或止咳药相邻、皮肤科用药和皮肤科外用药相邻、妇科药品和儿科药品相邻、维生素类药和钙制剂在一起等，这样陈列可使顾客消费时产生连带性，方便了顾客购药，也提升企业销量。

7. 主辅结合陈列原则 根据周转率和毛利率的高低医药商品可以划分为四类，第一种为高周转率、高毛利率的医药商品，这是主力商品；第二种是高周转率、低毛利率的商品；第三种是低周转率、高毛利率的商品；第四种是低周转率、低毛利率的商品。主辅陈列是指用高周转率的商品带动低周转率的医药商品销售，例如，将感康和复方氨酚烷胺片陈列在一起，两者同属于感冒药，感康品牌好，顾客购买频率高，属于高周转率商品，但其毛利率非常低，所以要引进一些与感康同类的医药商品增加卖场销售额。

8. 同一品牌垂直陈列原则 与横式陈列相对而言，垂直陈列指将同一品牌的商品，沿上下垂直方向陈列在不同高度的货架层位上。其优点为：顾客在挑选商品时视线上下移动较横向移动方便；货架的不同层次对商品的销售影响很大，垂直陈列可使各商品平等享受到货架不同的层次、不至于某商品占据好的层次销量很好，而其他商品在比较差的层次销量很差。垂直陈列有两种方法：一是完全垂直陈列，对销量大或包装大的商品从最上一层到最下一层全部垂直陈列；二是部分垂直陈列，采用主辅结合陈列原则。

第二节 医药商品的经营过程

(一) 医药商品营业前

营业前要围绕药品经营销售而做好准备工作,主要包括营业场所的清理、药品的准备、工具用品的准备和营业员仪表卫生的准备等方面。

(1) 营业场所的清理:先检查店面的洁净、整齐程度,包括地面、天花、柜台、货架、窗台等。

(2) 药品的准备:检查药品的数量多少,摆放是否整齐,记录缺货,补货情况,货价是否相符,标签齐全性,理货以对应货位和价格牌等,做到心中有数,其中理货是指将顾客挑选、拿动过的药品及时整理,以防错位、串号、混药等,不至于弄错价格影响销售。提交续补短缺品种的购进单。有序地陈列、整理、摆放药品。

(3) 工具用品的准备:准备好切片机、粉碎机、收款机、包装用品、零款、票据等。

其他,整理好个人仪容仪表,调适好心理,准备进入状态。

(二) 医药商品营业中

营业员在每日营业中主要工作是销售,当没顾客入店的时候,要充分利用接待的间隔时间,做好营业中的其他各项维持工作,如理货、添补药品、拆包和分装药品、整理货款和票证、查药品价格等。

营业过程中,营业员常常遇到困难和挫伤,例如,顾客说一些不文明的评论话、不理解、故意为难或与同事之间沟通不通畅,造成不良的恶化心境和情绪,必然导致不良经营效果。因而营业员要能够进行心境和情绪的自我调适、自我净化,保持良好的心境,心境是比较微妙而持久的情绪状态。营业员的情绪状态往往会影响到自己的工作效率和顾客购买时的心理活动,所以,营业员要学会自我调整和自觉排除不良情绪,才能精神饱满、满腔热情地接待好每一个顾客。

(三) 医药商品营业后

1. 结算 整理药品登记账册或销售记录、统计营业额、结点货款、保存货款、货款存入银行、汇集各种票据凭证等。

2. 封存 将票据、贵重药品等密封,送交专管人员或接班人员。

3. 整理 将放乱的医药商品归位,将柜、箱、桶盖盖实,将需要低温冷藏的药品放入冷藏箱或柜内,根据当天的销售情况填好补货单,校正各种销售用具、用品并放置好。

4. 交接班 进行有关交接班工作,如销售量、钱款、贵重药品、易掉失药品、客户要求事项等。

5. 其他 清理卫生;检查门、窗、水、电是否关好,做好防火、防盗工作;翻阅缺货登记簿和顾客意见簿。

第三节 医药商品的销售技术

一、营业员的职业定位

由于医药商品具有经营特殊性,大多数顾客对医药商品既无识别能力又无选择权力，因此，营业员的职业定位不能是售货员更不能是推销员。过去以销售为核心的方式已经行不通，现代营业员应以顾客为核心。营业员的职业定位应该是“导购员”。导购即为购买者提供指导的意思，类似于宾馆、饭店的引位员，医院中的导医员等，为顾客（患者）的意愿（病情）提供服务，满足其需求。由于多数购买者缺乏相关医药商品的专业知识，药店的营业员更应该将职业定位为导购员，运用自己的专业知识指导购买者购买药品，对人的生命健康负责，帮助人解除痛苦，勇于承担责任，自身得到快乐。

二、营业员的语言艺术

言为心声、语为人镜。营业员每日与顾客进行沟通交流的主要工具是语言，语言是否热情、准确、得体直接影响着营业员和药房（店）的形象，也直接影响着药房（店）的经济效益。因此，营业员必须掌握语言艺术，提高用语技巧，做好“四心”、“四声”服务，即接待顾客热心、解答问题耐心、接受意见虚心、排忧解难诚心，顾客进店有迎声、顾客咨询有答声、顾客离别有送声、顾客留言有回声。

1. 接待用语原则

（1）讲求语言的顺序和逻辑性：若思维混乱、语无伦次，必将导致顾客不知所云，无所适从。营业员必须把握好说话的条理性、层次性，清晰、准确地向顾客表达自己的意思。

（2）突出重点和要点：销售用语的重点在于推荐和说明，其他仅仅是铺垫。在接待顾客中，必须抓住重点，突出要点，以引起顾客的注意和兴趣。

（3）不讲多余的话：营业员在接待过程中，要尽量不讲与买卖无关的话，以免分散顾客的注意力。扯东道西，说长道短，会引起顾客的反感，顾客来的目的不是聊天，所以营业员的语言必须服务于顾客的购买行动。

（4）不夸大其辞：不着边际地吹嘘，夸大宣传医药产品的功效，可能暂时会推销出药品，但并非永久的良策，诚实客观地介绍推荐才是长久之计。

（5）决不能对顾客无礼：对顾客在语言上的失礼，不仅会气跑一个顾客，而且对其他顾客也会产生不易消除的恶劣影响，使药房（店）形象受到极大损害。因此，不论遇到什么情况，都必须避免冲撞顾客。

（6）不要与顾客发生争论：在推荐介绍药品时，若顾客有不同的意见，应耐心地倾听，绝不可反驳顾客。如确需纠正顾客的看法，应面带微笑、言语温和地陈述自己的观点，不可顶撞顾客。

（7）因人而异：营业员每日接待的顾客多种多样，应根据接待对象选择不同的表达方式和表达技巧。对有的人可以侃侃而谈，对有的人则应洗耳恭听，有时可以从侧面说明，有时要从反面表达，不能千篇一律。

（8）不使用粗俗语言和方言土语：在接待顾客过程中，甚至是同事之间交谈，都要求用语文明。

2. 用语技巧

（1）避免使用命令式，多用请求式：请求式语句有三种说法，肯定句“请您稍微等一等”，这是正确的。但是后面两种说法就不对，疑问句：“您能稍微等一等吗？”否定疑问句：“已经有人去仓库拿货了，您不等一下吗？”

（2）少用否定，多用肯定：如顾客问：“有没有感冒通？”营业员回答：“目前没有，但有治疗感冒的其他药，您看一下，好吗？”就比单独回答“没有”效果好得多。

(3) 先贬后褒，则重优点：如下面两句话给人的感觉就不一样。“疗效虽然好，但价钱贵了点”，“价钱虽然贵了点，但疗效好，质量好”。显然，前一句重点放在“价钱贵”上，会让顾客觉得这药品尽管疗效好，但也不值那么贵的价，或觉得营业员认为自己买不起。后一句话的重点则在“疗效好”上，顾客就会觉得药品这么贵的原因是疗效比其他同类药品好。

(4) 言词生动、语气委婉：如对第二次来买安眠药的顾客说“您今天看上去精神好多了”；对想买便宜药品的顾客，不要说“这种便宜”，而要说“这个价钱比较适中”。

(5) 富有表情和动作：说话的语气和措词固然很重要，但如果表情冷漠、动作呆板也起不到良好的效果。因此，营业员说话时，要配合自然的动作、亲切的表情，但也要注意表情、动作不要夸张或矫揉造作，以免引起顾客反感。

三、处理顾客的抱怨

1. 找出产生抱怨的原因 顾客产生抱怨的原因一般有三个方面：第一方面是顾客的原因，如顾客对药品或服务有偏见、情绪急躁等；第二方面是药品的原因，如疗效、质量或价格等方面不满意；第三方面是企业方面的原因，如营业员服务不好、营业员不够专业、药店信誉不好等。

2. 处理抱怨的要点 如果是顾客方面的原因，营业员要平静、仔细地听取顾客的意见。顾客是对的，要虚心接受和改进；如果是顾客误会了，要把事情的原委告诉顾客，让顾客了解真实情况。在向顾客解释说明时，要把握两点：一是语气要婉转，不能让顾客难堪；二是不要老强调自己的清白无辜。如果是药品方面的原因，营业员要尽早了解顾客的需要，耐心、仔细地把顾客希望了解的药品种类、疗效、价格逐一介绍，推荐符合顾客需求的产品，既要尊重顾客的选择，又要运用自己的专业知识当好顾客的参谋。如果是营业员的服务、店面信誉等引起顾客抱怨，就要认真改正，重塑形象。

3. 应尽量不说“禁句” 常见的“禁句”有“这么简单的问题都不会”，“不可能”，“绝对不会发生这种事”，“这个问题你去问厂家，我不知道”，“我不理解、不明白、不清楚”，“绝没有说过那种话”，“我不会、没办法、不行”，“你不买，就走”。

在顾客提出的要求或问题需要花费一些时间解决的情况下，最好的回答是“×月×日以前我一定和您联系”，“请留下电话”或“×天后我一定帮您办好”。

四、面对顾客提出异议的说服技巧

当顾客对医药商品提出异议时，营业员就要回答顾客的异议并加以说明，这种回答和解释的过程，实质上就是说服过程。营业员在说服顾客时，一定要牢记一点，只有对药品有购买兴趣的顾客才会不断提出异议。下面介绍几种常用的说服技巧。

1. 是，但是 这是一个广泛用来回答顾客异议的方法，一方面营业员表示同意顾客的意见，另一方面又解释了顾客产生意见的原因及顾客看法不足之处。

2. 突出优点、弱化缺点 当顾客提出医药商品的某个方面缺点时，营业员则可以强调医药商品的突出优点，弱化顾客提出的缺点。

3. 化缺点为优点 这种技巧实际上就是把顾客提出的缺点转化成优点，并作为顾客购买的理由。这种方法运用得当能把销售的阻力变为购买的动力。如，有一种抗感冒的口服液，顾客提出异议说“这种口服液有味道太苦的毛病”，因而销售受阻。对此，可以因势利导，改变解说词，突出这种口服液之所以苦，是因为它比别的口服液的药材成分含量更浓,治疗感冒效果比甜的更强。如此做文章后,消费者不仅不把“味道苦”看成是缺点,反而会将其视为药品纯正、质量好的象征。

4. 问题引导 有时可以向顾客提问题的方法顾客,让顾客自已排除疑虑,自己找出答案,这比营业员直接回答效果还好。例如,顾客:“我想买一支治脚癣的药膏,但你这支太贵了,我看过××诊所的比你们便宜多了。”营业员:“您注意到是相同牌子吗?”顾客:“不是。”营业员:“那就是嘛,我这支是名牌大厂出产的。”

5. 示范 是把某些医药商品通过现场操作演示,证明医药商品可用、质量好。例如,顾客:“这种血压仪测量方法是否很复杂,难学吗?”营业员:“不会的,这种血压仪用高科技电脑板制作,操作简单。”说着,营业员拿起一台降血压仪现场操作使用方法。接着,请顾客亲自操作,增强了其购买的欲望。

6. 介绍他人体会 这种方法就是讲述使用过该医药商品的顾客现身说法来说服顾客。一般说来,顾客都愿意听使用者的评价,所以感谢信、表扬信、锦旗等都是说服顾客的活教材。

五、询病荐药

询病荐药系指药店的营业人员对患者询问病情症状,然后根据患者的病症、病因及身体的状况,经过一番医药专业知识的思考判断,向患者推荐介绍适当的医药商品,并指导患者合理用药。

询病荐药所针对的通常是来到药店求医购药的患者,其患常见的较轻病症,只想简单地准确买到所需药品,如呼吸系统的感冒、咳嗽、痰症、支气管哮喘;消化系统的胃痛、嗳气、消化不良、腹泻、便秘;神经系统的头痛、偏头痛、牙痛;皮肤的一般炎症;妇科的月经痛、阴道炎;儿科的消化不良、咳嗽;五官科的鼻炎、咽喉炎、眼部轻微感染;计划生育的避孕等。社会文化的进步和商业环境的发展,必然导致将来越来越多患者走向药店自行买药治病,以前那种“患者问什么给什么”的模式,已经不再适应将来药店的发展需要,患者珍视生命身体健康会提出更高的医药专业知识服务要求,要求药师协助选择正确恰当的药品,因而药店的营业人员应该有丰富的常见疾病医学临床诊断知识和西药、中药的知识,把两者结合起来询病荐药,才能提供优质的医药专业服务,药店的经营才会被社会更易接受与认可。

(一) 询病内容

1. 问病症 患者感受最明显最严重的症状及其发病时间、部位、性质、持续时间,伴随症状。症状是持续性还是间歇性;是进行性加重还是逐渐减轻或持续未变;是规律性或周期性发作,还是时愈时发;哪些症状减轻或消失,哪些新症状出现。

2. 问病前 患者是否进行过检查和治疗,结果怎样。若已进行过治疗,则应问明使用过的药物名称、剂量和疗效。过去健康状况如何,患过何种疾病,预防接种情况及手术、外伤、中毒和过敏史等。

3. 问病后 饮食、睡眠、体重、体力、大小便及精神状态有无改变等。

4. 必要时需了解的一般内容 社会经历、职业及工作条件、起居与卫生习惯、饮食规律与质量、烟酒嗜好与摄取量,个人性格有无精神创伤;婚否、对方健康状况、夫妻关系等;双亲、兄弟姐妹及子女的健康与疾病状况,特别应询问是否有与患者同样的疾病,有无与遗传有关的疾病等。

5. 必需时需了解的女性患者情况 月经初潮年龄、月经周期和经期天数、经血的量和色、经期症状、有无白带、末次月经日期、闭经日期、绝经年龄。妊娠与生育次数和年龄、人工或自然流产的次数、有无死胎、手术产、产褥热及计划生育情况等。

通过询病初步判断疾病的原因(外伤、中毒、感染)、诱因(如气候变化、环境改变、饮食起居失调)及起病急缓等情况。如遇无法清楚病情的情况，如代人购药、小儿患者等，则应视具体情况推荐其选购安全性大的药品。

(二) 询病技术

1. 态度 语言通俗，亲切和蔼，热情耐心，让患者感到值得信赖。

2. 用语技巧 一般先问明显、容易回答的问题，如“你感到哪里不舒服”，其次询问需要经过思考才能回答的问题，如“你的疼痛在什么情况下会减轻或加重”询病时应避免套问和揭示性诱问，如不应问“你上腹痛时向左肩放射吗”而应问“你腹痛时对别的部位有什么影响吗”又如“你伴有夜间盗汗吗”这样的提问往往会使患者在不甚解其意的情况下随声附和，为判断疾病和针对性给药造成困难。

3. 边问边听边思考 在询病的过程中，要边听患者的叙述，边观察患者，并随时分析患者所陈述的各种症状间的内在联系，分清主次，辨明因果，抓住重点，深入询问。在倾听患者陈述病情的时候，要根据所述事实，联想到有哪些可能的疾病。以此为指导详细询问并逐步将一些疾病排除，将某些疾病保留。对诊断和鉴别诊断有意义的部分，要询问清楚无误。

(三) 荐药的基本原则

询病荐药要求药学技术人员正确诊断、合理选药，并向顾客提供科学、合理、可靠的用药指导和咨询等服务。对不适合自我药疗的患者，不能确切病情肯定向患者推荐药品，应提出到医院诊治。正确推荐药品的基本准包括以下三个方面。

1. 安全性 安全性是合理用药的首要条件，直接体现了药学技术人员对患者和公众切身利益的保护。安全性不是药物的毒性作用最小，或者无不良反应这类绝对的概念，而是强调让用药者承受最小的治疗风险获得最大的治疗效果，即风险/效益尽可能小。

2. 有效性 人们使用药物，就是想通过药物的作用达到预定的治疗目的。医学目的用药所要求的有效性在程度上也有很大的差别，例如，根除致病原、治愈疾病、延缓疾病进程、缓解临床症状、预防疾病发生、避免某种不良反应的发生、调节人体的生理功能等。非医学目的用药所要求的有效性，如避孕、减肥、美容、强壮肌肉等。总之，有效性的程度受到现阶段医药商品和药物发展水平的限制。

3. 经济性 经济性并不是指尽量少用药或使用廉价药品，其正确含义是获得单位用药效果所投入的成本(成本/效果)应尽可能低，获得尽可能满意的治疗效果。经济地使用药物，强调以尽可能低的治疗成本取得较高的治疗效果，合理用药，减轻患者及社会的经济负担。

(四) 荐药的技术

1. 对症治疗，选择推荐适当药物 对症治疗是用药物改善疾病症状，但不能消除病因，也称治标。对症治疗可防止疾病的进一步发展，此外，有些疾病的病因还不清楚，这时对症治疗就成为重要的治疗措施了。

例如，感冒的治疗原则以对症治疗为主，通过迅速改善或消除感冒症状来缩短病程，减轻感冒的痛苦。最好在感冒初期出现症状就用药，早治疗，感冒很可能就可以很快压下去，效果会更好。如果拖几日,再用药效果就会变差,还会导致感冒病程延长。如果症状缓解就可以停药。宜根据患者的症状选择药物,如出现鼻塞、流涕等症状可选择含盐酸伪麻黄碱的感冒药;头痛可用含对乙酰氨基酚、布洛芬的感冒药;打喷嚏可选氯苯那敏等;咳嗽可选右美沙芬或氨溴索等止咳药;发热时服用含对乙酰氨基酚的退热药,都属于对症治疗。

2. 对因治疗,选择推荐适当药物 对因治疗和对症治疗都是十分重要的,凡是能消除原因的治疗就叫做对因治疗,也叫治本,对因治疗可解除病因使症状消除。

例如,感冒的对因治疗,由于感冒大多是由病毒或细菌引起,若病情较为严重,则需要对因治疗,可以选择杀灭病毒或细菌的药物,如利巴韦林、头孢拉定、红霉素、吉他霉素等药物。

3. 中西组合,合理配伍用药 合理用药是指以医学和药物的知识为基础,安全、有效、经济、适当地使用药物。不仅要求选药对症对因,而且要求配伍用药合理,根据患者的病情,运用医学诊断知识、药学知识和中医药知识,结合中药、西药和保健食品的治疗保健效果的不同特点,还要考虑患者的治疗目的,要求治疗程度,进行中药、西药、保健食品合理组合配伍,以达到更好的治疗保健目标。

例如,夏天空调着凉致头痛呕吐,可用对乙酰氨基酚、藿香正气丸和维生素 C 片等组合配伍治疗。

恰当的配伍用药,不仅可兼治疾病,有时还可获得协同或相加的治疗作用,甚至可相互纠正不良反应及延缓或避免耐药性的产生等。倘若配伍失当,则适得其反,如中成药之间有“十八反”与“十九畏”的配伍禁忌,西药之间有药理性、物理性和化学性的配伍禁忌。近年来中药、西药之间的配伍应用日趋广泛,配伍适当可以达到相辅相成治疗的目的,又如异烟肼、利福平等抗结核西药与中成药灵芝冲剂合用,不仅可以提高抗结核药的疗效,还可使结核菌较不容易产生耐药性。

若配伍失当亦可引起较为严重的不良反应,如含甘草的某些制剂与阿司匹林同用,可能导致或加剧胃、十二指肠溃疡。因此,中药、西药物之间的配伍在未有充分理论依据或实践经验时,应持审慎态度。

4. 适当用药 适当用药情况有以下几种。

(1) 适当的剂型:综合考虑药物性质、治疗目的、治疗效果与给药途径的要求,以及便于应用、保管,选择适当的剂型。

(2) 适当的剂量:强调因人而异的人体化给药原则,以药品说明书或医药典籍推荐的给药剂量为基础,按照患者的体重或体表面积及病情轻重,确定适宜的用药剂量。

(3) 适当的病情:考虑用药对象的生理状况和疾病情况,遵循对症对因用药的原则。对于不需要药物治疗,可以采用食物、物理保健疗法,避免安慰用药或保险用药,减少药物毒性作用。对老人、儿童、妊娠期和哺乳期妇女、肝肾功能不良者、过敏体质者和遗体差异,用药慎重,不宜长期用同一种药物治疗。

(4) 适当的途径:考虑用药目的、药物性质、患者身体状况及安全、经济、简便等因素,选择适当的给药途径,有口服、涂抹、搽、帖等给药方式。

(5) 适当的疗程:按照治疗学原则,确定合理的药物治疗周期。单纯为增加治疗保险系数而延长给药时间不仅浪费,容易产生蓄积中毒、药物依赖性等不良反应,或使病原体产生耐药性。而仅仅为了节省药费开支,症状一得到控制就停药,往往不能彻底治愈疾病,反而为疾病复发和耗费更多的医药资源留下隐患。

5. 指导正确用药 应向患者交待用药的方法、用药剂量、用药禁忌、给药时间、用药后的不良反应及用药后可能出现个体差异等注意事项。对患者应详细询问用药史,注意个体差异。用药后如有异常现象或 3 日不见好转或症状减轻,应立即停药,尽早给予相应处理或及时送至医院。

给药时间有中药和西药的不同。

(1) 中药的一般给药时间:无特殊规定的中药口服液一般一日量分 2~3 次,于早、晚或早、中、晚饭后 0.5~1h 各服一次;解表药应及时给予,以免病邪由表入里,发汗解表药若在病情许可的情况下可于中午以前阳分时间(约 11 时)给予,顺应阳气升浮,有须助于祛病驱邪;镇静安眠药于睡前 1~2h 给予;补益药一般宜饭前服,以利吸收;补阴药宜晚上一次性服;涩精止遗药早、晚各服一次;泻下药宜入夜睡前给予,病情严重者应随病情酌定;止泻药应及时给予,按时再服,泻止停服;润肠通便药应空腹或半空腹服,以利清除肠胃积滞;峻下逐水药于清晨空腹给予;驱虫药于清晨空腹或晚上睡前给予;生津润燥、清暑解热药不拘时顿服;咽喉疾病药不拘时多次顿服,缓缓咽下,使药液与病变部位充分接触,以利药效发挥;祛痰药宜饭前服;健胃药中的开胃药宜饭前服,消食导滞药宜饭后服;制酸药也宜饭前服;对胃有刺激的药物则宜饭后服;涌吐药宜清晨、午前服。外用中成药一般每日换药一次。

(2) 西药的一般给药时间:驱虫药、盐类泻药空腹(清晨)服;催眠药宜睡前 15~30min 服;苦味药、收敛药、胃壁保护药、吸附药、抗酸药、胃肠解痉药、利胆药、肠道抗感染药、驱虫药饭前 30~60min 服;助消化药饭时服;刺激性药物饭后 15~30min 服。

总的来说,因为患者的性别、年龄、体质及病程长短不同,即使用相同的药物,也可能会出现疗效的差异,询病荐药要根据患者的病情,因病、因时、因人制宜,辨证施药,以期收到良好的治疗效果。

(阮鹏程)

自测题

一、单项选择题

1. 柜台营业前的准备工作,不包括
   A. 检查药品　B. 检查戳称
   C. 关窗关门　D. 清理柜台
2. 哪个不属于促销技术
   A. 药店装潢　B. 强行购买
   C. 药品美观陈列　D. 药品广告
3. 药品陈列要求,不包括
   A. 美观　B. 整齐
   C. 易取　D. 抽象
4. 哪个不是说服的技巧
   A. 不买,就走　B. 是,但是
   C. 问题引导法　D. 介绍他人体会
5. 哪句不是文明敬语
   A. 不买,就别问　B. 请不要这样
   C. 请稍等一下　D. 别着急,想清楚再买
6. 属于不文明用语的是
   A. 请按顺序排队
   B. 我正在忙请稍等一下
   C. 要买快说,否则靠边
   D. 这事我不清楚,帮你问一下
7. 下列的说法,有礼貌的是
   A. 本店的规矩就这样　B. 不行,没办法
   C. 不可能,肯定治好　D. 稍等一会,我马上来
8. 找钱出错时,处理不正确的是
   A. 检查　B. 询问
   C. 质问　D. 回忆
9. 营业员的举止,不对的是
   A. 整洁美观　B. 华丽高贵
   C. 稳重高雅　D. 面带微笑

第八章 医药商品包装

随着市场经济的发展，商品销售的竞争日益激烈。而随着人们需求的变化，刺激消费者购买欲望的已不再仅仅是商品本身，其外的包装作用也越来越大。医药商品作为一类特殊的商品，其包装除具有一般商品包装的属性之外，还有自身特殊的要求。

第一节 医药商品包装及其分类

一、医药商品包装的概念

商品包装是指在流通过程中保护商品，方便运输，促进销售，按一定的技术方法而采用的容器、材料及辅助物等的总体名称。也指为了上述目的而在采用容器材料和辅助物的过程中施加一定技术方法的操作活动。

医药商品的包装在流通过程中起到了保护医药商品、给流通环节带来方便、美化商品，有利于销售、增加附加价值、方便消费者等。

二、医药商品包装的分类

现代医药商品品种繁多，对包装的要求由于其包装的目的、形态、方法等各不相同，造成了包装的种类很多。常见的商品包装的分类和包装种类如下。

（一）按包装在流通领域中的作用分类

1. 内包装 内包装指直接接触医药商品的包装。由于内包装直接接触医药商品，应能够保证商品在整个流通过程中的质量，并便于使用。

2. 销售包装（小包装、零售包装） 这类包装以销售为目的，与医药商品一起到达消费者手中。它既可以保护商品，又可以让消费者在众多商品中区分本产品，同时可以起到美化、宣传、促进销售的作用。现代部分医药商品的开架销售，更是使销售包装成为了商品不可或缺的一部分，起到的作用越来越大。

3. 储运包装（外包装） 储运包装指内包装外面的纸箱、木箱等，以储存运输为主要目的。宜选用不易破损的包装以保障医药商品的安全，同时方便装卸、储运，还应有明显清楚的运输标志及特殊商品的专用标志，如特殊管理药品应有专用标签等。

（二）按包装材料分类

按包装材料分类可分为有纸制品包装、塑料制品包装、金属包装、玻璃容器包装、木材包装、陶瓷包装和复合材料包装等（详见第八章第二节）。

（三）按包装技术与目的分类

按包装技术与目的分类可分为真空包装、充气包转、无菌包装、喷雾包装、儿童安全包装、危险品包装等。

无论采用何种包装,都要适合医药商品质量的要求,方便其装卸、储存、运输和医疗使用。

第二节 医药商品包装材料

为了保证药品这类特殊商品质量的完好,其包装所用的材料和容器有一定的要求:①为了适应在流通过程中可能遭遇的压力、振动、冲击等因素对药品的影响,要求包装材料有一定的强度、韧性和弹性;②由于光线、尘埃、水蒸气、空气、细菌等会影响药品的稳定性,不同药品相应的包装材料应该起到有效的阻隔作用;③包装材料应该安全、低毒,对药品和人体无不良影响;④具有良好的加工性能和经济性能。

药品包装材料可分为三类管理。

Ⅰ类药品包装材料指直接接触药品且直接使用的药品包装材料、容器,如塑料输液瓶、药用 PVC 硬片、药品包装用 PTP 铝箔等。

Ⅱ类药品包装材料指直接接触药品,但便于清洗,在使用过程中,经清洗后需要并可以消毒灭菌的药品包装材料、容器,如安瓿、陶瓷药瓶、玻璃输液瓶等。

Ⅲ类药品包装材料指Ⅰ、Ⅱ类以外其他可能直接影响药品质量的药品包装用材料、容器,如抗生素瓶合金铝盖、口服液瓶铝盖等。

直接接触药品的包装材料和容器,必须符合药用要求,符合保障人体健康、安全的标准,并由药品监督管理部门在审批药品时一并审批。药品生产企业不得使用未经批准的直接接触药品的包装材料和容器。政府对直接接触药品的包装材料及容器的生产实施生产许可证制度。

(一) 常用的包装材料

(1) 复合材料:复合材料是新型的包装材料,耐腐蚀,有一定的强度,耐压并可保持真空状态。

(2) 塑料:塑料具有强度高、阻隔性好、质轻携带方便、透明等许多优良特性,无论是药品还是医用器械的包装,都应用的非常广泛。在药品的包装方面,除了各种塑料袋、塑料瓶等之外,尤其要指出的是药品的塑料泡罩包装,它解决了用几片取几片同时不影响其他药片保存的问题。

(3) 玻璃:玻璃有一定的抗压性,易密封、防潮、透明和化学性质比较稳定等优点,但玻璃易碎、较重,还会受到水溶液的侵蚀而释放出碱性物质和不溶性脱片。药典规定安瓿、大输液瓶必须使用硬质中性玻璃,在盛装有遮光要求的药品时,宜用棕色玻璃容器。

(4) 纸制品:成本低、来源广,可加工性强,上涂料后亦可有一定的防潮作用,也可回收再利用。缺点是抗压性能不好,易变形、易撕破。常用各种纸箱、纸盒、纸袋等。

(5) 金属:马口铁、铝箔、合金铝、镀锌铁皮等。这类材料有一定的强度和韧性,密封性好,只是成本较高。

(6) 橡胶制品:具有良好的密闭性,主要作为各种瓶塞严封药品。目前我国已禁止使用天然橡胶作为药品包装材料,而采用药用丁基橡胶瓶塞。

(7) 木材:具有很强的抗压性能,主要作为外包装材料。为避免过度消耗森林资源,已逐步被塑料、纸等材料所替代。

随着社会的进步,人们的环境保护意识增强,药品包装材料也在逐渐地向保护自然环境的方向发展，可回收再利用和可降解材料的应用比例呈增加趋势。

（二）常用的包装容器

（1）遮光容器：遮光容器系指用不透光的包装容器，能阻止紫外线的透入，主要用于遇光易变质药品的盛装，例如，棕色容器或黑纸包裹的无色透明、半透明容器等。

（2）密闭容器：密闭容器能防止尘土及异物进入，用于盛装性质稳定，仅需防止损失或异物混入的药品，如塑料瓶，玻璃瓶、纸盒等。

（3）密封容器：密封容器系指能防止风化、吸潮、挥发或异物进入的容器，用于盛装易风化、潮解、氧化或挥发的药物。如软膏管，带紧密塑料塞的陶瓷瓶等。

（4）熔封或严封容器：系指将容器熔封或用适宜的材料严封，能防止空气与水分的侵入并防止污染，用于盛装注射剂、血浆等。如安瓿、输液袋等。

除此之外，某些特殊类型的药品包装有自己特殊的要求，如放射性药品的包装必须安全实用，符合放射性药品质量要求，具有与放射性剂量相适应的防护装置，包装必须分内包装和外包装两部分。

第三节　医药商品包装标志

一、包装的图标

（一）注册商标

商标指以文字、图形、字母、数字、三维标志、颜色组合和声音等，以及上述要素的组合，能够将自然人、法人或者其他组织的商品与他人的商品区别开的标志。经商标局核准注册的商标为注册商标，包括商品商标、服务商标和集体商标、证明商标；商标注册人享有商标专用权，受法律保护。

药品说明书和标签中禁止使用未经注册的商标及其他未经国家食品药品监督管理局批准的药品名称。药品标签使用注册商标的，应当印刷在药品标签的边角，含文字的，其字体以单字面积计不得大于通用名称所用字体的四分之一。

（二）专有标志

特殊管理的药品（麻醉药品、精神药品、医疗用毒性药品、放射性药品）、外用药品和非处方药品的标签，必须印有规定的标志（图 8-1）。

（三）药品包装的条形码

1. 商品条码　商品条码由一组规则排列的条、空及其对应代码组成，是标志商品身份的代码，具有唯一性。通常为厂商识别代码、商品项目代码、校验码三部分组成的 13 位数字代码。厂商识别代码由前 7~10 为数字组成（前 3 位为前缀码，即国别代码），商品项目代码由接下来的 5~2 为数字组成，校验码是第 13 位数字。

2. 药品电子监管码　药品电子监管码（以下简称药监码）是为药品提供身份验证、信息存储与采集、物流流向统计等信息服务所使用的电子标志。药监码是由 20 位数字加密编码。药监码分为一级药监码（药品最小销售包装）、二级药监码（药品中包装）、三级药监码（药品外层包装，如此类推），分别用来标志最小销售包装药品、中间独立包装药品和外箱独立包装药品。

图 8-1 几类药品的规定标志

药监码通过“一件一码”，以及“全程核注核销”的方式实现药品生产、流通、库存实时监控的现代化药品信息管理方式。

药监码使用20位编码，其中前7位(产品资源码)包含企业信息、药品名称、剂型、批准文号、包装规格等信息，方便数据存储，可应用于物流、零售结算环节的使用。药监码8~16位是单件产品序列号，最后4位是校验位。

案例

成都一家连锁药店收到了当地质监部门一张近万元的处罚通知单。原来，质量技术监督执法人员在该连锁药店检查时发现，其出售的部分药品包装所使用的商品条形码存在不规范问题，并根据有关法律进行了行政处罚。

问题：药品包装的条形码有哪几种？如何构成？

二、医药商品的标签与说明书

医药商品的说明书和标签是其包装的重要组成，它既是商品使用的依据，也是普及相关医药知识、宣传商品特性和指导合理使用的媒介。

(一) 药品的标签、说明书及相关规定

在我国境内上市销售的药品，其说明书和标签应当符合《药品说明书和标签管理规定》的要求。药品说明书和标签的文字应当使用规范化汉字，清晰易辨，标志应当清楚醒目，表述应当科学、规范、准确。非处方药说明书还应当使用容易理解的文字表述，以便患者自行判断、选择和使用。出于保护公众健康和指导正确合理用药的目的，可以在药品说明书或者标签上加注警示语。

1. 药品的标签、说明书

(1) 标签：药品的标签是指药品包装上印有或者贴有的内容，分为内标签和外标签。药品内标签指直接接触药品的包装的标签，外标签指内标签以外的其他包装的标签。

药品的内标签应当包含药品通用名称、适应证或者功能主治、规格、用法用量、生产日期、产品批号、有效期、生产企业等内容。包装尺寸过小无法全部标明上述内容的，至少标注药品通用名称、规格、产品批号、有效期等内容。

药品外标签应当注明药品通用名称、成分、性状、适应证或者功能主治、规格、用法用量、不良反应、禁忌、注意事项、储藏、生产日期、产品批号、有效期、批准文号、生产企业等内容。适应证或者功能主治、用法用量、不良反应、禁忌、注意事项不能全部注明时，标出主要内容并注明“详见说明书”字样。

用于运输、储藏的包装的标签，至少注明药品通用名称、规格、储藏、生产日期、产品批号、有效期、批准文号、生产企业，也可以根据需要注明包装数量、运输注意事项或者其他标记等必要内容。

原料药的标签应当注明药品名称、储藏、生产日期、产品批号、有效期、执行标准、批准文号、生产企业，同时还需注明包装数量及运输注意事项等必要内容。

（2）药品的说明书：药品说明书包含药品安全性、有效性的重要科学数据、结论和信息，用以指导安全、合理使用药品。药品生产企业生产供上市销售的最小包装必须附有说明书。

药品说明书的主要内容有药品标志、忠告语、药品名称、成分、性状、作用类别、适应证（功能主治）、规格、用法用量、不良反应、禁忌、注意事项、孕妇及哺乳期妇女用药、儿童用药、老年用药、药物相互作用、药物过量、药理毒理、药代动力学、储藏、包装、有效期、执行标准、批准文号、说明书修订日期、生产企业等内容。

2. 相关规定

（1）药品名称：药品名称包括药品通用名、商品名、英文名称、汉语拼音、化学名称等。其中药品说明书和标签中标注的药品名称必须符合国家食品药品监督管理总局公布的药品通用名称和商品名称的命名原则，并与药品批准证明文件的相应内容一致。

1）药品通用名：即经国家食品药品监督管理总局批准载入国家正式药品标准的法定药品名称。如阿莫西林、甲硝唑、维生素 E、云南白药等。药品通用名不得作为商品商标进行注册。

药品通用名标志时应当显著、突出，其字体、字号和颜色必须一致；字体易识别；颜色应当使用黑色或者白色。对于横版标签，必须在上三分之一范围内显著位置标出、对于竖版标签，必须在右三分之一范围内显著位置标出。

2）药品商品名：是由药品生产厂商命名并进行注册的药品品牌名。在销售过程中，商品名不仅用于区别本产品与其他产品，还具有参与市场竞争、促进销售的特殊功能。如感冒药复方氨酚烷胺胶囊（或片），有很多生产厂家。不同的厂家又取了一个商品名区别于其他厂产品。其商品名有快克、快康、泰克、感康、可立克等。商品名不得与通用名同行书写，其字体和颜色不得比通用名称更突出和显著，其字体以单字面积计不得大于通用名所用字体的二分之一。

（2）成分：药品说明书应当列出全部活性成分或者组方中的全部中药药味。注射剂和非处方药还应当列出所用的全部辅料名称。药品处方中含有可能引起严重不良反应的成分或者辅料时，也应当予以说明。

（3）有效期：是指该药品在规定的储存条件下，能够保持质量稳定的期限。药品有效期的时间长短与药品的稳定性相关。

有效期按年、月、日的顺序标注，年份用四位数字表示，月、日用两位数表示。其具体标注格式为“有效期至 XXXX 年 XX 月”或者“有效期至 XXXX 年 XX 月 XX 日”；也可以用数字和其他符号表示为“有效期至 XXXX. XX. ”或者“有效期至 XXXX/XX/XX”等。

预防用生物制品有效期的标注按照国家食品药品监督管理总局批准的注册标准执行，治疗用生物制品有效期的标注自分装日期计算，其他药品有效期的标注自生产日期计算。有效期若标注到日，应当为起算日期对应年月日的前一天，若标注到月，应当为起算月份对应年月的前一月。

(4) 产品批号：用于识别一个特定批药品的具有唯一性的数字和(或)字母的组合，可追溯与该批成品质量有关的历史信息。根据《药品管理法》规定，不注明或者更改生产批号的药品为劣药。

(5) 批准文号：药品生产企业生产药品须经国务院药品监督管理部门批准，并发给批准药品生产的证明文件，药品批准文号就是该证明文件的编号。药品批准文号是药品生产合法性的标志。每种药品的每个规格都有自己的批准文号。

药品批准文号格式：国药准字+1 位字母+8 位数字，试生产药品批准文号格式：国药试字+1 位字母+8 位数字。

化学药品使用字母“H”，中药使用字母“Z”，通过国家食品药品监督管理总局整顿的保健药品使用字母“B”，生物制品使用字母“S”，体外化学诊断试剂使用字母“T”，药用辅料使用字母“F”，进口分包装药品使用字母“J”。

数字第 1、2 位为原批准文号的来源代码，其中“10”代表原卫生部批准的药品，“19”、“20”代表 2002 年 1 月 1 日以前国家食品药品监督管理总局批准的药品，其他使用各省行政区划代码前两位。第 3、4 位为获得批准文号或换发批准文号之年公元年号的后两位数字。数字第 5~8 位为顺序号。如组胺受体拮抗剂盐酸依匹斯汀(凯莱止)胶囊的批准文号为：国药准字 H20130054，表明该药品是化学药品，是在 2002 年 1 月 1 日以前国家食品药品监督管理总局批准的药品，于 2013 年换发批准文号的，顺序号为 0054。

(二) 其他药品

发运中药材必须有包装，在每件包装上，必须注明品名、产地、日期、调出单位，并附有质量合格的标志；中药饮片的标签必须注明品名、规格、产地、生产企业、产品批号、生产日期，实施批准文号管理的中药饮片还必须注明药品批准文号；医疗机构配制制剂所使用的直接接触药品的包装材料和容器、制剂的标签和说明书应当符合有关规定，并经省、自治区、直辖市人民政府药品监督管理部门批准；放射性药品标签必须注明药品品名、放射性比活度、装量，说明书除注明前款内容外，还须注明出厂日期、放射性核素半衰期等。

(三) 医疗器械的说明书、标签

医疗器械说明书是指由医疗器械注册人或者备案人制作，随产品提供给用户，涵盖该产品安全有效的基本信息，用以指导正确安装、调试、操作、使用、维护、保养的技术文件。

医疗器械标签是指在医疗器械或者其包装上附有的用于识别产品特征和标明安全警示等信息的文字说明及图形、符号。

医疗器械的说明书、标签的内容主要包括：①通用名称、型号、规格；②生产企业的名称和住所、生产地址及联系方式；③产品技术要求的编号；④生产日期和使用期限或者失效日期；⑤产品性能、主要结构、适用范围；⑥禁忌证、注意事项及其他需要警示或者提示的内容；⑦安装和使用说明或者图示，由消费者个人自行使用的医疗器械还应当具有安全使用的特别说明；⑧维护和保养方法，特殊储存条件、方法；⑨产品技术要求规定应当标明的其他内容。除此之外，第二类、第三类医疗器械还应当标明医疗器械注册证编号和医疗器械注册人的名称、地址及联系方式。

案例

某县食品药品监督管理局执法人员在对一药品经营企业进行监督检查时，发现某制药企业生产的消糜栓，其包装盒中附带卫生指套与脱脂棉卫生栓。此卫生指套和脱脂棉卫生栓的使用说明上均标明了各自的注册证号及生产企业等，但均无合格证明标志。

问题：

1. 包装盒中附带卫生指套与脱脂棉卫生栓是不是医疗器械？
2. 是否没收该消糜栓？是否对该经营企业进行处罚？

第四节　医药包装行业的发展趋势

目前，与发达国家相比，我国药品包装的水平还比较落后。在医药经济的各组成部分中，药品包装所占的比例远远低于国际水平。与国际同类产品相比，我国大多数药品包装无论内在还是外在的质量，都有很大差距。

随着人民生活水平的提高，普通居民对药品包装质量的要求、人性化和安全性的关注也在不断提升，国家对医药包装行业的发展也在日趋重视，行业逐步进入规范化、专业化发展，尤其2012年1月，医药包装材料首次进入《医药工业“十二五”发展规划》，并成为医药工业转型升级中的重点发展领域。同时伴随绿色节能、保护环境观念越来越深入民心，高污染、高耗能，对自然环境破坏大得包装技术和材料的使用在逐渐减少，遭到了淘汰，而可回收材料和可降解材料得到了大力推广，我国药品包装的技术和材料的质量和档次也在稳步提升。通过向制药企业提供质量高、与药物相容性好的药品包装材料，医药包装行业能够在一定时期内维持较快的发展速度。同时，大包装向小包装转变，增加根据患者需要设计的小包装，且每个小包装都会有独立的外包装，使包装更加人性化。

在包装设备水平方面，国内药品的包装工作，特别是一些较复杂的包装物品的排列、装配工作还是人工完成。众多的人工操作不仅不能保证包装的统一和稳定，还会对被包装产品造成污染。而在我国制药企业推行GMP时，提高包装的自动化水平和质量是其规范中化非常重要的一个环节。

另一方面，随着药品分类管理和医疗体制改革的实施，患者自行选择药品的比例大大提高，包装设计在药品销售中的作用也越来越重要。而美观的包装可以对消费者的视觉形成冲击，从而提高其购买欲。因此，对包装设计制药企业应提高重视，尤其是非处方药品。药品包装设计在遵循相关规定的同时，如何去提高其外观品位，体现企业形象，让其获得消费者的心理认可，就成为了一个需要慎重思考的问题。长期以来，我国的药品包装设计没有突出特点。与发达国家相比，设计水平还存在一定差距。

随着GMP的深入贯彻实施，药品包装将逐步规范化、细致化、系列化，新材料、新技术、新工艺的不断采用,将使药品包装更加方便、安全,符合环保要求。而这所有的新要求,新发展将为我国医药包装行业带来巨大的商机。

(李艳苓)

自 测 题

一、单项选择题

1. 医药商品包装的最基本作用是
   A. 保护医药商品　　B. 美化商品
   C. 增加附加价值　　D. 方便消费者
2. 药品电子监管码编码的数字共
   A. 5 位　　B. 8 位
   C. 13 位　　D. 20 位
3. 药品商品名其字体以单字面积计不得大于通用名所用字体的
   A. 四分之一　　B. 三分之一
   C. 二分之一　　D. 一倍
4. 有效期是指
   A. 药品在规定的储存条件下,能够保持质量稳定的期限
   B. 药品在规定的储存条件下,能够保持疗效稳定的期限
   C. 药品在规定的储存条件下,能够保持安全使用的期限
   D. 药品在规定的储存条件下,能够保持质量均一的期限
5. 在药品批准文号中表示化学药品的字母是
   A. B　　B. H
   C. S　　D. Z
6. 一般药品包装上的商品条码组成数码共
   A. 12 位　　B. 13 位
   C. 14 位　　D. 15 位
7. 药品批准文号除国药准字+1 位字母外还包括数字
   A. 6 位　　B. 7 位
   C. 8 位　　D. 9 位
8. 药品包装上的瓶塞使用最多的材料是
   A. 玻璃　　B. 金属
   C. 橡胶制品　　D. 复合材料
9. 不注明或者更改生产批号的药品是
   A. 劣药　　B. 假药
   C. 原料药　　D. 药用辅料

第九章 医药商品的编码

医药商品分类和编码是密不可分的关系，分类是编制医药商品目录的基础，是商品编码的前提，编码是医药商品分类体系和目录的一个重要组成部分。医药商品编码是否科学得当直接影响其分类体系的实用价值。医药商品编码可使名目繁多的医药商品便于识别和记忆，有利于医药商品分类体系的通用化和标准化，为建立统一的医药商品产供销系统及应用计算机网络进行流通的现代化科学管理创建了条件。

第一节 国家药品编码

国家药品编码是指在药品研制、生产、经营、使用和监督管理中由计算机使用的表示特定信息的编码标志。适用于药品研究、生产、经营、使用和监督管理等各个领域及电子政务、电子商务的信息化建设、信息处理和信息交换。国家药品编码遵循科学性、实用性、规范性、完整性与可操作性的原则，同时兼顾扩展性与可维护性。

（一）国家药品编码的基本要求

为了加强对药品监督管理，确保公众用药安全，依据《药品注册管理办法》，2009 年，国家食品药品监督管理总局（下称国家局）印发《关于实施国家药品编码管理的通知》（下称《通知》），对批准上市的药品实行编码管理。对国家药品编码的适用范围、管理、编制、发布及变更等做了具体要求。

（1）国家药品编码本位码由国家局统一编制赋码，药品在生产上市注册申请获得审批通过的同时获得国家药品编码，在生产、经营、使用和监督管理过程中使用。

（2）国家药品编码包括本位码、监管码和分类码。

（3）药品注册信息发生变更时，国家药品编码本位码进行相应变更；药品批准证明文件被注销时，国家药品编码同时被注销。药品编码变更、注销后，原有国家药品编码不得再被使用。

（4）任何单位和个人不得伪造、冒用、擅自转让国家药品编码。

（二）国家药品编码本位码编制规则

（1）国家药品本位码由药品监督管理部门授权的维护管理机构统一编制赋码。国家药品编码本位码共 14 位，由药品国别码、药品类别码、药品本位码和校验码依次连接组成，不留空格，其结构见图 9-1。

（2）国家药品编码本位码国别码为“86”，代表在我国境内生产、销售的所有药品；国家药品编码本位码类别码为“9”，代表药品；国家药品编码本位码本体码的前 5 位为药品企业标志，根据《企业法人营业执照》、《药品生产许可证》，遵循一照一证的原则，按照流水的方式编制；国家药品编码本位码的后 5 位为药品产品标志，是指前 5 位确定的企业所拥有的所有药品产品。药品产品标志根据药品批准文号，依据药品名称、剂型、规格，遵循一物一码的原则，按照流水的方式编制。

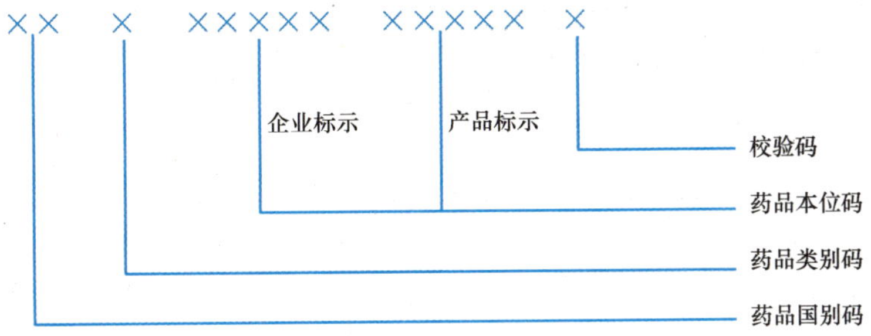

图 9-1 国家药品编码结构图

（3）国家药品本体码由药品监督管理部门授权的维护管理机构统一编制赋码。

（4）校验码是国家药品编码本位码中的最后一个字符，通过特定的数学公式来检验国家药品编码本位码中前 13 位数字的正确性，计算方法按照“GB 18937”执行。

第二节 医药商品条码

医药商品条码是医药商品流通过程中全球统一的医药商品代码系统与条码符号表示的总称，是中国物品编码中心按照国际统一规则推行的，与国际物品标志系统相统一的、全球通用的标准化医药商品流通标志系统。包括医药商品代码和可自动识别的条码符号两部分内容。医药商品条码包括零售医药商品条码、非零售医药商品条码及医药物流单元的商品条码。

（一）医药商品代码的组成

医药商品代码由医药商品标志代码和医药商品附加属性代码两部分组成。

（1）医药商品标志代码是对特定医药商品项目在流通全生命周期内稳定不变的、标准化的“身份”编码。具有结构固定、全球唯一、数字化、无含义等特点，是医药商品项目流通全过程信息交换的关键字。

（2）医药商品附加属性代码是用于表述与医药商品具体流通单元相关的附加属性信息的编码，如描述具体医药商品流通单元的生产批号、有效期、包装数量等的代码。

（二）零售医药商品代码

通常，零售的医药商品只需标志代码及相应的条码符号表示即可满足零售扫描结算的要求。当零售端有特殊要求时，也可编制附加属性代码。

1. 零售医药商品的标示代码 零售医药商品代码的符号表示有 EAN/UCC-13 或 EAN/UCC-8 两种结构，如图 9-2。

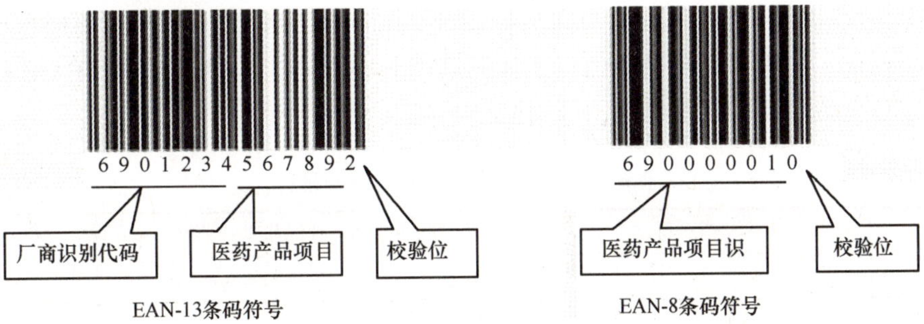

图 9-2 EAN/UCC 条码符号

2. 零售医药商品的附加属性代码 当零售医药商品需要表示附加属性信息时，应表示为应用标志符+附加属性代码形式，并与表示代码同时标志。通常附加属性信息包括产品有效期、批号等。具体代码结构，见表 9-1。

表 9-1 零售医药商品的附加属性代码结构表

应用标志符(AI)	数据含义	格式			备注
	医药商品标志代码	EAN. UCC-13 编码			
17	有效期	年	月	日	以六位数字表示为必备要素
		N_1N_2	$N_3\ N_4$	N_5N_6	
10	批号	批号			长度可变，最长 20 位为必备要素
		$X_1\cdots\cdots X_{20}$			
11	生产日期	年	月	日	同有效期
		N_1N_2	$N_3\ N_4$	N_5N_6	

其中，应用标志符 17，指示其后数据表示有效期，如果不需要明确注明具体日期，则 $N_5\ N_6$ 用“00”表示。应用标志符 10，指示其后数据表示生产批号。应用标志符 11，指示其后数据表示生产日期。

当需要明示零售医药商品的附加属性信息时，由 UCC/EAN-128 条码表示附加属性代码，并置于 EAN/UPC 条码之下。见图 9-3。

附加属性数据说明：

(17) 应用标志符，指示有效期至2005年1月1日

(10) 应用标志符，指示生产批号为ABC

图 9-3 零售医药商品的附加属性代码图

(三) 非零售医药商品代码

非零售医药商品的代码由医药商品标志代码和医药商品附加属性代码通过应用标志符连接而成。非零售医药商品的标志代码采用 EAN/UCC-14 代码结构。EAN/UCC-14 代码是定长全数字型的数据结构，其结构见表 9-2。

表 9-2 EAN/UCC-14 的数据结构

	指示符	内装零售医药商品标志代码(不含校验位)	校验位
EAN/UCC-14 结构	N_1	$N_2\ N_3\ N_4\ N_5\ N_6\ N_7\ N_8\ N_9\ N_{10}\ N_{11}\ N_{12}\ N_{13}$	N_{14}

指示符的赋值区间为 1~9。其中,1~8 用于内装产品件数确定且包装稳定的非零售医药商品的标志,9 用于内装产品件数不定的非零售医药商品的标志。当非零售医药商品包装内装单件产品时,该非零售医药商品的标志代码采用内装医药商品标志代码前补零形成的 14 位代码。

医药商品附加属性一般包括有效期、总量、生产日期及批号等。结构示意见表 9-3。

表 9-3 医药商品附件属性代码

标志代码		附加属性代码				
01	标志代码	AI_1	附加属性数据 1	…	AI_N	附加属性数据 N

附加属性代码通过应用标志符指示。将确定的有效期、生产日期、批号和数量等医药商品附加属性代码按照所示格式连接在标志代码后,构成完整的非零售医药商品代码,见表 9-4。

表 9-4 非零售医药商品的附加属性代码结构表

应用标志符(AI)	数据含义	格式			备注
01	标志代码	EAN/UCC-14 编码			
17	有效期	年	月	日	以两位数字表示为必备要素
		N_1N_2	$N_3\ N_4$	N_5N_6	
30	总量(包装内的)	总量			只用于变量贸易项目长度可变,最长 8 位
		$N_1……N_8$			
10	批号	批号			长度可变,最长 20 位为必备要素
		$X_1……X_{20}$			
11	生产日期	年	月	日	同有效期
		N_1N_2	$N_3\ N_4$	N_5N_6	

UCC/EAN-128 条码符号是 EAN1/UCC 系统中用于表示附加信息的条码符号,也常用于非零售贸易项目的标志(图 9-3)。

示例 1:一个包装固定的非零售医药商品包装,内装医药商品的标志代码为 6901234000047,生产批号为 ABC,有效期至 2005 年 1 月 1 日,该非零售医药商品的代码,见图 9-4。

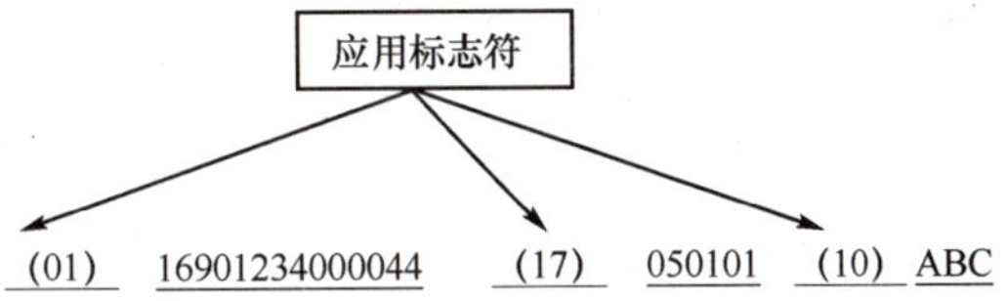

图 9-4 包装固定的非零售医药商品标志代码

表中各数字按顺序代表含义的说明如下。

其中(01):应用标志符,表示其后的 14 位代码为医药商品标志代码。

其中 1:包装指示符,表明该医药商品是非零售的固定包装。

其中 690123400004:内装医药商品的标志代码(不含校验位)。

其中 4:校验位。

其中(17):应用标志符,表示其后数据为有效期。

其中 050101:有效期截止到 2005 年 1 月 1 日。

其中(10):应用标志符,表示其后数据为该医药商品的批号。

其中 ABC：批号为 ABC。

示例 2：变量包装的非零售医药商品大包装，内装医药商品的标志代码为 6901234000047，其中有 7 件的生产批号为 ABC，有效期至 2005 年 1 月 1 日，该变量包装医药商品的代码见图 9-5。

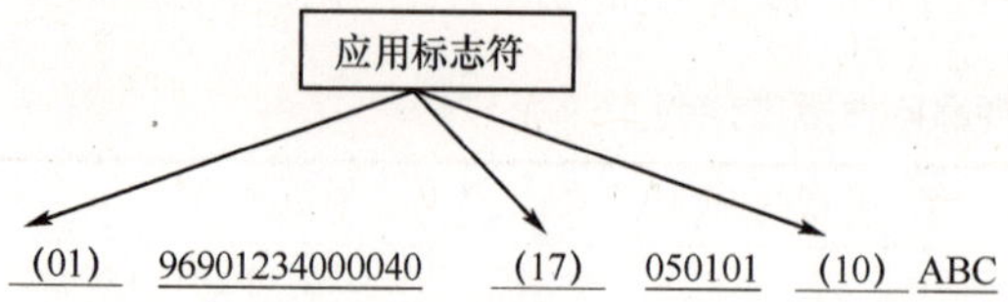

图 9-5 变量包装的非零售医药商品标志代码

表中各数字按顺序代表含义的说明如下。

其中(01)：应用标志符，表示其后的 14 位代码为医药商品标志代码。

其中 9：包装指示符，表明本包装为变量包装，件数不能预先确定。

其中 690123400004：内装医药商品的标志代码(不含校验位)。

其中 0：校验位。

其中(17)：应用标志符，表示其后数据为有效期。

其中 050101：有效期截止到 2005 年 1 月 1 日。

其中(30)：应用标志符，表示其后数据为总量。

其中 7：包装内有 7 件所标志的医药商品。

其中(10)：应用标志符，表示其后数据为批号。

其中 ABC：批号为 ABC。

非零售医药商品的代码可以采用 ITF-14 或者 UCC/EAN-128 条码表示。采用 ITF-14 时，该非零售医药商品的附加属性代码由 UCC/EAN-128 码表示，并置于 ITF-14 条码之下。采用 UCC/EAN-128 条码表示非零售医药商品代码时，标志代码与附加属性代码通过应用标志符进行链接，见图 9-6。如果还需要表示其他附加属性信息，可继续在符号中链接。

图 9-6 UCC/EAN-128 条码符号

第三节 药品电子监管码

药品电子监管码管理系统是针对药品在生产及流通过程中的状态监管，实现监管部门及生产企业产品追溯和管理，维护药品生产商及消费者的合法权益。

药品电子监管码是中国政府对产品实施电子监管为每件产品赋予的标志。每件产品的电子监管码唯一，即“一件一码”，好像人的身份证，也就是药品的电子身份证，简称监管码。2010 年 6 月 17 日，国家食品药品监督管理总局(CFDA)发布了《关于做好基本药物全品种电子监管工作的通知》，要求凡生产基本药物品种的中标企业，要在 2011 年 3

月 31 日前加入药品电子监管网。也就是说，在继麻醉药品、精神药品、血液制品、疫苗、中药注射剂之后，基本药物也全面纳入了电子监管的范围。争取 2015 年年底前实现药品全品种、全过程电子监管。

目前中国使用的电子监管码为 20 位，并与国家 14 位药品本位码关联。为满足不同形状包装的需要，药品电子监管网提供三种监管码样式，生产企业可根据具体情况任选其一使用，见图 9-7。消费者可以通过中国药品电子监管网输入药品外包装的中国药品电子监管码、区号、电话后，可直接查询到该药品的【药品通用名】，【剂型】，【制剂规格】，【包装规格】，【生产企业】，【生产日期】，【产品批号】，【有效期至】，【批准文号】及药品流向等信息。如果为非第一次查询则会显示之前相应的查询记录。

中国药品电子监管码
09612 01700 00010 00001
电话查询：95001111
短信查询：106695001111
网站查询：www.drugadmin.com

中国药品电子监管码
09612 01700 00010 00001

中国药品电子监管码
电话查询：95001111
短信查询：106695001111
网站查询：www.drugadmin.com
09612 01700 00010 00001

图 9-7　药品电子监管码样式

药品电子监管码具有以下五大特点。

（1）一件一码：突破了传统一类一码的机制，做到对每件产品唯一识别、全程跟踪，实现了政府监管、物流应用、商家结算、消费者查询的功能统一。对每一件物品全程追踪，可以确保产品从出厂到客户使用全程监控。

（2）数据库集中存储动态信息：为突破质量信息和流通动态信息无法事先印刷的局限，监管网对产品动态信息实时集中存储在超大规模监管数据库中，同时满足了生产、流通、消费、监管的实时动态信息共享使用需求。

（3）全国覆盖：由于产品一地生产、全国流通销售的特点，只有做到全国统一、无缝覆盖的系统网络平台才能满足全程监管的要求。

（4）全程跟踪：监管网对产品的生产源头、流通消费的全程闭环信息采集，具备了质检、工商、商务、药监等各相关部门信息共享和流程联动的技术功能，为实现对产品的质量追溯、责任追究、问题召回和执法打假提供了必要的信息支撑。

（5）消费者查询：可以借助短信、电话、网络及终端举措等形式，查询药品的真实性和质量信息。消费者可以获得的信息有：药品通用名、剂型、规格；出产企业、出产日期、出产批号、有效期等，假如发现问题，可以与当地的食品药品监管部门联系。

（张海夫）

第十章 医药商品的促销

近年来随着经济的迅速发展和社会的不断进步,我国医药行业的发展已渐具规模。但是,随着企业数量的急剧增长和产品的同质化发展,医药行业的竞争愈加激烈。各医药企业要想在竞争中脱颖而出,不但要拥有好的产品,还需要积极开展各项促销活动,扩大企业及产品的知名度。

第一节 医药促销的概念与作用

一、医药促销的概念

医药促销是医药企业通过各种促销方式将医药产品、医药服务及医药企业的信息传递给潜在消费者,并与之进行信息的沟通,设法引起消费者的注意和激发他们的兴趣、好感与信任,进而做出购买决定和采取行动的一系列活动的总称。

医药促销的实质是医药企业与消费者或潜在消费者之间的信息沟通,其目的是为了推动医药产品的销量、提升企业竞争力。

二、医药促销的作用

市场竞争日趋激烈的今天,促销活动已经成为企业经营中不可或缺的重要部分。据2013年底的数据显示,单是医药零售药店在中国就已超过42万家。面对前所未有的如此激烈的竞争,促销对医药销售的影响已经越来越显著。

促销的作用主要体现在以下几个方面。

1. 提供医药信息,促进信息交流 无论是医药产品进入市场前还是进入之后,公司都需要及时向市场介绍药品特点、疗效、价格等信息,以扩大企业影响力。对消费者而言,促销能给他们提供有用的医药信息并带来更多的利益,并且方便他们更好地使用产品。而企业则在促销过程中收集大量的市场信息,改进服务、增强竞争力。

2. 扩大医药商品需求,提升销量 有效的促销活动可以激发消费者的潜在需求,提升整体销量,并且在一定条件下还可以创造需求,促使市场朝着有利于企业的方向发展。

3. 突出医药产品特点,形成产品偏好 目前市场中同类产品的竞争异常激烈,产品之间的差别不大。因此,企业通过促销强化商品的商标、特征、功效等,帮助消费者更好地认识产品的优势与差别,形成对产品的偏好,建立与众不同的产品形象。

4. 巩固市场,树立企业良好形象和塑造企业品牌 市场环境日新月异,公司的销量波动很大,企业如果能有针对性地开展促销活动,可以让更多的消费者了解、熟悉和信任公司产品,也可以维持与老消费者的关系。这对于稳定市场乃至扩大市场份额有举足轻重的作用。企业也可以通过大型、有社会影响力的活动,创造自己的品牌,获取长远的利益。

第二节 医药促销的方式

为了有效地与购买者沟通信息,医药企业可以通过铺天盖地的广告吸引消费者的眼球;可以通过各种大幅度的促销让利使消费者产生无法抗拒的购买冲动;可以通过各种公共关系在公众心目中树立良好的形象;还可以通过销售人员贴心的服务赢取消费者的信赖……促销的形式多种多样,总的来说,只要能够促进企业销量提升的一切行为都可以称作促销。

一般来说,促销可以分为人员促销和非人员促销两大类。其中人员促销主要是指人员推销,非人员促销主要是指广告、销售促进(营业推广)和公共关系。每一种促销方式在促进销量方面都有着独特的效果,但是它们又都有一定的局限性,因此企业不可能实施某一种促销方式就可以取得很大的促销效果,往往是要灵活地将多种促销方式结合在一起使用,增强促销力度和效果。因此,企业就要考虑促销组合策略。不过,在考虑促销方式的搭配、组合之前,人们要先熟知每一种促销方式的特点。

一、人员推销

人员推销是指医药企业的销售人员通过与消费者进行面对面接触,运用推销技巧推动商品销售的促销方式。由于医药产品关系到人的生命安全与健康,在销售的过程中需要有专业人员对消费者进行必要的指导。因此,相对于其他产品的销售,人员推销在医药产品的销售中就显得尤为重要。

(一)人员推销的基本形式

人员推销的基本形式有上门推销和柜台推销两种。

1. 上门推销 上门推销即医药生产企业或医药公司派出业务员(销售代表)主动与目标顾客进行接触、推销。目标顾客主要包括是医院、相关科室医生、医药零售企业等组织与机构。保健品、保健食品等非药品类产品还会使用业务员挨家挨户上门推销的方式。

2. 柜台推销 柜台推销就是主要是指零售药店销售人员向前来门店的消费者销售商品。这是一种常见的"等客上门"式的推销。这里的销售人员也包括了临时的促销人员,其职能是主动接待消费者,根据消费者的需要推荐产品、解答疑问、促成销售。

(二)人员推销的特点

人员推销与其他几种促销方式相比,具有无法比拟的优势。归纳起来,有如下特点。

1. 信息传递的双向性 双向的信息沟通是人员推销区别于其他促销方式的重要方面,也是它的优势。销售人员通过与消费者面对面交流,能快速了解消费者的需求,并有针对性地采用有效措施来解答消费者疑问,促成交易;同时,也可以从中进一步了解消费者的需求、获取有关企业和商品的意见与建议,以及收集行业和竞争者的相关信息,并及时反馈给企业,以便改善服务。

2. 促销的针对性和灵活性 在人员促销过程中,买卖双方直接沟通、现场洽谈、灵活互动。销售人员需要根据消费者的不同症状合理推荐药品,并根据不同消费者的购买习惯和特点,灵活运用销售技巧,激发消费者的兴趣、诱导消费者的购买欲望并抓住有利时机促成交易。这就需要销售人员具有较强的观察能力和应变能力,并且能够娴熟地运用推销技巧接待不同的消费者。

3. 促销目的的双重性 在促销活动中,销售人员不仅是要将商品卖出去,还要通过宣传、答疑、参谋、承诺来促使消费者愿意购买,并在购买中获得满意。因此,销售人员的促销不是单纯的买卖,它一方面要推销企业的品牌形象、推销产品;另一方面要满足消费者需要,与消费者建立情感、友谊和良好关系,以便开展"关系营销"。因此,服务态度是非常重要的,尤其是在产品品种、产品质量没有太大差别的情况下,服务的竞争就更显重要了。医药企业必须在加强销售人员产品专业知识、销售技巧等培训的同时也要注意员工职业道德、服务礼仪等方面的强化。

4. 促销范围小、人员培训费用高 尽管这种方式促销效果好,但是每次只能是接待一个或极少数消费者,而且培养一个出色的推销人员需要比较高的成本和需要一定的时间,所以这种促销方式不能普遍使用,通常是在一些高利润率的行业中使用。

(三) 人员推销的工作步骤以及销售技巧

由于医药产品是特殊的产品,关系到健康与生命安全,因此即使是购买非处方药或保健品等安全性较高的产品,消费者也乐意收集产品信息和接受销售人员的专业意见。因此,药学专业人员的推荐和指导是药店服务中其他促销方式无法替代的。因此,它是目前医药产品销售中最主要的促销方式。

整个销售的过程人们可以简单地浓缩成"问病荐药",但是具体的还是可以分成以下五个步骤,通过详细分析每个步骤的工作重点,学习相关的工作技巧。

人员推销的工作步骤:接近消费者—了解消费者需求—推荐产品—连带销售—送别消费者。

1. 第一步:接近消费者 销售人员应该抓住一切机会主动出击,特别是上门推销,销售的机会往往是靠自己去争取的。销售人员主动接近消费者,并通过交谈,建立良好的气氛,进而为下一步的推销工作奠定良好的基础。在接触消费者的时候销售人员也要讲究一定的方法和技巧,尽量避免"吃闭门羹"和遭到拒绝。这一步关键是让消费者消除防备心理,愿意接纳你。常用且效果比较好的方法有:馈赠接近,送一些小礼物或者一些产品小样;请熟人帮忙引荐;聊天与搭讪接近,一开始不急着推销产品而是与目标顾客扯家常,待熟络之后再引入产品的推荐等。

2. 第二步:了解消费者需求 通过向消费者提出问题并仔细聆听回答来了解消费者真正的需要。在这个环节一定要注意倾听细节。因为消费者的回答中常常会有意无意地透露出自己的偏好,而且消费者只会对自己关心和感兴趣的方面提出问题。而这些恰恰给销售人员提供了指引与方向。消费者所提出的问题将是需要销售人员重点介绍的内容。

3. 第三步:推荐产品 通过了解、分析、判断,找出与消费者需求相适应的产品,向消费者解释该产品如何有益于他和如何满足他的需要。在这个过程中,销售人员主要任务是让消费者认可产品、消除疑虑。常用的技巧有:通过请消费者试用或者向消费者示范产品从而激发他的兴趣;也可以通过与竞争产品对比向消费者强化产品的优点;也可以利用相关证书、消费者的反馈等资料来增强消费者的信心;或者对其感兴趣的方面反复强调。

4. 第四步:连带销售 在消费者接受了所推荐的主产品后,销售人员还应该适时地推荐其他相关产品以激发消费者其他方面的需要,这样可以提高整体销量,为企业带来更多的利润。这往往是企业经营中最看重的。销售人员在消费者已经对企业和产品信任的基础上巧妙地进行连带销售,往往会取得事半功倍的效果。而所推荐的产品一般是配套的产品或者企业的新产品。在药店中,销售人员不但要"对症"荐药,还要学会根据消费者的购买能力推荐一些相关的保健品、食疗产品等,提高每次的营业额。

5. 第五步:送别消费者 即使消费者已经决定购买产品,这也不意味着销售工作的结束。销售人员还要做好售后的接待,争取更多的"回头客"。维护一个老顾客比开发一个新顾客要容易得多。因此,在成交以后,销售人员也不能怠慢顾客,依然要一如既往地为他提供贴心服务。

成交之后,销售人员应该对消费者的购买表示感谢,或者再次强调使用方法、售后的服务等,这样可以使消费者心理上得到进一步的满足。另外,还应该寻找机会请求消费者留下联系方式以便日后的再次销售。而对于到顾客家里进行上门推销者,销售人员要注意把握合适的离开机会。太早匆匆而去会令顾客觉得交易中是否有什么不可告人的猫腻反而引起顾客的不必要疑虑,而迟迟不肯离去又会影响着顾客的正常工作和休息,令他生厌。一般,交易结束后 10min 离开是比较好的。

人员推销具有复杂多变的特点,若要有良好的业绩,销售人员需要有较高的能力和素质。一个优秀的销售人员不但要有良好的工作态度和职业道德;还要有辨析消费者需求的敏锐洞察力;还要有扎实的专业知识,以及灵活运用各种推销技巧解决消费者异议和促成交易的能力。

二、医药广告

(一) 医药广告的概念

医药广告是指医药企业通过一定的媒体,以支付费用的方式向目标市场传播医药企业及产品有关信息的传播活动。

当今,广告宣传是医药企业普遍重视和广泛使用的促销方式之一。

(二) 广告的特点

首先,广告通过利用各种媒体可以图文并茂、声形兼俱、形象生动展现产品的形状、颜色等外部特征,直观明了、形象生动。其次,大部分广告色彩鲜艳,容易吸引消费者眼球并在视觉上给予极大的冲击,宣传效果较好。此外,广告具有覆盖面广、传播速度快、大众普及性强等优势。因此,在竞争激烈、信息量庞大的今天,广告成为了各行各业普遍采用的一种宣传方式。

但是,广告也不可避免地存在一些弊端,如由于信息传递的单向性,导致消费者在接受企业传递的信息后如果有疑问时不能及时得到答复,企业也很难及时促使消费者做出购买决定。因此,在一定程度上削弱了广告促销的效果。

与其他商品广告相比,医药产品广告的审批相当严格,但由于其特殊魅力,广告还是备受医药企业的青睐。许多大型医药公司每年在广告方面的费用高达十几个亿。加多宝集团 2012 年广告总费用就在 12 个亿左右,仅冠名《中国好声音》就花了 6000 万。而加多宝集团也通过这个电视节目使人们不但记住《中国好声音》,也记住了"正宗好凉茶,正宗好声音"。加多宝自身的形象提高了,在全国的影响力也扩大。企业通过巨额的医药广告不断缔造了新的销售业绩。这几年,医药企业每年广告的投入还在不断地增长。

（三）广告的种类

(1) 广告的分类有很多,按所使用的媒体和宣传的方式可以分为以下几种。

1) 印刷品广告:主要是指报纸广告、杂志广告、宣传单张、宣传小册、海报等。药店最常用的就是宣传单张和宣传小册。药品生产企业、医药公司则偏向选择在专业医学杂志、报刊上发布产品信息或者使用海报进行宣传。

2) 电子媒体广告:电子媒体广告包括电视广告、电影广告、广播广告、电子显示大屏幕广告及幻灯机广告、扩音机广告、网络广告等。在众多形式中,电视广告是使用最多的一种形式,因为直观形象而且受众人群广泛。由于《中华人民共和国药品管理法》中规定处方药是不能在大众媒体上进行宣传,因此使用电视广告的产品主要集中在消化系统用药、感冒用药、儿科用药等这几类药品上。而电子媒体广告在药店中不多。一般也就是通过电子显示屏进行简单的促销宣传,以告知消费者当前的促销商品及优惠政策。

3) 户外广告:主要包括路牌广告(或称广告牌,它是户外广告的主要形式,除在铁皮、木板、铁板等耐用材料上绘制、张贴外,还包括广告柱、广告商亭、公路上的拱形广告牌等)、楼宇广告、霓虹灯广告、灯箱广告、交通车厢广告、招贴广告(或称海报)、旗帜广告和汽球广告等。相对而言,医药公司喜欢使用大型的户外广告,药店则偏向使用灯箱广告或者在门店附近张贴海报,社区药店还会选择在电梯内张贴楼宇广告或者主要出入通道设置广告牌。

4) DM 广告:DM 是英文 direct mail advertising 的省略表述,直译为“直接邮寄广告”,即通过邮寄、赠送等形式,将宣传品或者信息送到消费者手中、家里或公司所在地。DM 与其他媒介相比,最大区别在于:DM 广告可以比较精准地将广告信息传送给真正的受众,避免盲目“撒网”造成资源浪费;其他广告媒体形式只能是将广告信息笼统地传递给所有受众。

DM 除了传统邮寄投递以外,还有大家熟悉的街头巷尾派发传单、专人上门派发宣传册子、报刊杂志中夹送海报等形式,以及借助于现代电子媒介,如传真、电话、电子邮件等发送促销信息。其中,手机短信、微信是目前比较理想、有效的手段之一。如今手机的普及率极高,且大部分药店都采用了会员制,那样就可以准确定位并瞬时将信息发送到目标消费者手中。

5) POP 广告:是英文 point of purchase advertising 的缩写,意为“购买点广告”。

POP 广告有狭义和广义之分。狭义的 POP 广告,仅指在购买场所和零售店内部设置的展销专柜及在商品周围悬挂、摆放与陈设的可以促进商品销售的广告媒体。而广义的 POP 广告范围大得多,凡是在销售场所的周围、内部及在商品陈设的地方所设置的广告物都属于 POP 广告,包括商店的牌匾、店面的装潢和橱窗,店外悬挂的充气广告、条幅,商店内部的装饰、陈设、招贴广告、霓虹灯、灯箱、电子显示广告、服务指示,店内发放的广告刊物,进行的广告表演,以及广播、录像电子广告牌广告等。

POP 广告是药店中常用的一种广告形式。激发消费者的购买欲望,达到促销的目的。有效的 POP 广告,除了装饰店面,还能引发消费者的关注,激发顾客的随机购买,也能有效地促使计划性购买的顾客果断决策,实现即时即地的购买。POP 广告对消费者、零售商、厂家都有重要的促销作用。

目前,药店主要使用生产企业和经销商提供的产品海报、宣传资料外,还会根据实际需要制作手绘 POP 来加强促销的效果。

手绘 POP 是不借助任何机械用具,使用专用 POP 书写工具绘制出来的海报。手绘 POP 具有不少优点。首先,制作成本比较低,制作时间短。其次,手绘 POP 海报醒目的色彩搭配、活泼的版式布局、易认易读的字体、幽默的插图,往往能很好地吸引消费者眼球并能有效宣传商品。此外,手绘 POP 所流露出来的亲切感是其他印刷品所不能表达的,它更能刺激消费者的潜在购买欲望。另外,手绘 POP 能够随意配合商场的整体格调,既有助于推销,又能营造出商场的热卖氛围,具有较强的机动性、灵活性。因此,手绘 POP 广告是商场促销的最佳的快捷方式之一,是药店竞争中有效的手段之一。目前不少药店在人员培训中也增加了手绘 POP 的制作教程。制作手绘 POP 已经成为药店营业员的一项技能之一。不少药店也开展手绘 POP 竞赛。

6) 其他广告:其他广告是指除了以上的广告形式以外的媒体广告,如购物袋广告、手提包广告、礼品广告等。这种方式一般是与销售促进结合起来,通过赠送带有公司或者产品标志性信息的礼品以吸引消费者。这样既达到宣传企业的作用又提高销售量。

(2) 广告按使用目的分类:广告按目的来分类,可以分为通知性广告、劝说性广告和提醒性广告。一般而言,企业会根据产品生命周期的不同阶段来确定不同的广告目标。

1) 通知型广告:当产品处于生命周期导入期时,企业通常会选择使用通知性广告向目标市场传递本企业医药产品的功效、特性、质量等信息,引发消费者的初次购买欲望。养生堂在朵儿胶囊产品的导入期,将宣传重点放在对"以内养外"这种美容理念的传递上,让消费者先认同观点,再接受产品。

2) 劝说型广告:当产品处于生命周期的成长期和成熟前期时,竞争激烈,为维持自身的地位和抵制竞争,企业往往也会通过广告增强竞争力。广告内容主要是宣传产品的竞争优势,争取让目标购买者从选择竞争对手的品牌转向选择本企业的品牌,并建立需求偏好。医药行业里有一个著名的案例就是"泰来乐"挑战"阿司匹林"。为了击败历史悠久的市场霸主阿司匹林,"泰来乐"在广告中说,"有千百万人本不应当使用阿司匹林。如果你容易反胃,或者患有气喘、过敏或因缺乏铁质而贫血,在你使用阿司匹林前就有必要先向你的医师请教。因为阿司匹林能侵蚀血管壁,引发气喘或者过敏反应,并能导致隐藏性的胃肠出血。很幸运有了"泰来乐"。结果,"泰来乐"最终取得巨大成功。

3) 提醒型广告:当产品进入成熟期后半期,销售量达到顶峰,销售增长速度缓慢,市场基本已达到饱和状态。品牌的知名度和美誉度达到了稳定的水平,品牌已拥有了一个忠诚的消费群体。通过广告提醒,使消费者产生"惯性"需求,保持消费者对产品的记忆,使消费者对该品牌念念不忘,保证其销量。

三、销售促进(营业推广)

销售促进是医药企业为了刺激消费者迅速购买及吸引中间商大量经营而采取的一种短期促销方式。它具有强烈的吸引力和诱惑力,能够唤起消费者的广泛关注,立即促成购买行为,在较大范围内收到立竿见影的促销效果。由于它是直接围绕营业额而进行的促销活动,也被称做营业推广。

(一) 销售促进的类型

为了在短期内迅速提升销量,医药企业可以通过特定的方式向不同的对象开展活动来实现其目标。医药企业可以分别向中间商、消费者及销售人员开展促销工作。医药生产企业主要是向中间商开展促销，而药店主要是针对消费者而进行的；此外，销售人员是促销措施的执行者，如果给予一定的刺激也会调动其工作动力，帮助提升销售量。

1. 针对消费者的销售促进 针对消费者的销售促进主要是吸引新消费者对产品和服务的关注，激发购买欲望；鼓励老消费者继续使用原产品和购买新产品，培养消费者对产品和企业的忠诚度。

促销活动要有新意，如果总是老一套，顾客司空见惯了，势必效果会减弱。此外，给予的优惠是顾客“需要”的，那样才能引发诱惑力。因此只有博采众长，群策群力，靠大家的智慧和力量推进活动形式的不断创新，才能让促销活动“活”起来。药店中常用的销售促进形式如下所述。

（1）定时促销：就是在特定的节日或时间段进行的促销活动。例如，会员日、开业庆典时的限时抢购价、每日营业前若干名消费者消费满一定金额送礼物或享受换季折扣优惠等。这类促销活动经常用于节假日或特殊日子里。可单店独立做，也可整个连锁做，可全品类做，也可针对某一商品进行活动。

（2）定期促销：在相对固定时间内开展促销活动，利用消费者口碑传播，是一种低成本的促销活动，既能提高来客数，又能提升客单价。操作要点是“时间不变，形式常变”。让消费者感受到“常变常新”的实惠、实用和乐趣。比如，某连锁药店将每月的8、18日作为会员日，进行特定的促销活动。

（3）定量促销：即确定销售量的促销方式。例如，某类商品限量低价销售，或每名消费者每单限量销售等。这种方式往往会结合定时促销进行，在会员日、开业庆典、节假日或周年庆等时间段进行，效果非常明显，能通过超低价格的商品吸引消费者的关注，并带动产品整体销量的提升。

（4）定向销售：就是向特定消费者的促销活动。例如，针对会员的会员价、针对长期用药客户的优惠价、重阳节对中老年人的保健品等推广的产品优惠活动等。要注意的是：促销活动的时间、产品类别、促销形式的设计一定要符合目标顾客的需求和购买习惯，这样才能引发他们的关注与兴趣，才能取得预期的效果。

（5）季节促销：即利用季节变化结合商品进行的促销活动。季节销售可分为随季促销和反季促销两种。例如，六七月初夏时对防暑降温的产品如藿香正气液、夏桑菊等产品和防蚊虫叮咬的白花油、双飞人等产品进行随季促销，与此同时对药膳、滋补类产品进行反季促销以平衡销量和减少库存压力。

（6）买赠促销：即随买赠送。这类促销比较常见，例如，多一元加一件、买一赠原品或者礼品、样品等。为了达到促销的效果，赠送的礼品应该是消费者感兴趣的，这样才能以赠品吸引消费，如夏天送扇子、小风扇，冬天送手套、围巾等。此外，赠品可以是与所销售的商品相关的，比如购买某冲剂保健品送保温杯、买按摩器送靠枕。再者，赠品最好选择本企业的产品，这样可以起到连带销售的作用；或者赠送企业的新产品试用品，这样可以帮助新产品打入市场。目前药店经常开展促销活动的产品主要是保健品、医疗器械、化妆品等非药品和乙类非处方药。值得注意的是药店赠送的礼品必须要遵守国家的有关规定。如《药品流通监督管理办法》规定：不得向公众赠送处方药和甲类非处方药。因此，销售过程中千万不能以处方药或者甲类非处方药作为赠品或礼品，否则就是违法经营。

（7）优惠促销：即消费者在购买商品或买满一定金额时可以享受优惠的方式。如打折、返回现金券、减免费用、低价购物、获取指定的免费服务等。

（8）现场示范：派人在销售现场进行产品的使用示范，吸引消费者关注和增强购买欲望。消费者可以直观地感受到产品的使用效果，激发购买欲望而且信任感也会加强。此外，对于那些技术性较强、不易掌握使用方法的产品，通过这种促销形式传授使用方法，加强消费者对产品的认识有助于销售。例如，一些血压计、理疗仪等医疗器械的推广还可以结合为消费者提供免费的检查或者现场体验，拉近与消费者的距离、获取消费者的好感，还可以有效地进行产品的推广。

（9）以旧换新：消费者在购买时，如果能够将符合规定的过期药交到药店就可以按一定折扣或者优惠价格购买产品。2005 年开始，白云山和记黄埔中药有限公司每年都举行"家庭过期药品回收（免费更换）机制"，宣传过期药品有害健康、污染环境的思想。这种方式不但带动了产品的销量，还为企业树立了良好的社会形象。

（10）事件促销：利用社会普遍关注的事件开展相关产品的促销方式。猪流感、口足手、非典等特殊时期对预防、治疗该疾病的常用药进行推广。例如，非典时期对防流感、抗病毒类药品放在最显眼的货架或者放在花车里方便消费者选购。销售人员特别是店长要关心时事并且要有敏锐的触觉，对社会中的热点事件要善借和巧借势。

（11）节假日促销：利用节假日进行促销，如春节、端午节、中秋节、国庆、元旦、圣诞节等。一般说来，中小城市和农村市场药店，应该重视春节、端午节、中秋节、国庆等传统节假日和黄金周的促销活动。而大城市里由于生活质量的提高和平时工作压力大，在"黄金周"期间人们大量外出旅游，门店销售额下降。因此，促销活动不但效果欠佳，而且还有可能造成资源浪费。因此，大城市中的药店促销可以考虑将时间适当提前。

（12）组合促销：将关联商品组合在一起进行的促销活动。例如，春天踏青礼包、春节送礼大礼包、家庭药箱等。

（13）渠道促销：指以特殊供货渠道为噱头进行的促销活动，如独家品种、独家代理、厂家直供等。在活动开展时最好能有相关文件或实事做旁证，效果会更好。

2. 针对销售人员的促销 通过物质和精神奖励调动销售人员的工作积极性，使之有针对性地加大促销产品的推销力度、提高销售业绩，从而实现企业的促销目标。常用的方式如下所述。

（1）提供培训：如通过医药知识、产品信息与服务的讲座，销售技巧的培训，帮助他们提高业务能力。

（2）高额提成：这是药店中最常用且卓有成效的方式之一。目前，无论是按班组还是按个人计提成，药店销售人员的收入主要来自销售提成，多劳多得。因此，如果给予较高的提成就能有效地激发他们的工作热情。

（3）销售回扣：厂家从商品销售额中提取一定比例作为销售人员销售该商品的奖励或酬劳，同样也能刺激销售人员的工作积极性。

（4）开展销售竞赛：通过销售竞赛形成积极向上的工作氛围调动全体员工的工作热情，提高药店的整体销量。对于销量排名较前的人员给予奖励，如公开表扬、奖金奖励，职位提升、免费旅游等物质和精神上的奖励。

3. 针对中间商的销售促进 医药企业为了鼓励批发商大量购买、吸引零售商扩大经营，动员相关中间商积极购存或推销特定产品而给出激励。常用的方式主要如下所述。

（1）批发回扣：企业为争取批发商或零售商多购进自己的产品，在某一时期内可给予购买一定数量本企业产品的批发商以一定的回扣。

（2）推广津贴：企业为促使中间商购进企业产品并帮助企业推销产品，支付给中间商以一定的推广津贴。

（3）销售竞赛：根据各个中间商销售本企业产品的业绩，分别给以不同的奖励，如现金奖、实物奖、免费旅游、度假奖等。

（4）工商联营：给予企业分担一定的市场营销费用，如广告费用、摊位费用，建立稳定的购销关系。

（二）销售促进的特点

销售促进具有灵活多样、适应性强、效果显著的优点。经营过程中企业应该根据不同消费者的心理和市场营销环境等因素，有针对性地采取相应的方法，吸引目标顾客的注意并唤起消费者的购买欲望，尽可能地促成购买。与其他促销方式相比，它能在短时间内提升销售量，显示出立竿见影的效果。但尽管如此，也存在一定的缺陷。例如，有些方式显示出企业急于出售的意图，容易造成消费者的逆反心理；连续多次使用，促销效果逐渐降低；如果经常使用，或使用不当，消费者会怀疑此产品的品质和企业的经营状况是否有问题，会降低企业和产品的档次，影响企业的形象。因此，销售促进不能长期使用、持续使用。

（三）销售促进需要注意的问题

在制订销售促进方案时，除了要考虑销售促进的对象、销售促进的规模和激励的程度等问题外，还要考虑选择和确定好促销活动开始的时间和所持续的时间段等一系列问题。

首先，促销活动的举办要“出师有名”。也就是说即要有适合的主题或者促销的理由要充分、合理。这样才能赢得消费者的信任，也才会达到预期的促销效果；否则消费者就会猜测是否是欺骗或者产品存在质量问题等，甚至会出现适得其反的效果。

其次，促销时机恰当。时机的选择是否得当相当重要。时机得当可以事半功倍。促销时间选择时需要考虑药品季节性需求的变化、特殊时期的需要、节假日购买特点等多方面因素。例如，呼吸道疾病多发于春秋季节，因此，这类产品通常是选择在春秋季节进行促销；中秋、春节前后探亲、送礼的消费者较多，这时期主要是对保健品、滋补品等中高档产品和送礼佳品提前进行促销。

最后是促进活动所持续的时间长短要适当。促销时间的长短对促销效果有较大影响。时间太短，目标顾客不能及时参与活动，无法达到预期效果；持续时间过长，目标顾客有充分的时间参与，促销效果提高，但是促销成本会增加，而且时间过长可能会导致顾客对促销的麻木及造成下次促销效果的减弱。因此，企业要确定好合理的促销期限，既要节约成本，又要使促销效果最大化。通常，持续的时间3~7日较为合适，一般不要超过一个月，并且最好是选择在周末人流比较大的时间段里进行。

四、公共关系

公共关系，又称公众关系，简称“公关”或PR，是指企业为改善与社会公众的关系，促进公众对企业的认识、理解和支持，达到树立良好企业形象、促进商品销售目的而开展的一系列促销活动。

（一）公共关系的特点

与前面三种促销手段相比较，公共关系的“促销意味”相对比较淡，它属于间接性促销。企业主要是通过公共活动与其企业内部各部门、员工及企业外部各种公众建立良好的关系、树立企业的品牌与形象，赢取消费者的信赖和社会的好感，从而实现提升销量的目的。一般来说，公共关系活动面向社会大众，影响面广，但是费用往往也比较高，短时间内也难以见效，并且效果也比较难确定。尽管如此，它却是一种长期的促销方式。因为，企业的品牌、信誉一旦建立起来就会形成品牌效应，带来强大的竞争力和巨大的社会效益和经济效益，并且这种影响是长时间的。

（二）公共关系的对象及内容

公共关系的对象即公众，范围很广，包括与企业有关系的内外组织与个人，具体包括企业的员工、消费者、新闻媒体、相关部门政府、业务合作伙伴等。在公共关系中，依据与企业关系的密切程度不同，分为以下三种。

（1）首要公众：是与企业联系最密切、最频繁的那些，如企业员工、股东、产品的供应商、批发商、消费者、用户等。

（2）次要公众：与企业联系不是最密切的，但对企业的存在与发展有相当重要的影响，又不直接发生作用，例如，政府公众（如工商局、税务部门、省市各级食品药品监督管理局等）、社区公众（如当地街道居委会、周边居民等）、传播媒介、银行等。

（3）边缘公众：是与企业联系最不密切的一部分，对企业的存在与发展并不十分重要，如一般社会大众、慈善团体、宗教团体、学校等。

目前药店以社区药店居多。因此，药店公共关系的对象最主要的是其目标消费者和周边居民。药店应该努力与社区人员维持良好的关系，开展“关系营销”。

（三）药店公共关系的主要内容

（1）协调药店内部部门、员工之间的关系，强化公共关系意识，发挥整体效益，树立良好形象。消费者在接受产品之前首先是认可企业和销售人员。而销售不单是靠某个销售人员或者营销部门的努力就可以的，而是要全体员工行动起来，相互合作，以良好的工作态度、过硬的专业技术共同为消费者服务，打造出团结向上、健康的企业形象。药店在员工日常管理中除了注重员工专业素质与能力的培养，还要特别强调服务意识的培养，因为，每个员工都代表着企业。

（2）与相关制药企业、医药公司维持良好合作关系：重点是保证从合法企业中购进质量有保证、价格合理的产品，并争取它们在技术指导和销售费用等方面支持、扩大本企业的影响力或竞争力。

（3）公共关系中最主要的是赢取消费者的认可与支持：在连锁药店不断增多、竞争日趋激烈的今天，保持客源的稳定及老消费者的回头率和反复消费是目前各大药店经营制胜的关键。社区药店，可以通过支持和赞助各类社区活动，创造良好的销售氛围，扩大知名度和影响力。例如，药店可以定期或者在重阳节等特殊节日为老人家提供免费测血压、体检等医疗服务，为小区学校提供保护视力的宣传小册、免费讲座，或者组织员工参加居委会组织的志愿者服务等服务社区的活动。此外参与社区的公共建设，例如，修建社区的活动中心；出现登革热疫情的时候，积极参与环境卫生的整治与宣传，或者免费提供必要的药物等。平时，注重与社区群众“打成一片”，如提供免费的饮用水、电话、借伞等便民服务，建立和谐的环境。而在繁华商业区的药店则需注重产品质量和服务质量，塑造良好形象，提升销量。

而大中型医药企业的公共关系则侧重企业形象和品牌的维护。常用的公共关系方式有发行企业刊物,利用新闻媒体宣传,举办公益活动,赞助和支持体育、文化、教育事业,利用热点事件开展活动,举办产品发布会、展览会等。这些活动在社会中影响力比较大,可以提高整个企业的品牌形象和知名度。例如,2008 年汶川地震和 2013 年雅安地震,加多宝集团第一时间捐出 1 亿元善款。加多宝的善举赢得了社会的称赞。就在加多宝宣布捐款 1 亿元帮助汶川的时候,社会公益产生的口碑效应立即在网络上蔓延,许多网友第一时间搜索加多宝相关信息,结果是消息传出 10min 后,加多宝网站随即被刷爆。“要捐就捐 1 个亿,要喝就喝王老吉”,“中国人,只喝王老吉”等言论迅速得到众多网友追捧。之后四川的多次地震中,加多宝集团都不遗余力地伸出援助之手,获得了大家的赞誉。近两年加多宝还通过冠名“中国好声音”扩大其影响力。目前加多宝已经红遍全中国,并成为足以与可口可乐、百事可乐抗衡的饮料。

除了与公众维持良好的合作外,公共关系的另一项重要工作是处理企业危机,即危机公关。

危机公关,是指当企业遭遇突发事件或重大事故,正常的经营活动受到影响,特别是影响到企业形象或信誉时,企业如何从公共关系的角度去应对、处理,使危害尽可能降低。

对于药店来说,最常见的公关危机就是消费者的投诉、退换货处理。类似的事情貌似小事一桩,但是如果不加以重视、尽快解决的话,也有可能演变成为大问题。药店负责人和员工对于顾客的投诉要加以重视和妥善处理,要“大事化小、小事化了”,最好是能做到“反败为胜”赢取消费者的谅解和信任,使他成为“忠实消费者”。

不过,在众多的公共活动中最关键也是最基本的是以诚待人。真心待人、诚信待客,对于涉及生命安全与健康的药品销售,诚信尤为重要。真诚对待企业外的公众,真诚对待自己的员工,真诚对待合作伙伴,真诚对待消费者,真诚对待每一个人。

链 接

恒天然公司的“危机”处理

2013 年 8 月 2 日,新西兰的恒天然集团发布消息称该公司一个工厂 2012 年 5 月生产的浓缩乳清蛋白粉检出肉毒杆菌。经中国、新西兰双方核查,现初步确定有 4 家中国境内进口商进口了可能受到肉毒杆菌污染的该产品。新西兰政府的最高监管机构新西兰初级产业部当即决定采取“预防性行动”,阻止有关产品继续流通,并派人进驻恒天然集团,积极公布所有与此事件相关的疑问和解决问题。8 月 22 日新西兰外长默里·麦卡利在北京访问期间专门表达了新西兰政府就恒天然问题乳品事件在中国消费者中引起的不安“深表遗憾”,强调新西兰政府致力通过公开、透明的披露机制解决后续问题。同时还委托在美国和新西兰的第三方实验室共进行总计达 195 次测试的无毒测试。8 月 22 日,恒天然集团宣称:新西兰政府委托进行的后续独立检测确认,原本被怀疑含有肉毒杆菌的恒天然浓缩乳清蛋白原料均未发现肉毒杆菌,而是含有一般不会引发食品安全问题的梭状芽孢杆菌。至此恒天然肉毒杆菌事件终于以虚惊一场落幕。虽是虚惊一场,但恒天然已付出巨大代价,因主动召回多个批次的产品,损失高达 7000 多万人民币,并且也造成了一定程度上的信任危机。然而,面对食品安全问题,认真负责、坦诚公开,尽管短期有危机,却可能建立起长期的真正信任。据媒体的随机的采访,相当一部分授访者对恒天然事件的处理还是表示肯定和赞誉,认为恒天然公司的产品值得信赖。在一定程度上,这可以说是“化危为机”了。

第三节　医药促销组合

一、医药促销组合的概念

医药促销组合即各种促销方式的组合，就是指药店综合使用广告、销售促进、公共关系和人员推销四种促销手段向目标市场进行传播的活动。

通过上一节的分析，可以看出各种促销方式各有其优劣，见表 10-1。一般情况下，企业很难通过某一种促销方式就可以实现促销目标，往往需要根据具体情况，将多种促销方式综合起来。

表 10-1　四种促销方式的比较

促销方式	优点	缺点
人员推销	直接接触、双向沟通，针对性强，利于促成交易	成本高，接触面小
广告	覆盖面广、形象生动、传播快	信息单向传递、针对性不强，难以促成交易
销售促进	形式多样，吸引力大，短期内促成交易	有局限性，有可能降低产品身价
公共关系	影响面广，可以提高企业知名度和声誉，有助于树立良好形象	人力、物力花费大，效果难以预测

促销组合的关键是依据促销的目标和当前所拥有的资源考虑使用哪种促销方式为主、选择哪些促销方式为辅，如何将这些促销方式有机地组合成一个"整体"，将有限的促销费用和资源合理分配在各促销方式上，力图获取最佳的促销效果。

促销组合策略的实质是人员推销、广告、销售促进和公共关系几种促销方式有机排列组合的具体表现。

二、影响促销组合的因素

在制订促销方案时都需要根据具体促销目标和资源来确定促销组合。一般影响促销组合的主要因素如下所述。

1. 促销目标　不同时期、不同的营销环境下，企业所实施的促销目的是不一样的。人们首先就是要明确本次的促销目标，根据促销目标来选择促销方式。一般新产品上市为了快速打开市场，首选广告；如果需要短时间内提升某产品销量，最好选择销售促进。

2. 产品的类型　选购不同类型的产品，消费者所需要的信息也不同。例如，常见疾病的日常用药和安全性比较高的非处方药，以使用说明书、宣传单张或者其他广告为主，必要时配以人员推销诱导。而对于专用性强、注意事项较多的药品或者操作复杂的医疗器械，更多还是靠人员推销。

3. 产品的生命周期　在产品生命周期的不同阶段，市场销售态势不同，促销的目标也不同，因此促销组合也有所变化。例如，新产品推出就需要多提供产品宣传单张、现场示范、销售讲座等形式让消费者尽快了解和认识产品，并鼓励提前试用，因此，广告是主要的促销方式；对于相对成熟的品种，竞争必然比较激烈，这时更多是依靠优惠措施吸引消费者或者是凭借企业与品牌效应赢取消费者，这时主要是以销售促进和公共关系为主，其他手段为辅。

4. 市场的特点 不同的产品市场，采用不同的促销策略。例如，处方药是禁止在大众媒体进行宣传，因此人员推销是处方药促销的首要选择，并配以公共关系；而非处方药、保健品安全性高，使用人群更广泛，因此使用宣传单张等大众媒体进行公开的广告宣传，而销售促进、人员推销则作为辅助手段。

总之，在经营过程如何实施促销策略是需要考虑到多方面的因素。

（伍雪芳）

自测题

一、单项选择题

1. 促销本质上是一种
   A. 出售商品的活动　B. 沟通信息的活动
   C. 建立良好关系的活动　D. 寻找消费者的活动
2. 市场营销中一种古老的、富有技巧的促销方式，在现代市场营销中仍起着重要的作用的是
   A. 人员推销　B. 公共关系
   C. 广告　D. 销售促进
3. 公共关系是一项哪样促销方式
   A. 一次性　B. 偶然
   C. 短期　D. 长期
4. 加多宝集团在 2011 年 4 月 13 日在清华大学百年校庆之际，向清华大学捐款 1350 万元，设立"加多宝教育基金"，支持清华大学建设和发展。请问这属于
   A. 人员推销　B. 公共关系
   C. 广告　D. 销售促进
5. 产品哪个阶段，广告仍是这一阶段的主要促销方式，但广告的重点是强调本企业产品的优点，强调产品的附加利益，树立良好的企业形象
   A. 投入　B. 成长
   C. 成熟　D. 衰退
6. 在下列促销手段中，见效最快的是
   A. 广告宣传　B. 人员推销
   C. 销售促进　D. 公共关系
7. 哪种方式显现出卖者急于出售的意图，容易造成消费者的逆反心理。如果使用太多，或使用不当，消费者会怀疑此产品的品质及产品的品牌
   A. 人员推销　B. 公共关系
   C. 广告　D. 销售促进
8. 广告促销按照不同的广告目标可分为通知型广告、说服型广告和
   A. 公益型广告　B. 大众型广告
   C. 提醒型广告　D. 特殊群体广告
9. 某保健品在新年期间推出买 3 罐蛋白质粉送一瓶这样的优惠活动，这种促销方式属于
   A. 人员推销　B. 公共关系
   C. 广告　D. 销售促进
10. 玫琳凯（中国）公司为了提高销售人员的积极性，曾推出了"粉红轿车计划"：在中国各地的经销商，只要其销售额和团队规模达到一定的水平，就可获得公司奖励的一辆粉红轿车这种活动属于
    A. 人员推销　B. 公共关系
    C. 销售促进　D. 广告

二、简答题

请问促销方式有哪些，它们的优缺点分别是什么？

第十一章 医药商品的电子商务

第一节 医药电子商务的概念

一、电子商务的含义

电子商务是利用微电脑技术和网络通讯技术进行的商务活动。各国政府、学者、企业界人士根据自己所处的地位和对电子商务参与的角度和程度的不同,给出了许多不同的定义。但是,电子商务不等同于商务电子化。

IBM 曾将电子商务解释为两种:电子商务化和商务电子化。电子商务化诞生于互联网,基于较成熟的互联网技术开展商务活动,可以无店面销售。可是互联网一旦不存在了,它们也就无法生存;而商务电子化是出生于传统产业,自身发展到一定规模后与互联网结合,利用互联网方便快捷的手段开展商务活动,在企业整体的销售链中都采取了 B2B 的垂直的电子商务模式。从 1996 年至今,电子商务以每年 103% 的速度增长,1999 年 12 月联合国国际贸易法委员会制定了《电子商务示范法》,这预示着电子商务将成为下个世纪世界主要商贸交易形式。

二、医药电子商务的概念

医药电子商务是以医疗机构、医药公司、银行、药品生产单位、医药信息服务提供商及保险公司为网络成员,通过网络应用平台为用户提供安全、可靠、开放并易于维护的医药贸易电子商务平台。电子商务增强了药品采购的透明度,减少了购销环节,从而降低了药品销售成本。

医药行业作为一个特殊的经济领域,医药电子商务应包括医药信息的共享和电子结算,还应包括合法的医药生产企业与生产企业(原料药、制剂)、流通企业及医院的网上交易,包括合法的医药流通企业与流通企业(批发、零售)及医院的网上交易,零售药店对消费者的网上销售。无论是医药生产企业,还是医药商业企业和医药用户(医院药房和最终消费者),以及医药管理机关和医药科研院所,都可以开展医药电子商务,从中得到实际利益并获得新的发展机会。无论是原材料的采购、生产计划的确定、市场的调研和储运计划的制订,还是医药流通的各个环节、医药消费全过程,都能以电子商务的形式实现。正如 Internet 公司董事长葛鲁夫在 19 世纪末所说:“五年后,将不再有 Internet 公司,因为所有的公司都将是 Internet 公司。”也就是说,所有的商务都将转向电子商务。

三、国内医药电子商务网站的类型

由于网络药品交易刚刚放开,医药企业还处于犹豫不决阶段。但也正是因此,中国的医药电子商务中蕴藏了巨大的商机。其实,医药电子商务的应用,可划分为 3 个层次:

第一个层次,通过互联网进行医药信息的发布和获取;第二个层次,进行药品价格信息的发布和交易的撮合;第三个层次,完整的电子商务,即通过互联网完成从药品信息发布和获取到在线交易、在线支付的全过程。

纵观国内,中国 B2B 研究中心把目前我国的各类医药网站主要划分为以下五类。

(1) 第一类是企业网站:就是医药行业企事业单位设立具有独立域名的网站或者在企业黄页网站上设立企业主页。

(2) 第二类是行业信息网站:这类网站收集和发布医药行业相关的信息,如行业新闻、政策法规、医药企业动态、医药科技报道等。

(3) 第三类是商业信息和商业服务网站:一般来说,这类网站并不具体参与商务活动,而仅仅为这些商务活动提供平台和服务,如网盛科技办的我国领先的医药电子商务网站中国医药网。目前比较常见的是医疗机构集中采购招投标网站及药品招商网站。

(4) 第四类是商务网站:这些网站在相关法律法规的规范下,在网上开展销售和贸易。当前政府禁止开设网上药店,但同时鼓励开展网上 B2B 贸易。

(5) 第五类是其他类型的网站:包括提供医药健康信息的网站,提供医疗保健咨询和求医问药的网站等。这些网站也属于广义的医药电子商务范畴。

第二节 医药电子商务的基本模式

随着电子商务的发展及医药电子商务试点工作的开展,医药电子商务必将成为未来医药企业开展商务活动的主要手段,电子商务模式也必然趋于成熟与完善。电子商务模式的选择是企业开展电子商务活动首先要考虑的问题。

一、医药电子商务模式的主要种类

1. B2B(business to business) B2B 是指企业对企业之间的营销关系。它将企业内部网,通过 B2B 网站与客户紧密结合起来,通过网络的快速反应,为客户提供更好的服务,从而促进企业的业务发展。近年来 B2B 发展势头迅猛,趋于成熟。例如,药厂将原料药卖给制剂厂,药品生产企业将药品卖给流通企业等。

2. B2C(business to consumer) 企业对消费者的电子商务。而其中文简称为“商对客”。“商对客”是电子商务的一种模式,也就是通常说的商业零售,直接面向消费者销售产品和服务。这种形式的电子商务一般以网络零售业为主,主要借助于互联网开展在线销售活动。B2C 即企业通过互联网为消费者提供一个新型的购物环境——网上商店,消费者通过网络在网上购物、在网上支付。

3. B2G(business to government) 企业对政府机构的电子商务。B2G 可实现企业与政府机构之间的相关的实物交易处理,B2G 比较典型的例子是医药网上采购,即政府机构在网上进行产品、服务的招标和采购。

4. C2G(consumer to government) 消费者对行政机构间的电子商务,指的是政府对个人的电子商务活动。这类的电子商务活动目前还没有真正形成。然而,在个别发达国家,如在澳大利亚,政府的税务机构已经通过指定私营税务,或财务会计事务所用电子方式来为个人报税。这类活动虽然还没有达到真正的报税电子化,但是,它已经具备了消费者对行政机构电子商务的雏形。

国外的医药电子商务模式主要有两种，一种是企业对企业的交易，即所谓的 B2B 模式，是医药电子商务的主流，占整个医药电子商务交易额的 85%；二是网上药店对消费者的交易，即 B2C 模式，业务较小，只占整个医药商务的 15% 左右。我国医药电子商务也主要以这两种模式开展，图 11-1 和图 11-2 分别给出医药电子商务 B2C 和 B2B 模式的构成主题和交易流程。

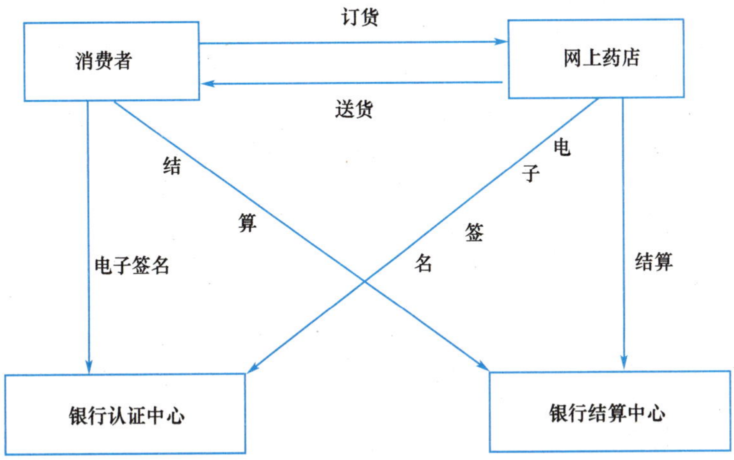

图 11-1　医药 B2C 模式交易流程图

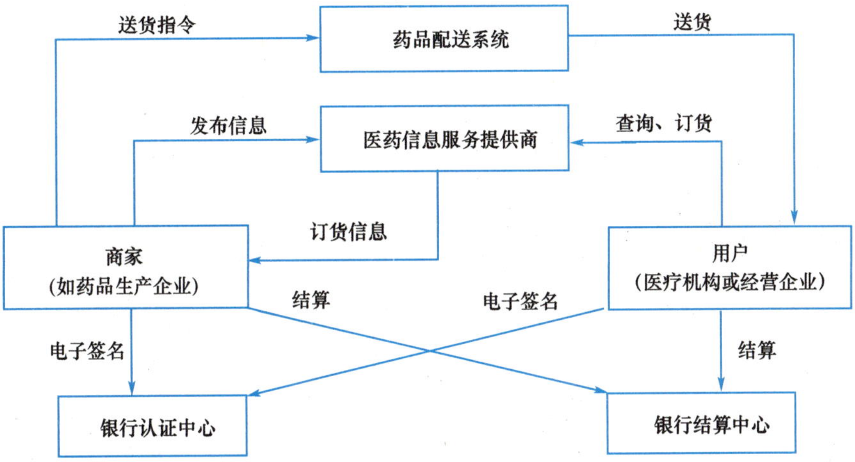

图 11-2　医药 B2B 模式交易流程图

二、我国医药电子商务可选的 B2B 模式

1. 企业信息化模式　仿照欧美发达国家，以企业信息化建设为手段，分阶段地发展，高度信息化后再开展中国医药流通领域的电子交易市场。

鉴于我国医药企业的管理水平和我国的市场经济状况及医疗卫生体制，以企业信息化为支撑的企业间电子商务模式要在短期内实现是不可能的，必须分阶段逐步实施。一般要经过：医药企业信息化的准备阶段；建立医药企业内部一体化的集成管理系统和内部网络；建立医药企业的电子商务应用系统，完全实现医药企业的信息化和电子商务三个阶段。企业电子商务应用是在建立了完善的企业内部网和实现了与互联网之间的安全联接后，在这个基础上，再增加电子商务应用系统，进行电子商务交易。

这一模式的特点是发展稳步，与国家信息化发展同步，但费用高昂制约因素多，发展速度缓慢。

2. 行业联盟交易所模式 行业联盟交易所（consortium trading exchange，CTE）是由本行业中一些大企业共同协作构建组成的超级电子市场，它把各自的供应商和客户集中起来，从而大大地提高了各企业的经营效率。2005 年 4 月，由五大医药商业公司发起成立的“中国医药商业经济联盟”正式宣布成立。“联盟”分布在我国京、津、沪等 5 大中心城市。都是区域性医药商业的龙头企业。作为迄今为止中国医药行业最重量级的联盟。如果各企业能利用已有的 B2B 平台组建行业联盟交易所，无疑会成为规范新兴的药品电子商务和互为我国医药 B2B 领域内的一股重要力量。

3. 跨越式第三方电子交易市场模式 这一模式要点是中国医药行业电子商务可以走跨越式的发展，即中国医药行业企业不需要模仿西方医药行业，在逐步完善企业、医院、医药流通企业信息化的道路上的电子商务模式，而可以通过完备的第三方电子服务商进行跨越式的发展。医药企业、医药经销商、医院、政府部门可以在第三方提供的电子交易平台上进行完整的交易和行业监管。

第三节 医药电子商务的作用和应用

一、电子商务在医药行业中的作用

1. 整合企业内部价值链 传统的大型药品零售连锁企业设有很多治理层级，使得企业不仅要担负高额的人力资源本钱，而且由于层级太多，轻易导致信息失真和不及时，从而造成决策失误，耽误时机。通过电子商务网络平台，信息渠道大大缩短，市场信息的传递变得更为正确和及时，加深了高管职员与基层职员的交流，每个分店的销售业绩和库存情况一目了然，可以直接对配送中心和各个分店上传的各种单据进行分类汇总，人力本钱大大降低。

2. 整合医药供给商资源 通过电子商务，很轻易获得所有供给商的产品信息，在对供给商的信誉、产品质量、价格和服务全面衡量后，择优签订供货合同，操纵公然透明，由第三方的参与可保证其公正性。药品零售连锁企业可通过招标采购而获得更大量的折扣，由于招标采购全部在网上进行交易，可以极大地提高工作效率、降低交易本钱。

3. 整合物流资源 大多药品零售连锁企业都有自己的配送中心，企业在进行跨地域扩张或运力不够时，在电子商务的帮助下，完全可以把药品配送的工作交给当地的药品供给商或专业的第三方物流公司，这样，药店可实现零库存治理，减少资金积存，加快资金周转，从而极大地减少了运输工具和仓储设施的本钱。

4. 整合服务资源 可以通过网络及时地获取医药有关的服务资源，如政策服务、产品知识问答、健康知识服务、医疗资源服务等，药品零售连锁企业通过与医院共享资源，可进步企业知名度，实现医药的利益共享。通过医药电子商务平台，医院能很轻易把握药品的总体情况，有利于将药品价格降下来；物价治理部分，也可通过网上平台了解情况并把握药品的价格采购及这种药是否已中标等相关信息，这样避免了各方对信息把握的局限性、不全面性，也给百姓带来实惠。

二、医药电子商务的应用

1. 电子商务平台对药品集中招标的促进—提供公开快捷的招投标平台 运用电子商务可以加快投标资质审核。按照国家药品集中招标采购的有关政策规定，凡县及县以上人民政府、国有企业（含国有控股企业）等所有的非营利性医疗机构，必须全部参加药品集中招标采购，并将 80 资以上的采购品种纳入其中。因此参加招标的药品品种很多，剂型规格也很多。以厦门市为例，第 20 期仅中标的药品就有 3209 种 7032 个不同剂型规格，21 期中标的药品也有 1354 种 2921 个剂型规格，竞价合格的药品有 1081 种 9096 个剂型规格。每次招标，招标机构都要组织人员对投标药品、投标企业进行资质审核。以往的审核过程往往花费几周甚至几个月的时间，现在运用电子商务平台后只需对数据库内已确认的数据进行适时更新即可，这样既大大缩短审核时间，又节省了大量的人力物力。

运用电子商务可以缩短评标时间。在电子商务平台上评标，药物按类别分组，实现临床专家有针对性地对药品进行评审；专家可以面对电脑屏幕对每个药品直接评分，在评审过程中专家可随时查询投标药品客观要素评价指标审核情况，评标结束后计算机便自动汇总每个药品的得分。这样，一方面可以简化流程，缩短评标时间；另一方面可以使评标过程更加透明化，防止“暗箱操作”；而且可以保障评标专家评审数据的保密性，避免评标结果统计汇总的失误。

2. 电子商务平台对药品集中采购的促进为药品采购提供方便快捷的交易平台 医疗机构的药品采购工作琐碎繁杂。为了保持医院用药的延续性，以往采购员采购药品时不但要掌握每一种药品的规格、剂型、价格，甚至还要掌握其生产企业、供货企业等诸多内容，而多数医院使用的药品都有上千种，大型综合性医院使用的品种更多，采购员工作量之大可见一斑。如今在电子商务平台上进行药品采购，采购员就无需记住这些大量信息，并且从本医疗机构的药品采购目录中选择相应药品便可以很方便地向药品经营企业下订单了，只需在每次招标确标后对本医疗机构的药品采购目录进行一次全面维护就可以了。网上交易平台中的药品紧急程度设置及药品经营企业反馈系统为采购提供极大便利。医院药品采购员可以通过设置所采购药品是否为急需来提示药品经营企业配送药品时间。采购员还可以通过浏览药品经营企业反馈的响应信息，直观地了解到药品采购情况，看交易是否成功。

3. 医药电子商务是解决药品流通领域弊端的有效途径 在传统的医药经济中，药品从生产到最终客户的过程中，经过了制药公司、批发企业、零售企业（包括药店和医院药房）、患者等众多环节，每一环节都会发生较多的流通费用，再加上各个环节的利润空间，使得药品的费用不断上升。目前我国有 4000 多家药品生产企业，1 万多家药品流通企业，10 万多个零售连锁药店，呈现出多、小、散、乱的竞争态势。这种渠道模式与现代营销渠道的要求背道而驰，大大增加了药品的流通费用。而成熟的电子商务认为，企业与最终客户之间也许只雇佣一个网络系统，就可以完成全部的交易过程。随着不必要中间环节的减少，交易成本自然会缩减，而药品的价格也将大幅降低。也就是说用电子商务，药品的销售依赖的中心转向了网络信息、配送系统，而对销售人员的个体行为的依赖则相应减少，回扣问题也可得到有效控制。同时对企业来说，传统的交易模式要占用大量的时间、资源。统计数据表明，传统企业供应链的管理，即对供应、需求、原材料采购、市场、生产、库存、订单、分销、发货等的管理要耗费企业高额的运营成本，而通过网络实现交易，可以缩短流程，减少管理费用，大大提高交易效率和降低交易成本。由以上分析可知医药电子商务是解决我国药品流通领域诸多弊端的有效途径，但是目前我国医药电子商务的发展依然存在很多的问题有待解决。

4. 电子商务平台有利于主管机关的监管 运用网上交易平台可以对药品采购情况进行汇总，大量翔实的数据为决策部门制订方针政策提供有力依据。运用电子商务还可以方便政府部门对药品购销进行实时全程监督。

5. 网络咨询服务 医院可通过免费或适当收取费用的方式开展网络咨询服务，使用户及时获取所需信息，为医院拓展多层面的业务。网络使药师的专业服务突破时空的限制，实现与患者的即时互动咨询如提供药品信息服务、专家咨询服务等。网络咨询较好地保护了用户的个人隐私，并且花费的时间和精力少，极大地方便了患者。同时，医院还可开辟多种实用栏目，如医药产品和新产品的广告、购销信息、医药产品市场调研和预测分析、远程教育与培训、学术交流研讨、医药学文献检索等栏目。这些服务项目有些可以是盈利性的，但目前多数是以非盈利性机制运作的。网络咨询服务已经对医院药学服务模式和医院宣传模式的发展和改变产生了一定的影响。

医院电子药房与传统采购相比，具有如下优势：①比人工操作效率高误差小，供货方反馈及时，交易流通环节少。②药品库存资金占用少，降低成本；③采购周期缩短，一日即可完成采购进货；④可以组合应用多种网上采购模式，实现对急需药品的询价、对医药企业的选择、集团采购中对药品的竞价购买等，这些需求正是传统采购模式的薄弱环节。

医院药房电子商务已经在北京、南京、沈阳等地的一些医院药房实现。医院药房电子商务是委托市场化的药品电子商务运营商，为医院量身定做一个基于网络的实时、互动的药品采购与管理平台，以实现网上采购，同时完成对采购计划、药品信息、客户信息等的管理。配送由现代医药物流体系承担。药房电子商务使医院能在网络上完成需求调查、谈判、签订合同、支付与结算、履行合同和索赔等一系列活动。

医院在此独立的第三方药品电子商务交易平台上可以自主选择定向采购、集中采购、应急采购等多种采购途径。不仅可实现招标品种的网上采购，还可提供其他品种的集中竞价、询价等多种集中或分散的补充采购模式。采购者通过交易平台直接将采购信息发送给选定的供货企业，企业确认定货单后，向物流配送中心发送出货单，实施配送。多家医疗机构也可联合组成集中采购中心进行集中采购。医药公司或制药企业均可在交易平台上随时向中心报价，医院随时按不同分类查看、比较商品信息，筛选出合适品种，在交易平台上完成全部交易。针对医院的急需药品，可专门设立快速通道，医院可迅速查询到急需药品的供货企业，并直接向其发送采购单。医院对成交过程及药品采购情况可实行远程的实时监控及统计分析。

第四节 我国医药电子商务发展的现状及展望

一、我国医药电子商务发展现状

同其他行业一样，当前我国医药电子商务主要有两种经营模式：B2B 模式与 B2C 模式。

1. B2B 医药电子商务 B2B 是我国当前医药电子商务的主流模式。在 B2B 医药电子商务中，大致上又可分为第三方医药电子商务和其他形式的 B2B 医药电子商务。在此主要介绍一下第三方医药电子商务平台。我国当今的 B2B 医药电子商务业务有一个很重要的特点，即与我国的药品集中招标采购政策紧密相关。这是有其行业特点和历史根源的，主要是由于药品是一个特殊的行业，药的使用关系到全国人民的健康安全，因此医药行业不可能像别的行业一样完全市场化。因此，早期国家食品药品监督管理总局专门出台了文件，禁止在网上开展药品的购销活动。而在 2001 年国家推广实行药品集中招标采购后，药品 B2B 形式的网上采购才伴随着各地集中招标采购活动蓬勃发展起来。因此，与药品集中招标采购捆绑第三方药品网上交易平台模式，便逐渐成为我国当前药品 B2B 模式的主流。

2. B2C 网上零售药品电子商务 从 2005 年 12 月开始到 2008 年三年时间通过国家食品药品监督管理总局正式批准的药品 B2C 交易网站仅有 10 家，上述药品 B2C 交易网站还只能销售非处方药，不能销售处方药，涉及很多问题，如电子交易、电子合同的法律效力、网上支付、各当事人之间的法律关系、数据与隐私权保护等，以及交易环节的有效性、安全性和相关方权益保护的问题，却涉及较少。因此，必须对医药电子商务领域进行立法，科学有效地建立医药电子商务市场的法律秩序。

3. 信息流、资金流、物流未能有效集成 电子商务由信息流、资金流、物流等要素组成。一方面，由于交易双方对于网上支付安全性的质疑及缺少相关法律的保护而造成了目前我国 B2B 医药电子商务“网上谈判，网下付款”的怪圈。另一方面，在我国医药流通领域，流通企业数量多、规模小、市场分散、效益低下的局面还没有根本的改观。具有全国性覆盖网络的大型物流配送中心在我国医药流通领域尚处在建设阶段。由于以上两方面因素造成了我国 B2B 医药电子商务中信息流、资金流、物流之间的不连贯，以及不能有效地集成。因此，降低了电子商务的应用价值，不能实现医药商品的高效流通。

4. 全国区域内物流网络分散 我国医药市场基本可划分为华东地区（长江三角洲物流区）、华南地区（珠江三角洲物流区）、华北地区（郑州物流区和京津唐物流区）、东北地区（环渤海物流区），西南地区（重庆、成都物流区）、华中地区（武汉物流区）、西北地区（西安、兰州物流区）七个地区。在各区域大力发展自身物流网络的同时一些大型医药企业也在实施着各自的“全国布点”式的扩张计划。然而，各区域间物流网络相互独立。企业自身的物流网络也不能与各区域物流实现“重叠资源”的共享。

中国医药电子商务市场拥有巨大潜力，但目前仍处在起步阶段，需要主管部门和企业界共同维护，截止到 2014 年 12 月 31 日，CFDA 共发放 371 张《互联网药品交易服务资格证》，其中第二方批发交易类 B2B 证书（即 B 证）83 家，其中服务范围为“向个人消费者提供药品”的 B2C 企业有 62 家之多。

中国网上药店理事会此前的调查报告显示：2011 年，医药 B2C 的规模达到 4 亿元，已出现 5 家销售额达 5000 万元的网上药店；预计在 2012 年，医药 B2C 的规模将达到 15 亿元，将会出现 4~5 家年销售额过亿元的网上药店。

不过，上述数据与最早开展药品电子商务的美国相比，还有相当大的距离，2011 年，美国网上药店的销售规模已占整个医药流通规模的近 30%。

二、我国医药电子商务现存问题分析

1. 总体发展水平不高 据国家信息中心的调查，被调查医药企业在回答"企业网站主要用途"一项中回答用作"发布信息"的占 117%；"未建网站"的占 184%；选"发布信息"和"客户联系"占 247%；同时选"发布信息"、"客户联系"和"洽谈业务"的占 155%；选"网上销售"、"网上采购"或"网上支付"的比例均小于 3%。以上数据说明中国医药电子商务总体水平不高。现阶段我国医药企业与拥有高信息化水平的欧美同行相比，从电子商务的总体建设与应用水平上来看还有相当大的差距。

2. 相关政策法规尚不完善 医药电子商务要想进一步发展尚缺乏完善的法律支撑环境。近几年出台的法律、法规只是围绕着电子商务发展中的一些边缘化的法律问题做出了规定，如基础设施、信息服务、行政管理方面等，而对于电子商务运行中最为核心的问题，如电子交易、电子合同的法律效力、网上支付各当事人之间的法律关系、数据与隐私权保护等，以及交易环节的有效性、安全性和相关方权益保护的问题，却涉及较少。因此，必须对医药电子商务领域进行立法，科学有效地建立医药电子商务市场的法律秩序。

三、我国医药电子商务未来发展战略与对策

按照科学发展观的要求，紧紧围绕转变经济增长方式、提高综合竞争力的中心任务，实行体制创新，着力营造医药电子商务发展的良好环境，积极推进医药企业信息化建设，推广电子商务应用，加速医药流通体制改革，实施跨越式发展战略，走中国特色的医药电子商务发展道路的指导思想。以政府推动与医药企业主导相结合。完善管理体制，优化政策环境，加强基础设施建设，提高服务质量，充分发挥医药企业在开展电子商务应用中的主体作用，建立政府与企业的良性互动机制协调发展医药电子商务。

1. 独立第三方电子市场是符合我国情况的模式 美国的独立第三电子交易市场 GHX 是基于自身交易者较少，市场集中度高的环境和条件发展起来的，属于垂直式市场运营商，属于交易的协作平台。主要由卖方驱动，所以利益通常偏向卖方，因此公平程度不是很高。由于我国的医药市场交易者较多，市场集中度低，因此，我国医药流通电子商务完全可以根据我国的实际情况，跨越卖方或买方主导阶段，直接走独立第三方的道路。从实现网上集中采购、订单处理开始，逐步建立和完善监管、支付、物流等系统，实现后来居上。

建立一个覆盖全行业的第三方医药电子市场，一方面是发展的趋势潮流，另一方面也是符合我国医药卫生发展需求的。同时这也是由医药的特殊性所决定的。由于我国目前市场经济发展仍不充分，那么利用电子商务手段建立现代化的医药虚拟市场，是对医药市场健康发展的一种促进，从这一点来讲，我国医药虚拟市场的完善必然是一个过程化的产物。同时，由于现有市场经济发展初级阶段的不足之处，一部分人已经成为了其中的利益者，那么他们必然会抵制虚拟市场的推广。因此，目前中国推广和完善虚拟市场不能单纯依靠市场自发的动力，需要强有力的行政干预和支持，以及社会各方面积极地参与，因此，它也必然是一个政府主导的全社会系统工程。

我国第三方电子市场应该是一个合法的市场，在这个市场中进行交易的双方也必须具备合法的资格。另外，作为一种市场经济的产物，医药电子市场必须是独立于任何政府部门的，相关政府机构对医药电子交易市场的管理主要体现在事前的资格认定和事后的监

管,政府部门不应该直接参与市场平台的运营。同时,基于公平交易的原则,虚拟市场平台的运营者不应该与医药交易的收益直接挂钩。所以虚拟市场平台的运营者不应该是医药交易的双方,而应该由独立的第三方来承担,并通过提供与交易相关的服务获取利润。

我国目前的医药市场一个显著的特征就是买方市场,买方不参与的市场往往是一厢情愿的。我国医院的采购行为占到了整个医药采购行为的80%以上,医院的采购方式极大地影响着医药市场的运转。因此,独立第三方电子交易市场的推广应用必须从医院的采购入手,才能真正影响医药交易的模式。

2. 进行医药电子商务的市场环境和制度建设　独立第三方电子交易市场的建立与发展是一个复杂的社会系统工程,它涉及信息基础设施建设(如网络技术应用、互联网及企业内部信息系统建设等),以及商业信用、网上支付、认证、标准、物流配送、税收、相关法律制定与修改等环境与制度建设。电子商务的发展受到两个层面因素的制约,其一是信息技术的推广应用和企业内部信息化基础和水平;其二是市场环境与制度建设。而后者的制约更加明显。纵观近几年来我国电子商务的发展,制约电子商务发展的主要因素不是技术问题,而是所需的市场环境与制度安排。一般商务难以适应的市场环境和制度,电子商务则更难适应。为此,政府推动电子商务发展的着眼点或切入点就是促进市场环境与制度建设。

3. 培育第三方物流　成熟的电子商务模式需要完善的物流配送体系与之配套,医药流通领域的改革呼唤专业的医药第三方物流服务。第三方物流是指由货物的供方和需方之外的专业物流服务企业去完成物流服务的物流运作方式。

医药市场第三方物流企业提供服务质量的好坏,不仅关系到需方(医院)及供方(药厂),还将直接影响到广大患者的利益。所以,我国政府必须对医药市场的第三方物流企业进行合理管理、正确引导和适度监督,使物流工作健康、有序地开展。

目前以行政区划的省级、地市级、县级的二三级医药批发商、医药零售连锁企业,应在利用已有的物流资源的基础上,积极改组为区域性的医药配送中心,并主动加入所在地区的上一级医药物流中心网络,成为其中的物流节点企业。这样,可减少医药批发企业的批发层次,通过物流配送中心网络直接导入市场终端,有效实现医药流通渠道的扁平化。充分运用现代信息技术,将客户、配送中心、物流中心、供应商四方进行有效的连接。

4. 整合现有资源建立覆盖全国的第三方电子交易网络　首先,规范统一企业内部产品编码、管理编码等技术标准实现企业内部的系统集成与资源共享。其次,建立了全国统一的战略管理体系,实现业务流程、交易规则、数据标准的统一,为在全国范围内实现数据资源的共享奠定基础。再次,完成七大区域网络块块相通,从而进行大的集成,形成信息的高度共享,使得物流及产品信息在全国范围内畅通传递。通过以上三个步骤,力求建立一个覆盖全国的B2B医药电子商务网络。

虽然有少数医药企业从药品招标采购入手,发展了第三方电子交易市场的雏形,但是此领域我国的整体水平仍然处于初级阶段。在国家鼓励电子商务发展的宏观环境下,由政府通过相关政策的制定,在借鉴欧美国家在此领域的成功经验的基础上,结合我国国情,规范和发展我国B2B医药电子商务,我国的全国性统一的电子交易市场一定是指日可待。

（腾　波）

自测题

简答题

1. 什么是医药电子商务？它的主要类型有哪些？
2. 医药电子商务的作用和应用是什么？
3. 你如何看待医药电子商务未来的发展前景？

参考文献

艾尔肯·依布拉依木. 2008. 医药商品学. 北京:人民卫生出版社

崔福德. 2008. 药剂学. 第6版. 北京:人民卫生出版社

符秀华. 叶宝华. 2011. 药物应用护理. 北京:科学出版社

胡天佑. 2009. 医药商品学. 第2版. 北京:中国医药科技出版社

寇建民. 2008. 药事管理学. 第2版. 北京:人民卫生出版社

梅全喜. 2012. 新编中成药合理应用手册. 北京:人民卫生出版社

孙秋华. 2014. 中医护理学. 第3版. 北京:人民卫生出版社

《药品电子监管工作指导意见》. 国食药监办[2012]283号

《药品说明书和标签管理规定》. 国家食品药品监督管理总局令. 第24号

《中华人名共和国药品管理法》. 中华人民共和国主席令. 第45号

自测题参考答案

第一章　绪论

1. D　2. D　3. C　4. B　5. B　6. D　7. A　8. C　9. B　10. D

第二章　化学类医药商品

1. A　2. B　3. A　4. C　5. A　6. E　7. B　8. C

第三章　中医药类医药商品

1. A　2. D　3. C　4. B　5. C　6. C　7. A　8. C　9. D　10. C　11. C　12. B　13. A　14. D　15. B　16. D　17. A

第四章　医疗器械类医药商品

1. D　2. C　3. D　4. D　5. D

第五章　医药商品的相互作用和合理使用

1. C　2. C　3. D　4. A　5. C　6. D　7. A　8. C　9. D　10. B

第六章　医药商品物流与储存养护

1. D　2. C　3. C　4. B　5. B　6. C　7. A　8. B　9. A　10. A　11. D　12. A　13. D

第七章　医药商品的经营销售

1. C　2. B　3. D　4. A　5. A　6. C　7. D　8. C　9. B

第八章　医药商品包装

1. A　2. D　3. C　4. A　5. B　6. B　7. C　8. C　9. A

第十章　医药商品的促销

1. B　2. A　3. D　4. B　5. C　6. C　7. D　8. C　9. D　10. C

第十一章　医药商品的电子商务

无

医药商品基础教学大纲

一、课程性质和任务

医药商品基础是药剂、中药专业必修的一门专业核心课程，是处于前沿和中心位置的综合技术学科，对学生丰富医药商品知识有重要作用。其主要任务是让学生通过学习医药商品基础的基本理论、基本方法和管理知识，掌握医药商品的概念、质量标准与控制、化学类医药商品、中医药类商品、医疗器械、保健食品、医药商品的合理应用等的基本知识；熟悉医药商品的储存养护、经营销售、物流、包装、编码、广告宣传、电子商务等专业知识；使学生具备处理医药商品流通中各个环节业务的基本能力和经营管理能力，为从事医药商品的经营销售工作岗位奠定良好基础，以便适应医药企业现代经营发展的需要。

二、课程教学目标

（一）知识教学目标

（1）掌握医药商品的基本概念和质量标准与控制。

（2）掌握化学类医药商品、中医药类商品、医疗器械、保健食品、合理应用医药商品等的基本知识。

（3）熟悉医药商品的储存养护、医药商品的经营销售、医药商品的物流、医药商品的包装、医药商品的编码、医药商品的广告与宣传活动、医药商品的电子商务等专业知识。

（4）了解医药商品的性质与分类、GMP、MSP 等。

（二）能力培养目标

（1）培养学生对医药商品的质量控制能力，能进行医药商品的储存养护与物流运输工作。

（2）培养学生具备医药商品营销中，正确向购买者合理推荐医药商品和指导用法用量。

（3）培养学生执行合理用药的用药原则。

（4）培养学生识别应用医药商品的包装、编码、广告宣传和电子商务等。

（三）思想教育目标

（1）具有药师应有的职业道德和良好的职业素养。

（2）具有诚实、守信的品质和善于沟通的团队合作精神。

（3）具有科学的工作态度，严谨细致的专业学风，以顾客为服务中心。

（4）具有善于分析问题、解决问题和创新能力。

三、教学内容和要求

教学内容	教学要求			教学活动参考
	了解	理解	掌握	
一、绪论				理论讲授
(一)商品与医药商品				多媒体演示
1. 商品与医药商品概述		√		
2. 医药商品学		√		
(二)医药商品的性质与分类				
1. 医药商品的性质		√		
2. 常见的医药商品分类	√			
3. 常用药物剂型及特点	√			
(三)医药商品的质量				
1. 医药商品质量概述			√	
2. 医药商品质量监督管理	√			
(四)医药商品的标准				
1. 医药商品标准的概念		√		
2. 我国现行的药品质量标准			√	
3. 现行医药商品标准基本内容	√			
(五)药品生产质量管理				
1. GMP 发展概况	√			
2. 实施 GMP 的意义	√			
3. 我国现行 GMP 简介	√			
(六)药品经营质量管理				
1. GSP 发展概况	√			
2. 实施 GSP 的意义	√			
3. 我国现行 GSP 简介			√	
二、化学类医药商品				理论讲授
(一)维生素、矿物质及肠外营养药				多媒体演示
1. 维生素药			√	
2. 矿物质		√		
(二)消化系统用药				
1. 助消化药		√		
2. 抗消化性溃疡药			√	
3. 胃肠解痉药及胃动力药			√	
4. 泻药与止泻药		√		
5. 微生态药			√	
6. 肝胆疾病辅助用药	√			
(三)呼吸系统用药				
1. 镇咳药		√		
2. 祛痰药		√		
3. 平喘药		√		
(四)心血管系统用药				
1. 抗高血压药	√			
2. 抗心绞痛药	√			
3. 抗心力衰竭药	√			
4. 抗心律失常药	√			
5. 常用调血脂药	√			
(五)泌尿系统用药				
1. 利尿药与脱水药		√		
2. 良性前列腺增生药	√			
(六)抗微生物药				
1. 抗生素			√	
2. 合成抗菌药		√		
3. 抗真菌病药			√	
4. 抗病毒药			√	
(七)抗过敏用药				
1. 抗组织胺药品			√	
2. 免疫抑制剂			√	
3. 过敏介质阻滞剂		√		
4. 钙剂			√	
(八)激素类药				
1. 糖皮质激素类药			√	
2. 甲状腺激素及抗甲状腺药物		√		
(九)感冒用药				
1. 感冒常用药品			√	
2. 感冒用药方法与注意事项			√	
(十)外用药品			√	

续表

教学内容	教学要求			教学活动参考
	了解	理解	掌握	
(十一)妇科用药				
1. 妇科疾病			√	
2. 妇科常用药品		√		
3. 妇科常见疾病与用药		√		
4. 妇科用药注意事项		√		
(十二)儿科用药				
1. 儿科常见疾病	√			
2. 儿科常用医药商品			√	
3. 儿科用药注意事项及儿科疾病预防		√		
(十三)计划生育用药				
1. 口服短效避孕药	√			
2. 口服速效避孕药	√			
3. 口服长效避孕药	√			
4. 外用避孕药	√			
(十四)神经系统用药				
1. 镇静催眠药		√		
2. 抗惊厥药	√			
3. 抗精神失常药	√			
三、中医药类医药商品				理论讲授 多媒体演示
(一)中医基本理论				
1. 中医学理论体系的基本特点		√		
2. 阴阳五行	√			
3. 藏象学说	√			
4. 气、血、津液	√			
5. 病因		√		
6. 诊法		√		
7. 八纲辨证	√			
(二)中药基本性能				
1. 四气		√		
2. 五味		√		
3. 升降浮沉	√			
4. 归经	√			
5. 有毒与无毒		√		
(三)清热解毒类中成药			√	

教学内容	教学要求			教学活动参考
	了解	理解	掌握	
(四)感冒类中成药		√		
(五)滋补类药中成药			√	
(六)妇科用药				
1. 月经不调类用药	√			
2. 痛经类药		√		
3. 带下病类药	√			
4. 产后病类药	√			
(七)儿科用中成药				
1. 小儿感冒类药			√	
2. 小儿咳喘类药		√		
3. 小儿惊风类药		√		
4. 小儿厌食类药			√	
5. 小儿泄泻类药		√		
(八)心血脑用中成药				
1. 脑卒中类药		√		
2. 高脂血症用药		√		
3. 胸痹类药	√			
4. 头痛类药		√		
(九)止咳化痰用中成药				
1. 外感咳嗽用药		√		
2. 内伤咳嗽		√		
(十)风湿性关节痛用中成药		√		
(十一)常用名贵中药			√	
四、医疗器械类医药商品				理论讲授 多媒体演示
(一)概述				
1. 医疗器械的概念及特点			√	
2. 医疗器械的分类		√		
3. 我国医疗器械的发展现状	√			
(二)创伤外科用器械				
1. 刀类	√			
2. 剪类	√			
3. 镊类	√			
4. 钳类	√			
5. 缝针	√			
6. 卫生材料及敷料	√			

续表

教学内容	教学要求			教学活动参考
	了解	理解	掌握	
(三)儿科用器材				
1. 暖箱	√			
2. 蓝光箱	√			
3. 身长测量器	√			
(四)妇科用器材				
1. 宫腔异物钳	√			
2. 腹腔镜	√			
3. 宫腔镜	√			
(五)医用电子仪器				
1. 生理信息测量仪器			√	
2. 医用监护仪器			√	
3. 血糖检测仪			√	
(六)风湿寒性关节痛治疗仪				
1. 神灯治疗仪		√		
2. 中频治疗仪		√		
(七)助障用器械				
1. 助听器		√		
2. 助行器		√		
五、医药商品的相互作用和合理使用				理论讲授 多媒体演示
(一)医药商品的相互作用				
1. 联合用药			√	
2. 药物相互作用		√		
(二)医药商品的合理使用				
1. 合理用药概述			√	
2. 特殊人群用药			√	
六、医药商品物流与储存养护				理论讲授 多媒体演示
(一)医药商品的物流				
1. 物流和商流的含义与关系			√	
2. 物流与商流的流动形式		√		
3. 物流对企业的作用		√		
4. 医药物流			√	
5. 医药商品物流的信息化		√		
6. 医药商品的运输	√			
(二)医药商品的保管储存				
1. 影响药品质量的因素			√	
2. 药品的储存管理要求		√		
3. 不同性质药品的存储方法		√		
4. 西药常见剂型的储藏要求			√	
5. 中药常见剂型的储藏要求			√	
(三)医药商品的养护				
1. 医药商品养护的意义	√			
2. 医药商品养护的原则		√		
3. 医药商品养护工作要求		√		
4. 西药养护方法			√	
5. 中成药养护方法			√	
6. 中药材养护方法			√	
(四)医药商品的收货				
1. 收货前的检查		√		
2. 收货过程		√		
3. 验收			√	
(五)医药商品的出库				
1. GSP 关于药品出库的规定	√			
2. 药品的复核		√		
七、医药商品的经营销售				理论讲授 多媒体演示
(一)医药商品的陈列				
1. 医药商品陈列意义和常识			√	
2. 医药商品陈列的原则		√		
(二)医药商品的经营过程			√	
(三)医药商品的销售技术				
1. 营业员的职业定位		√		
2. 营业员的语言艺术			√	
3. 处理顾客的抱怨		√		
4. 面对顾客提出异议的说服技巧		√		
5. 询病荐药			√	

续表

教学内容	教学要求			教学活动参考
	了解	理解	掌握	
八、医药商品包装				理论讲授 多媒体演示
(一)医药商品包装及其分类				
1. 医药商品包装的概念			√	
2. 医药商品包装的分类		√		
(二)医药商品包装材料	√			
(三)医药商品包装标志				
1. 包装的图标		√		
2. 医药商品的标签与说明书		√		
(四)医药包装行业的发展趋势	√			
九、医药商品的编码				理论讲授 多媒体演示
(一)国家药品编码	√			
(二)医药商品条码			√	
(三)药品电子监管码			√	
十、医药商品的促销				理论讲授 多媒体演示
(一)医药促销的概念与作用				
1. 医药促销的概念			√	
2. 医药促销的作用		√		
(二)医药促销的方式				
1. 人员推销	√			
2. 医药广告	√			
3. 销售促进(营业推广)			√	
4. 公共关系		√		
(三)医药促销组合				

教学内容	教学要求			教学活动参考
	了解	理解	掌握	
1. 医药促销组合的概念		√		
2. 影响促销组合的因素		√		
十一、医药商品的电子商务				理论讲授 多媒体演示
(一)医药电子商务的概念				
1. 电子商务的含义			√	
2. 医药电子商务的概念		√		
3. 国内医药电子商务网站的类型	√			
(二)医药电子商务的基本模式				
1. 医药电子商务模式的主要种类		√		
2. 我国医药电子商务可选的 B2B 模式		√		
(三)医药电子商务的作用和应用				
1. 电子商务在医药行业中的作用		√		
2. 医药电子商务的应用		√		
(四)我国医药电子商务发展的现状及展望				
1. 我国医药电子商务发展现状	√			
2. 我国医药电子商务现存问题分析	√			
3. 我国医药电子商务未来发展战略与对策		√		

四、教学大纲说明

(一) 适用对象与参考学时

本教学大纲可供药剂、中药等专业使用及作为医药行业的职业培训教材,总学时为72学时。

(二) 教学要求

本课程要求有掌握、理解、了解三个层次。掌握是指对医药商品基础的基本知识、基本理论具有深刻的认识,并能灵活地应用所学知识分析、解释生活现象和用药问题。理解是指能够解释、领会概念的基本含义并会应用所学技能。了解是指能够简单理解、记忆所学知识。

（三）教学建议

（1）在教学过程中要结合医药经营企业岗位的工作任务、职业能力要求，积极采用现代化多媒体教学手段，加强直观教学，充分发挥学生的主体作用和教师的主导作用。注重理论联系实际，并组织学生开展必要的案例分析讨论，以培养学生的分析问题和解决问题的能力，使学生加深对教学内容的理解和掌握。

（2）教学评价应通过课堂提问、课堂小测试、布置作业、案例分析讨论、期末考试等多种形式，对学生进行职业素养、专业知识、学习能力、应用新知识能力的综合考核，以期达到教学目标提出的各项任务。评价内容不仅关注学生对知识的理解和掌握，更要关注知识的运用与解决实际问题的能力水平，重视职业道德和职业素质的培养。

学时分配建议（72 学时）

章	内容	课时
1	绪论	6
2	化学类医药商品	22
3	中医药类医药商品	18
4	医疗器械类医药商品	4
5	医药商品的相互作用与合理使用	2
6	医药商品物流与储存养护	6
7	医药商品的经营销售	4
8	医药商品包装	2
9	医药商品的编码	2
10	医药商品的促销	4
11	医药商品的电子商务	2
合计		72